clv

Don Batten (Hrsg.)
Ken Ham
Jonathan Sarfati
Carl Wieland

Fragen an den Anfang

Die Logik der Schöpfung

clv

Christliche
Literatur-Verbreitung e.V.
Postfach 11 01 35 · 33661 Bielefeld

Bibelzitate folgen, soweit nicht anders vermerkt, der Lutherbibel 1984.

1. deutsche Auflage 2001

Übersetzung, Satz: Hans-Werner Deppe
Redaktion: Werner Gitt
Umschlag: Andreas Fett, Meinerzhagen
Druck und Bindung: Ebner Ulm

ISBN 3-89397-279-X

Inhaltsverzeichnis

Vorwort zur deutschen Auflage

Was haben Sie sich vorgestellt, als Sie den Titel „Fragen an den Anfang" gelesen haben? Bei „Anfang" haben Sie wahrscheinlich an den Beginn der Weltgeschichte gedacht. Wie aber kann man einem Anfang Fragen stellen? Der Anfang ist doch keine Person! Ihr Einwand ist berechtigt. Der Buchtitel wurde absichtlich so doppeldeutig gewählt, weil er uns zum Mitdenken anregt. Wir alle haben viele Fragen, z.B. wie begann einmal alles? – also Fragen bezüglich des Anfangs. Nach der Bibel ist der Anfang auch eine Person: „Ich bin das A und das O, der Anfang und das Ende, spricht Gott der Herr, der da ist und der da war und der da kommt, der Allmächtige" (Offenbarung 1,8). Es bietet sich daher an, an diesen „Anfang" unsere Fragen zu richten. Im ersten Vers der Offenbarung wird uns sein Name mitgeteilt: „Dies ist die Offenbarung Jesu Christi." – Jesus ist also der personifizierte Anfang, und auf seine Antwort wollen wir hören.

Das Buch „Fragen an den Anfang – Die Logik der Schöpfung" mit dem englischen Originaltitel „The Answers Book – The 20 most-asked Questions about Creation, Evolution, & the Book of Genesis answered!" ist ein Bestseller im englischen Sprachbereich. Inzwischen liegt dieses grundlegende Werk in der 27. Auflage (Stand 2001) vor und wurde bereits in zahlreiche verschiedene Sprachen übersetzt. So freue ich mich, dass das Buch nun auch im deutschen Sprachbereich erhältlich ist.

In einer Zeit, in der die biblischen Grundlagen von Schöpfung, Sündenfall und Sintflut mehr und mehr zugunsten liberaler Auffassungen verlassen werden, ist es wohltuend, zu erleben, dass bei diesem Buch das Wort Gottes im Zentrum aller Darlegungen steht. Wissenschaftliche Erkenntnisse müssen laufend korrigiert werden, weil neu entdeckte Fakten alte Vorstellungen zu Fall gebracht haben. Die Bibel hingegen musste nie korrigiert werden; sie ist auf Anhieb wahr – schon von der ersten Auflage an. Sollten die ersten Seiten der Bibel nicht wahr sein und durch den heutigen Zeitgeist korrigiert werden müssen – wie wollten wir dann der Heilsgeschichte Gottes glauben? Nur dann, wenn wir die in der Bibel beschriebene Urgeschichte ganz und gar ernst nehmen, gelangen wir an den Kern des Evangeliums, und das ist auch der tiefere Zweck dieses Buches. Dem Menschen unserer Tage ist durch das Überangebot an evolutionistischen Darlegungen während der Ausbildung und darüber hinaus in Presse, Literatur und Wissenschaft die Botschaft der Bibel abhanden gekommen. Dies hat eine tragische Folge: Der Mensch verpasst das ewige Leben. So ist eine Neubesinnung dringend erforderlich.

Wer dieses Buch liest, findet nicht nur viele wissenschaftliche Details der Urgeschichte in allgemeinverständlicher Form aufbereitet, sondern er bekommt ein tieferes Verständnis vom Evangelium vermittelt und erkennt die notwendige Rettung durch Jesus Christus. Die Autoren haben deutlich herausgearbeitet, wie das Evangelium mit den vielen Schöpfungsdetails verknüpft ist. Dabei kommen sie zu dem Ergebnis: Von der Bibel können wir nichts, aber auch wirklich gar nichts abstreichen, ohne Schaden zu erleiden.

Wer Vorträge zu dem Thema Schöpfung/Evolution hält, stößt mit Regelmäßigkeit auf ein ganzes Paket von Fragen. Es ist dabei auffallend, dass die wichtigsten Fragen mit bemerkenswerter Häufung auftreten. Dieses wiederholte Vorkommen in den verschiedensten Ländern der Erde zeigt etwas Wesentliches an:

> Die Denkmuster, mit denen man heute gegen die Bibel argumentiert, sind fast überall gleich. Es gibt nur eine begrenzte Zahl außerbiblischer Vorbehalte, und diese sind offenbar so stark verbreitet, dass sie sich ständig wiederholen. Es sind daher immer wieder dieselben Stolpersteine, die viele daran hindern, dem Schöpfungsbericht voll zu vertrauen.

Alle vier Autoren sind mir persönlich bekannt. Ihnen sind aufgrund langjähriger Vortragstätigkeit die Argumente bekannt, die die Skeptiker der Bibel und speziell dem Schöpfungsbericht entgegenhalten. Antworten auf ihre Fragen werden hier in allgemeinverständlicher und kompetenter Weise gegeben. Der Leser wird in jedem Kapitel zuerst mit den häufigsten Gegenpositionen vertraut gemacht. Danach weisen die Autoren in wissenschaftlich wie biblisch fundierter Weise nach, welche Denk- und Glaubenskonsequenzen es hat, wenn man einer gegen die Bibel gerichteten Auffassung folgt. Der Leser ist dann eingeladen, sich für das zu entscheiden, was Gott gesagt hat und diesen Weg des Vertrauens zu beschreiten.

Der mit der Bibel bisher noch nicht Vertraute und dem Glauben noch Fernstehende findet in überzeugender Weise dargelegt, dass er ihrer Botschaft auch im 21. Jahrhundert angesichts aller wissenschaftlichen Fakten glauben kann. Das Buch „Fragen an den Anfang“ dürfte gerade für diese Personengruppe ein Augenöffner besonderer Art sein. Diejenigen, die bereits an Jesus glauben und dem Wort der Bibel vertrauen, werden staunen, welch tiefe Verankerung das Evangelium in Schöpfung und Sündenfall hat. Diese enge Verknüpfung der Heilsgeschichte mit der Urgeschichte haben die Autoren deutlich herausgearbeitet. So dürfte auch für diesen Personenkreis das Buch eine Fundgrube neuer Gedankengänge sein.

Ist es denn überhaupt wichtig, dass die Schöpfung sechs gewöhnliche Tage gedauert hat? Wer hätte diese Frage nicht schon gehört oder gar selbst gestellt? Die Autoren weisen nach, dass man dem Evangelium den Boden entzieht, würde man z.B. von den wirklichen sechs Tagen der Schöpfung abrücken.

Wer dieses Buch aufmerksam gelesen hat, kann nicht mehr in den alten, vielleicht tief eingefahrenen Gleisen wie bisher weiter denken. Ihm wird bewusst, wie viele Gedanken man anderweitig übernommen hat, die unberechtigterweise zu einer kritischen Haltung gegenüber der Bibel geführt haben. So wünsche ich möglichst Vielen diesen heilsamen Prozess des Umdenkens, der uns näher an die Bibel, und damit an die Wahrheit heranführt.

An diesem Buch gefällt mir der immer wieder betonte biblische Bezug (Kap. 19, S. 259): „Wir sind sündige, fehlbare Menschen, die eine in Sünde gefallene Welt beobachten, und darum müssen wir unbedingt, wenn wir die Welt richtig verstehen und deuten wollen, bei der Offenbarung Gottes, d. h. bei der Bibel, beginnen." Die einzelnen Aussagen des Buches werden immer wieder anhand von anschaulichen Beispielen erläutert. Bei den wissenschaftlichen Ausführungen sind zahlreiche Quellen zitiert, sodass die Nachprüfbarkeit gewährleistet ist. Die gute Dokumentation erlaubt es dem näher interessierten Leser, sich die angegebene Literatur zu beschaffen und sich darin weiter zu vertiefen oder selbst forschend weiter zu arbeiten.

Manchmal sind wissenschaftliche Ergebnisse nur modellhaft zu beschreiben. Das gilt besonders für die historischen Wissenschaften (z. B. Archäologie, Geschichte, Historische Geologie). Es ist den Autoren gelungen, verschiedene Modelle von Schöpfungswissenschaftlern allgemeinverständlich vorzutragen. Beim Überdenken der uns vorgestellten Modelle sollten wir den letzten Satz aus Kapitel 11 beherzigen: „Das ist die Natur des wissenschaftlichen Fortschritts. Wissenschaftliche Modelle kommen und gehen, aber des Herrn Wort bleibt in Ewigkeit." Da Schöpfungswissenschaftler in verschiedenen Ländern zwar an derselben Problematik, aber mit verschiedenen Methoden und Ansätzen arbeiten, kann es durchaus sein, dass die Modelle sich unterscheiden. Für diejenigen, die sich etwas mehr Hintergrundinformation zu Modellen wünschen, habe ich dem Anhang einige grundsätzliche Gedanken zu wissenschaftlichen Modellen angefügt.

Dank: Das von Hans-Werner Deppe (Dipl.-Informatiker) übersetzte Manuskript wurde anschließend von Frau Rosemarie Sauer (Dipl.-Chemikerin) kritisch durchgesehen. Als Kennerin der Schöpfungslehre hat sie diese Arbeit mit großem Engagement durchgeführt und dabei mancherlei sachliche wie textliche Verbesserungen vorgenommen. Schließlich hat Frau Bettina Hahne (MA) das gesamte Buch noch einmal mit dem englischen Original verglichen und manche Formulierungen präzisiert. Allen gilt mein besonderer Dank für die mühevolle Arbeit.

Werner Gitt
Oktober 2001

Seid allezeit bereit zur Verantwortung vor jedermann,
der von euch Rechenschaft fordert über die Hoffnung, die in euch ist,
und das mit Sanftmut und Gottesfurcht, und habt ein gutes Gewissen.
1. Petrus 3,15-16

Kapitel 1

Gibt es Gott wirklich?

Gibt es objektive Beweise für die Existenz Gottes? Welche Konsequenzen hat der Atheismus? Woher kam Gott? Kann man Gott persönlich kennenlernen

Die Bibel beginnt mit der Aussage: „Am Anfang schuf Gott Himmel und Erde" (1.Mose 1,1). Die Existenz Gottes wird also in der Bibel vorausgesetzt und als selbstverständlich angesehen; dennoch gibt es Menschen, die diese Tatsache ignorieren. Psalm 14,1 spricht von solchen: „Die Toren sprechen in ihrem Herzen: ‘Es ist kein Gott.’ Sie taugen nichts; ihr Treiben ist ein Gräuel; da ist keiner, der Gutes tut."

Hier sehen wir, dass die Bibel abfällige Gedanken über Gott – insbesondere das Leugnen seiner Existenz – mit einer verdorbenen Moral verbindet. Und es stimmt: Wenn es keinen Gott gibt, keinen Schöpfer, der die Lebensregeln festsetzt, dann treiben wir ohne moralische Orientierung dahin. Als das Volk Israel in der Zeit der Richter seinen Schöpfer vergaß und niemand Gott die Treue hielt, regierte das Chaos, denn „jeder tat, was ihn recht dünkte" (Richter 21,25).

In unserer Zeit wiederholt sich genau dasselbe. Länder, in denen Gott geehrt wurde und man glaubte, dass „Gott in Christus war und die Welt mit sich selbst versöhnte" (2. Korinther 5,19), haben Sicherheit und Wohlstand erfahren, wie es bis dahin nie der Fall war. Doch genau dieselben Länder befinden sich im Niedergang, seit die Menschen Gott den Rücken zukehrten. So heißt es schon in Sprüche 14,34: „Gerechtigkeit erhöht ein Volk; aber die Sünde ist der Leute Verderben."

Je weiter sich ganze Völker von Gott entfernen und so leben, als gäbe es ihn gar nicht, desto mehr nimmt die Sünde überhand. Es häufen sich politische Korruption, Lügen, Verleumdung, ausschweifende Lebensweise, Gewaltverbrechen, Abtreibung, Diebstahl, Ehebruch, Drogensucht, Alkoholprobleme und Spielsucht. Mit der Wirtschaft geht es bergab, die Steuern steigen und die Regierungen verschulden sich zunehmend. Ein immer größeres Polizeiaufgebot, größere Gefängnisse und größere soziale Sicherheitssysteme sind erforderlich, um die Probleme auch nur notdürftig in den Griff zu bekommen.

Die Verse 18 bis 32 des ersten Kapitels des Römerbriefes lesen sich wie ein Kommentar zur Welt von heute:

> Denn Gottes Zorn wird vom Himmel her offenbart über alles gottlose Wesen und alle Ungerechtigkeit der Menschen, die die Wahrheit durch Ungerechtigkeit niederhalten. Denn was man von Gott erkennen kann, ist unter ihnen offenbar; denn Gott hat es ihnen offenbart. Denn Gottes unsichtbares Wesen, das ist seine ewige Kraft und Gottheit, wird

Kapitel 1

Gibt es Gott wirklich?

Gibt es objektive Beweise für die Existenz Gottes? Welche Konsequenzen hat der Atheismus? Woher kam Gott? Kann man Gott persönlich kennenlernen?

Die ibel beginnt mit der Aussage: „Am Anfang schuf Gott Himmel und Erde“ (1. Mose 1,1). Die Existenz Gottes wird also in der ibel vorausgesetzt und als selbstverst ndlich angesehen; dennoch gibt es Menschen, die diese atsache ignorieren. Psalm 14,1 spricht von solchen: „Die oren spreseit der Schöpfung der Welt ersehen aus seinen Werken, wenn man sie wahrnimmt, sodass sie keine Entschuldigung haben. Denn obwohl sie von Gott wussten, haben sie ihn nicht als Gott gepriesen noch ihm gedankt, sondern sind dem Nichtigen verfallen in ihren Gedanken, und ihr unverständiges Herz ist verfinstert. Da sie sich für Weise hielten, sind sie zu Narren geworden und haben die Herrlichkeit des unvergänglichen Gottes vertauscht mit einem Bild gleich den eines vergänglichen Menschen und der Vögel und der vierfüßigen und kriechenden Tiere. Darum hat Gott sie in den Begierden ihrer Herzen dahingegeben in die Unreinheit, so dass ihre Leiber durch sie selbst geschändet werden, sie, die Gottes Wahrheit in Lüge verkehrt und das Geschöpf verehrt und ihm gedient haben statt dem Schöpfer, der gelobt ist in Ewigkeit. Amen.

Darum hat sie Gott dahingegeben in schändliche Leidenschaften; denn ihre Frauen haben den natürlichen Verkehr vertauscht mit dem widernatürlichen; desgleichen haben auch die Männer den natürlichen Verkehr mit der Frau verlassen und sind in Begierde zueinander entbrannt und haben Mann mit Mann Schande getrieben und den Lohn ihrer Verirrung, wie es ja sein musste, an sich selbst empfangen. Und wie sie es für nichts geachtet haben, Gott zu erkennen, hat sie Gott dahingegeben in verkehrten Sinn, sodass sie tun, was nicht recht ist, voll von aller Ungerechtigkeit, Schlechtigkeit, Habgier, Bosheit, voll Neid, Mord, Hader, List, Niedertracht; Zuträger, Verleumder, Gottesverächter, Frevler, hochmütig, prahlerisch, erfinderisch im Bösen, den Eltern ungehorsam, unvernünftig, treulos, lieblos, unbarmherzig. Sie wissen, dass, die solches tun, nach Gottes Recht den Tod verdienen; aber sie tun es nicht allein, sondern haben auch Gefallen an denen, die es tun.

Die Bibel würde viele Leute in Spitzenpositionen in der Regierung und im Bildungssystem der ehemals christlichen Länder als „Narren“ bezeichnen. Sie behaupten zwar, weise zu sein, da sie aber die Existenz Gottes leugnen sowie sein noch heute erfahrbares Handeln „sind sie zu Narren geworden“.

Die weitverbreitete Akzeptanz des evolutionistischen Denkens – die Auffassung, alles sei durch natürliche Prozesse von selbst entstanden und Gott sei nicht nötig – untermauert zusätzlich diese Preisgabe des Glaubens an Gott. Alles, was offensichtlich nach einem Plan entworfen ist, soll diesen Plan selbst entworfen haben! Dieses Denken, das die klar erkennbaren Indizien für die Existenz Gottes (Römer 1,19-20) wegerklärt, führt unausweichlich zum Atheismus (dem Glauben, dass es keinen Gott gibt) und zum säkularen Humanismus (der Mensch kann über sein Leben selbst bestimmen, und zwar ohne Gott). In den Schulen und Universitäten bis hin zu den Regierungen herrscht heutzutage eine solche Denkweise vor.

Einige der schlimmsten Gräueltaten der Weltgeschichte wurden von Lenin, Hitler, Stalin, Mao Tse-tung und Pol Pot verübt. Wenn sie auch unterschiedlichen Ideologien und Moralauffassungen folgten, so hatten sie doch in der evolutionistischen Denkweise eine gemeinsame Basis für ihr Handeln. Der Atheist und Vertreter der Evolutionslehre Sir Arthur Keith schreibt über Hitler:

> Der deutsche Führer ... hat in konsequenter Weise versucht, das Leben in Deutschland konform zur Evolutionslehre zu gestalten.[1]

Viele Millionen haben die Konsequenzen einer atheistischen Denkweise erleiden müssen; sie haben Schreckliches erlebt oder sind sogar ums Leben gekommen. Atheismus kann tötend wirken, denn ohne Gott ist man auch nicht seinem Gesetz verpflichtet. So ist letztlich alles erlaubt! In den Bestrebungen, Abtreibung, Euthanasie, Rauschgift, Prostitution, Pornographie und Promiskuität zu legalisieren, stehen die Atheisten an vorderster Front. Dies alles verursacht Elend, Leid und Tod. Atheismus ist die Philosophie des Todes.

Nun verweisen Atheisten gern auf die Gräueltaten, die von angeblichen „Christen" verübt wurden – die Kreuzzüge und der Nordirland-Konflikt gehören dabei zu den Favoriten. Falls die Menschen, die so etwas Schreckliches verübten, tatsächlich Christen waren, dann handelten bzw. handeln sie in krassem *Widerspruch* zu den Maßstäben der Gebote Gottes (z.B. „Du sollst nicht töten", „Liebet eure Feinde"). Stalin hingegen handelte im Einklang mit seiner Lebensauffassung. Er war Atheist (seitdem er Darwin gelesen hatte) und deshalb keinem gegenüber verantwortlich. Keith (siehe oben) gab zu, dass auch Hitler in völliger Übereinstimmung mit seiner evolutionistischen Philosophie handelte.

Das Christentum sagt, „Gott ist Liebe", „liebet einander" und „liebet eure Feinde". Eine solche Liebe ist selbstaufopfernd. Bewusste Christen standen an vorderster Front, wenn es darum ging, Kranken zu helfen, Waisen und Greise zu versorgen, Hungernde zu speisen, Arme zu unterweisen und Ausbeutung zu bekämpfen wie z.B. Kinderarbeit und Sklaverei.

Der Atheismus mit seiner evolutionistischen Phi-

[1] Keith, A., 1947. *Evolution and Ethics*, Putman, New York, S. 230.

losophie sagt, „Liebe“ sei nichts weiter als das eigennützige Interesse, die Wahrscheinlichkeit zu erhöhen, dass die Gene des Liebenden in seinen Nachkommen oder nahen Verwandten überleben. Wo gibt es im „Kampf ums Überleben der am besten Angepassten“ (engl. „survival of the fittest“) eine Grundlage für Mitleid? Hitlers Todeslager erwuchsen aus der Überzeugung, dass die „Arische Rasse“ den Sieg bei der „Bewahrung bevorzugter Rassen im Kampf ums Leben“[2] davontragen wird.

Atheismus ist jedoch nicht nur destruktiv; er ist bereits in seinen elementarsten Wurzeln logisch fehlerhaft, denn, wie wir noch sehen werden, muss es einen Schöpfer geben.

I. Biblische Indizien für die Existenz eines göttlichen Urhebers

Die Bibel verkündet die Existenz Gottes; aber bereits das Vorhandensein dieses bemerkenswertesten Buches aller Bücher kann nur durch göttliche Inspiration erklärt werden. Im Folgenden geben wir eine Auflistung der Merkmale, die uns deutlich anzeigen, dass Gott ihr Autor ist:[3]

Die verblüffende Einheit der Bibel. Obwohl sie von mehr als 40 Personen aus über 19 verschiedenen Kulturräumen in einem Zeitraum von etwa 1600 Jahren geschrieben wurde, ist sie vom Anfang bis zum Ende eine in sich geschlossene und einheitliche Offenbarung. Tatsächlich harmonieren das erste und das letzte Buch der Bibel zusammen – also das 1. Buch Mose und die Offenbarung –, die von der „verlorenen“ bzw. „wiedererlangten“ ungetrübten Gemeinschaft mit Gott berichten. Schon dadurch belegen sie überzeugend ihre göttliche Autorschaft.

Die erstaunliche Bewahrung der Bibel. Aller politischen und religiösen Verfolgung zum Trotz ist die Bibel bis heute erhalten geblieben. Nachdem der römische Kaiser Diokletian im Jahre 303 n. Chr. ein Edikt zur Vernichtung der Bibel erlassen hatte, meinte er, dieses Buch ausgerottet zu haben. Über der Asche einer verbrannten Bibel errichtete er eine Säule und feierte so seinen vermeintlichen Sieg. Schon 25 Jahre später ordnete der neue Kaiser Konstantin die Herstellung von 50 Bibeln auf Kosten der Regierung an! Im 18. Jahrhundert verkündete der französische Gottesleugner und Spötter Voltaire, innerhalb eines Jahrhunderts gäbe es auf der ganzen Welt keine einzige Bibel mehr. Ironischerweise übernahm 50 Jahre nach seinem Tod die Genfer Bibelgesellschaft seine alte Druckpresse und sein Haus, um pa-

---

[2] So der Untertitel von Darwins Buch *Ursprung der Arten*.

[3] Das grundlegende Konzept dieses Abschnitts stammt aus: Willmington, H.L., 1981. *Willmington's Guide to the Bible*, Tyndale House Publishers, Wheaton, IL, 810-824. Ferner wurden verwendet: Geisler, N.L, und Nix, W.E., 1986. *A General Introduction to the Bible*, Moody Press, Chicago. McDowell, J., 1972. *Evidence that Demands A Verdict*, Bd. 1, Campus Crusade for Christ, San Bernadino, CA.

lettenweise Bibeln zu produzieren. Heute ist die Bibel in weitaus mehr Sprachen erhältlich als jedes andere Buch.

Die historische Genauigkeit der Bibel. Der berühmte jüdische Archäologe Nelson Glueck sprach vom „nahezu unglaublich genauen historischen Gedächtnis der Bibel, das durch archäologische Fakten bestätigt wird.“[4] William F. Albright, der weltweit zu den herausragendsten Archäologen zählt, schreibt:

> „Der überspitzte Skeptizismus, der der Bibel von bedeutenden Geschichtsschulen des 18. Jahrhunderts entgegengebracht wurde und der auch heute noch von Zeit zu Zeit auftritt, ist zunehmend in Misskredit geraten. Eine Entdeckung nach der anderen bestätigte die Genauigkeit der Bibel in unzähligen Details und hat der Bibel eine zunehmende Anerkennung als wertvolle historische Quelle eingebracht.“[5]

Sir William Ramsay, der als einer der größten Archäologen aller Zeiten angesehen wird, war im deutschen historischen Skeptizismus des mittleren 19. Jahrhunderts ausgebildet worden und glaubte deshalb nicht, dass die neutestamentlichen Schriften historisch zuverlässig seien. Aufgrund seiner archäologischen Untersuchungen musste er jedoch eingestehen, dass seine Skepsis unberechtigt war. So durchlief er eine tiefgehende Änderung seiner Einstellung. Über Lukas, den Schreiber des *Lukasevangeliums* und der *Apostelgeschichte*, sagte Ramsay: „Lukas ist ein Historiker ersten Ranges, ... er sollte in die Liste der bedeutendsten Geschichtsschreiber aufgenommen werden.“[6]

Die Archäologie bestätigt anhand zahlreicher Funde die Genauigkeit der Bibel.[7] Es gibt viele konkrete Beispiele dafür, dass Skeptiker die Zuverlässigkeit der Bibel in Frage stellten auf der Grundlage von fehlenden unabhängigen Belegen, nur um dann später festzustellen, dass weitere archäologische Entdeckungen Beweisstücke für die Richtigkeit der biblischen Überlieferung ans Licht brachten.[8]

Die wissenschaftliche Genauigkeit der Bibel. Nur einige Beispiele seien hier genannt: Die Bibel sagt, dass die Erde rund ist (Jesaja 40,22), dass die Er-

---

[4] McDowell, J., 1972. *Evidence that Demands A Verdict*, Bd. 1, Campus Crusade for Christ, San Bernadino, CA, S. 68.

[5] ebenda.

[6] Ramsay, W., 1953. *Bearing of Recent Discoveries on the Trustworthiness of the New Testament*, Baker Books, Grand Rapids, Michigan, S. 222.

[7] Ausführliche Informationen über die Bibel und Archäologie finden Sie im Internet unter <http://www.christiananswers.net>.

[8] McDowell, J., 1972. *Evidence that Demands A Verdict*, Bd. 1, Campus Crusade for Christ, San Bernadino, CA.

de ohne sichtbaren Halt im Raum schwebt (Hiob 26,7), dass die Sterne unzählbar sind[9] (1. Mose 15,5), dass Lebewesen stets nur ihre eigene Art reproduzieren.[10] Weiterhin beschreibt die Bibel den Wasserkreislauf und die Meeresströmungen[11], und sie vermittelt Kenntnisse in Sachen Gesundheit, Hygiene[12], Ernährung[13], Physiologie (z.B. die Wichtigkeit des Blutes, 3. Mose 17,11) und viele weitere Einzelheiten, die von wissenschaftlichem Belang sind.[14]

Die Zuverlässigkeit biblischer Prophetie. Die Bibel informiert uns darüber, dass die genaue Voraussage von Ereignissen Gottes Spezialgebiet ist. Gott sagt in Jesaja 48,3-5:

> Ich habe vorzeiten verkündigt, was schon gekommen ist; aus meinem Munde ist es gekommen, und ich habe es sagen lassen. Ich tat es plötzlich, und es kam. Denn ich weiß, dass du hart bist und dein Nacken eine eiserne Sehne ist und deine Stirn ehern. Darum ich dir's vorzeiten verkündigt und es dir sagen lassen, ehe es gekommen ist, damit du nicht sagen könntest: Mein Götze tat es, und mein Abgott, der geschnitzt und gegossen wurde, hat's befohlen.

In den Büchern anderer Religionen wird man vergeblich auch nur nach einer Zeile zuverlässiger Prophetie suchen. Die Bibel hingegen enthält viele detaillierte und präzise Voraussagen. McDowell[15] dokumentiert 61 Prophezeiungen, die sich allein in Jesus Christus erfüllt haben. Hierauf konnte Jesus menschlich gesehen keinerlei Einfluss nehmen, wie z.B. auf den Ort, die Zeit und die Umstände seiner Geburt, den an ihm begangenen Verrat, das Geschehen um seinen Tod, sein Begräbnis usw. McDowell beschreibt außerdem 12 detaillierte, spezifische Prophezeiungen über Tyrus, Sidon, Samaria, Gaza und Aschkelon, Moab und Ammon, Petra und Edom, Theben und Memphis, Ninive, Babylon, Chorazin-Betsaida-Kapernaum, Jerusalem und Palästina. Er hebt deutlich hervor, dass diese Prophezeiungen

---

[9] In der Antike dachte man, die Sterne seien zählbar – es gibt etwa 1200 sichtbare Sterne. Ptolemäus (150 n.Chr.) legte dogmatisch fest, dass die Zahl der Sterne exakt 1056 betrage. Siehe Gitt, W., 1997. Counting the Stars, *Creation* 20(1):10-13. Auch: Gitt, W., 1999 (3. Aufl.). *Signale aus dem All – Wozu gibt es Sterne?* CLV Bielefeld, S. 15-25.

[10] Batten, D., 1996. Dogs breeding Dogs? That's not Evolution. *Creation* 18(2):20-23.

[11] Sarfati, J., 1997. The Wonders of Water. *Creation* 20(1):44-46.

[12] Wise, D.A., 1995. Modern Medicine? It's not so modern! *Creation* 17(1):46-49.

[13] Emerson, P., 1996. Eating out in Eden. *Creation* 18(2):10-13.

[14] Siehe Morris, H.M., 1984. *The Biblical Basis of Modern Science*, Baker Book House, Grand Rapids, Michigan.

[15] McDowell, J., 1972. *Evidence that Demands A Verdict*, Bd. 1, Campus Crusade for Christ, San Bernadino, CA.

keinesfalls „Post-Aussagen" (d. h. erst nach dem Ereignis geschrieben), sondern tatsächlich prophetische Voraussagen sind.

Die Wahrscheinlichkeit, dass all diese Ereignisse zufällig geschehen sein können, beträgt effektiv null. Ausführliche Berechnungen dazu hat der Informatiker Werner Gitt[16] durchgeführt. Wer diese Fakten ignoriert (2. Petrus 3,5), leugnet den mathematischen Nachweis, dass es Gott sein muss, der die Prophezeiungen inspiriert hat.

Der Einfluss der Bibel auf den Zivilisationsprozess. Die Botschaft der Bibel kultivierte die einst blutrünstigen „Barbaren" der britischen Inseln zu einem anständigen Leben. Sie ist die Grundlage des englischen bürgerlichen Gesetzes, der amerikanischen Erklärung der Grundrechte und der Verfassungen solcher herausragender Demokratien wie z. B. Großbritannien, USA, Kanada, Australien und Neuseeland.

Die Bibel hat manche bedeutenden Werke der Literatur beeinflusst – Milton, Pope, Scott, Coleridge und Kipling, Selma Lagerlöf, Gertrud von Le Fort und Manfred Hausmann, um nur wenige zu nennen – und auch die Kunstwerke von Männern wie Leonardo da Vinci, Michelangelo, Raphael und Rembrandt. Auch herausragende musikalische Werke wurden maßgeblich durch die Bibel inspiriert – so z. B. diejenigen von den Komponisten Bach, Händel, Haydn, Mendelssohn und Brahms. Die im Abendland zurückgehende Akzeptanz der biblischen Weltanschauung ging in auffallender Weise mit einer Abnahme des Schönen in den Künsten einher.[17]

Die Botschaft der Bibel hat auch heute noch eine verändernde Wirkung. So werden in unserer Zeit animistische Volksstämme auf den Philippinen von Ängsten befreit, und ehemalige Kannibalen auf Papua-Neuguinea und den Fiji-Inseln leben in relativem Frieden, seitdem das Evangelium dorthin kam.

Die absolute Aufrichtigkeit der Bibel. Bekannt ist der Ausspruch: „Die Bibel ist ein Buch, das kein Mensch schreiben könnte, selbst wenn er es wollte, und das kein Mensch schreiben wollte, selbst wenn er es könnte." Die Bibel verehrt nicht den Menschen, sondern Gott. Die Menschen der Bibel sind unvollkommen wie wir und werden unretuschiert mit all ihren Fehlern und Unzulänglichkeiten beschrieben. Aus dem dunklen Hintergrund ihrer Sündhaftigkeit strahlt Gottes Heiligkeit und Treue hell hervor.

Selbst von den Glaubenshelden, die in Hebräer 11 aufgelistet sind, werden Fehler und Versagen nicht verschwiegen. Darunter befinden sich solche Vorbilder wie Noah (1. Mose 9,20-24), Mose (4. Mose 20,7-12), David (2. Samuel 11), Elia (1. Könige 19) und Petrus (Matthäus 26,74). Andererseits kommen Feinde Gottes oft erstaunlich gut weg, wie z. B. Artaxerxes (Nehemia 2), Darius, der Meder (Daniel 6) und Julius (Apostelgeschich-

[16] Gitt, W., 2000 (5. Aufl.). So steht's geschrieben, Hänssler-Verlag, S. 131 ff.

[17] Schaeffer, F., 1968. *Escape from Reason*, Inter-Varsity Press, London.

Das Evangelium hat das Leben von Animisten umgestaltet.

te 27,1-3). Auch dieser Tatbestand spricht dafür, dass die Bibel nicht aus rein menschlicher Perspektive geschrieben wurde.

Die lebensverändernde Botschaft der Bibel. In San Francisco forderte einst ein Mann den Prediger Harry Ironside heraus, über „Agnostizismus[18] versus Christentum" zu debattieren. Ironside willigte ein, jedoch sollte der Agnostiker zuerst Belege vorweisen, dass der Agnostizismus genügend positive Auswirkungen habe, um berechtigterweise verteidigt werden zu können. Ironside forderte den Agnostiker auf, einen einzigen Mann vorzuzeigen, der „in der Gosse" gewesen war (als Alkoholiker, Krimineller oder ähnliches) und eine einzige Frau, die ein unsittliches Leben geführt hatte (z.B. als Prostituierte) und die durch Annahme der Philosophie des Agnostizismus aus ihrem kaputten Leben gerettet wurden. Ironside selbst verpflichtete sich 100 Männer und Frauen zu der geplanten Debatte mitzubringen, die auf erstaunliche Weise gerettet wurden, nachdem sie jenes Evangelium annahmen, welches der Agnostiker verspottete. Der Skeptiker machte daraufhin einen Rückzieher.

Die Botschaft der Bibel kann sehr wohl ein kaputtes Leben heilen, das durch Sünde ruiniert wurde, weil Sünde uns von unserem heiligen Schöpfer trennt. Im Gegensatz dazu haben Agnostizismus, Atheismus und alle antigöttlichen Philosophien bei ihrer praktischen Umsetzung verderbenbringende Auswirkungen.

2. *Weitere Belege für die Existenz des biblischen Schöpfergottes*[19]

Die allgemeine Neigung der Dinge, sich abwärts zu entwickeln und zu zerfallen, zeigt, dass das Universum zu Beginn „aufgezogen" sein musste. Es besteht somit nicht schon ewig. Dies stimmt völlig überein mit der biblischen Aussage: „Am Anfang schuf Gott Himmel und Erde" (1. Mose 1,1).

Wir beobachten zwar geringfügige Veränderungen an den Lebewesen, was jedoch nicht darauf schließen lässt, dass sie durch irgendeinen natürlichen, evolutionären Prozess von selbst entstanden sind. Wenn man

[18] Agnostizismus ist eine weitere Form des Unglaubens; er verleugnet die Wahrheit des Wortes Gottes, indem er behauptet, dass wir nicht wissen können, ob es Gott gibt. In der Praxis unterscheidet er sich nur wenig vom Atheismus.

[19] Für weitere Details über diese Belege siehe den Anhang dieses Kapitels.

aber einen solchen Prozess einmal annimmt (Entwicklung von Molekülen zum Menschen), dann müssten auf irgendeine Weise neue komplexe genetische Programme geschaffen oder Informationen bereitgestellt worden sein, und es muss auch bedacht werden, dass Mutationen und natürliche Selektion erfahrungsgemäß zum Verlust von Information führen.

Die Fossilfunde belegen nicht die erwarteten Übergänge von einem Grundtyp von Organismen zum anderem. Das Fehlen dieser Übergänge ist ein starkes Argument gegen die Annahme, dass Lebendiges über lange Zeitepochen hinweg von selbst entstehen oder sich selbst schaffen kann. Die wissenschaftlichen Hinweise darauf, dass das Universum relativ jung ist, stehen ebenfalls der Behauptung entgegen, dass alles im Laufe von Milliarden von Jahren von selbst entstanden sei. Die Vertreter der Evolutionslehre ziehen nämlich enorm lange Zeiträume als Erklärungshilfe heran, weil die von ihnen angenommenen Ereignisse sehr unwahrscheinlich sind.

Die Überlieferungen von Hunderten von eingeborenen Völkern aus aller Welt – z.B. Geschichten über eine weltweite Flut – untermauern den biblischen Geschichtsbericht; gleiches gilt für linguistische und biologische Belege für die nahe Verwandtschaft aller menschlichen Rassen.

Das Wissen über die komplizierte Funktionsweise von Zellen und Organen ist in den letzten Jahren geradezu explosionsartig angestiegen. Dabei hat sich gezeigt, dass z.B. das Blutgerinnungssystem nicht durch eine Reihe zufälliger Veränderungen entstehen konnte. Die Informationen, die nötig sind, um die komplexen Abläufe in den Lebewesen zu organisieren, sind nicht in den Molekülen selbst enthalten, sie müssen darum von außen her kommen. Dies alles erfordert eine äußere Informationsquelle, d.h. einen intelligenten Schöpfer, der unserer Intelligenz weit überlegen sein muss.

3. Der Mythos von Atheismus und Wissenschaft

Heute betrachten viele die Wissenschaft als Ersatzgott. Dazu kam es, weil atheistische Forscher meinten, jegliche Wissenschaft sei ohne Gott möglich. Diese Art des Denkens setzte sich durch und wurde weitgehend akzeptiert. Mit dieser Vorgabe wird Wissenschaft allerdings so umgedeutet, dass Gott methodisch ausgeschlossen ist. Es gilt hier festzuhalten, dass die Wissenschaft erst dann aufblühte, als die biblische Sicht der Schöpfung in Europa Fuß fasste und die Reformation ihren Einfluss nahm. Die Voraussetzungen für eine wissenschaftliche Vorgehensweise bei der Erforschung der Welt stammen aus der Bibel und besagen z.B., dass das geschaffene Universum real, konsistent, verstehbar und erforschbar ist. Das geben sogar nichtchristliche Wissenschaftshistoriker wie Loren Eiseley zu.[20] Folglich

---

[20] Eiseley, L., 1969. *Darwin's Century: Evolution and the Man who Discovered it.* Doubleday, New York, S. 62.

verdankt nahezu jede Sparte der Wissenschaft entweder ihre Gründung, Mitbegründung oder einen markanten Fortschritt bibelgläubigen Wissenschaftlern, die an die Schöpfung und die Sintflut als reale Ereignisse glaubten.[21] Wie sich nachweisen lässt, gibt es auch heute viele Wissenschaftler, die der Bibel glauben.[22]

Ist das überhaupt Wissenschaft?

Mit Hilfe der Wissenschaft wurden viele Dinge erst möglich, z.B. die Landung von Menschen auf dem Mond. Außerdem verhalf sie der Menschheit zu Elektrizität, moderner Medizin, Computern und dank moderner Anbaumethoden und dem Einsatz von chemischen Düngemitteln auch zu preiswerten Lebensmitteln. Für all diese Errungenschaften mussten Experimente durchgeführt werden, aus deren Ergebnissen dann Schlussfolgerungen gezogen wurden. Diese wiederum wurden durch weitere Experimente überprüft. In diesem Fall stehen die Schlussfolgerungen in enger Beziehung zu den Experimenten und erlauben nur sehr wenig Spekulationen. Diese Art der Wissenschaft wird induktive oder *operationale*[23] *Wissenschaft* genannt und hat uns viele wertvolle Erkenntnisse geliefert, die der Menschheit zum Nutzen wurden.

Es gibt jedoch noch eine weitere Art von Wissenschaft. Es ist jene, die sich mit der Vergangenheit beschäftigt und darum als *historische Wissenschaft* oder Wissenschaft der Ursprünge bezeichnet werden kann. Wenn es um die Erforschung dessen geht, was in der Vergangenheit geschehen ist, stößt die Wissenschaft sehr schnell an ihre Grenzen, weil keine Experimente möglich sind, die sich direkt auf das Vergangene beziehen und weil Geschichte nicht wiederholbar ist. In den historischen Wissenschaften werden Beobachtungen in der Gegenwart für Schlussfolgerungen über die Vergangenheit herangezogen. Die hier und jetzt durchführbaren Experimente, die zum Verständnis der Vergangenheit dienen, sind jedoch aus leicht ersichtlichen Gründen sehr eingeschränkt, so dass in die Schlussfolgerungen immer sehr grobe Abschätzungen eingehen. Je weiter ein Ereignis in der Vergangenheit zurückliegt, desto größer wird die Zahl der für die Erforschung notwendigen Verkettungen von Schlussfolgerungen. Mit jeder einzelnen Abschätzung nimmt die Unsicherheit zu, und es bleibt viel Raum für nicht-

---

[21] Morris, H.M., 1982. *Men of Science, Men of God*, Master Books, Colorado Springs, USA.
Lamont, A., 1995. *21 Great Scientists Who Believed the Bible*, Answers in Genesis, Brisbane, Australia.

[22] Ashton, J., 1999. *In Six Days: Why 50 Scientist Choose to Believe in Creation*, New Holland Publishers, Sydney, Australia.

[23] Als **operationale Wissenschaften** bezeichnen wir hier all jene, in denen man durch heute ausführbare Experimente zu gesicherten Schlussfolgerungen kommt. Diese lassen sich oft in Nutzanwendungen überführen. So gehören z.B. Physik, Chemie und Technik zu dieser Wissenschaftskategorie.

wissenschaftliche Faktoren, die das Ergebnis stark beeinflussen. Zu diesen Faktoren gehört u.a. auch die religiöse Einstellung des Wissenschaftlers. Was als „Wissenschaft" bezüglich der Erforschung der Vergangenheit dargestellt wird, ist möglicherweise nicht viel mehr als die eigene persönliche Weltanschauung. Die Konflikte zwischen „Wissenschaft" und „Weltanschauung" treten somit nicht in den operationalen, sondern in den historischen Wissenschaften auf. Die operationalen Wissenschaften sind sehr angesehen und genießen berechtigterweise ein hohes Maß an Vertrauenswürdigkeit. Leider übertragen viele Leute dieses Vertrauen auch auf die historischen Wissenschaften. Sie lassen sich irreleiten, weil sie meinen, die auf Vermutung beruhenden Behauptungen der historischen Wissenschaft trügen das gleiche Siegel der Autorität.

In den historischen Wissenschaften werden nicht so sehr die Befunde und Ergebnisse der Gegenwart debattiert, sondern vielmehr die Schlussfolgerungen, die daraus in Bezug auf die Vergangenheit gezogen werden. Die Wissenschaftler, die der Bibel als dem Wort Gottes[24] glauben, kommen zu anderen Schlüssen als diejenigen, die sie ignorieren. Vorsätzliches Leugnen des Wortes Gottes (2. Petrus 3,3-7) ist die tiefere Ursache für viele Meinungsverschiedenheiten über die Ergebnisse der „historischen Wissenschaften".

---

[24] Die Bibel bezeichnet sich selbst als Wort Gottes: Psalm 78,5; 2. Timotheus 3,14-17; 2. Petrus 1,19-21. Gott, der die Bibel inspiriert hat, war immer da, ist vollkommen und lügt nie (Titus 1,2). Siehe auch Psalm 119, um die Wichtigkeit des Wortes Gottes zu verstehen.

4. Wer erschuf Gott?[25]

Skeptiker stellen Christen häufig die Frage: „Wenn Gott das Universum schuf, wer schuf dann Gott?" Doch Gott ist *per definitionem* der *nicht erschaffene* Schöpfer des Universums und deshalb ist die Frage: „Wer erschuf Gott?" in sich unlogisch. Es ist ebenso, als wenn jemand fragt: „Mit wem ist der Junggeselle verheiratet?"

Ein etwas scharfsinnigerer Fragesteller würde deshalb einwenden: „Wenn das Universum eine Ursache braucht, warum braucht dann Gott keine Ursache? Und wenn Gott keine Ursache braucht, warum braucht dann das Universum eine Ursache?" Somit steht also die folgende Überlegung zur Debatte:

- Alles, **was einen Anfang hat**, hat eine Ursache.[26]
- Das Universum hat einen Anfang.
- Deshalb hat das Universum eine Ursache.

Es ist wichtig, die **fettgedruckten** Wörter zu betonen. Das Universum erfordert eine Ursache, weil es einen Anfang hatte, wie weiter unten gezeigt werden wird. Gott hat aber, im Gegensatz zum Universum, keinen Anfang und braucht von daher keine Ursache.

Auch einige Gedanken über das Phänomen Zeit helfen uns, die obige Frage zu beantworten. Einsteins Allgemeine Relativitätstheorie, die experimentell gut belegt ist, zeigt uns, dass Zeit an Raum und Materie gebunden ist. Somit hat die Zeit selbst erst mit Materie und Raum am Anfang des Universums begonnen. Da Gott per definitionem der Schöpfer des ganzen Universums ist, ist er auch der Schöpfer der Zeit. Aus diesem Grunde kann er durch die Dimension der Zeit nicht eingegrenzt sein, hat also auch keinen Anfang in der Zeit und darum auch keine Ursache.

Für das Universum gibt es hingegen gute physikalische Gründe, dass es einen Anfang gehabt haben muss. Dies kann aus den *Hauptsätzen der Thermodynamik,* die zu den wichtigsten Naturgesetzen gehören, abgeleitet werden.

1. Hauptsatz: Die **Gesamtsumme der Massenenergien** im Universum ist konstant.

2. Hauptsatz: Die Summe aller Energien im Universum, die **für Arbeit verfügbar** ist, nimmt ständig ab. Oder anders ausgedrückt: Die *Entropie*[27] nimmt zu und strebt gegen ein Maximum.

Wenn die Gesamtsumme der Massenenergien begrenzt ist und die Menge an nutzbarer Energie abnimmt, darum kann das Universum nicht

---

[25] Dieser Abschitt beruht auf: Sarfati, J., 1998. If God created the universe, then who created God? *CEN Technical Journal* 12(1):20-22.

[26] Der Begriff „Ursache" hat in der Philosophie eigentlich mehrere verschiedene Bedeutungen. Hier jedoch bezieht er sich auf die *wirkende Ursache,* d.h. auf das hauptsächliche Mittel, das die Entstehung einer Sache verursacht.

[27] Entropie ist ein Maß für die Abnahme nutzbarer Energie.

seit unendlich langer Zeit existiert haben, denn dann wäre bereits alle nutzbare Energie erschöpft und der sogenannte „Wärmetod" längst eingetreten. Dies würde bedeuten: Alle radioaktiven Atome wären zerfallen; das gesamte Universum hätte überall die gleiche Temperatur, und keine weitere Arbeit wäre mehr möglich. Von daher ist es die beste Erklärung, dass das Universum mit einer großen Menge nutzbarer Energie erschaffen worden ist und nun „abläuft".[28]

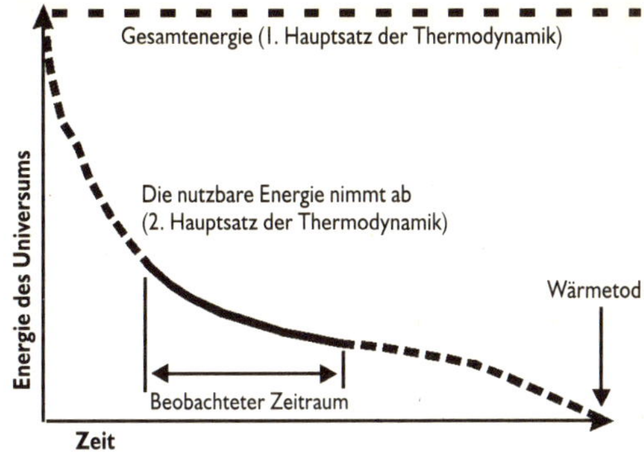

Die Menge an nutzbarer Energie im Universum nimmt stetig ab. Dies belegt eindeutig, dass das Universum einen Anfang hatte.

Was aber, wenn der Fragesteller akzeptiert, dass das Universum einen Anfang hatte, jedoch ablehnt, dass es eine Ursache braucht? Nun, es ist einfach offensichtlich, dass alles, was einen Anfang hat, auch eine Ursache hat. Niemand leugnet diese Tatsache wirklich in seinem Herzen. Die gesamte Wissenschaft, Geschichtsschreibung und Gesetzgebung würden zusammenbrechen, wenn dieses Gesetz von Ursache und Wirkung abgestritten würde.[29] Das Universum kann auch nicht seine eigene Ursache sein –

[28] Atheisten wie z. B. der verstorbene Carl Sagan und Isaac Asimov haben die Idee des oszillierenden Universums (wie ein „Jojo") verbreitet. Der Grund dafür ist allein der, den Gedanken eines Anfangs zu vermeiden, da das einen Schöpfer erfordern würde. Die Hauptsätze der Thermodynamik machen dieses Argument jedoch hinfällig, da jeder dieser hypothetischen Zyklen immer mehr nutzbare Energie in nicht nutzbare umsetzen würde. Das bedeutet, dass jeder Zyklus größer und länger wäre als der vorhergehende, und rückblickend in die Vergangenheit wären die Zyklen immer kürzer. Somit könnte das multizyklische Modell eine unendliche Zukunft, aber nur eine begrenzte Vergangenheit haben. Außerdem gibt es viel zu wenig Masse, um die stetige Ausdehnung des Universums zu stoppen, was für einen ersten Zyklus nötig wäre. Ferner ermöglicht kein bekannter Mechanismus ein erneutes Ausdehnen im Anschluss an den hypothetischen „großen Kollaps" (engl. „big crunch", in Parallele zum „big bang", dem Urknall).

[29] Einige Physiker behaupten, die Quantenmechanik würde gegen dieses Ursache-Wirkung-Prinzip verstoßen und könne etwas aus Nichts hervorbringen. Das stimmt jedoch nicht. Theorien, die besagen, dass das Universum eine Quantenfluktuation ist, müssen voraussetzen, dass es *etwas gab, das fluktuieren* konnte. Dieses vorausgesetzte „Quanten-Vakuum" ist kein „Nichts", sondern ein großes Materie-Antimaterie-Potenzial. Wenn es außerdem keine Ursache gibt, gibt es auch keine Erklärung, warum dieses *spezielle Universum* zu einer *speziellen Zeit* auftrat oder warum ein Universum in Erscheinung trat und keine Banane oder

nichts kann sich selbst erschaffen, weil es existieren müsste, bevor es anfinge zu existieren, und das ist logisch absurd.

Zusammenfassung

- Es kann gezeigt werden, dass das Universum einschließlich der Zeit einen Anfang gehabt haben muss.
- Schon der Verstand verbietet es zu glauben, dass etwas in Raum und Zeit ohne eine Ursache anfängt zu existieren.
- Das Universum verlangt darum zwingend eine Ursache, so wie es 1. Mose 1 und Römer 1,20 lehren.
- Als Schöpfer der Zeit steht Gott außerhalb der Zeit. Darum kann er schon prinzipiell keinen Anfang in der Zeit haben; er existiert somit immer und braucht demzufolge auch keine Ursache.[30]

Von welcher Richtung aus wir auch an dieses Thema herangehen – ob von den Belegen aus der Bibel, von der unglaublich komplexen, hoch organisierten Information in den Lebewesen oder vom Ursprung des Universums her – die Konsequenz ist immer gleich: Der Glaube an einen allmächtigen, allwissenden Schöpfergott, wie er sich in der Bibel offenbart, ist nicht nur sinnvoll, sondern die einzig haltbare Erklärung.

5. Der Christ kennt Gott!

Für einen wirklichen Christen (also einen gemäß Johannes 3,3 wiedergeborenen) gibt es keinen Zweifel an der Existenz Gottes. Die Bibel sagt in Römer 8,14-16:

> Denn so viele durch den Geist Gottes geleitet werden, die sind Söhne Gottes. Denn ihr habt nicht einen Geist der Knechtschaft empfangen, wieder zur Furcht, sondern einen Geist der Sohnschaft habt ihr empfangen, in dem wir rufen: Abba, Vater! Der Geist selbst bezeugt zusammen mit unserem Geist, daß wir Kinder Gottes sind (Rev. Elberfelder Bibel).

Hier weist die Bibel darauf hin, dass Christen eine persönliche Beziehung zu Gott haben. Das bezeugen solche, die ihre Sündhaftigkeit und die schrecklichen Konsequenzen ihrer Sünde im Licht des allmächtigen Gottes erkannt

---

Katze. Dieses Universum kann keine Eigenschaften haben, die erklären würden, warum gerade ein solches Universum entstanden ist, weil es überhaupt keine Eigenschaften haben würde, solange es nicht tatsächlich existiert.

[30] Siehe Craig, William L., 1984. *Apologetics: An Introduction*, Moody, Chicago, und *The Existence of God and the Beginning of the Universe*, unter <http://www.leaderu.com/truth/>.
Geisler N.L., 1976. *Christian Apologetics.* Baker Books, Grand Rapids, Michigan. Achten Sie jedoch auf das unglückliche (und unnötige) Entgegenkommen gegenüber der Urknalltheorie.

haben, über ihren Sünden Buße getan und die Vergebung Gottes angenommen haben, die durch Jesu Tod und Auferstehung möglich geworden ist. Wer ein solcher wirklicher Christ ist, hat den Heiligen Geist Gottes empfangen und hat damit die Gewissheit, ein Kind Gottes zu sein. Er kann mit Bestimmtheit bezeugen, dass er ewiges Leben hat (1. Johannes 5,13).

6. Anhang:
Außerbiblische Belege für die Existenz des Schöpfergottes der Bibel

6.1 Naturgesetze

Wir beobachten, dass alle Materie-/Energiesysteme – sich selbst überlassen – die allgemeine Neigung zum Zerfall, zum Vergehen, zum Niedergang oder zu einem Übergang zum niedrigeren Niveau hin haben.[31] Bei den Energieumwandlungsprozessen wird ein Teil der nutzbaren Energie in nicht nutzbare umgesetzt. Ohne einen programmierten Mechanismus oder ein intelligentes Eingreifen neigen die Systeme dazu, von einem geordneten Zustand in einen ungeordneten überzugehen; sie tendieren weiterhin dazu, sowohl Information als auch nutzbare Energie zu verlieren. Kurz: Die Systeme streben von sich aus den wahrscheinlichsten Zustand an. Darum fließt Wärme stets vom wärmeren Niveau zum kälteren hin, Gase strömen von Bereichen höheren Drucks zu solchen mit niedrigerem, unterschiedliche Konzentrationen in Lösungen tauschen sich aus, und der nutzbare Anteil an Energie nimmt ab. Auch offene Systeme sind davon nicht ausgeschlossen.[32] Im Falle des Verlustes an nutzbarer Energie lässt sich diese Eigenschaft der Systeme mit Hilfe eines Naturgesetzes, nämlich des zweiten Hauptsatzes der Thermodynamik, auch quantitativ berechnen. All das ist auch der Grund dafür, warum die Energie der Sonne keine tote Materie (z.B. ein trockenes Stück Holz) zum Wachsen veranlasst. Im Gegensatz dazu kann das eine grüne Pflanze, weil sie eine spezifische, programmgesteuerte Apparatur enthält, die die zugeführte Energie so leitet, dass sie in dem Sinne aufbauend wirkt, dass eine zunehmende Komplexität dabei entsteht.

Es ist unmöglich, dass eine solche zunehmende Komplexität von alleine in der Materie entsteht oder am Ursprung des Lebens entstanden ist, es sei denn, dass der Materie von außen Information zugeführt wird (s. S. 32-33). Nun wenden wir diese Gesetzmäßigkeiten auf das ganze Universum an. Mit Hilfe physikalischer Gesetze kann man errechnen, dass das Universum dem Wärmetod zustrebt. Der Wärmetod ist ein Zustand, bei dem es keine Energieumsetzungsprozesse mehr gibt. Anders ausgedrückt: Alle Energiezustände befinden sich auf demselben Niveau; damit hat die Entropie ihren Maximalwert erreicht. Die Geschichte des Universums könnten wir charakterisieren als „Vom Kosmos zum Chaos". Dieser Befund steht in

[31] Das ist ein Aspekt des zweiten Hauptsatzes der Thermodynamik, s. S. 24-25.
[32] Offene Systeme können Energie bzw. Materie mit ihrer Umgebung austauschen.

einem fundamentalen wissenschaftlichen Widerspruch zu der evolutionistischen Philosophie, die behauptet, es gäbe eine Entwicklung „vom Chaos zum Kosmos“.[33]

Es lässt sich schlussfolgern: Das Universum muss am Anfang „aufgezogen“ worden sein, und es kann nicht seit ewiger Zeit existiert haben. Somit ist jemand erforderlich, der außerhalb des Universums steht und der es „aufgezogen“ hat. Ein Vergleich mit einer Uhr, die sich nicht von selbst aufziehen kann, liegt nahe.

6.2 Lebewesen

Die beobachteten Veränderungen an Lebewesen sind ausschließlich mikroevolutiver Art (d.h. Veränderungen innerhalb einer Art) und unterstützen nicht die Hypothese einer Evolution von Einzellern zum Menschen (die sogenannte Makroevolution).

Wird aus einer Population genetische Information selektiert, die innerhalb dieser Population bereits vorliegt (z.B. DDT-Resistenz von Moskitos), dann entspricht das in der Bilanz einem *Verlust* an genetischer Information in dieser Population. Ein DDT-resistenter Moskito ist an eine DDT-haltige Umgebung angepasst, aber die Population hat jene Gene verloren, die nicht DDT-resistent waren, weil die Moskitos mit diesen Genen gestorben sind und somit ihre Gene nicht weitervererben konnten. Aus diesem Beispiel ist zu ersehen, dass natürliche Selektion und Anpassung immer mit einem *Verlust* an genetischer Information einhergeht.

Aufgrund der Informationstheorie und unzähliger Experimente und Beobachtungen wissen wir, dass Mutationen („Kopierfehler“ im Erbmaterial) keine *Steigerung* im Informationsgehalt und in der funktionalen Komplexität hervorrufen.[34] Stattdessen verursachen sie bei der Übertragung genetischer Information ein „Rauschen“[35] und zerstören somit Information. Das entspricht den erwiesenen wissenschaftlichen Prinzipien, die bei zufälliger Änderung im Informationsfluss wirksam werden. Es überrascht nicht, dass heute mehrere tausend menschlicher Krankheiten auf Mutationen zurückzuführen sind.

Dass die vorhandene genetische Information (durch Mutation, Selektion/Anpassung/Spezialisierung und Aussterben) im Laufe der Zeit abnimmt, stimmt überein mit dem Gedanken, dass ein originaler Genpool erschaffen

---

[33] Thaxton, C.B., Bradley, W.L, und Olsen, R.L., 1984. *The Mystery of Life's Origin*, Lewis and Stanley, Texas. Diese Experten auf dem Gebiet der Thermodynamik zeigen, dass die Thermodynamik ein gewaltiges Problem für die naturalistische Entstehung des Lebens ist. Siehe auch
Wilder-Smith, A.E., 1981. *The Natural Sciences Know Nothing of Evolution*, Master Books, San Diego, CA.

[34] Spetner, L., 1997. *Not by Chance! Shattering the Modern Theory of Evolution*, The Judaica Press, Inc., Brooklyn, NY.

[35] Man kann das mit dem Rauschen vergleichen, das beim Kopieren einer Musikkassette entsteht. Die Kopie ist niemals besser als das Original.

wurde. Anfänglich verfügte er über ein hohes Maß an möglichen Variationen, die aber nach und nach abnahmen und somit genetisch verarmten.

Da die beobachteten „Mikro"-Veränderungen – wie z.B. antibiotische Resistenz bei Bakterien und Resistenz gegen Insektizide bei Insekten – die Information vermindern (abwärts) oder bestenfalls erhalten, sind sie nicht imstande, durch Anhäufung die für die „Makro"-Evolution erforderlichen (Aufwärts-) Veränderungen herbeizuführen, auch ungeachtet noch so langer Zeiträume.[36]

Die kleinen „Mikro"-Veränderungen werden im Biologieunterricht irrtümlicherweise als „Beweise für Evolution" gewertet. Sie können jedoch keinesfalls extrapoliert werden, um die Evolution von Amöben zum Menschen zu erklären. Eine solche Extrapolation ist vergleichbar mit der Argumentation einer erfolglosen Firma, die behauptet, sie würde, obwohl sie jährlich etwas Geld verliert, letztlich doch zu großen Gewinnen kommen. Man muss nur genügend viele Jahre abwarten. Die beobachteten Veränderungen passen hingegen sehr gut in das biblische Modell von Schöpfung und Sündenfall.

6.3 Fossilien

Obwohl Darwin erwartete, dass Millionen von fossilisierten Zwischenformen existieren müssen, sind diese niemals gefunden worden, abgesehen von einer bloßen Handvoll strittiger Exemplare. Dr. Colin Patterson vom Britischen Museum für Naturgeschichte – er ist ein Vertreter der Evolutionslehre – wurde in einem Brief gefragt, warum er in seinem Buch über Evolution keine Illustrationen von Zwischenformen eingefügt habe. Er antwortete:

> ... Ich stimme Ihren Ausführungen über das Fehlen direkter Illustrationen evolutionärer Übergänge in meinem Buch völlig zu. Wenn mir irgendwelche bekannt wären – Fossilien oder lebende Formen – dann hätte ich sie sicherlich aufgenommen. Sie schlagen vor, man sollte einen Künstler beauftragen, diese Zwischenformen visuell darzustellen. Doch woher sollte er die dazu erforderlichen Kenntnisse erhalten? Ich könnte sie, ehrlich gesagt, nicht liefern. Und wenn ich es der künstlerischen Freiheit überließe, würde das nicht den Leser täuschen?
>
> Ich habe das Buch vor vier Jahren geschrieben. Wenn ich es jetzt schreiben sollte, sähe das Ergebnis, so denke ich, anders aus. Ich glaube an das Konzept des Gradualismus, nicht allein aufgrund der Autorität Darwins, sondern weil mein Verständnis von Genetik es wohl verlangt. Doch ist es schwierig, Gould [amerikanischer Paläontologe] und den Leuten vom Amerikanischen Museum zu widersprechen, wenn sie sagen, dass es keine Fossilien von Zwischenformen gibt. Da ich selbst Paläontologe bin, beschäftige ich mich intensiv mit den philosophischen

[36] Lester, L.P., und Bohlin, R.G., 1989. *The Natural Limits of Biological Change*, Probe Books, Dallas, Texas.

Problemen, die mit den Fossilien zusammenhängen. Daher interessiert mich die Frage, wie man Vorformen von Fossilien identifizieren kann. Sie sagten, ich sollte zumindest „ein Foto des Fossils zeigen, von welchem der jeweilige Organismentyp abgeleitet wurde". Ich lege die Karten offen auf den Tisch – es gibt kein einziges derartiges Fossil, für das man ein wasserdichtes Argument vorbringen könnte.[37]

So stellt sich ein Künstler den Archäopterix vor.

Sogar die so oft zitierte Zwischenform zwischen Reptilien und Vögeln, der *Archaeopteryx*, zeigt keinerlei Anzeichen des so entscheidenden Übergangs von Schuppen zu Federn oder von Vorderbeinen zu Flügeln. Es ist zwar immer möglich, den Glauben an Evolution zu bewahren, indem man unbeobachtbare Mechanismen vermutet,[38] doch ist die Beweiskraft eines derartig *systematischen* Fehlens der angenommenen evolutionären „Bindeglieder" auf globaler Ebene ein stichhaltiges, positives Argument für die biblische Schöpfung, ungeachtet aller Argumente, wie und wann Fossilien entstanden sind.

6.4 Altersbestimmung

Die Belege für eine „junge" Erde und ein „junges" Universum sind Indizien für die biblische Schöpfung, da die naturalistische Evolution – sofern sie überhaupt möglich ist – lange Zeitalter benötigen würde. Es gibt viele Hinweise darauf, dass das Universum relativ jung ist,[39] z. B. den Zerfall des Erdmagnetfelds, einschließlich schneller paläomagnetischer Umkehrungen,[40] empfindliche organische Moleküle in Fossilien, die angeblich viele Millionen Jahre alt sind,[41] zu wenig Helium in der Erdatmosphäre,[42] zu wenig

---

[37] Diesen Brief schrieb Dr. Colin Patterson, damals leitender Paläontologe am Britischen Museum für Naturgeschichte in London, am 10. April 1979 an Luther D. Sunderland. Er ist zitiert in Sunderland, L.D., 1984. *Darwin's Enigma*, Master Books, San Diego, USA, S. 89. Später versuchte Patterson die Bedeutung dieser höchst eindeutigen Aussage herabzuspielen.

[38] Wie z. B. das „punktuale Gleichgewicht" oder andere sekundäre Annahmen.

[39] Morris, J.D., 1994. *The Young Earth*, Master Books, Colorado Springs, CO.

[40] Sarfati, J., 1998. The earth's magnetic field: evidence that the earth is young. *Creation* 20(2):15-17.

[41] Z. B. Wieland, C., 1997. Sensational dinosaur blood report. *Creation* 19(4):42-43.

[42] Sarfati, J., 1998. Blowing old-earth beliefs away. *Creation* 20(3):19-21.

Salz in den Meeren,[43] Kohlenstoff-14 (^{14}C, radioaktiver Kohlenstoff mit der Atommasse 14) in Kohle und Öl, die angeblich Millionen Jahre alt sein sollen (siehe Kapitel 4), polystrate Fossilien, die sich durch mehrere geologische Schichten erstrecken, die angeblich mehrere Millionen Jahre repräsentieren, Einschiebungen von „aus der Reihe tanzenden" geologischen Schichten[44], eine nur kleine Anzahl von Überresten von Supernovas[45], Magnetfelder auf „kalten" Planeten und vieles mehr (s. S. 89-90).

Verstrichene Zeit, die sich jenseits der eigenen Lebenszeit in die Vergangenheit erstreckt, kann nicht direkt gemessen werden, und deshalb sind alle Argumente sowohl für ein hohes wie auch für ein junges Erdalter notwendigerweise indirekt und in starkem Maße davon abhängig, ob man den Annahmen zustimmt, auf denen sie unausweichlich basieren oder nicht.

Die Annahme einer jungen Erde erklärt sinnvoll die Tatsache, dass viele Fossilien gut erhaltene weiche Bestandteile aufweisen. Das Existieren derartiger Fossilien erfordert eine rasche Absetzung und Aushärtung des umschließenden Sediments. Beobachtungen von z.B. multiplen geologischen Schichten und Canyons, die sich in aktueller Zeit bei katastrophischen Ereignissen rasch gebildet haben, weisen darauf hin, dass die alteingebürgerten „Langsam-und-allmählich-Vorstellungen" und das Denken in langen Zeitaltern ein schwerwiegender Fehler sind.[46]

6.5 Indizien aus den Bereichen Kultur und Anthropologie

Weltweit gibt es Hunderte von Überlieferungen unter eingeborenen Völkern, die von einer globalen Flut berichten. Alle diese Berichte haben Gemeinsamkeiten mit dem biblischen Sintflutbericht und stellen somit Belege für die Zuverlässigkeit der biblischen Geschichte dar. Ebenfalls weit verbreitet, wenn auch in geringerem Maße, sind Berichte über eine Zeit der Sprachverwirrung und -ausbreitung. Linguistische und biologische Befunde haben kürzlich ans Licht gebracht, dass alle „Menschenrassen" genetisch sehr eng verwandt sind, was bisher unbekannt war (siehe Kapitel 18). Dies steht in Einklang mit einem jungen Alter der Menschheit, ausgehend von einer kleinen ursprünglichen Population. Dadurch wird die zuvor weit verbreitete Auffassung widerlegt, dass die menschlichen Rassen ihre charakteristischen Merkmale über lange Zeiträume der Isolation entwickelten. Moleku-

---

[43] Sarfati, J., 1998. Salty seas. *Creation* 21(1):16-17.

[44] D.h. es gibt „fehlende" Zwischenschichten, die in der standardmäßigen geologischen Schichtenabfolge und der Millionen-Jahre-Zeitskala nicht verzeichnet sind, woraus zu schließen ist, dass die fehlenden Schichten nicht die angeblichen vielen Millionen Jahre repräsentieren. Siehe Snelling, A., 1992. The case of the missing geologic time. *Creation* 14(3):31-35.

[45] Sarfati, J. 1997. Exploding stars point to a young universe. *Creation* 19(3):46-48.

[46] *Mount St. Helens: Explosive Evidence for Catastrophe in Earth's History*, ein Video mit Dr. Steve Austin, Creation Videos. Siehe auch Kapitel 4: „Was ist von Karbon-Datierungsmethoden zu halten?"

lare Untersuchungen legen nahe, dass die DNS in den Mitochondrien aller heute lebenden Menschen von einer einzigen Frau weitervererbt wurde, die vor relativ kurzer Zeit lebte.[47] Derartige Befunde können zwar in ein Evolutionsmodell hineingezwängt werden, jedoch würde dieses ein solches Ergebnis nicht voraussagen. Mit der biblischen Schöpfung steht diese Erkenntnis allerdings in völligem Einklang.

6.6 Plan und Komplexität

Es sind biologische Systeme mit unglaublich komplex aufeinander abgestimmten Bestandteilen bekannt, bei denen jede erdenkliche Vorform, die nur teilweise abgestimmt ist und die nur teilweise funktioniert oder bei der weniger Komponenten zusammenarbeiten, äußerst nachteilig für den Organismus wäre.[48] Einige Beispiele sind das Blutgerinnungssystem, die von den Bakterien zur Fortbewegung verwendeten Bakteriengeißeln, der Apparat zur Fotosynthese und die Metamorphose von Raupen zu Schmetterlingen durch Verpuppen. Weitere Beispiele von Plan und Komplexität finden wir in den lebenden Systemen in Hülle und Fülle.

Die immense Komplexität des menschlichen Gehirns, seine Kreativität und sein abstraktes Denkvermögen mit Fähigkeiten, die weit über die Notwendigkeiten zum bloßen Überleben hinausgehen, gehören vielleicht zu den „offensichtlichsten" Beweisstücken für eine Schöpfung durch einen intelligenten Urheber.

Auf molekularer Ebene unterscheidet sich z.B. die typische Organisation von Lebewesen wesensmäßig von dem Aufbau eines Kristalls. Die Funktion eines bestimmten Proteins beispielsweise hängt von der *zusammengefügten Sequenz* seiner Bestandteile ab. Die codierte Information, die zum Zusammenfügen dieser Sequenzen erforderlich ist, ist *nicht* von vornherein durch die chemische Beschaffenheit der Bestandteile vorgegeben – so wie das bei einem Kristalls der Fall ist –, sondern erfordert eine Intelligenz von außen.

Die Evolutionslehre kann die hochintegrierte Umwandlung einer Raupe in eine Puppe und schließlich in einen Schmetterling nicht erklären, da sie die Entstehung dieses Vorgangs mit kleinen schrittweisen Veränderungen erklären müsste.

Während der Reproduktion wird die benötigte Information zur Bildung eines lebenden Organismus auf materielle Träger aufgezeichnet,

---

[47] Die Mitochondrien sind selbstständige Zellbestandteile, die eigene Erbinformation (DNA) enthalten und nur über die Mutter vererbt werden, deren DNA also *nicht* aus beiden Eltern kombiniert wird, wie bei der übrigen Erbinformation. Siehe auch Wieland, C., 1998. A shrinking date for 'Eve'. *CEN Technical Journal* 12(1):1-3.

[48] Behe, M.J., 1996. *Darwin's Black Box*, The Free Press, New York.

um so zu einem ablauffähigen Programm zu kommen. Dies geschieht durch Systeme gleicher (oder höherer) Komplexität (im elterlichen Organismus), zu deren Bildung wiederum dieselben Elemente erforderlich waren. Es ist kein spontaner, physikalisch-chemischer Prozess bekannt, der eine solche informationstragende Sequenz ohne eine programmgesteuerte Maschinerie hervorbringen könnte – dies erfordert die Steuerung durch eine Intelligenz von außen.

Die vernünftigste Schlussfolgerung aus solchen Beobachtungen ist aber, dass eine von außen eingreifende Intelligenz dafür verantwortlich ist, dass am Anfang eine enorme Menge biologischer Information in den voll funktionierenden Organismen aller Populationen geschaffen wurde.[49] Diese Intelligenz überragt bei weitem die menschliche Intelligenz – auch das passt genau in das biblische Konzept, wonach Gott der Verursacher ist.

[49] Gitt, W., 1994. *Am Anfang war die Information*. Hänssler, Neuhausen.

Kapitel 2

Hat Gott die Welt wirklich in sechs Tagen geschaffen?

Waren die Schöpfungstage tatsächlich gewöhnliche Tage? Könnten es auch lange Zeitperioden gewesen sein? Warum gerade sechs Tage? Hat die Länge der Tage irgendeine Bedeutung für das Evangelium? Wie können es „Tage" sein, wenn es doch an den ersten drei Tagen noch gar keine Sonne gab? Widersprechen sich die „beiden Schöpfungsberichte" in den Kapiteln 1 und 2 des ersten Buches Mose? Wie sollen wir die Bibel verstehen – wörtlich oder sinnbildlich?

1. Ist die Frage nach der Länge der Schöpfungstage überhaupt wichtig?

Wenn die Schöpfungstage Millionen Jahre lange „geologische Zeitalter" wären, dann wäre damit auch der Kern des Evangeliums ausgehöhlt, denn dann müsste man Tod, Krankheit, Not und Leid zeitlich vor dem Sündenfall einordnen. Wie noch ausführlich erläutert wird, impliziert diese Vorstellung eine falsche Vorgehensweise, um die Bibel zu verstehen. Man unterstellt nämlich, dass das Wort Gottes auf der Grundlage fehlbarer Theorien, die von sündigen Menschen stammen, ausgelegt werden kann.

Es ist eine gute Übung für das Bibelstudium, das erste Kapitel vom 1. Buch Mose einmal völlig unvoreingenommen zu lesen. Dabei wollen wir versuchen, alles beiseite zu lassen, das uns zu einer vorgefassten Meinung zur Bedeutung des Wortes „Tag" verleiten könnte. Lassen wir einfach einmal die Worte dieses Textes zu uns reden.

Der Text besagt offensichtlich, dass Gott das Universum, die Erde, die Sonne, den Mond, die Sterne, die Pflanzen, die Tiere und die ersten beiden Menschen in sechs gewöhnlichen Tagen[1] geschaffen hat, die den heutigen Tagen entsprechen. Wenn wir wirklich ehrlich sind, müssen wir zugeben, dass beim bloßen Lesen dieses Abschnitts *niemand* auf die Idee käme, es würde sich hier um Millionen von Jahren handeln. Nun sind aber die meisten Christen der abendländischen Welt nicht davon überzeugt, dass die Schöpfungstage gewöhnliche Tage waren, sondern sie vertreten die Meinung, dass es sich um lange Zeitperioden gehandelt haben muss – um Millionen oder sogar um Milliarden von Jahren.

---

[1] Wir verwenden hier durchgängig die einheitliche Bezeichnung „gewöhnliche Tage" und meinen damit in allen Fällen solche Tage, wie wir sie tagtäglich erleben – also buchstäbliche 24-Stunden-Tage, die durch die Erdrotation definiert sind.

2. Wie informiert Gott uns Menschen?

Gott kommuniziert durch eine Sprache. Als er Adam schuf, „programmierte“ er ihn bereits mit einer Sprache, sodass er mit ihm reden konnte. Menschliche Sprachen bestehen aus Wörtern, die in einem spezifischen Kontext verwendet werden und die sich auf die gesamte uns umgebende Wirklichkeit beziehen. Somit kann Gott dem Menschen Dinge offenbaren, und der Mensch kann mit Gott reden, da die Wörter Bedeutungen haben und eine verständliche Botschaft übermitteln. Wenn das nicht so wäre, wie könnte sich dann überhaupt jemand mit einem anderen verständigen – oder mit Gott oder Gott mit uns?

> *Wenn dein Wort offenbar wird, so erfreut es und macht klug die Unverständigen (Psalm 119,130).*

3. Wie kam es zu den „langen“ Schöpfungstagen?

Römer 3,4 sagt: „Gott ist wahrhaftig, und alle Menschen sind Lügner.“

Die „Schöpfungstage“ werden heute oft nicht als gewöhnliche Tage aufgefasst; die klare Aussage im Bibeltext wird umgedeutet, weil *außerbiblische* Vorstellungen in die Interpretation einfließen. Damit ist ein Präzedenzfall geschaffen worden, wonach auch jedes andere Wort der Bibel – je nach den vorgefassten Ansichten des Lesers – umgedeutet werden kann. Letztendlich wird diese Vorgehensweise jede Kommunikation zusammenbrechen lassen, wenn dieselben Worte im selben Kontext für unterschiedliche Leser eine unterschiedliche Bedeutung haben.

Die Kirchenväter: Die meisten „Kirchenväter“ verstanden die Schöpfungstage als gewöhnliche Tage[2], einige von ihnen jedoch nicht, weil sie unter dem Einfluss der griechischen Philosophie standen, wonach die Tage allegorisch zu deuten sind. Sie schlussfolgerten, dass sich die Schöpfungstage auf Gottes Aktivität bezögen. Da Gott zeitlos ist, würde das bedeuten, dass die Tage nichts mit der menschlichen Zeitrechnung zu tun haben.[3] Im Gegensatz zu den allegorisierenden Auslegern von heute konnten diese Kirchenväter nicht akzeptieren, dass Gott für die Schöpfung *so lange,* nämlich sechs Tage brauchte.

Die Vorstellung von nicht gewöhnlichen Tagen ist auf außerbiblische Einflüsse zurückzuführen und nicht auf den tatsächlichen Bibeltext. Diese Art und Weise die Bibel zu interpretieren, hat sich bis heute ausgewirkt. Der Mann, der die Reformation in Gang setzte, Martin Luther, sagte:

[2] Van Bebber, M. und Taylor, P.S., 1994. *Creation and Time: A Report on the Progressive Creationist Book by Hugh Ross*, Films for Christ, Mesa, Arizona.

[3] Hasel, G.F., 1994. The ‘days’ of creation in Genesis 1: literal ‘days’ or figurative ‘periods/epochs’ of time? *Origins* 21(1):5-38.

> Die Schöpfungstage waren Tage gewöhnlicher Länge. Wir müssen das akzeptieren, auch wenn es von der Erkenntnis unserer Vorväter abweicht. Wenn wir beobachten, dass die Meinungen der Väter nicht mit der Schrift übereinstimmen, ertragen wir sie mit Ehrerbietung und erkennen an, dass die Vorväter unsere Ältesten sind. Dennoch weichen wir deshalb nicht von der Autorität der Schrift ab.[4]

Die heutigen Kirchenführer: Viele Theologen von heute fassen die Schöpfungstage *nicht* als gewöhnliche Tage auf. Wenn wir der Ursache auf den Grund gehen, stellen wir fest, dass hierfür letztendlich immer außerbiblische Einflüsse ausschlaggebend sind (insbesondere der Glaube an ein mehrere Milliarden Jahre altes Universum). Die Theologen von heute geben zwar zu, dass in 1. Mose 1 offenbar gewöhnliche Tage gemeint sind, wenn man den Text so nimmt, wie er geschrieben steht. Doch leider übernehmen sie das Urknall-Modell, das ein hohes Alter für das Universum fordert sowie andere außerbiblische Lehren und verwerfen deshalb die biblische Aussage.

1. Mose 1 zeigt: Die Schöpfungstage sind gewöhnliche Tage.

Schauen wir uns dazu einmal die folgenden repräsentativen Zitate von Theologen an, die als konservativ angesehen werden, jedoch die Schöpfungstage nicht als gewöhnliche Tage auffassen:

> Eine oberflächliche Lektüre von 1. Mose 1 könnte den Eindruck vermitteln, der gesamte Schöpfungsprozess habe innerhalb von sechs 24-Stunden-Tagen stattgefunden … dies steht aber im Widerspruch zu den Ergebnissen der modernen wissenschaftlichen Forschung, die zeigt, dass die Erde vor mehreren Milliarden Jahren erschaffen wurde.[5]

> … Wir haben die Möglichkeit gezeigt, dass Gott die Erde und das Leben darauf in einer Reihe von Schöpfungstagen bildete, die lange Perioden repräsentieren können. Angesichts des offensichtlichen Alters der Erde ist dies nicht nur möglich, sondern wahrscheinlich.[6]

Man bekommt den Eindruck, dass diese Theologen die Natur als das „67. Buch“ der Bibel ansehen – allerdings mit höherer Autorität als die 66 ge-

---

[4] Luther, M., zitiert in Plass, E.M., 1991. *What Martin Luther Says, a Practical In-Home Anthology for the Active Christian*, Concordia Publishing House, St. Louis, Missouri, S. 1523.

[5] Archer, G.L., 1994. *A Survey of Old Testament Introduction*, Moody Press, Chicago, Illinois, S. 196-197.

[6] Boice, J.M., 1982. *Genesis, An Expositional Commentary* Vol. 1, Genesis 1:1-11, Zondervan Publishing House, Grand Rapids, Michigan, S. 68.

schriebenen Bücher der Bibel. Charles Haddon Spurgeon schrieb im Jahre 1877:

C.H. Spurgeon

> Wir sind eingeladen, Brüder, uns allen Ernstes von dem altmodischen Glauben unserer Vorväter abzuwenden, weil die Wissenschaft angeblich einige Entdeckungen gemacht hat. Was ist Wissenschaft? Die Methode, mit der der Mensch versucht, seine Unwissenheit zu verbergen. Das sollte nicht so sein, aber es ist so. In Sachen Theologie dürft ihr nicht dogmatisch sein, meine Brüder, das wäre böse; doch für Wissenschaftler ist das genau das Richtige. Ihr dürft niemals etwas mit großer Gewissheit behaupten, doch die Wissenschaftler dürfen freimütig alles behaupten, was sie nicht beweisen können und dürfen einen Glauben verlangen, der weit blauäugiger ist als jeder Glaube auf unserer Seite. Fürwahr, du und ich, wir sollen unsere Bibeln nehmen und unseren Glauben nach den stets schwankenden Lehren der sogenannten Wissenschaftler formen und gestalten. Welch eine Torheit! Der Siegesmarsch der Wissenschaft – fälschlicherweise so genannt – durch die Welt ist gespickt mit entlarvten Irrtümern und verworfenen Theorien. Frühere Forscher, einst bewundert, werden nun gerügt; der stetige Schiffbruch falscher Hypothesen ist weltweit eine berüchtigte Sache. Sagt mir: In welchem Lager stehen die Gelehrten, nachdem von ihrem Aberglauben und ihren Theorien nur Trümmerfelder und Scherbenhaufen übrig geblieben sind?[7]

Wer die historischen Wissenschaften (die meistens von solchen Menschen betrieben werden, die im Wesentlichen Gottes geschriebene Offenbarung ignorieren) zur Interpretation der Bibel heranzieht, um Erkenntnis über Gott zu erlangen, hat die Dinge auf den Kopf gestellt. Weil wir gefallene und fehlbare Geschöpfe sind, brauchen wir Gottes geschriebenes Wort und die Erleuchtung durch den Heiligen Geist, um die Naturgeschichte richtig zu verstehen. Der angesehene systematische Theologe Berkhof sagte:

> Seitdem die Sünde in die Welt eingedrungen ist, kann der Mensch aus der allgemeinen Offenbarung [d. h. aus der Schöpfung] nur dann wahre Erkenntnis über Gott erlangen, wenn er die Schöpfung im Licht der Bibel studiert. In der Bibel werden die Grundelemente von Gottes originaler Selbstoffenbarung, die durch den Trug der Sünde verschleiert und verdorben wurde, neu dargelegt, richtiggestellt und erklärt … Manche

[7] Spurgeon, C.H., 1877. *The Sword and the Trowel*, S. 197.

neigen dazu, Gottes allgemeine Offenbarung als eine zweite Quelle zu bezeichnen; doch angesichts der Tatsache, dass die Natur hier nur als Erklärung herangezogen werden kann, wenn sie im Licht der Bibel interpretiert wird, ist diese Auffassung wohl nicht zutreffend.[8]

Anders gesagt: Christen sollten ihr Denken auf die Bibel gründen, und nicht auf den momentanen Stand der „Wissenschaft".

> ***Christen sollten ihr Denken auf die Bibel gründen.***

4. Wie sind die „Tage" von 1. Mose 1 zu verstehen?

Was sagt uns die Bibel über die Bezeichnung „Tag" in 1. Mose 1? Ein Wort kann mehrere Bedeutungen haben, was an nachstehendem Satz beispielhaft erklärt werden soll: „Kürzlich ist an den Tag gekommen, dass es jemand in zehn Tagen geschafft hat, die Sahara nur bei Tage zu durchqueren." Das erste Wort „Tag" in diesem Satz hat seine Bedeutung nur innerhalb der Redewendung „an den Tag kommen", was so viel bedeutet wie „bekannt werden"; das zweite Wort „Tag" bezeichnet im Zusammenhang mit der Zahl zehn die Anzahl an gewöhnlichen 24-Stunden-Tagen; und das dritte Wort „Tag" gibt lediglich die Tageslichtperiode dieser 24 Stunden an. Es kommt bei manchen Wörtern also besonders auf den Kontext an.

Um die Bedeutung des Wortes „Tag" in 1. Mose 1 zu verstehen, müssen wir herausfinden, wie das hebräische Wort für „Tag", *jom*, im Zusammenhang der Bibel verwendet wird. Dabei sind folgende Punkte wichtig:

- Bei einem Blick in eine gute Konkordanz sehen wir, dass *jom* eine Reihe von Bedeutungen haben kann: die Zeit bei Tageslicht im Gegensatz zur Nacht, eine 24-Stunden-Periode, Zeit allgemein, ein bestimmter Zeitpunkt oder auch ein Jahr.
- Ein klassisches, hoch angesehenes Hebräisch-Englisch-Wörterbuch[9] gibt für das Wort *jom* sieben Bedeutungen mit vielen Unterteilungen an, definiert aber die Schöpfungstage aus 1. Mose 1 als gewöhnliche Tage unter der Überschrift: „Ein Tag, der durch Morgen und Abend definiert wird."
- Alle Schöpfungstage sind von eins bis sechs durchnummeriert und mit der Beschreibung „und es wurde Abend, und es wurde Morgen" versehen (1. Mose 1 Vers 5, 8, 13, 19, 23 und 31).
- An anderen Stellen der Bibel wird *jom* 410-mal in Verbindung mit einer Zahl verwendet, und jedesmal bedeutet es einen gewöhnlichen Tag.[10] Warum sollte 1. Mose 1 da eine Ausnahme machen?[11]

---

[8] Berkhof, Louis, Introductory volume to *Systematic Theology*, S. 60, 96.

[9] Brown, Driver & Briggs, 1951. *A Hebrew and English Lexicon of the Old Testament*, Clarendon Press, Oxford, S. 398.

- An anderen Stellen der Bibel wird *jom* 23-mal in Verbindung mit den Wörtern „Abend“ oder „Morgen“[12] verwendet. „Abend“ und „Morgen“ kommen gemeinsam, allerdings ohne *jom*, 38-mal vor. Alle 61 Male (23 + 38 = 61) bezieht sich der Text auf einen gewöhnlichen Tag. Warum sollte es in 1. Mose 1 anders sein?[13]
- In 1. Mose 1,5 steht *jom* im Zusammenhang mit dem Wort „Nacht“. An anderen Stellen der Bibel kommt „Nacht“ 53-mal in Verbindung mit *jom* vor – und *jom* bedeutet in allen Fällen einen gewöhnlichen Tag. Warum sollte 1. Mose 1 eine Ausnahme sein? Sogar die Verwendung des Wortes „Licht“ in Verbindung mit *jom* in diesem Abschnitt weist auf die Bedeutung als gewöhnlicher Tag hin.[14]

Das hebräische Wort für „Tag“, jom, wird in 1. Mose 1 auf mehrfache Weise verwendet, aber immer handelt es sich um gewöhnliche Tage.

- Zur Beschreibung einer längeren Zeitperiode kann der Plural von *jom* gebraucht werden (z. B. „in jenen Tagen“), der aber in 1. Mose 1 nicht vorkommt;[15] dann wäre ja auch eine Nummerierung der Tage unsinnig. Das Wort *Tage* in 2. Mose 20,11, das mit der Anzahl *sechs* verbunden ist, bezieht sich also eindeutig auf sechs gewöhnliche Tage.
- Im biblischen Hebräisch gibt es Wörter, die zur Bezeichnung langer Zeitperioden oder einer unbestimmten Zeit sehr geeignet sind (wie z. B. *olam* oder *qedem*), doch keines dieser Worte wird in 1. Mose 1 verwendet.[16] Alternativ hätten die Tage oder Jahre auch mit dem Sand des Meeres verglichen werden können, wenn lange Zeitperioden gemeint wären.
- Dr. James Barr (Professor für Hebräisch an der Universität Oxford), der selber nicht glaubt, dass das 1. Buch Mose wahre Geschichtsschreibung ist, gibt bezüglich der Sprache von 1. Mose dennoch zu:

---

[10] Manche sagen, Hosea 6,2 sei aufgrund der bildhaften Sprache eine Ausnahme. Der hier verwendete idiomatische hebräische Ausdruck „... nach zwei Tagen ... am dritten Tag ...“, der „eine kurze Zeit“ bedeutet, macht jedoch nur dann Sinn, wenn „Tag“ im wörtlichen Sinn verstanden wird. Siehe auch Van Bebber, M. und Taylor, P.S., 1994. *Creation and Time: A Report on the Progressive Creationist Book by Hugh Ross*, Films for Christ, Mesa, Arizona, S. 74-75.

[11] Stambaugh, James, 1996, The days of creation: A semantic approach. *Proc. Evangelical Society's Far West Region Meeting*, The Master's Seminary, Sun Valley, California, 26. April, S. 12.

[12] Die Juden beginnen ihren Tag am Abend (mit dem Sonnenuntergang). Das basiert offensichtlich darauf, dass in 1. Mose die Tage mit dem „Abend“ beginnen.

[13] Stambaugh, a.a.O., S. 15.

[14] ebd., S. 72.

[15] ebd., S. 72-73.

[16] ebd. S. 73-74. Siehe auch Grigg, Russel, 1996. How long were the days of Genesis 1? *Creation* 19(1):23-25.

> ... So weit ich weiß, gibt es keinen Professor für Hebräisch oder Altes Testament an irgendeiner Weltklasse-Universität, der nicht glaubt, dass der oder die Schreiber von 1. Mose 1 – 11 beabsichtigte(n), seinen bzw. ihren Lesern den Gedanken zu vermitteln, dass (a) sich die Schöpfung in einer Reihe von sechs Tagen vollzog, die den 24-Stunden-Tagen unserer Erfahrung entsprechen, dass (b) die Zahlen in den Geschlechtsregistern in 1. Mose durch einfache Addition eine Chronologie vom Anfang der Welt bis zu späteren Phasen der biblischen Geschichte ergeben und dass (c) die Sintflut eine weltweite Flut war, die alles menschliche und tierische Leben auslöschte, abgesehen von dem, das sich in der Arche befand.[17]

In gleicher Weise sagte Marcus Dods, ein liberaler Professor des 19. Jahrhunderts vom New College in Edingburgh:

> Wenn beispielsweise das Wort „Tag“ in diesen Kapiteln keine Zeitperiode von 24 Stunden bedeutet, gibt es für die Auslegung der Schrift keine Hoffnung.[18]

Schlussfolgerung: Wenn wir bereit sind, die Worte selbst so zu uns reden zu lassen, dass sie im Einklang mit dem Kontext und den normalen Definitionen stehen, und uns nicht von außerbiblischen Vorstellungen beeinflussen lassen, dann bedeutet das Wort für „Tag“ in 1. Mose 1 (das durch eine Nummerierung der Tage, durch den Ausdruck *„Abend und Morgen“* und beim ersten Tag durch *„Licht und Finsternis“* näher bestimmt ist) offensichtlich einen gewöhnlichen Tag.

Martin Luther

Zu Martin Luthers Zeiten sagten einige der Kirchenväter, Gott habe alle Dinge in nur einem Tag bzw. in einem Augenblick erschaffen. Martin Luther schrieb:

> Wenn Mose schreibt, dass Gott die Himmel und die Erde samt allem, was auf ihr ist, in sechs Tagen geschaffen hat, dann lass diese Zeit weiterhin sechs Tage sein und wage nicht irgendeinen Kommentar abzugeben, dass sechs Tage nur ein Tag gewesen seien. Doch wenn du nicht verstehen kannst, wie dies in sechs Tagen geschehen konnte, dann gewähre dem Heiligen Geiste die Ehre, gelehrter zu sein, als du es bist.

---

[17] Barr, James, 1984, Brief an David C.C. Watson, 23. April.

[18] Dods, M., 1888. *Expositor's Bible*, T&T Clark, Edinburgh, S. 4. Zitiert in Kelly, D.F., 1997. *Creation and Change*, Christian Focus Publications, Fearn, U.K., S. 112.

Johannes Calvin

> Denn mit der Schrift musst du so umgehen, dass du stets bedenkst, dass Gott selbst sagt, was geschrieben steht. Da aber Gott spricht, geziemt es sich nicht für dich, sein Wort schamlos in jene Richtung zu wenden, in die du es gern hättest.[19]

In ähnlicher Weise sagte Johannes Calvin:

> … wenngleich das Alter der Welt, die nun ihrem letzten Ende entgegen strebt, noch keine sechstausend Jahre erreicht hat … wurde Gottes Werk doch nicht in einem Augenblick, sondern in sechs Tagen vollendet.[20]

Luther und Calvin waren das Rückgrat der protestantischen Reformation, die die Kirche mit den Worten *sola sriptura* („allein die Schrift“) zurück zur Bibel rief. Diese Männer hielten beide eisern daran fest, dass in 1. Mose 1 sechs buchstäbliche Schöpfungstage gemeint sind, die nur einige tausend Jahre zurückliegen.

5. Wozu sechs Tage?

In 2. Mose 31,12 lesen wir, was Gott Mose aufgetragen hat, dem Volk Israel zu gebieten:

> Sechs Tage soll man arbeiten, aber am siebenten Tag ist Sabbat, völlige Ruhe, heilig dem HERRN. Wer eine Arbeit tut am Sabbattag, soll des Todes sterben. Darum sollen die Israeliten den Sabbat halten, dass sie ihn auch bei ihren Nachkommen halten als ewigen Bund. Er ist ein ewiges Zeichen zwischen mir und den Israeliten. Denn in sechs Tagen machte der HERR Himmel und Erde, aber am siebenten Tag ruhte er und erquickte sich (2. Mose 31,15-17).

Dann gab Gott Mose zwei steinerne Tafeln, auf denen die Gebote Gottes standen, geschrieben mit dem Finger Gottes (2. Mose 31,18).

---

[19] Plass, a.a.O., S. 1523.

[20] McNeil, J.T. (Hg.), 1960. *Calvin: Institutes of the Christian Religion 1*, The Westminster Press, S. 160-161, 182.

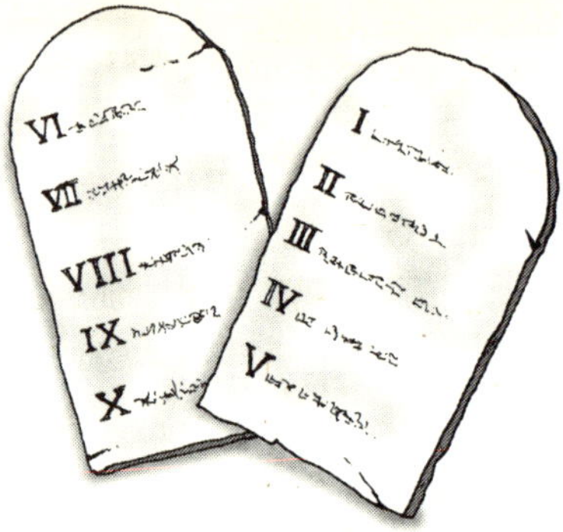

Gott, der unendliche Macht und Weisheit besitzt, hätte das Universum samt allem Inhalt zweifellos im Nu, in sechs Sekunden, sechs Minuten oder sechs Stunden erschaffen können – denn „bei Gott ist kein Ding unmöglich" (Lukas 1,37).

Es stellt sich jedoch die Frage: „Warum hat Gott so lange gebraucht? Warum gerade sechs Tage?" Die Antwort finden wir ebenfalls in 2. Mose 20,11, und diese Antwort ist die Grundlage des 4. Gebots:

> Denn in sechs Tagen hat der HERR Himmel und Erde gemacht und das Meer und alles, was darinnen ist, und ruhte am siebenten Tage. Darum segnete der HERR den Sabbattag und heiligte ihn.

Die einzige Grundlage für die Sieben-Tage-Woche findet sich in der Bibel. In 2. Mose 20,11 befiehlt Gott seinem Volk Israel, sechs Tage zu arbeiten und einen Tag zu ruhen. Das ist der Grund, weshalb er sich bewusst sechs Tage Zeit nahm, um alles zu erschaffen. Er setzte dem Menschen ein Beispiel. Unsere Woche ist nach diesem Muster gestaltet. Wenn er nun alles in 6000 oder 6 Millionen Jahren geschaffen und anschließend 1000 oder 1 Million Jahre geruht hätte, dann hätten wir eine höchst interessante Woche!

Manchmal heißt es auch, 2. Mose 20,11 sei lediglich eine Analogie dafür, dass der Mensch arbeiten und ruhen soll und bedeute nicht sechs gewöhnliche, buchstäbliche Tage, gefolgt von einem weiteren gewöhnlichen Tag der Ruhe. Bibelausleger haben jedoch gezeigt, dass dieses Gebot „keine Analogie oder typologisches Denken gebraucht, sondern dass seine Hauptbotschaft in Begriffen der Imitation Gottes oder eines göttlichen Beispiels, das befolgt werden soll, ausgedrückt wird".[21] Das heißt also: Dieses Gebot schreibt sechs gewöhnliche Tage der Arbeit vor, gefolgt von einem gewöhnlichen Tag der Ruhe, genau wie Gott sechs gewöhnliche Tage an der Schöpfung gearbeitet und anschließend einen gewöhnlichen Tag geruht hat.

Von einigen Auslegern stammt der Einwand, dass „die Himmel und die Erde" nicht das ganze Universum, sondern nur die Erde und vielleicht noch das Sonnensystem bedeutet. In 2. Mose 20,11 steht jedoch eindeutig, dass Gott *alles* in sechs Tagen geschaffen hat – sechs aufeinander folgende, gewöhnliche Tage – genau wie im Vers zuvor geboten wird, sechs aufeinander folgende, gewöhnliche Tage zu arbeiten.

Der biblische Ausdruck „die Himmel und die Erde" ist ein Beispiel für eine bildhafte Sprachform, die *Merismus* genannt wird. Darin werden zwei

[21] Hasel, a.a.O., S. 29.

Gegensätze zu einer allumfassenden Idee vereint, in diesem Fall die Gesamtheit der Schöpfung. Eine linguistische Analyse der Wörter „Himmel und Erde“ in der Bibel zeigt, dass sie sich auf die Gesamtheit der ganzen Schöpfung beziehen (die Hebräer hatten kein Wort für „Universum“). In 1. Mose 14,19 wird Gott als der bezeichnet, „der *Himmel und Erde* geschaffen hat“. In Jeremia 23,24 spricht Gott von sich selbst als demjenigen, „der *Himmel und Erde* erfüllt“. Andere Belegstellen zu diesem Gedanken finden wir in 1. Mose 14,22; 2. Könige 19,15; 2. Chronik 2,12; Psalm 115,15; 121,2; 124,8; 134,3; 146,6 und Jesaja 37,16.

Es gibt daher keine biblische Berechtigung, 2. Mose 20,11 allein auf die Erde und ihre Atmosphäre oder das Sonnensystem zu beschränken. Dieser Vers zeigt uns somit, dass das ganze Universum in sechs gewöhnlichen Tagen geschaffen wurde.

Wenn die Schöpfungstage gewöhnliche Tage waren, dann ergibt sich durch Addition der Jahre in der Bibel (unter der Annahme, dass die Stammbäume keine Lücken enthalten[22]) ein Alter des Universums von nur ungefähr 6000 Jahren.[23]

6. Einwände gegen gewöhnliche Tage in 1. Mose 1

Einwand 1: Die „Wissenschaft“ hat gezeigt, dass die Erde und das Universum mehrere Milliarden Jahre alt sind, und deshalb *müssen* die Schöpfungstage lange (oder undefinierte) Zeitperioden sein.

Antwort:

a) Die Altersbestimmung der Erde beruht auf teilweise fehlerhaften Me-

[22] Whitcomb, J.C., und Morris, H.M., 1961. *The Genesis Flood*, Presbyterian and Reformed Publ. Co., Phillipsburg, New Jersey. Anhang II., S. 481-483. Die Autoren räumen die Möglichkeit von Lücken in den biblischen Stammbäumen ein, weil das Wort „zeugte“ Generationen überspringen kann. Sie stellen jedoch heraus, dass sich auch unter der Annahme von Lücken ein Erdalter von nur etwa 10.000 Jahren ergibt.

[23] Pierce, L., 1998. The forgotten archbishop, *Creation* 20(2):42-43. Ussher machte sich die Mühe und addierte alle Jahresangaben in der Bibel, wobei er zu dem Ergebnis kam, dass die Schöpfung auf das Jahr 4004 v. Chr. fiel. Man hat sich über ihn lustig gemacht, weil er sagte, die Schöpfung habe am 23. Oktober stattgefunden. Dieses Datum erhielt er durch Rückrechnung unter Verwendung des bürgerlichen jüdischen Jahres und Erklärungen, wie das Jahr und die Monate im Laufe der Jahre entwickelt wurden. Von daher hat er dieses Datum nicht einfach aus der Luft gegriffen, sondern wissenschaftliche mathematische Grundlagen dafür angegeben. Das soll nicht heißen, dass dieses Datum unbedingt stimmen muss, da es Annahmen voraussetzt. Ussher bestimmte *keine* Uhrzeit für die Schöpfung, wie einige Skeptiker behaupteten. Young's *Analytical Concordance* listet unter „*Creation*“ ebenfalls viele maßgebliche Quellen auf, darunter auch außerbiblische, die alle das Alter der Schöpfung mit weniger als 10 000 Jahren angeben.

thoden und gründet sich außerdem auf nicht erwiesene Annahmen. Von daher ist nicht bewiesen, dass die Erde Milliarden Jahre alt ist.[24]

b) Dieses nicht bewiesene Alter wird herangezogen, um den Schöpfungsbericht der Bibel zu interpretieren. Man lässt also zu, dass menschliche Theorien über die Aussagen der Bibel gestellt werden. Der sonst übliche normale Gebrauch einer Sprache zur Kommunikation wird für den Schöpfungsbericht dadurch außer Kraft gesetzt.

c) Evolutionistische Wissenschaftler behaupten, die fossilhaltigen Schichten, von denen die Erde überdeckt ist, gehen auf viele hundert Millionen Jahre zurück. Doch wenn man für die fossilen Ablagerungen Millionen von Jahre veranschlagt, dann unterstellt man damit, dass es schon vor dem Sündenfall Tod, Blutvergießen, Krankheiten, Not und Leid gab (siehe auch Kapitel 3).

Die Bibel hingegen macht deutlich,[25] dass Tod, Blutvergießen, Krankheiten, Dornen und Leid eine Folge der Sünde sind.[26] In 1. Mose 1,29-30 teilte Gott Adam und Eva und den Tieren alle Pflanzen als Nahrung zu (in diesem Fall nimmt man 1. Mose wirklich für bare Münze, als buchstäbliche Geschichtsschreibung, wie auch Jesus es z. B. in Matthäus 19,3-6 getan hat).

---

[24] Morris, H.M. und Morris, J.D., 1989. *Science, Scripture, and the Young Earth*, Institute for Creation Research, El Cajon, California, S. 39-44.
Morris, J.D., 1996. *The Young Earth*, Master Books, Green Forest, Arkansas, S. 51-67.
Austin, S.A., 1994. *Grand Canyon: Monument to Catastrophe*, Institute for Creation Research, Santee, California, S. 111-131.
Humphreys, D.R., 1996. *Starlight and Time*, Master Books, Green Forest, Arkansas. Anhang C. 'Progress Towards a Young-Earth Relativistic Cosmology' *Proc. 3rd ICC*, Pittsburg, PA., S. 83-133.
Wieland, C., 1993. Creation in the physics lab (Interview mit Dr. Russel Humphreys). *Creation* 15(3):20-23.
Taylor, I.T., 1984. *In the Minds of Men*, TFE Publ., Toronto, S. 295-322.
Siehe auch Kapitel 4 „Was ist von der Radiocarbon- (C-14) Datierungsmethode zu halten?“ und Kapitel 1, S. 22-23.

[25] Ham, K., 1987. *The Lie: Evolution*. Master Books, Green Forest, Arkansas, Einführung S. xiii-xiv.
Ham, K., 1996. The necessity for believing in six literal days. *Creation* 18(1):38-41.
Ham, K., 1996. The wrong way round! *Creation* 18(3):38-41.
Ham, K., 1997. Fathers, promises and Vegemite. *Creation* 19(1):14-17.
Ham, K., 1997. The narrow road. *Creation* 19(2):47-49.
Ham, K., 1997. Millions of years and the 'doctrine of Balaam'. *Creation* 19(3):15-17.

[26] Gill, John, 1760. *A Body of Doctrinal and Practical Divinity*, Neuauflage von Primitive Baptist Library, 1980, S. 191. Das ist nicht nur ein neuer Gedanke moderner Gelehrter. John Gill behauptet in seinem Kommentar aus dem Jahr 1760 nachdrücklich, dass es vor der Sünde keinen Tod, kein Blutvergießen, keine Krankheiten und kein Leid gab.

Zwischen Menschen, Tieren und Pflanzen besteht außer dem biologischen auch ein markanter theologischer Unterschied. Von Menschen und höheren Tieren wird in 1. Mose 1 gesagt, dass sie eine Seele (hebr. *nephesch*) haben. Das gilt zumindest für die in 1. Mose 1,20 und 24 genannten Landwirbeltiere sowie für Vögel und Fische. Pflanzen haben diese *„nephesch"* nicht – sie sind nicht im selben Sinne „lebendig" wie die Tiere, sondern wurden zur Nahrung gegeben.

Erst nach der Sintflut erlaubte Gott den Menschen, Fleisch zu essen (1. Mose 9,3). Hierdurch wird deutlich, dass Menschen und Tiere ursprünglich Vegetarier waren, wie es in 1. Mose 1,29-30 beschrieben ist. Auch in 1. Mose 9,2 wird ein von Gott geändertes Rollenverhalten der Tiere gegenüber den Menschen deutlich.

In 1. Mose 2,17 warnte Gott Adam, dass er „sterben" würde, wenn er von dem „Baum der Erkenntnis von Gut und Böse" äße. Im hebräischen Original heißt es wortwörtlich: „Sterbend wirst du sterben". Anders formuliert: Das wäre der Startschuss für einen Prozess des körperlichen Sterbens. Außerdem bedeutete es zusätzlich den geistlichen Tod (die Trennung von Gott).

Nachdem Adam Gott ungehorsam war, bekleidete der Herr Adam und Eva mit „Röcken von Fellen" (1. Mose 3,21).[27] Dazu musste er zumindest ein Tier töten und dessen Blut vergießen. Den Grund dafür finden wir in Hebräer 9,22:

> Und es wird fast alles mit Blut gereinigt nach dem Gesetz, und ohne Blutvergießen geschieht keine Vergebung.

Zur Vergebung von Sünde verlangt Gott Blutvergießen. Was im Garten Eden geschah, war ein Bild für das, was sich in Jesus erfüllen sollte, der am Kreuz sein Blut vergoss, als „das Lamm Gottes, das der Welt Sünde trägt" (Johannes 1,29).

Wenn nun aber der Garten Eden auf eine Fossilablagerung mit sterblichen Überresten aus Millionen von Jahren gebaut war, dann gab es bereits vor dem Sündenfall Blutvergießen. Das aber würde das Grundkonzept der Erlösung zunichte machen. Die Bibel sagt eindeutig, dass Tod und Leid erst durch die Sünde Adams in die Welt kamen. In Römer 8,19-22 lesen wir, dass die ganze Schöpfung wegen der Folgen des Sündenfalls „seufzt" und schließlich „frei werden wird von der Knechtschaft der Vergänglichkeit zu der herrlichen Freiheit der Kinder Gottes" (Vers 21). Ferner müssen wir bedenken, dass es auch Dornen erst seit dem Fluch nach dem Sündenfall gibt (1. Mose 3,18). Da es unter den fossilen Ablagerungen auch Dornen gibt, müssen diese nach dem Sündenfall entstanden sein.

Die Verkündigung des Todesurteils für Adam war sowohl ein Fluch als auch zugleich ein Segen. Ein Fluch, weil der Tod schrecklich ist; und ein Segen, weil die Folge der Sünde – die Trennung von der Gemeinschaft mit Gott – nicht ewig sein muss. Für Adam und seine Nachkommen ermöglichte der Tod, den Konsequenzen der Sünde für immer zu entkommen (sofern sie an die Verheißung Gottes und das notwendige, von Gott vorgesehene Opfer glaubten). Da der Tod die gerechte Strafe für die Sünde war, erlitt Jesus Christus als wahres stellvertretendes Opfer den körperlichen Tod und vergoss sein Blut, um Adams Nachkommen so den Weg der Erlösung von den

---

[27] Da alle Nachkommen Evas, abgesehen von Gottes Sohn Jesus Christus gemäß Römer 5,12 und 18-19 mit der Erbsünde geboren wurden, konnte Eva nicht schon schwanger geworden sein, solange sie noch sündlos war. Daraus folgt, dass sich der Sündenfall recht bald nach der Schöpfung ereignet haben muss, aber dennoch bevor Eva schwanger wurde (Gott hatte ihnen gesagt: „Seid fruchtbar und vermehrt euch" – 1. Mose 1,28).

Folgen der Sünde anzubieten. Der Apostel Paulus erklärt dies ausführlich in Römer 5 und 1. Korinther 15.

In Offenbarung 21 und 22 wird deutlich, dass es eines Tages „einen neuen Himmel und eine neue Erde“ und „keinen Tod“ und „keinerlei Fluch“ mehr geben wird – genau wie zu jener Zeit vor dem Sündenfall. Falls auf der neuen Erde auch Tiere leben, dann werden auch diese offensichtlich nicht sterben oder sich gegenseitig fressen, geschweige denn die erlösten Menschen angreifen!

Wir spüren die Konsequenzen: Wenn man der Bibel die angeblichen Millionen Jahre hinzufügt, zerstört man damit die Grundlagen der Botschaft vom Kreuz.

Einwand 2: 1. Mose 1 zufolge wurde die Sonne erst am vierten Tag geschaffen. Wie konnte es dann an den ersten drei Tagen ohne Sonne dennoch Tag und Nacht geben (gewöhnliche Tage)?

Antwort:

a) Hier ist es wichtig, das gewählte Wort für den „Tag“ genau zu beachten. Wenn wir unbeeinflusst von außerbiblischen Vorstellungen an 1. Mose 1 herangehen, stellen wir fest (wie oben bereits gezeigt), dass bei jedem der sechs Schöpfungstage das hebräische Wort *jom* verwendet wird, und zwar immer in Verbindung mit einer Zahl und dem Ausdruck „es wurde Abend, es wurde Morgen“. Die Entstehung der ersten drei Tage ist in *derselben* Weise beschrieben wie die der zweiten drei. Alle sechs Tage sind also in gleicher Weise gewöhnliche Tage.

b) Die Sonne ist für Tag und Nacht nicht erforderlich! Was nötig ist, sind Licht und eine rotierende Erde. Gott schuf das Licht am ersten Schöpfungstag (1. Mose 1,3). Der Ausdruck „es wurde Abend, es wurde Morgen“ impliziert mit Sicherheit eine rotierende Erde. Wenn also aus einer bestimmten Richtung Licht kommt und die Erde sich dreht, kann es Tag und Nacht geben.

Woher kam das Licht? Das wird uns nicht mitgeteilt,[28] aber 1. Mose 1,3 weist sicherlich darauf hin, dass es ein geschaffenes Licht war, das für Tag und Nacht sorgen sollte, bis Gott am vierten Tag die Sonne schuf, die von da an den Tag bestimmte. Aus Offenbarung 21,23 erfahren wir, dass eines Tages die Sonne überflüssig sein wird, weil die Herrlichkeit Gottes die himmlische Stadt erleuchten wird. Es wird dann trotz eines fehlenden Himmelskörpers hell sein.

Ein möglicher Grund, warum Gott dies gerade so machte, ist der, dass Gott uns dadurch veranschaulichen wollte, dass die Sonne nicht den Vorrang in der Schöpfung hat, den die Menschen ihr im Laufe der Geschichte

[28] Manche fragen, warum Gott uns nicht die Lichtquelle nennt. Doch wenn Gott uns alles mitgeteilt hätte, dann hätten wir so viele Bücher, dass wir keine Zeit hätten, sie zu lesen. Gott hat uns alle Information gegeben, die wir brauchen, um bei den wirklich wichtigen Fragen zu den richtigen Schlussfolgerungen zu kommen.

immer geben wollten. Die Erde entstand nicht aus der Sonne heraus, wie es evolutionistische Theorien vermuten, sondern die Sonne war Gottes separat geschaffenes Instrument zur Bestimmung des Tages (1. Mose 1,16).

In allen Zeitepochen haben die Völker, wie z.B. die Ägypter, die Sonne angebetet. In 5. Mose 4,19 warnte Gott die Israeliten davor, die Sonne anzubeten, wie es die heidnischen Kulturen um sie herum taten. Sie sollten den Gott anbeten, der die Sonne gemacht hatte, und nicht die erschaffene Sonne.

Evolutionistische Theorien (z.B. die „Urknall-Hypothese") besagen, dass die Sonne bereits vor der Erde existierte und dass die Sonnenenergie auf der Erde schließlich für die Entstehung des Lebens sorgte. Es ist also gerade so wie in heidnischen Vorstellungen, denn auch dort wird der Sonne gewissermaßen das Wunder der Schöpfung zugeschrieben.

In diesem Zusammenhang ist es höchst bemerkenswert, einmal die Spekulationen der modernen Kosmologie mit den Schriften des antiken Kirchenvaters Theophilus zu vergleichen:

> Am vierten Tag wurden die Lichter geschaffen. Da Gott alles im Voraus weiß, kannte er auch den Unsinn der törichten Philosophen, die einmal sagen würden, dass alles, was auf der Erde entstanden ist, von den Sternen herrührt und dass sie somit Gott beiseite setzen würden. Deshalb wurden die Pflanzen und Samen vor den Sternen erschaffen, um die Wahrheit zu demonstrieren. Denn was später ins Dasein kommt, kann nicht das hervorgerufen haben, was eher da war.[29]

Einwand 3: In 2. Petrus 3,8 wird gesagt, dass „ein Tag vor dem Herrn wie tausend Jahre ist und tausend Jahre wie ein Tag". Deshalb kann es sich bei den Schöpfungstagen durchaus um lange Zeitperioden gehandelt haben.
Antwort:

a) Die Aussage dieses Verses hat *überhaupt nichts* mit Schöpfung zu tun; sie bezieht sich nicht auf den Schöpfungsbericht oder auf die sechs Schöpfungstage.

b) Hier steht ein sogenannter „komparativer (vergleichender) Artikel" – „wie" –, der in 1. Mose 1 nicht vorkommt. Anders gesagt: Der Vers besagt *nicht*, dass ein Tag tausend Jahre *ist* – er vergleicht nur einen gewöhnlichen Tag mit gewöhnlichen tausend Jahren. Dieser Vers steht im Zusammenhang mit der Wiederkunft Jesu Christi. Er besagt, dass für Gott ein Tag *wie* tausend Jahre ist, weil Gott außerhalb der Zeit steht. Er ist also in keiner Weise durch irgendwelche Abläufe in der Natur oder der Zeit eingeschränkt oder begrenzt wie wir Menschen. Was uns wie eine lange Zeit vorkommt (das Warten auf die Wiederkunft Jesu), ist für ihn keineswegs lang. Lange oder auch kurze Zeit – für Gott ist beides wie nichts.

---

[29] Lavallee, L., 1986. The early church defended creation science. *Impact*, Nr. 160, S. ii. Zitat aus *Theophilus, „To Autolycus"*, 2.8, Oxford Early Christian Texts.

War Jona 3000 Jahre im Bauch des Fisches?!

c) Im zweiten Teil dieses Verses heißt es: „und tausend Jahre wie ein Tag". Wenn man den ersten Teil des Verses dazu heranziehen will, einen Tag mit tausend Jahren gleichzusetzen, macht dieser zweite Teil diesen Versuch wieder zunichte! Somit kann der Vers nicht bedeuten, dass ein Tag tausend Jahre sind oder umgekehrt.

d) Psalm 90,4 sagt: „Denn tausend Jahre sind vor dir wie der Tag, der gestern vergangen ist, und wie eine Nachtwache." Hier werden tausend Jahre mit einer „Nachtwache" (das sind vier Stunden[30]) verglichen. Der Ausdruck „Wache in der Nacht" ist in besonderer Weise mit dem „gestrigen Tag" verbunden; daher besagt der Vers, dass tausend Jahre mit einer kurzen Zeitperiode verglichen werden – und nicht einfach nur mit einem Tag.

e) Wenn man diesen Abschnitt verwendet, um die Behauptung aufzustellen, dass das Wort „Tag" in der Bibel tausend Jahre bedeutet, dann müsste man konsequenterweise sagen, dass Jona 3000 Jahre lang im Bauch des Fisches war oder dass Jesus noch gar nicht von den Toten auferstanden ist, da seitdem noch keine 3000 Jahre vergangen sind.

Einwand 4: Legt man sich darauf fest, dass die Schöpfung sechs gewöhnliche Tage gedauert hat, schränkt man damit Gott ein. Wenn man jedoch die Möglichkeit einräumt, dass die Schöpfung mehrere Milliarden Jahre gedauert hat, setzt man Gott keine Grenzen.

Antwort:

Halten wir daran fest, dass die Schöpfung in sechs gewöhnlichen Erdentagen vollendet wurde, beschränken wir damit nicht *Gott*, sondern *uns selbst* – nämlich auf den Glauben, dass Gott tatsächlich das getan hat, was er in seinem Wort sagt. Wenn Gott die Welt in sechs Tagen geschaffen hat, wie es die Bibel sagt, dann offenbart das die Macht und Weisheit Gottes auf eine sehr eindrückliche Weise: Der allmächtige Gott *brauchte* keine langen Zeitalter! Das Modell der Milliarden Jahre nimmt Gott etwas von seiner Allmacht, da es davon ausgeht, dass alles durch bloßen Zufall entstehen konnte oder dass Gott riesige Zeiträume brauchte, um die Welt und das Leben zu erschaffen.

Einwand 5: Adam konnte unmöglich all das an einem Tag (dem sechsten Schöpfungstag) tun, was er laut Bibel getan haben soll. Er konnte z. B. nicht allen Tieren einen Namen geben; dafür war die Zeit zu kurz.

---

[30] Die Juden hatten drei Wachen während der Nacht (von Sonnenuntergang bis 22.00 Uhr, von 22.00 Uhr bis 2.00 Uhr und von 2.00 Uhr bis zum Sonnenaufgang). Die Römer hingegen hatten vier Nachtwachen, die um 18.00 Uhr begannen.

Antwort:
Adam musste nicht *allen* Tieren einen Namen geben, sondern nur denen, die Gott zu ihm brachte. Beispielsweise sollte Adam „jedem Tier auf dem Feld" Namen zuteilen (1. Mose 2,20), aber nicht allen „Tieren des Erdbodens" (1. Mose 1,25). Der Ausdruck „Tiere des Feldes" beschreibt höchstwahrscheinlich eine Untergruppe des Oberbegriffs „Tiere des Erdbodens". Er musste weder „alle kriechenden Tiere auf dem Erdboden" (1. Mose 1,25) benennen noch irgendein Meerestier. Außerdem war die Anzahl der „Arten" wohl wesentlich kleiner als die Anzahl an „Spezies" nach der heutigen Klassifikation (s. S. 185-186).

Wenn die Kritiker sagen, dass es Adam nicht möglich gewesen sein könnte, den Tieren in weniger als einem Tag Namen zu geben, dann gehen sie von ihrem eigenen Unvermögen aus, dies tun zu können. Unser Gehirn ist jedoch 6000 Jahre lang unter dem Fluch in Mitleidenschaft gezogen worden und wurde vom Sündenfall enorm beeinträchtigt. Vor dem Sündenfall war Adams Gehirn, wie auch alles andere, vollkommen. Als Gott Adam schuf, muss er ihn mit einer perfekten Sprache programmiert haben. Wenn wir heute Computer programmieren können, die „sprechen" und sich Dinge „merken" können, wie viel mehr konnte unser Schöpfer Adam als einen erwachsenen Mann erschaffen (er wurde nicht als Baby geboren, das erst sprechen lernen musste), der in seinem Gedächtnis eine vollkommene Sprache mit einem vollkommenen Verständnis jedes Wortes hatte. (Deshalb konnte Adam auch verstehen, was Gott meinte, als er sagte, er würde „sterben", wenn er ungehorsam sei, obwohl er aus Erfahrung nicht wusste, was sterben bedeutet). Außerdem war es möglich, dass Adam ein „perfektes" Gedächtnis hatte (womöglich so etwas wie ein „fotografisches Gedächtnis").

Für diesen ersten, vollkommenen Menschen war es kein Problem, innerhalb von weniger als einem Tag, den Tieren, die Gott zu ihm brachte, Namen zu geben und diese auswendig zu lernen.[31]

Einwand 6: Das zweite Kapitel des 1. Buches Mose ist ein anderer Schöpfungsbericht mit einer anderen Reihenfolge. Wie kann man dann behaupten, im ersten Kapitel handele es sich um sechs gewöhnliche Tage?
Antwort:
Das zweite Kapitel von 1. Mose ist in Wirklichkeit kein *anderer* Schöpfungsbericht, sondern ein *detaillierter* Bericht vom sechsten Schöpfungstag. Kapitel 1 gibt einen Überblick über die gesamte Schöpfung und Kapitel 2 mehr Details über die Erschaffung des Gartens Eden, des ersten Menschen und über das, was Adam am sechsten Schöpfungstag tat.[32]

---

[31] Grigg, R., 1996. *Naming the animals: all in a day's work for Adam. Creation* 18(4):46-49.

[32] Batten, D. 1996. Genesis contradiction? *Creation* 18(4):44-45.
Kruger, M.J., 1997. An understanding of Genesis 2:5. *CEN Technical Journal* 11(1):106-110.

> ***Das zweite Kapitel von 1. Mose ist kein anderer Schöpfungsbericht, sondern ein detaillierter Bericht vom sechsten Schöpfungstag.***

Zwischen der Erschaffung Adams und Evas lesen wir in 1. Mose 2,19: „Und Gott der HERR machte aus Erde alle die Tiere auf dem Felde und alle die Vögel unter dem Himmel." Dies besagt scheinbar, dass die Landtiere und Vögel nach Adam und vor Eva geschaffen wurden. Jüdische Gelehrte sahen hier jedoch keinen Widerspruch zum Bericht in Kapitel 1, welches besagt, dass Adam und Eva beide nach den Landtieren und Vögeln geschaffen wurden (1. Mose 1,23-25). Das ist kein Widerspruch, weil im Hebräischen die genaue Zeitform des Verbs durch den Kontext bestimmt wird. Aus Kapitel 1 ist klar, dass die Landtiere und Vögel vor Adam geschaffen wurden, und deshalb verstehen jüdische Gelehrte das Verb „bildete" in 1. Mose 2,19 so, dass es „hatte gebildet" oder „gebildet habend" bedeutet. Wir können also Vers 19 folgendermaßen übersetzen: „Und Gott, der HERR, *hatte* aus dem Erdboden alle Tiere des Feldes und alle Vögel des Himmels gebildet." Somit verschwindet der scheinbare Widerspruch zu Kapitel 1 völlig.

Ein weiteres scheinbares Problem besteht bei den Pflanzen und Kräutern in 1. Mose 2,5 und den Bäumen in 2,9 (vergl. mit 1. Mose 1,12). Doch die Pflanzen und Kräuter haben in Kapitel 2 den Zusatz „des Feldes" und brauchen somit einen Menschen, der sie kultiviert (2,5). Es handelt sich offensichtlich um Kulturpflanzen und nicht um Pflanzen allgemein (Kapitel 1). Auch bei den Bäumen (2,9) handelt es sich um die Bäume, die im Garten gepflanzt waren und nicht um Bäume allgemein.

In Matthäus 19,3-6 zitiert Jesus sowohl 1. Mose 1,27 als auch 1. Mose 2,24 und bezieht sich dabei auf *dasselbe Paar*, Adam und Eva, anhand derer er über die Ehe lehrt. Für Jesus waren die beiden Kapitel offensichtlich keine sich widersprechenden, sondern sich *ergänzende* Berichte.

Einwand 7: Beim siebenten Tag der Schöpfungswoche ist kein „Abend und Morgen" erwähnt (1. Mose 2,2). Deshalb müssen wir uns noch immer im „siebenten Tag" befinden und somit können alle diese Tage keine gewöhnlichen Tage gewesen sein.

Antwort:

Sehen wir uns noch einmal den vorherigen Abschnitt „Wozu sechs Tage?" (S. 41) an. Aus 2. Mose 20,11 wird klar, dass es sieben gewöhnliche Tage waren – sechs zum Arbeiten und einer zum Ruhen.

Außerdem sagte Gott, dass er von seinem Schöpfungswerk „ruhte" (und nicht, dass er ruht). Dass er von seinem Schöpfungswerk ruhte, hindert ihn nicht, weiterhin von seiner Tätigkeit zu ruhen. Gottes jetziges Wirken ist anders – es ist ein Wirken zur Erhaltung seiner Schöpfung und zur Versöhnung und Erlösung des Menschen aus seinem Zustand der Sünde.

Das Wort *jom* ist auch beim siebenten Tag mit einer Zahl versehen

(1. Mose 2,2.3), und somit bestimmt der Kontext immer noch, dass es sich um einen gewöhnlichen Erdrotationstag handelt. Außerdem segnete Gott diesen siebenten Tag und erklärte ihn als heilig. In 1. Mose 3,17-19 lesen wir von dem Fluch, der wegen des Sündenfalls über die Erde kam. Paulus bezieht sich in Römer 8,22 darauf. Es würde keinen Sinn machen, wenn Gott diesen Tag als heilig erklärte und ihn segnete und er doch zugleich den Erdboden an diesem „Tag" verfluchte. Wir leben auf einer Erde, die wegen der Sünde verflucht wurde – wir leben nicht am siebenten, gesegneten und heiligen Tag!

Bemerkenswert ist auch Folgendes: Indem die Skeptiker argumentieren, der siebente Tag sei kein gewöhnlicher Tag, weil das „Abend und Morgen" bei ihm fehle, stimmen sie stillschweigend zu, dass die anderen sechs Tage gewöhnliche Tage waren, weil sie durch den Ausdruck „Abend und Morgen" als solche definiert werden!

Einige wenden ein, Hebräer 4,3-4 würde implizieren, dass der siebente Tag heute noch andauere. Vers 4 wiederholt jedoch, dass Gott am siebenten Tag ruhte (Vergangenheitsform). Außerdem werden nur diejenigen in diese Ruhe eingehen, die an Jesus Christus geglaubt haben. Das zeigt, dass es eine geistliche Ruhe ist, die mit Gottes Ruhe seit der Schöpfungswoche verglichen wird. Es kann somit nicht irgendeine Art von Weiterführung des siebenten Tages gemeint sein (andernfalls würde *jeder* „in" dieser Ruhe sein).[33]

Der Hebräerbrief sagt *nicht*, dass der siebente Schöpfungstag heute noch fortdauert, sondern lediglich, dass Gottes Ruhe fortdauert. Wenn jemand am Montag sagt, dass er am Freitag geruht habe und immer noch ruhe, bedeutet das nicht, dass der Freitag bis zum Montag fortdauert!

Einwand 8: In 1. Mose 2,4 (Rev. Elberfelder) lesen wir: „An dem Tag, als Gott, der HERR, Erde und Himmel machte." Da sich diese Aussage auf alle sechs Schöpfungstage bezieht, zeigt sie, dass das Wort „Tag" hier nicht einen gewöhnlichen Tag meint.

Antwort:

Das hier verwendete hebräische Wort *jom* ist weder näher durch eine Zahl spezifiziert, noch durch den Ausdruck „Abend und Morgen", noch durch Licht oder Finsternis. In diesem Zusammenhang bedeutet der Vers tatsächlich: „Zu der *Zeit*, als Gott, der HERR, Erde und Himmel machte" (was sich auf die Schöpfungswoche bezieht), oder: „*Als* Gott ... machte."

7. Weitere Probleme mit langen Schöpfungstagen und ähnlichen Auslegungen

• Wenn die Pflanzen am dritten „Tag" Millionen Jahre vor den Vögeln, nektarfressenden Fledermäusen (am fünften Tag geschaffen) und Insekten

[33] Anon., 1999. Is the seventh day an eternal day? *Creation* 21(3):44-45.

(am sechsten Tag geschaffen) existierten, obwohl diese zu ihrer Bestäubung notwendig sind, dann können diese Pflanzen nicht überlebt haben. Dieses Problem würde insbesondere auf solche Arten zutreffen, die komplexe symbiotische Beziehungen haben (d. h. stark voneinander abhängige Arten sind, wie z. B. die Yucca-Palme und die Motte[34]).

• Adam wurde am sechsten Tag geschaffen, lebte den ganzen siebenten Tag über und starb später im Alter von 930 Jahren (1. Mose 5,5). Wenn jeder Tag tausend oder gar Millionen Jahre lang wäre, dann wäre das Sterbealter Adams falsch!

• Einige haben behauptet, das Wort für „machen" in 2. Mose 20,11 (*asah*) würde „zeigen" bedeuten. Sie meinen, Gott habe die Information über die Schöpfung Mose innerhalb eines Zeitraums von sechs Tagen gezeigt oder offenbart. Dadurch wäre es möglich, dass die Schöpfung an sich Millionen Jahre gedauert hat. Jedoch ist „zeigen" keine zulässige Übersetzung für *asah*. Die Bedeutung dieses Wortes umfasst „machen, herstellen, produzieren, tun" etc., aber nicht „zeigen" im Sinne von offenbaren.[35] Dort, wo *asah* mit „zeigen" übersetzt wurde – z. B. „erweise Gnade" bzw. „zeige Gnade" in 1. Mose 24,12 –, hat es die Bedeutung von Gnade „tun" oder „praktizieren".

• Einige haben behauptet, Gott habe Sonne, Mond und Sterne am vierten Schöpfungstag lediglich offenbart, da hier das Wort *asah* für „erschaffen" steht und nicht das Wort *bara*, das in 1. Mose 1,1 für „erschaffen" gebraucht wird. Sie sind überzeugt, *asah* habe hier die Bedeutung von „offenbaren". Anders gesagt: Die Himmelskörper existierten angeblich bereits und wurden am vierten Schöpfungstag nur noch offenbart. *Bara* und *asah* werden in der Bibel jedoch zur Beschreibung desselben Ereignisses verwendet. Beispielsweise steht in 2. Mose 20,11 *asah*, was sich hier auf die Erschaffung von Himmel und Erde bezieht, doch in 1. Mose 1,1 wird *bara* für die Erschaffung von Himmel und Erde verwendet. In 1. Mose 1,26 wird *asah* für die Erschaffung der ersten Menschen gebraucht – und sie existierten vorher offensichtlich nicht. Und dann wird in 1,27 gesagt, dass sie „erschaffen" (*bara*) wurden. Es gibt viele weitere ähnliche Beispiele. *Asah* hat ein breites Bedeutungsspektrum, einschließlich „machen" oder „tun" und auch „erschaffen" im selben Sinne wie *bara* (siehe Kapitel 3 für weitere Ausführungen zu *asah* und *bara*).

• Einige glauben zwar, dass in 1. Mose 1 sprachlich gesehen mit den Schöpfungstagen gewöhnliche Tage gemeint sind, doch akzeptieren sie nicht, dass es buchstäbliche Tage der Geschichte waren, soweit das den Menschen betrifft. Dies ist im Grunde die Auffassung der sogenannten

[34] Meldau, F.J., 1972. *Why We Believe in Creation Not in Evolution*, Christian Victory Publ. Co., Denver, Colorado, S. 114-116.

[35] Im Gesenius' *Lexicon* findet sich keinerlei Unterstützung für die Übersetzung von *asah* mit „zeigen". Siehe Taylor, Charles V., 1997, Revelation or creation? auf der Internetseite von Answers in Genesis <http://www.answersingenesis.org/>.

„Framework Hypothese",[36] einer sehr komplexen Sichtweise, die von Gelehrten gründlich widerlegt worden ist.[37]
Der wirkliche Zweck der „Framework-Hypothese" wird aus folgendem Zitat deutlich, das aus einem Artikel einer ihrer Verfechter stammt:

> Ein zentrales Anliegen dieses Artikels ist es, die buchstäbliche Interpretation der Genesis-„Schöpfungswoche" zu widerlegen, die von denen vertreten wird, die an die Theorie der jungen Erde glauben.[38]

• Manch einer würde gern die Schöpfungstage als lange Perioden verstehen, um so die Evolution mit Milliarden von Jahren mit dem biblischen Schöpfungsbericht in Einklang zu bringen. Die Reihenfolge der Ereignisse, wie der Glaube an lange Zeitalter sie lehrt, stimmt jedoch nicht mit der Reihenfolge aus 1. Mose 1 überein. Das wird anhand der folgenden Tabelle deutlich:

Widersprüche zwischen der Reihenfolge der biblischen Schöpfung und der Evolution und der Theorie der langen Zeitalter:

Biblischer Schöpfungsbericht	**Evolutions- / Lange-Zeitalter-Hypothese**
• Die Erde existiert vor der Sonne und den Sternen.	• Die Sonne und die Sterne existieren vor der Erde.
• Die Erde ist am Anfang von Wasser bedeckt.	• Die Erde war zu Beginn eine heiße Schmelzkugel.
• Zuerst gibt es die Ozeane, dann das Festland.	• Zuerst war das Festland da, dann die Ozeane.
• Das Leben wurde zuerst auf dem Land geschaffen.	• Das Leben begann in den Ozeanen.
• Die Pflanzen wurden vor der Sonne geschaffen.	• Die Pflanzen entstanden lange nach der Sonne.
• Die Landtiere wurden nach den Vögeln geschaffen.	• Die Landtiere existierten vor den Vögeln.
• Wale wurde vor den Landtieren geschaffen.	• Die Landtiere existierten vor den Walen.

---

[36] Kline, M.G., 1957-1958. Because it had not rained. *Westminster Theological Journal* 20:146-157.
Kline, M.G., 1996. Space and time in the Genesis cosmology. *Perspectives on Science & Christian Faith* 48(1).

[37] Kruger, a.a.O., S. 106-110.
Pipa, J.A., 1996. From chaos to cosmos: a critique of the Framework Hypothesis. Präsentiert beim Far-Western Regional Annual Meeting der Evangelical Theological Society, USA, 26. April 1996.

Wer liest nun seine eigenen, voreingenommen Vorstellungen in den Schöpfungsbericht hinein? Das sind eindeutig diejenigen, die nicht die sechs buchstäblichen Tage akzeptieren.

8. Kompromisse mit langen Zeitaltern

Abgesehen von der „Lückentheorie“; um die es im nächsten Kapitel gehen wird, lassen sich die wichtigsten Auffassungen, die lange Zeitalter bzw. Evolution mit dem Schöpfungsbericht harmonisieren wollen, in zwei Kategorien einteilen:

1. Die „theistische Evolution“. Sie besagt, Gott habe den Millionen Jahre langen Evolutionsprozess geleitet oder auch nur die dafür nötigen Anfangsbedingungen geschaffen und ihn dann „ablaufen“ lassen.

2. Die „progressive Schöpfung“. Nach diesem Modell hat Gott in den Prozess des Todes und des Überlebenskampfes eingegriffen, um über Millionen Jahre zu verschiedenen Zeiten Millionen von Arten zu erschaffen.

Alle diese Kompromisse mit langen Zeitaltern lehnen die Sintflut als weltweite Flut ab – sie konnte nur ein regionales Ereignis gewesen sein, da die fossilhaltigen Schichten allgemein als Beweise für Millionen von Jahren angenommen werden. Eine weltweite Flut hätte diese Fossilablagerungen vernichtet und stattdessen andere entstehen lassen! Deshalb können diese Auffassungen keine katastrophische weltweite Flut zulassen, die zur Bildung von Ablagerungsschichten aus fossilhaltigem Gestein über der Erdoberfläche führen würde. Dieser Gedanke widerspricht natürlich der Bibel, die offensichtlich von einer weltweiten Flut spricht (1. Mose 6 – 9).[39]

9. Ist die Länge der Schöpfungstage überhaupt von Bedeutung?

Ja, es ist von großer Bedeutung, dass ein Christ die Richtigkeit der Schöpfungstage in 1. Mose 1 glaubt. Alle Modelle, die lange Zeitepochen in oder vor den Schöpfungsbericht platzieren, untergraben das Evangelium. Damit sagen sie nämlich, dass es Tod, Blutvergießen, Krankheiten und Leiden bereits vor dem Sündenfall gab, wie wir weiter oben erklärt haben (siehe die Antwort auf Einwand 1, S. 43). Im Folgenden nennen wir noch einige weitere Gründe:

1. Es geht darum, wie wir prinzipiell an die Bibel herangehen. Wenn wir der Sprache der Bibel nicht erlauben, entsprechend ihrem Kontext zu uns zu

---

Wayne Grudem fasst in seiner *Systematic Theology* (S. 302-305) die Framework-Hypothese und ihre Problematik und Widersprüchlichkeit zusammen.

[38] Kline, M.G., 1996. Space and time in the Genesis cosmology. Perspectives on Science & Christian Faith 48(1).

[39] Van Bebber, M. und Taylor, P.S., a.a.O., S. 55-59. Siehe auch Whitcomb, J.C. und Morris, H.M., a.a.O., S. 212-330. Siehe außerdem Kapitel 10: War die Sintflut weltweit?

reden, sondern versuchen, den Text unseren außerbiblischen Vorstellungen anzupassen, dann hängt die Bedeutung jedes Wortes in jedem Abschnitt der Bibel letztlich nur noch von menschlicher Interpretation ab – und diese kann sich schnell verändern, je nachdem, welche außerbiblischen Vorstellungen gerade in Mode sind.

2. Wenn man der „Wissenschaft" (die unberechtigterweise zu einem Synonym für Evolution und Materialismus geworden ist) erlaubt zu bestimmen, wie wir die Bibel zu verstehen haben, dann kann dies zu einem rutschigen Abhang des Unglaubens gegenüber dem Rest der Bibel werden. Diese Art von „Wissenschaft" würde z. B. nicht erlauben, dass ein Mensch von den Toten auferstehen kann. Bedeutet das nun, dass wir die Auferstehung Jesu so interpretieren müssen, dass sie dieser Lehre entspricht? Leider tun manche genau das und meinen, die Auferstehung bedeute lediglich, dass Jesu Lehre in seinen Nachfolgern weiterlebe!

Wenn wir aber die Lehre des Schöpfungsberichtes für bare Münze nehmen und somit auch die Schöpfungstage als gewöhnliche Tage akzeptieren, dann wird es kein Problem für uns sein, auch den Rest der Bibel anzunehmen und mit dem richtigen Sinn zu verstehen.

Martin Luther sagte einst:

> Ich habe oft gesagt, dass jeder, der die Heilige Schrift studiert, zusehen sollte, dass er bei den einfachen Worten bleibt, solange er kann und um keinen Preis davon abweichen sollte, es sei denn, dass ein Glaubensartikel ihn nötigt, sie anders zu verstehen. Denn darüber müssen wir sicher sein: Keine deutlichere Sprache ist auf der Erde gehört worden als das, was Gott gesprochen hat.[40]

10. Das geläuterte Wort Gottes

Wir müssen erkennen, dass das Wort Gottes etwas ganz Besonderes ist. Es ist nicht lediglich Menschenwort. Wie Paulus zu den Thessalonichern sagte: „... dass ihr das Wort der göttlichen Predigt, das ihr von uns empfangen habt, nicht als Menschenwort aufgenommen habt, sondern als das, was es in Wahrheit ist, als Gottes Wort" (1. Thessalonicher 2,13).

Sprüche 30,5-6 sagt: „Alle Worte Gottes sind durchläutert ... Tu nichts zu seinen Worten hinzu, dass er dich nicht zur Rechenschaft ziehe und du als Lügner dastehst!" Man kann die Bibel nicht bloß als großartiges Literaturwerk behandeln. Wir müssen „erzittern vor seinem Wort" (Jesaja 66,5) und dürfen nicht vergessen: „Denn alle Schrift, von Gott eingegeben, ist nütze zur Lehre, zur Zurechtweisung, zur Besserung, zur Erziehung in der Gerechtigkeit, dass der Mensch Gottes vollkommen sei, zu allem guten Werk geschickt (2. Timotheus 3,16-17).

---

[40] Plass, a.a.O., S. 93.

In den originalen Autographen (Originalhandschriften der biblischen Bücher) ist jedes Wort und jeder Buchstabe deshalb dort, weil Gott ihn so platziert hat. Wir wollen auf Gottes Reden zu uns durch sein Wort hören und nicht in arroganter Weise meinen, dass wir Gott sagen könnten, was er wirklich meint!

Alles, was Gott sagt, ist unzweifelhaft wahr (Sprüche 30,5).

Kapitel 3

Was ist von der „Lückentheorie“ bzw. „Restitutionstheorie“ zu halten?

Was ist die „Lückentheorie“? Woher stammt sie? Ist sie erforderlich? Ist sie biblisch? Welche Konsequenzen hat sie für das Evangelium?

> Am Anfang schuf Gott Himmel und Erde. Und die Erde war wüst und leer, und es war finster auf der Tiefe; und der Geist Gottes schwebte auf dem Wasser (1. Mose 1,1-2).

Viele Leute haben versucht, zwischen diesen ersten beiden Versen von 1. Mose 1 eine zeitliche Lücke unbestimmten Umfangs einzufügen. Es gibt viele verschiedene Versionen darüber, was in dieser zeitlichen Lücke angeblich geschehen sein soll. Die meisten Versionen der Lückentheorie (engl. *gap theory*) platzieren Milliarden Jahre geologischer Zeit (einschließlich Milliarden Fossilien von Tieren) zwischen diese beiden ersten Verse des Schöpfungsberichts. Das ist die „Restitutions-“ (Wiederherstellungs-) Version oder die Lückentheorie.

Diese Theorie untergräbt jedoch das Evangelium, da sie die Möglichkeit von Tod, Blutvergießen, Krankheit und Leiden vor dem Sündenfall Adams einräumt. Die meisten Vertreter der Lückentheorie haben akzeptiert, dass das Alter der Fossilien auf Millionen Jahre datiert wird, und somit haben sie den fehlbaren Theorien der Wissenschaftler erlaubt, die Bedeutung der Bibel herabzusetzen.

Einige ordnen dieser angeblichen Zeitperiode den Fall Satans zu. Doch eine Rebellion Satans in diesem Zeitraum würde Gottes Beschreibung seiner vollendeten Schöpfung am sechsten Tag widersprechen: „Es war sehr gut“ (1. Mose 1,31).

Alle Versionen der Lückentheorie legen der Schrift außerbiblische Vorstellungen auf und schaffen damit die Grundlage für weitere Kompromisse.

1. Woher stammt die Lückentheorie?

Im Laufe der Zeit wurden viele Versuche unternommen, den Schöpfungsbericht aus 1. Mose mit der allgemein akzeptierten Geologie (und ihrer Lehre von einer Milliarden Jahre alten Erde) in Einklang zu bringen, z.B. durch die „theistische Evolution“ und die „progressive Schöpfung“.

Die Lückentheorie war ein weiterer Versuch christlicher Theologen, die Zeitskala der Weltgeschichte, wie sie im 1. Buch Mose gefunden wird, mit der gängigen Auffassung zu harmonisieren. Diese besagt, dass die Geologen „unbestreitbare“ Beweise für ein äußerst hohes Erdalter hätten (derzeit wird ein Alter von etwa 4,6 Milliarden Jahren gelehrt).

Thomas Chalmers (1780 – 1847), ein bekannter schottischer Theologe und Synodialpräsident der Free Church of Scotland, war vermutlich der Initiator der Lückentheorie.[1] Die Grundidee kann auf die recht obskuren Schriften des Holländers Episcopius (1583 – 1643) zurückgeführt werden und wurde erstmalig im Jahr 1814 nach einem Vortrag von Chalmers aufgezeichnet.[2] Pfarrer William Buckland, der auch Geologe war, trug erheblich zur Verbreitung dieser Vorstellung bei.

Zwar geben Chalmers' Schriften selbst wenig Aufschluss über die Lückentheorie[3]. Viele Details seiner Vorträge zu diesem Thema wurden jedoch von anderen Autoren wie Hugh Miller, einem Geologen aus dem 19. Jahrhundert, gern aufgegriffen.[4] Die Sichtweise von Verfall und Wiederherstellung der Schöpfung wird von vielen Christen vertreten, die die Studienbibeln von Autoren wie Scofield, Dake oder Newberry benutzen.

Der einflussreichste Autor des 19. Jahrhunderts, der diese Auffassung popularisiert hat, war G. H. Pember mit seinem Buch *Earth's Earliest Ages*[5] („Die Urzeitalter der Erde"), das 1884 erschien. Es wurde mehrfach neu aufgelegt; im Jahr 1942 kam die 15. Auflage[6] heraus. Im 20. Jahrhundert war Arthur C. Custance mit seinem Buch *Without Form and Void* („Wüst und leer") der Autor, der die Lückentheorie mit wissenschaftlichen Argumenten am stärksten verteidigte.[7]

Die Voraussetzungen für die Entwicklung und Verbreitung der Lückentheorie sind aus folgenden vielsagenden Zitaten ersichtlich:

> Verbanne die Fossilien in die Zeit der ersten Schöpfung, und es kommt zu keinem Konflikt zwischen Wissenschaft und dem Schöpfungsbericht in 1. Mose (*Scofield Study Bible*).[8]
>
> Ist man sich schließlich bezüglich des Alters der Erde einig, dann

[1] Fields, W.W., 1976. *Unformed and Unfilled*, Burgeners Enterprises, Collinsville, Illinois, S. 40.

[2] Taylor, I.T., 1984. *In The Minds of Men: Darwin and the New World Order*, TFE Publishing, Toronto, Canada, S. 363.

[3] Chalmers, T., 1857. *Natural Theology*, Selected works of Thomas Chalmers, Bd. 5 von 12. Herausgegeben von William Hanna, Thomas Constable, Edinburgh. Alles, was Chalmers in diesen Schriften grundsätzlich über die Lückentheorie sagt, ist: „Die detaillierte Geschichte der Schöpfung im ersten Kapitel von 1. Mose beginnt in der Mitte des zweiten Verses", S. 146.

[4] Miller, H., 1867. *The Testimony of the Rocks*, Boston, Gould and Lincoln, New York, S. 143.

[5] Pember, G.H., 1900. *Earth's Earliest Ages*, H. Revell Company, New York.

[6] Taylor, a.a.O., S. 363.

[7] Custance. A.C., 1970. *Without Form and Void*, veröffentlicht vom Autor in Brookville, Canada.

[8] Scofield, C.I. (Herausgeber), 1945. *The Scofield Study Bible*, Oxford University Press, New York. (Ursprünglich veröffentlicht als *The Scofield Reference Bible*, diese Ausgabe ist unverändert gegenüber dem Original von 1909).

> siedle die vielen Jahre, die über die 6000 historischen Jahre hinausgehen, zwischen den Versen 1 und 2 in 1. Mose 1 an. Nun gibt es keinen Konflikt mehr zwischen dem 1. Buch Mose und der Wissenschaft (*Dake's Annotated Reference Bible*).[9]

Die obigen Zitate sind typische Beispiele für die vielen Kompromisse, die man machen muss, um die „Wissenschaft"[10] der langen Erdzeitalter zu akzeptieren und in die Bibel zu integrieren.

2. Ein jahrhundertelanger Kampf

Wie Pember mit langen „geologischen Zeitaltern" kämpfte, so rangen auch viele Christen um diese Frage, seit im 19. Jahrhundert die allgemeine Meinung herrschte, die Fossilien seien Millionen Jahre alt. Dieses Problem ist auch heute noch so aktuell wie damals.

Um die Implikationen der Lückentheorie zu verstehen, ist es hilfreich, sich näher mit Pembers Kampf zu befassen. Die folgenden Gedanken sind seinem Buch Earth's Earliest Ages entnommen:

Wie die konservativen Christen von heute, so verteidigte auch Pember die Autorität der Bibel. Er war fest davon überzeugt, dass man *allein* bei der Bibel beginnen muss und *keine* vorgefassten Gedanken in die Schrift einbringen und so ihre Bedeutung abändern darf. Mit Freimütigkeit brandmarkte er Leute, die selbst von mancherlei Mythen, Philosophien und Vorurteilen geprägt waren und dann an die Bibel herangingen, ohne diese abzuschütteln, sondern, zumindest zum Teil, beibehielten und – vielleicht ganz unbewusst – mit der Wahrheit Gottes vermischten" (S. 5). Pember beschreibt, wie die Kirche geschwächt wird, wenn zur Auslegung des Wortes Gottes menschliche Philosophien herangezogen werden:

> Dadurch, dass sie geschickt ihre eigenen Systeme mit den Wahrheiten der Bibel vermischten, verwirrten sie das Denken der breiten Masse, so dass nur wenige weiterhin zwischen der Offenbarung Gottes und den schlau eingewobenen Lehren unterscheiden konnten.
>
> Deshalb werden von Generation zu Generation widersprüchliche und ungesunde Auslegungen weitergegeben und so angenommen, als seien sie integrale Bestandteile der Bibel selbst; andererseits wurden kompli-

---

[9] Dake, F.H., 1961. *Dake's Annotated Reference Bible;* Dake Bible Sales, Inc., Lawrenceville, Georgia, S. 51.

[10] Heute setzen viele die Lehre von Millionen von Jahren und Evolution mit „Wissenschaft" gleich. Es ist jedoch keine „Wissenschaft" im empirischen (empirisch = wiederholbar, nachprüfbar) Sinne. Die Wissenschaftler können nur mit der Gegenwart arbeiten. Um die Gegenwart mit der Vergangenheit zu verbinden, muss man Interpretationen heranziehen, die auf unbeweisbaren Annahmen beruhen.

zierte Bibelstellen allegorisiert, vergeistlicht oder wegerklärt, bis sie keine Probleme mehr bereiteten oder vielleicht sogar zur falschen Auslegung passten (S. 8).

Er warnte die Christen:

> Wenn wir wachsam und aufrichtig sind, stellen wir oft selber fest, wie schwierig es ist, unvoreingenommen an die Heilige Schrift heranzugehen. Wir erkennen, dass wir eine Reihe stereotyper Vorstellungen mit uns herumschleppen, die wir als absolut sicher annehmen und nie erwägen würden, sie zu überprüfen, sondern nur versuchen, sie zu bestätigen.

Pembers Gedanken sollten uns allen eine Warnung sein. Als begrenzte, sündige Menschen können wir uns nämlich gar nicht so leicht überkommener und übernommener Vorstellungen entledigen, ganz gleich, ob wir bedeutende Theologen oder sonstwie anerkannte und geachtete Christen sind. Wir sehen, dass Pember, ohne es zu merken, genau das tat, wogegen er so heftig predigte. Hier bekommen wir einen Eindruck davon, wie tief verwurzelt die Theorie der langen Zeitalter wirklich ist. Pember wollte keineswegs die Bibel in Frage stellen (er glaubte an die sechs buchstäblichen Schöpfungstage), aber er hatte auch nichts gegen die Theorie der langen Zeitalter einzuwenden (womöglich übernahm er einfach die Aussagen von Chalmers, der ein hoch angesehener Christ war). So kämpfte er mit sich selbst darum, was er tun sollte. Viele der namhaften christlichen Autoren von heute lassen in ihren Kommentaren denselben Kampf durchblicken und kapitulieren doch letztlich zugunsten der „progressiven Schöpfung" oder sogar der „theistischen Evolution".[11]

Pember erkannte, dass eine Datierung der Fossilien auf eine Zeit vor der Sünde im krassen Widerspruch zu der Lehre der Bibel steht, da diese Fossilien von Tod, Verfall und Krankheit (als Folge der Sünde) zeugen:

> Wie die fossilen Überreste eindeutig belegen, waren damals unter den lebenden Kreaturen auf der Erde nicht nur Krankheit und Tod an der Tagesordnung (und das sind untrennbare Begleiterscheinungen der Sünde), sondern sogar Gewalt und Mord.

Pember war also klar, dass es vor dem Sündenfall keine Fleischfresser gegeben haben konnte:

> Am sechsten Tag stellte Gott fest, dass alles, was er gemacht hatte, sehr gut war. Diese Erklärung ist völlig unvereinbar mit dem gegenwärtigen Zustand des Tier- und Pflanzenreichs. Gott gab allein das grüne Kraut

---

[11] Ham, K., 1997. Millions of Years and the 'Doctrine of Balaam'. *Creation* 19(3):15-17.

> zur Speise für „alle Tiere der Erde und alle Vögel des Himmels und für alles, was sich auf der Erde regt“. Deshalb gab es in der sündlosen Welt keine Fleischfresser (S. 35).

Gemäß Jesaja lehrte Pember, dass die Erde in ihren ursprünglichen Zustand zurückkehren würde. Dann würde es keinen Tod, keine Krankheiten und keine Fleischfresser mehr geben. Da er jedoch zur Deutung der Fossilien die langen Zeitalter angenommen hatte, stand er vor dem Problem, was er mit all diesem Tod, diesen Krankheiten und diesem Verfall tun sollte.

> Da die Fossilien die Überreste von Geschöpfen sind, die vor Adam lebten und doch offensichtliche Anzeichen von Krankheit, Tod und gegenseitiger Vernichtung aufweisen, müssen sie zu einer anderen Welt gehören und ihre eigene, von Sünde beeinträchtigte Geschichte haben... (S. 35).

Pember versuchte nun, die Theorie der langen Zeitalter mit der Bibel in Einklang zu bringen und rechtfertigte dazu die Lückentheorie:

> Zwischen dem ersten und dem zweiten Vers der Bibel finden wir Platz für eine beliebige Zeitspanne. Und wiederum: Da es sich um keinen inspirierten Bericht über die geologischen Formationen handelt, haben wir die Freiheit zu glauben, dass sie sich genau in der Anordnung entwickelten, in der wir sie vorfinden. Der ganze Prozess fand vor der Zeit Adams statt, vielleicht in Verbindung mit anderen Rassen und Geschöpfen. Konsequenterweise betrifft uns in der Gegenwart jenes Geschehen überhaupt nicht mehr (S. 28).

Mit diesem Hintergrundwissen wollen wir nun die Lückentheorie genauer in Augenschein nehmen. Die Vertreter der Lückentheorie sind keine Verfechter der Evolutionstheorie, glauben aber an einen prähistorischen Ursprung des Universums.

Grundsätzlich vereint die Lückentheorie drei Gedankengänge:

1. Eine buchstäbliche Sicht des Schöpfungsberichtes.
2. Der Glaube an ein äußerst hohes, aber undefiniertes Erdalter.
3. Der feste Entschluss, die Entstehung des größten Teils der geologischen Schichten und anderer geologischer Befunde zwischen 1. Mose 1,1 und 1,2 zu platzieren.

Es gibt viele Varianten der Lückentheorie. Fields[12] zufolge kann die Theorie wie folgt zusammengefasst werden:

> In der weit zurückliegenden nicht datierbaren Vergangenheit erschuf Gott einen vollkommenen Himmel und eine vollkommene Erde. Satan

[12] Fields, W.W., a.a.O., S. 7.

> war der Herrscher der Erde, die von einer Rasse von „Menschen“ bevölkert war, die keine Seelen hatten. Schließlich rebellierte Satan, der in einem Garten Eden wohnte, welcher mit mancherlei Edelsteinen verziert war (Hesekiel 28), weil er wie Gott werden wollte (Jesaja 14). Aufgrund von Satans Fall kam die Sünde ins Universum und brachte Gottes Gericht über die Erde, und zwar in Form einer Flut (darauf weist das Wasser in 1. Mose 1,2 hin). Anschließend folgte eine weltweite Eiszeit, weil Licht und Wärme der Sonne aus unbestimmtem Grund zurückgehalten wurden. Alle pflanzlichen, tierischen und menschlichen Fossilien, die wir heute auf der Erde finden, gehen auf diese „Flut Luzifers“ zurück und entbehren jeglicher genetischer Beziehung zu den Pflanzen, Tieren und Menschen, die heute auf der Erde leben.

Einige Versionen der Lückentheorie besagen, dass die Fossilablagerung (die geologische Zeittafel) im Lauf von Millionen von Jahren entstand und dass Gott dann die Erde durch eine Katastrophe (die „Flut Luzifers“) zerstörte, wodurch die Erde „wüst und leer“ wurde.

Die abendländischen Bibelkommentare, die vor dem 18. Jahrhundert und vor dem Aufkommen des Glaubens an lange Erdzeitalter geschrieben wurden, wissen nichts von irgendeiner Lücke zwischen 1. Mose 1,1 und 1,2. Zwar schlugen manche Kommentare aus Gründen, die mit dem Fall Satans zu tun haben,[13] Intervalle verschiedener Länge vor, doch keiner kam auf die Idee von „Verfall und Wiederherstellung“ oder von einer Welt vor Adam. Im 19. Jahrhundert wurde es populär zu glauben, die geologischen Prozesse seien langsam abgelaufen, ungefähr mit heutiger Geschwindigkeit (Uniformitarismus[14]). Mit steigender Akzeptanz des Uniformitarismus drängten viele Theologen auf eine neue Auslegung des Schöpfungsberichts; so sollten die Schöpfungstage lange Zeitalter sein oder „Offenbarungstage“, und es

[13] Wer versucht, den Fall Satans (unabhängig von Millionen von Jahren) in diese Lücke zu platzieren, sollte Folgendes bedenken: Wenn auch alle Engel zur ursprünglichen Schöpfung gehörten, wie 2. Mose 20,11 zeigt und Kolosser 1 offenbar bestätigt, dann war *alles*, was Gott bis zum Ende des sechsten Tages geschaffen hatte, „sehr gut“. Es kann vor dieser Zeit *keine* Rebellion gegeben haben. Deshalb muss der Fall Satans irgendwann nach dem siebenten Tag angesiedelt werden.

[14] Der Begriff „uniformitarisch“ bezieht sich allgemein auf die Vorstellung, dass geologische Prozesse wie z. B. Erosion und Sedimentation im Laufe der Zeit im Wesentlichen gleich geblieben sind und dass deshalb die Gegenwart der Schlüssel zur Vergangenheit ist. Doch nach Mitte des 19. Jahrhunderts wurde dieses Konzept ausgeweitet. Huxley sagte: „Konsequenter Uniformitarismus postuliert Evolution in der organischen wie auch in der anorganischen Welt.“ Heute wird angenommen, dass das Universum ein geschlossenes System ist, zu dem weder Gott noch irgendeine nicht-menschliche oder nicht-natürliche Kraft Zugang hat (aus Rendle-Short, J., 1984. *Man: Ape or Image*, Master Books, San Diego, CA, S. 20, Anmerkung 4).

wurde auch an „progressive Schöpfung“ und theistische Evolution gedacht. (siehe auch Kap. 2).

3. Probleme mit der Lückentheorie

Die Lückentheorie ist unvereinbar mit der Aussage der Bibel, dass Gott alles in sechs Tagen geschaffen hat. In 2. Mose 20,11 heißt es: „Denn in sechs Tagen hat der HERR Himmel und die Erde gemacht und das Meer und *alles, was drinnen ist,* und ruhte am siebenten Tage. Darum segnete der HERR den Sabbattag und heiligte ihn.“ Somit wurde die Erschaffung von Himmel und Erde (1. Mose 1,1) und Meer samt allem, was darin ist (die übrige Schöpfung) in sechs Tagen vollständig durchgeführt.[15] Wo bleibt da noch Zeit für eine Lücke?

*Gott erschuf **alles** in sechs Tagen.*

Im Widerspruch zur Bibel platziert die Lückentheorie Tod, Krankheit und Leiden vor den Sündenfall. Römer 5,12 sagt: „Deshalb, wie durch einen Menschen die Sünde in die Welt gekommen ist und der Tod durch die Sünde, so ist der Tod zu allen Menschen durchgedrungen, weil sie alle gesündigt haben.“ Daraus lernen wir, dass es vor Adam keine menschliche Sünde oder Tod gegeben haben kann. Die Bibel lehrt (1. Korinther 15,21-26), dass Adam der erste Mensch war und infolge seiner Rebellion (Sünde) Tod und Verderbnis (Krankheit, Blutvergießen und Leid) ins Universum kam. Bevor Adam sündigte, konnte es somit bei Tieren und Menschen (*nephesch*[16]) keinen Tod gegeben haben. Wir müssen außerdem beachten, dass es vor Adam keine menschliche Rasse gegeben haben kann, die bei der „Flut Luzifers“ umkam, weil 1. Korinther 15,45 lehrt, dass Adam der „erste“ Mensch war.

Aus 1. Mose 1,29-30 erkennen wir, dass Tiere und Menschen ursprünglich Vegetarier waren. Das steht im Einklang mit Gottes Beschreibung der Schöpfung als „sehr gut“. Wie könnten Tiere, deren Fossilien Hinweise auf Krankheit, Gewalt, Tod und Verfall sind (man hat Fossilien von Tieren gefunden, die offensichtlich gegeneinander kämpften und sich mit Sicherheit gegenseitig fraßen), als „sehr gut“ beschrieben werden? Somit

---

[15] Für weitere Details siehe Kapitel 2.

[16] Die Bibel bezeichnet Tiere und Menschen als *nephesch* (hebräisch „Seelen“) – bzw. sie sagt, dass Menschen und Tiere eine solche haben – in verschiedenen Zusammenhängen, die auf bewusstes Leben hindeuten. Der Tod einer Qualle beispielsweise wäre in diesem Sinne kein Tod eines Tieres mit einer *nephesch.* Siehe auch Kapitel 6 (S. 105-106).

Die Vertreter der Lückentheorie stellen der Schöpfungswoche und dem Sündenfall oft unwissentlich Tod und Leid voran.

muss der Tod der Milliarden von Tieren (und vieler Menschen) nach dem Sündenfall Adams anzusiedeln sein. Das historische Ereignis der Sintflut (1. Mose 6–9) bietet eine Erklärungsmöglichkeit für das Vorhandensein gewaltiger Mengen von Tierfossilien. Sie finden sich in Gesteinsschichten, die unter Mitwirkung enormer Wassermassen überall auf der Erde entstanden sind.

Römer 8,22 lehrt, dass „wir wissen, dass die ganze Schöpfung bis zu diesem Augenblick mit uns seufzt und sich ängstet". Aufgrund der Sünde ist und war die gesamte Schöpfung eindeutig dem Verfall und Verderben unterworfen. Die Fossilien belegen Krankheit, Verfall und Tod. Wenn die Anhänger der Lückentheorie glauben, dass es Krankheit, Verfall und Tod bereits vor Adams Sündenfall gab, dann ignorieren sie, dass dies der Lehre der Bibel widerspricht.[17]

Die Version der Lückentheorie, die Satans Fall ans Ende der geologischen Zeitalter setzt (unmittelbar vor die angebliche voradamitische „Flut Luzifers"), bringt ein weiteres Problem mit sich: Dann müssen Tod und Leiden, wie sie in den Fossilien zu sehen sind, Gottes Schuld gewesen sein. Da die fossil überlieferten Ereignisse zeitlich vor dem Fall Satans geschahen, können nämlich Satan und Sünde keine Ursache dafür sein.[18]

Die Lückentheorie ist in sich nicht logisch schlüssig, weil sie das widerlegt, was sie eigentlich in ihr Modell integrieren wollte: die angeblichen Beweise

---

[17] Siehe Kapitel 2: „Hat Gott wirklich sechs Tage gebraucht?" Siehe auch Ham, K., 1987. *The Lie: Evolution*, Master Books, Green Forest, Arkansas, S. 71-82.

[18] Morris, H., 1997. Why the gap theory won't work. *Back to Genesis* Nr. 107, Institute for Creation Research, San Diego, California.

für eine alte Erde. Die Anhänger der Lückentheorie glauben, dass die Erde sehr alt sei. Diese Überzeugung gründen sie auf geologische Befunde, die unter der Annahme gedeutet werden, dass die Gegenwart der Schlüssel zur Vergangenheit sei. Diese Annahme impliziert, dass in der Vergangenheit die fossilhaltigen Ablagerungen ungefähr mit der gleichen Geschwindigkeit gebildet wurden, mit der solche Ablagerungen auch heute entstehen. Dieses Argument wird auch von den meisten Geologen und Biologen herangezogen, um ihren Glauben zu rechtfertigen, dass die „geologische Zeitskala“ eine Erdgeschichte von Milliarden von Jahren repräsentiert. Diese geologische Skala ist sozusagen zum Schaufenster der Evolution geworden, weil die Fossilien angeblich eine „Höherentwicklung“ von einfachen zu komplexen Formen zeigen.

Dies bringt die Anhänger der Lückentheorie jedoch in ein Dilemma. Da sie ein „wörtliches“ Verständnis des Schöpfungsberichtes vertreten, können sie nicht der Evolution zustimmen, die auf der geologischen Zeitskala basiert. Ebenso wenig können sie akzeptieren, dass die Tage im Schöpfungsbericht den geologischen Zeitaltern entsprechen. Deshalb schlagen sie vor, dass Gott die Erde neu gestaltet hat und nach der „Flut Luzifers“ (durch welche die Fossilien entstanden) innerhalb von sechs buchstäblichen Tagen alles Leben neu erschuf. Daher stammt die Bezeichnung „Restitutionstheorie“ (d. h. „Wiederherstellungstheorie“). Angeblich verursachte Satans Sünde diese Flut, wobei das damit einher gehende Gericht über diese Sünde die einstige Welt auf einen Zustand reduzierte, auf den die Beschreibung „wüst und leer“ zutrifft.

Die Anhänger der Lückentheorie meinen zwar, die Flut Luzifers würde das Problem lösen, doch in Wirklichkeit hebt sie als erstes den eigentlichen Grund für die Theorie auf. Wenn alle oder zumindest die meisten Ablagerungen und Fossilien rasch in einer massiven, weltweiten „Flut Luzifers“ entstanden, dann fällt damit der Hauptbeweis für eine extrem alte Erde weg (da er auf einem angeblich langsamen Ablagerungsprozess basiert).

Außerdem ist zu bedenken: Wenn die Welt zu einer formlosen, chaotischen Wüste verfiel, wie die Vertreter der Lückentheorie meinen, wie konnte dann eine so geordnete Ansammlung von Fossilien und Sedimenten als Beweismaterial erhalten bleiben? Bei einem derartigen Chaos wären die Fossilien mit Sicherheit zumindest schwer in Mitleidenschaft gezogen, wenn nicht sogar gänzlich zerstört worden. (Diese Frage muss auch denen gestellt werden, die sagen, die Fossilablagerungen seien im Laufe von Millionen von Jahren vor der „Flut Luzifers“ entstanden.)

Die Lückentheorie entkräftet die Belege für die Sintflut. Wenn die Fossilien durch die „Flut Luzifers“ verursacht wurden, was geschah dann durch die Sintflut? Hier sind die Anhänger der Lückentheorie zu der Schlussfolgerung gezwungen, die Sintflut habe so gut wie keine geologischen Spuren hinterlassen. Konsequenterweise müssten sie die Sintflut als regionales Ereignis verstehen. Diese Auffassung vertrat auch Custance, einer der Haupt-

Wenn der Grand Canyon bei „Satans Sturz" entstand, welche Spuren hat dann die Sintflut hinterlassen?

vertreter der Lückentheorie. Er veröffentlichte sogar eine Abhandlung zur Verteidigung einer regionalen „Sintflut".[19]

Das 1. Buch Mose schildert die Sintflut jedoch als ein Gericht über die Sünde aller Menschen (1. Mose 6). Mehr als ein Jahr lang war die Erde von Wasser überschwemmt (1. Mose 6,17 und 7,19-24). Nur acht Personen und die Landlebewesen überlebten in der Arche (1. Mose 7,23). Siehe dazu Kapitel 10: „War die Sintflut weltweit?"

Leider verbannen die Anhänger der Lückentheorie die Fossilentstehung in die angebliche Lücke zwischen Vers 1 und 2 in 1. Mose 1 und ignorieren damit den fossilen „Friedhof der Sintflut" als Beleg für Gottes Gericht über die von Gewalt geprägte vorsintflutliche Menschheit. Die fossilisierten Lebewesen, die während der Sintflut und den nachsintflutlichen Katastrophen begraben wurden, sollten uns eine Warnung vor Gottes Gericht sein, das über sündige Menschen hereinbrechen wird (2. Petrus 3,2-14).

Die Lückentheorie lässt jene Indizien außer Acht, die auf ein Erdalter von weniger als 10 000 Jahren hindeuten, beispielsweise die Abnahme und die rasche Umkehrung des Erdmagnetfelds, den Heliumgehalt der Erdatmosphäre, den Salzgehalt der Meere und die Struktur von Spiralgalaxien.[20]

[19] Custance, A.C., 1970. The Flood: Local or Global? *The Doorway Papers,* Bd. 9, Zondervan, Grand Rapids, Michigan.

[20] Humphreys, D.R., 1991. Evidence for a Young World, *Creation* 13(3):46-50, auch als Traktat erhältlich. Siehe auch Kapitel 1 und 4 in diesem Buch.

Sie kann die herkömmliche uniformitarische Geologie samt ihren langen Zeitaltern ohnehin nicht in ein biblisches Modell integrieren. Die heutigen uniformitarischen Geologen lassen überhaupt keine weltweite Flut zu, weder die ausgedachte Flut Luzifers noch die wirkliche biblische Sintflut. Sie erkennen außerdem keinen Bruch zwischen einer angeblich früheren und einer gegenwärtigen wieder hergestellten Welt.

Die schlimmste Auswirkung der Lückentheorie jedoch ist, dass sie die Grundlagen des Evangeliums untergräbt. Ihre Anhänger lassen nämlich das evolutionistische System als Ganzes bestehen (obwohl sie es ihren eigenen Annahmen zufolge eigentlich ablehnen), weil sie ein hohes Erdalter akzeptieren, das auf der uniformitarischen Deutung der geologischen Zeitskala basiert.

Sie müssen auch die Theorie aufstellen, dass sich Römer 5,12 und 1. Mose 3,3 nur auf den geistlichen Tod beziehen. Das widerspricht jedoch anderen Bibelstellen (siehe 1. Korinther 15; 1. Mose 3,22-23), die eindeutig bezeugen, dass die Sünde Adams sowohl zum *körperlichen* als auch zum geistlichen Tod führte. In 1. Korinther 15 wird der Tod des letzten Adam (Jesus Christus) mit dem Tod des ersten Adam verglichen. Jesus erlitt den körperlichen Tod für die Sünde der Menschen, weil Adam, der erste Mensch, wegen der Sünde auch körperlich starb. Wenn Adam und Eva die Frucht vom Baum des Lebens hätten essen können, so sagt uns 1. Mose 3,22-23, dann hätten sie ewig weiter gelebt; es war jedoch Gottes Ratschluss, dass sie aufgrund ihrer Sünde körperlich sterben sollten.

Gott legte diesen Fluch des körperlichen Todes auf alle Menschen und hat dadurch einen Weg ermöglicht, um uns durch die Person seines Sohnes Jesus Christus zu erlösen, der am Kreuz für uns den Fluch des Todes erlitt. Er hat „für alle den Tod geschmeckt" (Hebräer 2,9). Mehr noch: Er hat den Tod besiegt, indem er das vollkommene Opfer für die Sünde und die Rebellion verlorener Menschen wurde. Eigentlich hätten alle Menschen im Gericht die Verurteilung eines gerechten Richters zu erwarten, doch Jesus trug unsere Strafen stellvertretend an seinem Leib ans Kreuz. Jeder, der an Jesus Christus als seinen Herrn und Retter glaubt, wird nun von Gott angenommen und kann die Ewigkeit mit ihm verbringen. Das ist die frohe Botschaft des Evangeliums. Jedes Gedankensystem, das direkt oder indirekt lehrt, den Tod habe es schon vor dem Sündenfall Adams gegeben, zerstört die Grundlage der christlichen Botschaft, denn die Bibel lässt uns wissen, dass die Rebellion des Menschen zum Tod und zum Verfall des Universums führte (Römer 8,19-22). Daher untergräbt die Lückentheorie die Grundlagen des Christentums.

4. Schlussfolgerung

Das 1. Buch Mose berichtet von einer Katastrophe, die alle Lebewesen vernichtete, die „Atem des Lebens" in sich hatten, abgesehen von denen, die in der Arche Noahs gerettet wurden. In Matthäus 24,37-39 spricht Jesus von dieser Flut, und der Apostel Petrus schreibt, dass es ein weiteres weltweites

Gericht geben wird. Damals wurde die ganze Menschheit durch Wasser gerichtet; das kommende Gericht geschieht durch Feuer (2. Petrus 3).

Es passt zum Gesamtzeugnis der Bibel, dass man die meisten Fossilien der Sintflut zuschreibt. Das Zurückgreifen auf eine unhaltbare Auslegung von dem Fall Satans[21] und auf eine rein spekulative Katastrophe trägt weder zum Verständnis der Bibel bei noch hilft es der Wissenschaft.

Die Lückentheorie untergräbt die Grundlagen des Evangeliums.

Außerdem widerspricht die Auffassung, den Tod habe es bereits vor dem Sündenfall gegeben, der klaren Lehre der Bibel, dass der Tod erst in die Welt kam, nachdem Adam gesündigt hatte und so die Erlösung der Menschen notwendig machte.

5. Ein genauer Blick auf 1. Mose 1,1-2

Die älteste erhaltene Handschrift von 1. Mose 1,1-2 ist die griechische Übersetzung des Alten Testaments, die Septuaginta (LXX), die etwa in der Zeit zwischen 250 – 200 v. Chr. angefertigt wurde. Die LXX gewährt keinen Raum, um ein Szenario von „Verfall und Wiederherstellung" in diese Verse hineinzulesen. Das gibt sogar Custance zu. Ein genauerer Blick auf die Verse zeigt, dass die Lückentheorie diesem Text eine Auslegung aufzwingt, die unnatürlich und grammatisch nicht haltbar ist. Es gibt viele Versuche, die Bibel mit den langen Erdzeitaltern der Schulgeologie zu harmonisieren. Die Lückentheorie ist in diesem Sinne ein zwar gut gemeinter Vorschlag, verdreht aber grundlegende Aussagen der Schrift.

Im Folgenden beschäftigen wir uns mit den vier wichtigsten Fragen ihrer Interpretation.[22]

a) „Schaffen" und „machen" (Hebräisch: bara und asah)

Es wird allgemein anerkannt, dass das hebräische Verb *bara*, wenn es mit „Gott" als Subjekt verwendet wird, „schaffen" bedeutet, und zwar im Sinne von Hervorbringen von etwas, das vorher noch nicht existierte.

Im 4. Gebot (2. Mose 20,11) wird gesagt, dass Gott Himmel und Erde und alles was darin ist, in sechs Tagen „machte" (*asah*). Wenn das so geschehen ist, dann gibt es hier tatsächlich keinen Platz für eine Lücke. Um dieses klare biblische Zeugnis gegen jede Lücke zu umgehen, haben die Vertreter der Lückentheorie behauptet, *asah* könne nicht „machen" bedeuten, son-

---

[21] Diese Theorie steht ebenfalls der klaren Verständlichkeit der Bibel entgegen, die in allen wichtigen Belangen einleuchtend und für jeden Christen leicht verständlich ist.

[22] Zu einer weit ausführlicheren Analyse empfehlen wir: Fields, W.W., 1976. *Unformed and Unfilled*, Burgeners Enterprises, Collinsville, Illinois.

dern müsse mit „formen“ oder gar „um-formen“ übersetzt werden. Sie behaupten, 2. Mose 20,11 spreche nicht von sechs Schöpfungstagen, sondern von sechs Tagen der Neugestaltung einer verfallenen Welt.

Gibt es im biblischen Sprachgebrauch einen Unterschied zwischen *bara* und *asah*? Eine Reihe von Versen zeigt, dass *asah* zwar „tun“ oder „machen“, aber auch „schaffen“ bedeuten kann, also im selben Sinn wie *bara*. So lesen wir zum Beispiel in Nehemia 9,6 über Gott: „Du hast die Himmel gemacht (*asah*) und aller Himmel Himmel mit ihrem ganzen Heer, die Erde und alles, was darauf ist, die Meere und alles, was darinnen ist.“

Das bezieht sich eindeutig auf die ursprüngliche Schöpfung *ex nihilo*, und trotzdem wird das Wort *asah* verwendet. (Wir dürfen mit Sicherheit annehmen, dass kein „Lückentheoretiker“ sagen würde, dass sich Nehemia 9,6 auf die angebliche „Wiederherstellung“ beziehe. Denn dann müsste er in das Wort „alles“ auch die geologischen Schichten einschließen und damit würde er seiner Theorie die Basis entziehen.)

Tatsache ist, dass die Wörter *bara* und *asah* im Alten Testament oft austauschbar verwendet werden und dass sie manchmal als synonymer Parallelismus auftauchen (z. B. in 1. Mose 1,26.27; 2,4; 2. Mose 34,10; Jesaja 41,20; 43,7).

Wenn wir diese Schlussfolgerungen auf 2.Mose 20,11 (vgl. 31,17) sowie auf Nehemia 9,6 anwenden, wird deutlich, dass die Bibel lehrt, dass Gott das Universum (alles) in sechs Tagen geschaffen hat, nämlich so wie es in 1. Mose 1 Tag für Tag beschrieben wird.

b) Die Grammatik von 1. Mose 1,1-2

Viele Anhänger der Lückentheorie behaupten, die Grammatik von 1. Mose 1,1-2 erlaube – bzw. erfordere sogar – eine zeitliche Lücke zwischen dem Geschehen in Vers 1 und den Aussagen in Vers 2. In dieser Lücke wollen sie alle größeren geologischen Prozesse unterbringen, durch welche die Erde ihre jetzige Gestalt erhielt – und viele glauben, dass es sich dabei um Milliarden von Jahren gehandelt habe.

Das ist eine sehr unangemessene Interpretation, die der Text in seiner einfachen augenscheinlichen Bedeutung gar nicht hergibt. Die naheliegendste Leseweise sieht Vers 1 als einen Satz an, der aus Subjekt und Verb besteht, dem in Vers 2 drei Umstandsbestimmungen folgen; d. h. dem Hauptsatz in Vers 1 werden nun noch drei spezifische Aussagen angefügt, die die Umstände näher beschreiben.

Diese Schlussfolgerung wird von dem Sprachwissenschaftler Gesenius unterstützt. Er bekräftigt, dass die Konjunktion *waw* („und“) zu Beginn des 2. Verses eine „*waw*-Kopula“ ist, die etwa mit dem deutschen „nämlich“ oder „d. h.“ zu vergleichen ist (wo immer dem Hebräischen *waw* ein Subjekt folgt (*waw* + Subjekt) wird es als *waw*-Kopula oder disjunktives *waw* interpretiert).

Die grammatikalische Anbindung des Verses 2 an Vers 1 schließt somit auch aus sprachwissenschaftlicher Sicht die Lückentheorie aus. Vers 2 ist in der Tat eine Beschreibung des Zustands der gerade geschaffenen Erde: „*Und* die Erde war wüst und leer“ (1. Mose 1,2a).

c) „War“ oder „wurde“?

„Lückentheoretiker“ übersetzen „die Erde *war* wüst und leer“ mit „die Erde *wurde* (oder ‘war geworden’) wüst und leer.“ Dabei geht es um die Übersetzung des hebräischen Wortes *hayeta* (eine Form des hebräischen Verbes *haya*, „sein“).

Custance behauptet, dass bei dem 1 320-maligen Vorkommen des Verbes *haya* im Alten Testament von 24 mit Sicherheit gesagt werden kann, dass sie die Bedeutung „wurde“ haben. Er schließt daraus, dass in 1. Mose 1,2 *hayeta* „wurde“ heißen muss und nicht einfach „war“.

Bedenken wir an dieser Stelle nochmals, dass die Bedeutung eines Wortes durch seinen Kontext bestimmt wird und dass im vorherigen Abschnitt gezeigt wurde, dass Vers 2 die Umstände von Vers 1 beschreibt. Weiterhin gilt festzuhalten, dass das disjunktive *waw* (*waw* + Subjekt: *erets*, Erde), das dem Verb *haya* vorangeht (qal Perfekt, 3. Person), *haya* als „war“ definiert. So wird es auch in den meisten englischen und deutschen Bibelausgaben wiedergegeben (und auch in der LXX). An anderen Stellen, wo dieselbe Konstruktion auftritt, wird ebenfalls mit „war“ übersetzt. So würde z. B. 1. Mose 3,1 keinen Sinn ergeben, wenn es übersetzt hieße: „Die Schlange *wurde* listiger…“

Die Schlussfolgerung laute also: *wurde* ist nicht die richtige Übersetzung von *haya* in 1. Mose 1,2.

d) *tohu* und *bohu*

Diese beiden markanten Wörter werden üblicherweise mit „wüst und leer“ übersetzt (1. Mose 1,2a). Sie sagen aus, dass das Universum im Anfangszustand ohne Struktur und ohne Inhalt geschaffen wurde und innerhalb von sechs Tagen durch Gottes Schöpfungshandeln gestaltet und gefüllt wurde.

„Lückentheoretiker“ behaupten, diese Wörter würden einen Prozess gerichtlicher Vernichtung beinhalten und auf „einen sündigen und deshalb nicht ursprünglichen Zustand der Erde“ hinweisen. Dadurch werden jedoch Interpretationen in 1. Mose 1 hineingelegt, die in anderen Teilen des Alten Testaments in völlig anderen Zusammenhängen auftauchen (nämlich in Jesaja 34,11 und Jeremia 4,23).

Tohu und *bohu* kommen insgesamt nur in den drei oben genannten Abschnitten des Alten Testaments vor. Für sich allein tritt *tohu* jedoch an mehreren anderen Stellen auf und bedeutet in allen Fällen einfach „formlos“. Das Wort selbst sagt nichts über die Ursache der Formlosigkeit aus; diese Ursache muss dem jeweiligen Zusammenhang entnommen werden. Jesaja 45,18 (ein Vers, der häufig von den Vertretern der Lückentheorie zitiert wird) ist in der Elberfelder Bibel so wiedergegeben: „… er hat sie gegründet, nicht als eine Öde [*tohu*] hat er sie geschaffen, sondern zum Bewohnen hat er sie gebildet.“ Im Zusammenhang spricht Jesaja von Israel, dem Volk Gottes, und seiner Gnade, mit der er es künftig wiederherstellen wird. Er erwählte die Israeliten nicht, um sie zu vernichten, sondern damit er ihr Gott sei und sie sein Volk seien. Jesaja vergleicht diese Tatsache mit dem Zweck der Schöpfung: „Gott schuf die Erde nicht für den Zweck, dass sie leer sei! Nein, er schuf sie, damit sie gestaltet und gefüllt würde und ein passender Wohnort für sein Volk sei. Wenn die „Lückentheoretiker“ damit argumentieren, dass Jesaja sagt, Gott habe die Welt nicht *tohu* erschaffen und deshalb müsse sie später *tohu* geworden sein, verfehlen sie ganz und gar den Kontext. In Jesaja 45,18 geht es um Gottes *Zweck* der Schöpfung und nicht um ihren ursprünglichen Zustand.

Obwohl der Ausdruck *tohu* und *bohu* in Jesaja 34,11 und Jeremia 4,23 von einer „Öde und Leere“ spricht, die aus einem göttlichen Gericht über Sünde resultiert, liegt diese Bedeutung nicht implizit im Ausdruck selbst, sondern wird erst durch den jeweiligen Kontext bestimmt. Deshalb ist es nicht berechtigt, dieselbe Bedeutung für 1. Mose 1,2 abzuleiten, wo der Kontext diese nicht nahelegt. Als Vergleich können wir an das Wort „leer“ im Zusammenhang mit einem Computerbildschirm denken. Er kann leer sein, weil nichts mit der Tastatur eingegeben wurde oder er kann leer sein, weil der Inhalt des Bildschirms gelöscht wurde. Das Wort „leer“ an sich gibt noch keinen Hinweis auf die Ursache, weshalb der Bildschirm leer ist. Genauso verhält es sich mit „wüst und leer“: Dieser Ausdruck kann sowohl von einer Erde sprechen, die noch nicht gestaltet und gefüllt ist als auch von irgendetwas, das z.B. durch eine Gerichtsvollstreckung in diesen Zustand geraten ist.

Theologen nennen die Form des Gebrauchs von *tohu* bzw. *bohu* in Jesaja 34,11 und Jeremia 4,23 eine „verbale Anspielung“. Diese Abschnitte über das Gericht knüpfen an die wüste und leere Erde zu Beginn der Schöpfung an, um das Ausmaß des künftigen Gerichts Gottes auszudrücken. Dieses wird so umfassend sein, dass die Erde wieder „wüst und leer“ sein wird, so wie zu jener Zeit, als sie noch nicht gestaltet und gefüllt war. Das impliziert aber nicht, dass der Zustand der Schöpfung in 1. Mose 1,2 durch irgendein Gericht oder eine Zerstörung erlangt wurde, wie es die Vertreter der Lückentheorie unterstellen. Der Theologe Robert Chisholm Jr. schrieb: „Anspielung funktioniert übrigens nur in eine Richtung. Es ist unberechtigt anzunehmen, dass Jeremias Gebrauch dieses Ausdrucks in einem Kontext von Gericht somit auch irgendein Gericht im Kontext von 1. Mose 1,2 impliziert … Jeremia legt hier nicht die Bedeutung von 1. Mose 1,2 aus.“[23]

Die Lückentheorie bürdet dem Text von 1. Mose 1,1-2 eine Auslegung auf, die unnatürlich und grammatisch unangemessen ist.

[23] Chisholm, R.B., Jr., 1998. *From Exegesis to Exposition: A Practical Guide to Using Biblical Hebrew*, Baker Books, Grand Rapids, S. 41.

6. Die einfache und naheliegende Bedeutung von 1. Mose 1,1-2

Die Lückentheorie (oder „Restitutionstheorie“) basiert auf einer sehr oberflächlichen Auslegung der Schrift.

Die einfache, auf der Hand liegende Bedeutung von 1. Mose 1,1-2 ist, dass die Erde anfänglich formlos, leer und dunkel war, nachdem Gott sie im Rohzustand geschaffen hatte, und dass der Geist Gottes über den Wassern schwebte. Durch Gottes Schöpferkraft wurde die Welt dann während der verbleibenden sechs Schöpfungstage Schritt für Schritt „gestaltet und gefüllt“.

Wir können dies mit einem Töpfer vergleichen, der eine Vase formt. Als erstes nimmt er einen Klumpen Ton. Was er hat, ist gut, aber noch ungestaltet. Als nächstes formt er mit der Töpferscheibe den Klumpen zu einer Vase. Jetzt ist der Ton nicht mehr formlos. Erst dann trocknet er die Vase und glasiert und brennt sie. Dann ist sie fertig, um mit Blumen und Wasser gefüllt zu werden. Zu keiner Zeit konnte irgendeine Phase als böse oder schlecht bezeichnet werden. Das Werk war zunächst noch ungestaltet und ungefüllt. Als es dann schließlich fertig war, – gestaltet und gefüllt – konnte es als „sehr gut“ beschrieben werden.

Gott hätte es natürlich nicht nötig gehabt, sich für die Erschaffung der ganzen Schöpfung sechs Tage Zeit zu nehmen, doch hat er es offensichtlich getan, um uns ein Vorbild für unsere Sieben-Tage-Woche zu geben.

7. Eine Warnung

Um Konflikte zwischen den Aussagen der Bibel und neuen „wissenschaftlichen“ Vorstellungen zu umgehen, haben viele aufrichtige Christen neue Auslegungen der Bibel eingeführt. Die Lückentheorie war eine dieser Umdeutungen und wurde zu dem Zweck entwickelt, die Bibel mit wissenschaftlichen Konzepten zu harmonieren, die Anfang des 19. Jahrhunderts aufkamen und auch heute noch populär sind.

Doch in der Realität war die Lückentheorie ein wirksames „Betäubungsmittel“, das die Christenheit über hundert Jahre lang in einen tiefen Schlaf versetzte. Als die Kinder, die diesen Kompromiss lernten, an Universitäten kamen, entdeckten sie schockiert, dass diese Theorie im Grunde nichts erklärt. Somit akzeptierten sie die einzige verbleibende „anerkannte“ Theorie, nämlich die Evolution (die Hand in Hand ging mit den Millionen von Jahren). Die Folgen für ihren Glauben waren meistens katastrophal.

Heute sind andere groß angelegte Kompromisse an die Stelle der Lückentheorie getreten, wie die „progressive Schöpfung“ oder die „theistische Evolution“.[24] Durch ihren Versuch, einen wörtlichen Schöpfungsbericht beizu-

---

[24] Eine seltsame moderne „Lückentheorie“ findet sich in *Genesis Unbound*, von J. Sailhamer, Multnomah Books, Oregon, 1996. Der Autor fügt die angeblichen Millionen Jahre geologischer Erdgeschichte in 1. Mose 1,1 ein und behauptet dann, die sechs Schöpfungstage bezögen sich nur auf das Gelobte Land! Auf

behalten und gleichzeitig die langen Zeitalter einzuführen (Millionen von Jahren), haben die „Lückentheoretiker“ die Basis für schlimmere Kompromisse in der nächsten Generation geschaffen, vor allem durch die Umdeutung der Schöpfungstage und die Einführung der theistischen Evolution.

Die Lückentheorie hat die Christenheit über hundert Jahre betäubt.

Ob wir die „Lückentheorie“ nehmen, „progressive Schöpfung“ oder „theistische Evolution“ – die Ergebnisse sind letztlich immer gleich. Für manche Kirchen sind diese Sichtweisen vielleicht vertretbar, doch in der säkularen Welt werden die Gelehrten sich über ihre Vertreter lustig machen – und das nicht zu Unrecht, denn sie sehen die Widersprüche.

Was immer auch Christen bezüglich des Schöpfungsberichtes glauben, man wird sie verspotten. So können sie sich aussuchen, ob sie lieber dafür ausgelacht werden wollen, dass sie das erste Buch der Bibel so glauben, wie Gott es gemeint hat, oder dafür, dass sie an einen Kompromiss glauben, der die Autorität des Wortes Gottes untergräbt.

Seite 29 nennt er die Motivation für diese neue Sichtweise: „Wenn durch die simple Aussage: ‘Im Anfang schuf Gott die Himmel und die Erde’ tatsächlich Milliarden Jahre abgedeckt werden, dann fallen viele der Prozesse, die von heutigen Wissenschaftlern beschrieben werden, in die Periode, die der hebräische Begriff „Anfang“ einnimmt. In diesem „Anfang“ hätten zahllose geologische Zeitalter, Eiszeiten und die vielen globalen Klima-Umschwünge unseres Planeten Platz. Auch die vielen biologischen Bereiche kämen im „Anfang“ von 1. Mose 1,1 unter, einschließlich der langen Zeitalter, während derer die Dinosaurier die Erde durchzogen. Als am sechsten Tag der Woche die Menschen geschaffen wurden, hatten die Dinosaurier längst ihre Blütezeit hinter sich und waren ausgestorben – und das alles während des „Anfangs“ aus 1. Mose 1,1.“ Viele Probleme der klassischen Lückentheorie treffen auch auf diesen Versuch zu, Millionen Jahre in der Bibel unterzubringen.

Kapitel 4

Was ist von der ^{14}C-Methode zu halten?

Wie funktioniert die „Radiokohlenstoff-Uhr"? Ist sie zuverlässig? Was zeigt die ^{14}C-Methode (oder Radiokohlenstoffmethode) wirklich an? Was ist von anderen radiometrischen Datierungsmethoden zu halten? Gibt es Fakten, die auf eine junge Erde hinweisen?

Wer Fragen zu den Datierungsmethoden mit Radiokohlenstoff (^{14}C) stellt, möchte meistens mehr über radiometrische Messmethoden[1] erfahren, weil mit ihnen angeblich Millionen und Milliarden von Jahren berechnet werden können. Schon hier gilt es festzuhalten: Die Kohlenstoff-Datierungsmethoden sind nur für Größenordnungen von Tausenden von Jahren geeignet. Weiterhin stellen viele die berechtigte Frage, wie man Millionen von Jahren in die biblische Geschichtsschreibung hineinquetschen kann.

Aufgrund der in der Bibel aufgeführten Stammbäume haben wir einen Zeitrahmen, der mit der Schöpfung beginnt. Die riesigen Zeitperioden von Jahrmillionen oder gar von Jahrmilliarden können gewiss nicht in die Bibel eingefügt werden, es sei denn, man geht auf Kompromisse ein, die relativieren, was die Bibel sagt. Grundlegende Aussagen über die Vollkommenheit Gottes, den Ursprung der Sünde, des Todes und des Leides müssten aufgegeben werden. Aber gerade wegen dieser letztgenannten Probleme kam Jesus in diese Welt (siehe Kapitel 2), um sie zu lösen. Hier darf nichts aufgegeben werden.

Christen nehmen die Aussagen Jesu Christi ernst, sonst wären sie ja keine Christen. Er sagte: „Von Beginn der Schöpfung an hat Gott sie (die Menschen) geschaffen als Mann und Frau" (Markus 10,6). Die Lehren Jesu (hier z. B. über die Ehe) sind fest verankert in die biblisch bezeugte Schöpfung und damit auch in die Zeitskala der Welt, die vor einigen tausend Jahren mit der Schöpfungswoche begann. Den Aussagen Jesu wird das Fundament entzogen, wenn der Mensch erst am Ende eines Milliarden Jahre langen Prozesses auftrat. Die Zeitproblematik wird damit zu einer zentralen Frage.

Wir wollen uns zunächst mit Kohlenstoff-Datierungsmethoden und daran anschließend mit anderen Datierungsmethoden beschäftigen.

1. Die Radiokohlenstoff-Uhr

Kohlenstoff hat einzigartige Eigenschaften, die für das Leben auf der Erde unabdingbar sind. Wir kennen ihn z. B. als die schwarze Substanz von verkohltem Holz, als Diamant oder als Graphit (in Bleistiften). Außerdem gibt es Kohlenstoff mit unterschiedlicher Atommasse. Das häufigste Isotop

[1] Auch bekannt als isotopische oder radioisotopische Datierungsmethoden.

ist jenes mit der Atommasse 12. Eine seltene Form besteht aus Atomen, die 14-mal so schwer sind wie Wasserstoffatome; diese werden als Kohlenstoff-14 oder ^{14}C oder Radiokohlenstoff bezeichnet.

Kohlenstoff-14 entsteht, wenn in der höher gelegenen Atmosphäre die kosmische Strahlung Neutronen aus Atomkernen herausschlägt. Diese verirrten Neutronen, die sich mit hoher Geschwindigkeit fortbewegen, kollidieren in geringerer Höhe mit Stickstoffatomen (^{14}N) und wandeln diese in ^{14}C um. Anders als der gewöhnliche Kohlenstoff (^{12}C) ist ^{14}C instabil und zerfällt langsam. Bei diesem Vorgang wird das ^{14}C-Atom wieder zu Stickstoff (^{14}N) und gibt dabei ein Elekron ab. Diese Instabilität ist die Ursache für die Radioaktivität.

Gewöhnlicher Kohlenstoff (^{12}C) ist im Kohlendioxid (CO_2) der Luft enthalten, das von Pflanzen aufgenommen wird, die wiederum von Tieren gefressen werden. Ein Knochen oder ein Laubblatt oder gar ein Möbelstück aus Holz enthalten darum Kohlenstoff. Wenn ^{14}C in der Atmosphäre entstanden ist, verbindet es sich ebenso wie gewöhnlicher Kohlenstoff (^{12}C) mit Sauerstoff zu Kohlendioxid, in diesem Fall zu $^{14}CO_2$. Auch dieses Kohlendioxid wird von Pflanzen aufgenommen und gerät so in den Kreislauf von Pflanzen- und Tierzellen.

Wenn man eine Luftprobe nimmt, kann man die darin enthaltenen ^{12}C- und ^{14}C-Atome zählen und so das zahlenmäßige Verhältnis von ^{14}C zu ^{12}C bestimmen. Da ^{14}C sehr gleichmäßig mit ^{12}C vermischt ist, kann man davon ausgehen, dass wir das gleiche Verhältnis auch in Proben von Laubblättern oder in unseren verschiedenen Körperteilen wiederfinden.

Lebende Organismen nehmen ständig weiteren Kohlenstoff aus ihrer Umgebung auf. Deshalb bleibt das Verhältnis zwischen ^{14}C und ^{12}C in diesem Organismus etwa das gleiche wie in der Atmosphäre, obwohl die ^{14}C-Atome beständig zu ^{14}N zerfallen. Sobald jedoch die Pflanze oder das Tier stirbt, werden die zerfallenen ^{14}C-Atome nicht mehr durch neues ^{14}C ersetzt, und somit nimmt der Gehalt an ^{14}C in den organischen Überresten mit der Zeit ab (siehe Abbildung 1). Anders ausgedrückt:

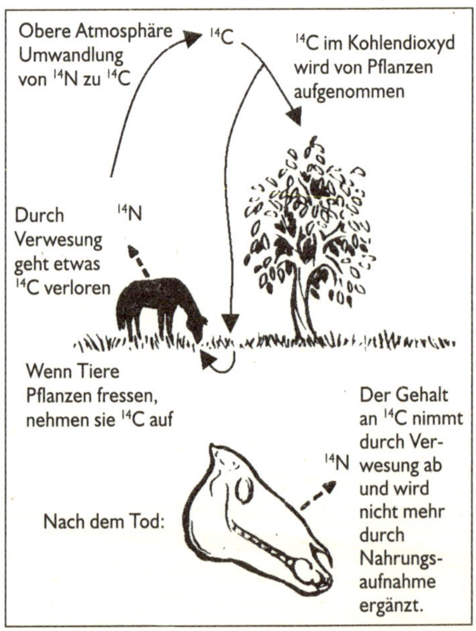

Abb. 1. ^{14}C wird von Lebewesen aufgenommen, aber nach dem Tod nimmt der Gehalt an ^{14}C ab.

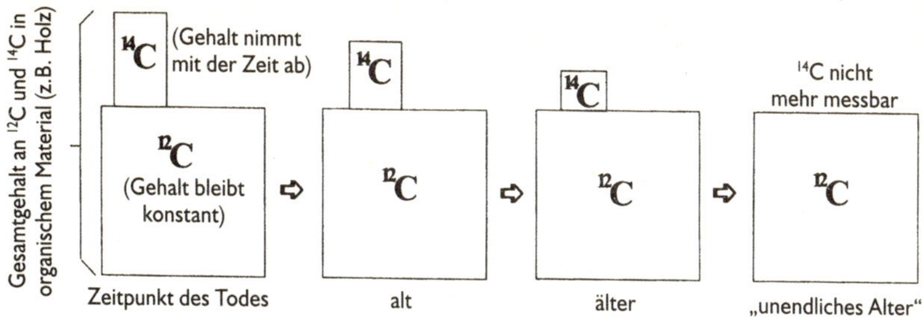

Abb. 2. Nach dem Tod bleibt der absolute Gehalt an ^{12}C konstant, aber der Gehalt an ^{14}C nimmt ab.

Das Verhältnis von ^{14}C zu ^{12}C wird geringer. Sobald der Organismus stirbt, beginnt eine „Uhr" zu ticken (Abbildung 2).

Diese Uhr funktioniert offensichtlich nur bei organischem Material, das einmal zu einem Lebewesen gehörte. Sie kann deshalb z. B. nicht zur Datierung von vulkanischem Gestein herangezogen werden.

Die Halbwertszeit von ^{14}C beträgt 5 730 ± 40 Jahre, d. h. in diesem Zeitraum zerfällt genau die Hälfte des ^{14}C zu ^{14}N. Praktisch bedeutet das, dass nach zwei Halbwertszeiten, also nach 11 460 Jahren, nur noch ein Viertel des ^{14}C übrig geblieben ist. Wenn also in einer Materialprobe das Verhältnis von ^{14}C zu ^{12}C nur ein Viertel des entsprechenden Wertes von lebenden Organismen beträgt, dann hat das Material ein theoretisches Alter von 11 460 Jahren. Jedes organische Material, das älter als 50 000 Jahre ist, dürfte theoretisch keinen messbaren Gehalt an ^{14}C mehr aufweisen. In dieser Zeit ist der Anteil von ^{14}C auf etwa 1/16 gefallen und kann nicht mehr genau bestimmt werden. Aus diesem Grund kann die Kohlenstoff-14-Methode keine Millionen Jahre ergeben. Wenn nun eine Probe noch ^{14}C enthält, dann ist das ein hinlänglicher Beweis dafür, dass sie *nicht* Millionen Jahre alt ist.

Soweit das Grundsätzliche, aber ganz so einfach ist die Wirklichkeit nun doch nicht.

2. Faktoren, die die Kohlenstoff-Datierungen beeinflussen

a) Pflanzen können solches Kohlendioxid beim Einbau benachteiligen, das ^{14}C enthält. Sie nehmen dann weniger ^{14}C-haltiges Kohlendioxid auf, als zu erwarten wäre, und demzufolge geben Datierungen ein zu hohes Alter an. Zu bedenken ist weiterhin, dass verschiedene Pflanzenarten das Kohlendioxid auf verschiedene Weise selektieren. Auch dieser Faktor muss bei der Korrektur der Datierung berücksichtigt werden.[2]

b) Das Verhältnis von ^{14}C zu ^{12}C in der Atmosphäre ist nicht immer konstant geblieben. Es war beispielsweise vor dem Industriezeitalter wesentlich

---

[2] Heute wird ein stabiles Kohlenstoff-Isotop, ^{13}C, zur Indikation des Selektions-Ausmaßes von ^{14}C als Maßstab genommen.

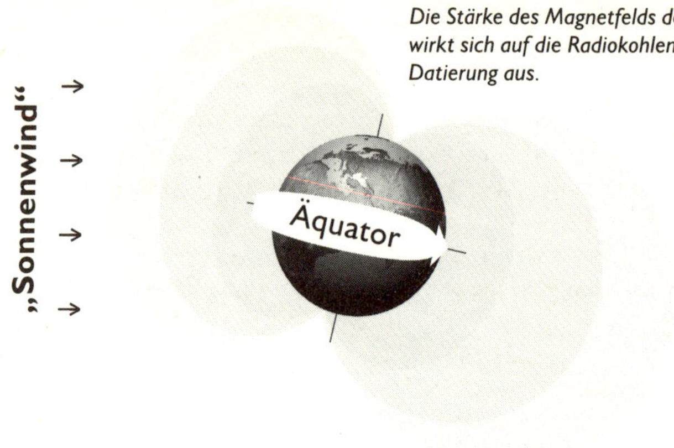

Die Stärke des Magnetfelds der Erde wirkt sich auf die Radiokohlenstoff-Datierung aus.

höher, weil seitdem extrem viel Kohlendioxid aus fossilen Brennstoffen freigesetzt wurde, die keinerlei ^{14}C mehr enthielten. Dadurch gibt die Kohlenstoff-14-Methode bei Organismen, die im Industriezeitalter starben, ein zu hohes Alter an. Weiterhin stieg der Gehalt an $^{14}CO_2$ mit dem Beginn von Atombombentests in der Atmosphäre in den 1950-er Jahren.[3] Das wiederum ließ organisches Material, das mit der Radiokohlenstoff-Uhr datiert wurde, jünger erscheinen als es wirklich ist.

Durch Messung von ^{14}C in historisch zuverlässig datierten Gegenständen (z.B. Samen in historisch datierten Gräbern) ist es möglich, den Gehalt an ^{14}C in der Atmosphäre zur damaligen Zeit zu schätzen und somit kann die „Uhr“ in gewissem Umfang „geeicht“ werden. Daher wird es möglich, in behutsamer Weise die Kohlenstoff-14-Methode auf Gegenstände aus historischer Zeit anzuwenden. Trotz solcher historischen Eichungen sehen Archäologen ^{14}C-Datierungen dennoch nicht als absolut zuverlässig an, weil immer wieder nicht erkannte Unregelmäßigkeiten auftreten. Sie verlassen sich darum stärker auf Datierungsmethoden, die in der Geschichtsschreibung verankert sind.

Außerhalb der Grenzen der geschriebenen Geschichte ist eine Eichung der ^{14}C-Uhr nicht möglich.[4]

[3] Die Strahlung aus atomaren Tests verursacht, ebenso wie die kosmische Strahlung, die Umwandlung von ^{14}N zu ^{14}C.

[4] Als ein Versuch, die Eichung der ^{14}C-Methode über die Grenze der Geschichtsschreibung hinaus auszuweiten, wurde die Dendrochronologie (Datierungsmethode mit Hilfe der Jahresringe von Bäumen) verwendet. Dieses Verfahren hängt jedoch von der zeitlichen Anordnung von Holzfragmenten ab (von Bäumen, die seit langem tot sind) und verwendet die ^{14}C-Datierungsmethode unter der Voraussetzung einer geradlinigen Rückwärts-Extrapolation. Dann wird mit kreuzweisem Mustervergleich die Kohlenstoff-Uhr geeicht. Das ist ein recht zirkulärer Prozess, der keine unabhängige Eichung des Kohlenstoff-Datierungssystems gewährleistet.

c) Wieviel ^{14}C entsteht, hängt außerdem von der jeweiligen Stärke der kosmischen Strahlung ab, die in die Erdatmosphäre eindringt und die somit auch das Datierungssystem beeinflusst. Die kosmische Strahlenmenge, die auf die Erde trifft, variiert mit der Sonnenaktivität sowie mit der Position der Erde im All, denn auf ihrer Bahn in unserer Galaxie (Milchstraße) durchquert unser Sonnensystem im Kosmos magnetische Wolken unterschiedlicher Intensität.

d) Auch die Stärke des Erdmagnetfeldes wirkt sich auf die Menge an kosmischer Strahlung aus, die in die Atmosphäre eindringt. Je stärker das Magnetfeld ist, desto größer wird die Strahlungsablenkung von der Erde sein. Insgesamt hat die Stärke des Erdmagnetfeldes abgenommen,[5] deshalb entsteht heute mehr ^{14}C als in der Vergangenheit. Dadurch erscheint altes Material älter als es wirklich ist.

e) Außerdem muss die Sintflut den Kohlenstoff-Haushalt beträchtlich durcheinander gebracht haben. Die Flut begrub eine gewaltige Menge an Kohlenstoff, die zu Kohle, Öl usw. wurde und den Gesamt-^{12}C-Gehalt der Biosphäre herabsetzte (einschließlich der Atmosphäre - die Pflanzen, die nach der Sintflut wuchsen, absorbierten CO_2, das nicht durch den Abbau der verschütteten Vegetation ersetzt wurde). Auch die Gesamtmenge an ^{14}C war zu dieser Zeit relativ niedrig. Während kein irdischer Prozess weiteres ^{12}C produzierte, entstand ständig neues ^{14}C, und zwar geschah dies mengenmäßig unabhängig vom Bestand an Kohlenstoff (da es aus Stickstoff entsteht). Deshalb stieg nach der Flut der ^{14}C-Anteil bezogen auf ^{12}C an. So können wir schlussfolgern: Das Verhältnis von ^{14}C zu ^{12}C in Pflanzen, Tieren und in der Atmosphäre muss vor der Sintflut geringer gewesen sein als heute.

Solange dieser Effekt (der zum Effekt des Magnetfeldes aus d) noch hinzu kommt) nicht berücksichtigt und bei der Datierung korrigiert wird, ergeben Kohlenstoff-Datierungen von Fossilien, die bei der Sintflut entstanden, wesentlich höhere Alter, als es der Wirklichkeit entspricht.

Schöpfungsforscher haben vorgeschlagen, dass Datierungen von 35 000 bis 45 000 Jahren durch Kalibrieren dem biblischen Alter der Sintflut angeglichen werden sollten.[6] Eine solche Neukalibrierung ist sinnvoll bei unstimmigen Ergebnissen aus Kohlenstoff-Datierungen. Beispielsweise ergaben „Datierungen“ verschiedener Teile eines gefrorenen Moschusochsen-Kadavers aus Alaska äußerst ungereimte Ergebnisse; und als in einer Höhle ältere Schichten mit Kot von Riesenfaultieren per Radiokohlenstoff-Methode datiert wurden, stellte sich eine übermäßig langsame Ablagerungsrate der Kotkugeln heraus.[7]

---

[5] McDonald, K.L., und Gunst. R.H., 1965. An Analysis of the Earth's Magnetic Field from 1835 to 1965. *ESSA Technical Report IER 46-IES*, U.S. Government Printing Office, Washington, D.C., S. 14.

[6] Taylor, B.J., 1994. Carbon Dioxide in the Antediluvian Atmosphere. *Creation Research Society Quarterly* 30(4):193-197.

[7] Brown, R.H., 1992. Correlation of C-14 Age with Real Time. *Creation Research*

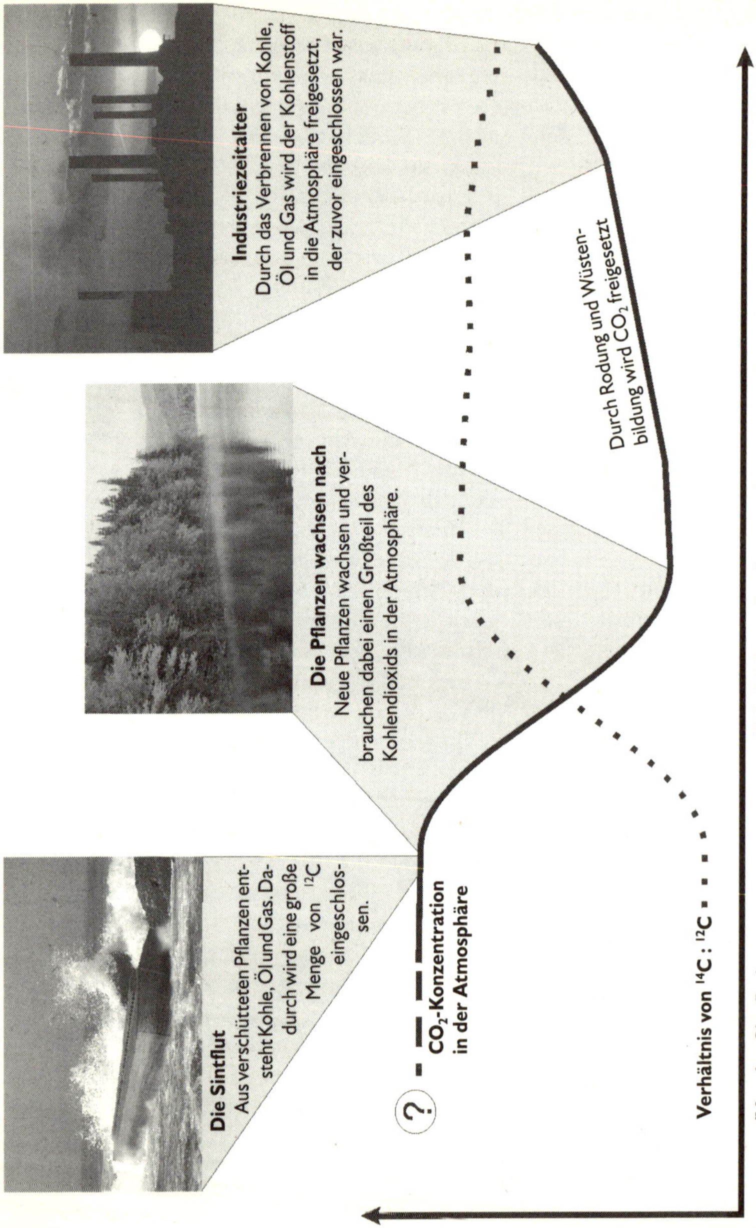

Abb. 3. Qualitativer Verlauf der CO_2-Konzentration und des Verhältnisses $^{14}C : {}^{12}C$ in der Atmosphäre im Verlaufe der Weltgeschichte und deren Einflussgrößen. Diese Veränderungen beeinflussen die Kohlenstoff-Datierung.

Auch Vulkane stoßen große Mengen CO_2 aus, das kein ^{14}C enthält. Da die Sintflut von starker vulkanischer Aktivität begleitet wurde (siehe Kapitel 10, 11, 12 und 17), erscheinen Fossilien aus der ersten Zeit nach der Sintflut älter als sie wirklich sind, wenn sie mit der Radiokohlenstoff-Methode datiert werden.

Als Zusammenfassung können wir sagen, dass die Kohlenstoff-14-Methode wegen der oben genannten Einflussfaktoren sehr sorgfältig angewendet werden muss. Sie ergibt keine Alter von Millionen von Jahren, kann aber nützliche Ergebnisse liefern, wenn die Auswirkungen der Sintflut korrigierend berücksichtigt werden. (Abbildung 3).

3. Andere radiometrische Datierungsmethoden

Es gibt verschiedene andere radiometrische Datierungsmethoden, die heute verwendet werden, um Gesteine auf Millionen oder Milliarden von Jahren zu datieren. Diese Techniken verwenden im Gegensatz zur Kohlenstoffmethode die relative Konzentration von Mutter- und Tochteratomen von radioaktiven Zerfallsketten. Zum Beispiel zerfällt Kalium-40 zu Argon-40, Uran-238 über andere Elemente wie Radium zu Blei-206. Uran-235 zerfällt zu Blei-207, Rubidium-87 zu Strontium-87. Diese Methoden werden auf Eruptivgestein angewendet, und normalerweise geht man davon aus, dass sie die Zeit seit dem Erstarren angeben.

Die Konzentration der Isotope kann sehr exakt gemessen werden, doch sind Isotop-Konzentrationen noch keine Zeitangaben. Um von solchen Messungen Altersangaben abzuleiten, müssen einige unbeweisbare Annahmen getroffen werden (siehe das Sanduhr-Diagramm auf S. 82). Zu diesen Annahmen gehören:

a) Die Anfangsbedingungen sind bekannt (zum Beispiel, dass die Probe am Anfang keine Tochter-Isotope enthielt bzw. dass bekannt ist, wieviel sie von diesem Isotop enthielt)
b) Die Zerfallsrate ist stets konstant geblieben.
c) Die Systeme waren geschlossen oder isoliert, so dass keine Mutter- oder Tochter-Isotope entweichen oder zugefügt werden konnten.

Die Konzentration von Isotopen bzw. ihre Relationen zueinander können sehr genau gemessen werden, aber Isotop-Konzentrationen oder -Relationen sind noch keine Zeitangaben.

Society Quarterly 29:45-47. Muskeln des Moschusochsen wurden auf 24000 Jahre datiert, Haare jedoch auf 17000 Jahre. Korrigierte Daten gleichen den Altersunterschied annähernd auf eine Zeitspanne an, die mit der Lebenszeit eines Moschusochsen vereinbar wäre. Bei der Kotablagerung ergaben normale Kohlenstoffdatierungen der unteren Schichten, dass die Riesenfaultiere weniger als zwei Kotkugeln pro Jahr produzierten. Als die Daten korrigiert wurden, kam der wesentlich realistischere Wert von 1,4 Kotkugeln pro Tag heraus.

Die Sanduhr soll hier das Prinzip der radiometrischen Datierung veranschaulichen. Dabei wird vorausgesetzt, dass die Menge an Eltern- und Tochtermaterial im ursprünglichen Zustand bekannt ist, dass die Zerfallsrate konstant bleibt und dass kein Eltern- oder Tochtermaterial zugefügt oder entnommen wurde.

Die Isotopen-Daten weisen Muster auf

Es gibt sehr viele Hinweise darauf, dass radiometrische Datierungsmethoden nicht die unfehlbaren Techniken sind, für die sie viele halten. Dennoch ergeben sie Muster, die erklärt werden müssen. Beispielsweise neigt tiefer gelegenes Gestein häufig dazu, ein höheres „Alter" zu ergeben. Schöpfungsforscher stimmen zu, dass die tieferen Gesteine allgemein älter sind, aber nicht in der Größenordnung von Millionen Jahren. In seiner vernichtenden Kritik der radiometrischen Datierungsmethoden zeigt der Geologe John Woodmorappe[8] auf, dass es in den Gesteinen andere Prozesse mit hoher Auswirkung gibt, die aber nichts mit radioaktivem Zerfall zu tun haben.

Datierungsmethoden und die Praxis

Wenn eine Datierung vom erwarteten Ergebnis abweicht, erfinden die Forscher bereitwillig Ausflüchte, um das Ergebnis zu verwerfen. Die allgemeine Anwendung solcher „Argumente im Nachhinein" zeigt, dass radiometrische Datierungsverfahren schwerwiegende Probleme in sich bergen. Woodmorappe zitiert Hunderte von Beispielen solcher Ausreden, die verwendet werden, um „nicht erwünschte" Datierungen zu erklären.

Beispielsweise griffen die Forscher bei der Datierung eines Fossils vom *Australopithecus ramidus* zu „Argumenten im Nachhinein".[9] Die meisten Basaltproben, die der fossilführenden Schicht am nächsten waren, ergaben per Kalium-Argon-Methode ein Alter von ungefähr 23 Ma (*Mega annum* = Millionen Jahre). Die Autoren entschieden, dass dies „zu alt" sei, weil es nicht mit ihrem Glauben über den Platz des Fossils im Gesamtschema

[8] Woodmorappe, J., 1999. *The Mythology of Modern Dating Methods.* Institute for Creation Research, San Diego, California.

[9] WoldeGabriel, G., et al., 1994. Ecological and Temporal Placement of Early Pliocene Hominids at Aramis, Ethiopia. *Nature* 371:330-333.

der Evolution vereinbar war. So nahmen sie etwas Basalt aus größerer Entfernung vom Fossil und wählten 17 von 26 Proben aus, um ein akzeptables Höchstalter von 4,4 Ma zu erzielen. Die anderen neun Proben ergaben wiederum ein wesentlich höheres Alter, doch die Autoren entschieden, dass die Proben verunreinigt seien und verwarfen sie. Mitunter geschieht radiometrisches Datieren in dieser Weise. Dieses Verfahren wird hochgradig von der in der akademischen Welt von heute vorherrschenden Sichtweise einer Welt bestimmt, die sich über Millionen von Jahren entwickelt hat.

Eine ähnliche Geschichte kursiert um die Datierung eines Primatenschädels, der als KNM-ER 1470 bekannt ist.[10] Die Datierung begann mit anfänglichen Werten von 212 bis 230 Ma, was aufgrund der Art des Fossils als weit gefehlt bewertet wurde (Begründung: „Damals gab es noch keine Menschen"). Verschiedene andere Versuche wurden unternommen, um das vulkanische Gestein der Umgebung zu datieren. Im Laufe der Jahre einigte man sich aufgrund der Übereinstimmung zwischen mehreren verschiedenen veröffentlichten Studien auf ein Alter von 2,9 Ma (obwohl bei den Studien die „nicht gewünschten" Ergebnisse zugunsten der „gewünschten" verworfen wurden, genau wie beim obigen Beispiel von *Australopithecus ramidus*).

Vorgefasste Meinungen über die Evolution des Menschen konnten jedenfalls nicht hinnehmen, dass ein Schädel wie 1470 „so alt" sein sollte. Eine Untersuchung von Fossilien von Schweinen in Afrika überzeugte die meisten Anthropologen, dass der Schädel 1470 wesentlich jünger sei. Nachdem dieses „Ergebnis" weitgehend akzeptiert worden war, reduzierten weitere Untersuchungen des Gesteins das radiometrische Alter auf etwa 1,9 Ma. Wiederum „bestätigten" mehrere Studien dieses Alter.

Wollen wir mit diesen Beispielen sagen, dass die Vertreter der Evolutionslehre sich verschworen haben, die Daten so zu manipulieren, bis sie die gewünschten Ergebnisse erzielt haben? Nein, zumindest im Großen und Ganzen meinen wir das nicht. Es ist aber so, dass alle Beobachtungen zum vorherrschenden Paradigma passen müssen. Das Paradigma – oder das Glaubenssystem – der Evolution vom Molekül zum Menschen über lange Zeitalter ist derart stark verwurzelt, dass es nicht in Frage gestellt wird. Es wird als Tatsache angesehen. Deshalb muss sich jede Beobachtung in dieses Paradigma einfügen. Die Forscher, die in den Augen der Öffentlichkeit „objektive Wissenschaftler" sind, wählen unbewusst die Beobachtungen so aus, dass sie ins grundsätzliche Glaubenssystem passen.

Wir müssen bedenken, dass uns die Vergangenheit mit dem üblichen Instrumentarium der experimentellen Wissenschaft nicht zugänglich ist, d.h. sie erschließt sich uns durch keine wiederholbaren Experimente in der Gegenwart. Die Wissenschaftler messen nicht das Alter des Gesteins, sondern Isotop-Konzentrationen – und diese können sehr exakt gemessen werden.

[10] Lubenow, M., 1995. The Pigs Took It All. *Creation* 17(3):36-38.
Ders., 1993. *Bones of Contention*, Baker Books, Grand Rapids, Michigan, S. 247-266.

Das Alter wird dann jedoch mit Hilfe von Annahmen über die Vergangenheit berechnet, die nicht beweisbar sind. Niemand war bei der Entstehung der Erde dabei. Gott sagt zu Hiob: „Wo warst du, als ich die Erde gründete?" (Hiob 38,4).

Wer heute die prähistorische Geschichte erforscht (aus der es keine schriftlichen Aufzeichnungen gibt), sammelt Informationen in der Gegenwart und versucht damit, Abläufe zu konstruieren, wie sie sich in der Vergangenheit abgespielt haben könnten. Der angesetzte Prüfmaßstab zur Beurteilung dieser Vergangenheit scheint erheblich niedriger zu sein als der, der in der Forschung in den empirischen Wissenschaften wie Physik, Chemie, Molekularbiologie und Medizin verwendet wird.

Williams, ein Experte auf dem Gebiet der Umweltauswirkungen radioaktiver Elemente, identifizierte 17 Fehler in der Isotopen-Datierung, die ein Erdalter von angeblichen 4,6 Milliarden Jahren ergaben. In nur drei allgemein anerkannten wissenschaftlichen Zeitschriften wurden seine Ergebnisse veröffentlicht.[11] John Woodmorappe hat diese Isotopen-Datierungsmethoden scharf kritisiert.[12] Er entlarvte Hunderte von Mythen, die um diese Techniken kursieren. Er zeigt auf, dass die wenigen „gewünschten Datierungen", die übrig bleiben, nachdem die „ nicht erwünschten" Datierungen herausgefiltert wurden, ohne Probleme als glückliche Zufallstreffer erklärt werden können.

Absurde Datierungsergebnisse

Auf den Formularen, die von Radiometrie-Labors zur Altersbestimmung von Proben herausgegeben werden, steht üblicherweise die Frage, welches Alter für die Probe erwartet wird. Warum? Wenn die Methoden absolut objektiv und zuverlässig sind, sollte eine solche Information überflüssig sein. Vermutlich wissen die Labors, dass ungereimte Ergebnisse üblich sind. Deshalb brauchen sie eine Überprüfungsmöglichkeit, ob sie „gewünschte" und damit gute Datierungen erzielt haben.

Wenn die Datierungsmethoden für hohe Alter wirklich objektive Mittel zur Altersbestimmung von Gesteinen sind, dann sollten sie auch dann funktionieren, wenn das Alter der Probe bekannt ist. Weiterhin sollten verschiedene Methoden, die zur Messung angewandt werden, miteinander übereinstimmen.

Es gibt viele Beispiele von Datierungen, die für Gestein von bekanntem Alter falsche Ergebnisse lieferten. Ein Beispiel ist die K-Ar-Datierung von fünf historischen Andesit-Lavaflüssen vom Mt. Ngauruhoe in Neuseeland. Obwohl ein Lavaerguss im Jahr 1949 stattfand, drei im Jahr 1954 und ein weiterer 1975, rangierten die „Datierungen" von weniger als 0,27 bis zu 3,5 Ma.[13]

---

[11] Williams, A.R., 1992. Lang-Age Isotope Dating Short on Credibility. *CEN Technical Journal* 6(1):2-5.

[12] Woodmorappe, a.a.O.

[13] Snelling, A.A., 1998. The Cause of Anomalous Potassium-Argon 'Ages' for Recent Andesite Flows at Mt. Ngauruhoe, New Zealand, and the Implications for Potassium-Argon 'Dating'. *Proc. 4th ICC*, S. 503-525.

Messungen an Lavagestein bekannten Alters ergeben oft ein falsches radioisotopes Alter.

Auch hier wird im Nachhinein argumentiert, dass „übermäßig viel" Argon aus dem Magma (geschmolzenes Gestein) im Material verblieb, als es erstarrte. Die wissenschaftliche Literatur listet viele Beispiele von Argon-Überschüssen auf, die bei Gesteinen von bekanntem Alter Datierungen von Millionen von Jahren verursachten.[14] Dieser Überschuss scheint aus dem oberen Erdmantel zu stammen, der sich unterhalb der Erdkruste befindet. Das stimmt mit einer jungen Erde überein – das Argon hatte zu wenig Zeit, um zu entweichen.[15] Wenn überschüssiges Argon bei Gesteinen von *bekanntem* Alter zu Datierungen führt, die ein wesentlich zu hohes Alter angeben, warum sollten wir dieser Methode dann bei Gesteinen vertrauen, deren Alter wir *nicht kennen*?

Andere Verfahren wie z. B. die Isochronenmethode[16] gehen von anderen

[14] Snelling, a.a.O., listet viele Fälle auf. Zum Beispiel sind sechs Fälle dokumentiert in Krummenacher, D., 1970. Isotopic Composition of Argon in Modern Surface Rocks. *Earth and Planetary Science Letters* 8:109-117; weitere fünf sind dokumentiert in Dalrymple, G.B., 1969. $^{40}Ar/^{36}Ar$ Analysis of Historic Lava Flows. *Earth and Planetary Science Letters* 6:47-55. Eine große Menge ist dokumentiert in: Fisher, D.E., 1970. Excess Rare Gases in a Subaerial Basalt from Nigeria. *Nature* 232:60-61.

[15] Snelling, a.a.O., S. 520.

[16] Bei der Isochronenmethode wird eine Reihe von Datierungen aus verschiedenen Teilen des Gesteinsabschnitts zusammengetragen. Die Konzentration eines radioaktiven Mutteratoms wie z. B. Rubidium-87 wird für alle Proben in einem Diagramm gegen die Konzentration eines Tochterisotops wie z. B. Strontium-87 aufgetragen. Dann wird eine Linie durch alle diese Punkte gezogen, die das

Annahmen über die Anfangsbedingungen aus. Jedoch wird zunehmend anerkannt, dass auch solche scheinbar logischen Techniken „schlechte" Datierungen ergeben können. Auch hier werden die Ergebnisse wieder in dem Sinne sortiert, dass sie dem entsprechen, was der Forscher bereits über das Alter des Gesteins zu wissen glaubte.

Der Geologe Dr. Steve Austin entnahm Basaltproben von der untersten Schicht im Grand Canyon und außerdem von der Lava, die sich über die Kante des Canyons ergossen hatte.[17] Nach evolutionistischem Denken müsste die Letztere eine Milliarde Jahre jünger sein als der Basalt von der Sohle. Die üblichen Labors analysierten die Isotopen. Die Rubidium-Strontium- Isochronenmethode ergab für den rezenten Lavastrom, dass er 270 Ma *älter* sei als der Basalt vom Grund des Grand Canyons – eine Absurdität.

Unterschiedliche Datierungsmethoden – unterschiedliche Ergebnisse

Wenn die Datierungsmethoden wirklich objektive und zuverlässige Mittel zur Altersbestimmung sind, dann sollten sie übereinstimmende Werte liefern. Misst ein Chemiker den Zuckergehalt von Blut, so erbringen alle zulässigen Messmethoden das gleiche Resultat (innerhalb der zulässigen Fehlergrenzen bei den Experimenten). Beim radiometrischen Datieren führen verschiedene Techniken jedoch häufig zu sehr verschiedenen Ergebnissen.

Das war auch bei Austins Untersuchung von Grand-Canyon-Gestein der Fall (siehe Tabelle unten). Man kann sich nun mehrere Erklärungen für die „nicht erwünschten" Datierungen ausdenken, allerdings wiederum erst durch nachträgliche Überlegungen. Wenn Techniken Ergebnisse liefern, die verworfen werden können, nur weil sie nicht mit dem vorgefassten Glauben übereinstimmen, können sie nicht als objektiv angesehen werden.

Die meisten Geologen akzeptieren, dass das Verwenden verschiedener Methoden unterschiedlich hohe Alter von Basaltgestein vom Uinkaret-Plateau des Grand Canyon ergeben.[18]

Methode	**„Alter"**
Sechs Kalium-Argon-Modellalter	10 000 Jahre bis 117 Ma
Fünf Rubidium-Strontium-Alter	1 270 – 1 390 Ma
Rubidium-Strontium-Isochronenmethode	1 340 Ma
Blei-Blei-Isochronenmethode	2 600 Ma

Verhältnis Mutterisotop:Tochterisotop repräsentiert und aus der eine „Datierung" berechnet wird. Erbringt die Linie ein passendes Ergebnis und das „Alter" ist akzeptabel, wird sie als eine „erwünschte" Datierung angesehen. Bei dieser Methode wird die Konzentration sowohl des Mutter- als auch des Tochterisotops durch die Konzentration eines vergleichbaren stabilen Isotops dividiert, in diesem Fall Strontium-86. Siehe S. 91-92.

[17] Austin, S.A. (Hg.) 1994. *Grand Canyon: Monument to Catastrophe.* Institute for Creation Research, Santee, California, S. 120-131.

[18] ebd.

In Australien wurde im Tertiär-Basalt Holz gefunden, das eindeutig von einem Lavastrom begraben worden war, der den Basalt gebildet hatte. Das war anhand der Verkohlung des Holzes klar erkennbar. Mit der Radiokohlenstoff-Methode wurde das Holz auf ein Alter von etwa 45 000 Jahren „datiert", doch die Datierung des Basalts mit Hilfe der Kalium-Argon-Methode ergab ein Alter von 45 Millionen Jahren![19]

Isotopenverhältnisse von Urankristallen aus dem Koongarra-Uranvorkommen im Nordterritorium Australiens (Northern Territory) ergaben ein Blei-Blei-Isochronenalter von 841 ± 140 Ma.[20] Dieses Ergebnis steht im Kontrast zum Alter von 1550-1650 Ma, das auf anderen Isotopenverhältnissen basiert[21] und Alter von 265; 61; 0; 0 und 0 Ma aus Thorium-Blei-Verhältnissen ($^{232}Th/^{208}Pb$) in fünf uranhaltigen Proben.[22] Die letzteren Zahlen sind signifikant, weil von Thorium hergeleitete Alter zuverlässiger sein sollten, da Thorium weniger mobil ist als Uranminerale (das Muttermaterial der Blei-Isotope im Blei-Blei-System).[23] Das auf „0" Ma datierte Alter stimmt in diesem Fall mit der Bibel überein.

5. Das ^{14}C-Problem

Radiokohlenstoff-Datierungen bringen die Anhänger der Evolutionslehre in vielen Fällen sehr in Verlegenheit, weil sie wesentlich jüngere Alter ergeben als das evolutionistische Modell der Erdgeschichte erwarten ließe. Exemplare mit einem Alter von mehr als 50 000 Jahren sollten keinen messbaren Gehalt an ^{14}C aufweisen.

Die Labors, die ^{14}C messen, hätten natürlich gern eine Quelle organischen Materials, das absolut kein ^{14}C enthält, um es als Anhaltspunkt zu verwenden und sicherzustellen, dass bei den labortechnischen Prozeduren kein ^{14}C zugefügt wird. Kohle ist da ein naheliegender Kandidat, weil selbst die jüngste Kohle angeblich Millionen Jahre alt sein soll und der größte Teil der Kohle sogar zig oder Hunderte von Millionen Jahren. Solche Kohle müsste absolut frei sein von ^{14}C. Doch das ist sie nicht. *Es wurde bisher kein Kohlevorkommen entdeckt, das kein ^{14}C mehr enthielt.*

Fossiliertes Holz, das im Gestein des „oberen Perm" gefunden wurde und angeblich 250 Ma alt sein soll, enthielt immer noch ^{14}C.[24] Kürzlich wurde eine Holzprobe, die in Gestein gefunden wurde, das als „mittlerer Tri-

---

[19] Snelling, A.A., 1998. Radiometric Dating in Conflict. *Creation* 20(1):24-27.

[20] Snelling, A.A., 1995. The Failure of U-Th-Pb 'Dating' at Koongarra, Australia. *CEN Technical Journal* 9(1):71-92.

[21] Maas, R., 1989. Nd-Sr Isotope Constraints on the Age and Origin of Unconformity-Type Uranium Deposits in the Alligator Rivers Uranium Field, Northern Territory, Australia. *Economic Geology* 84:64-90.

[22] Snelling, 1995, a.a.O.

[23] ebd.

[24] Snelling, A.A., 1998. Stumping Old-Age Dogma. *Creation* 20(4):48-50.

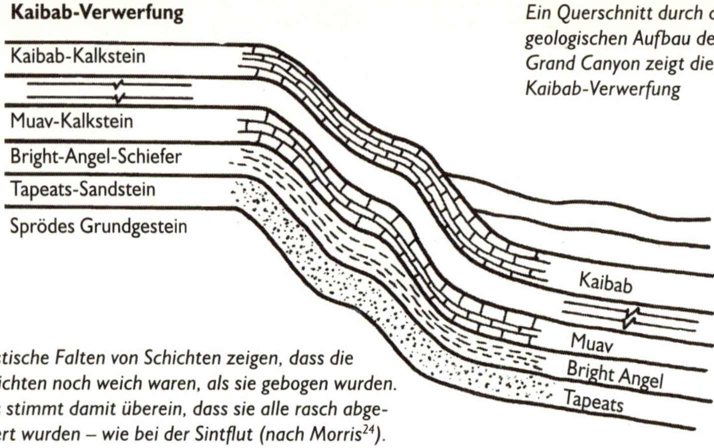

Ein Querschnitt durch den geologischen Aufbau des Grand Canyon zeigt die Kaibab-Verwerfung

Plastische Falten von Schichten zeigen, dass die Schichten noch weich waren, als sie gebogen wurden. Das stimmt damit überein, dass sie alle rasch abgelagert wurden – wie bei der Sintflut (nach Morris[24]).

as“ klassifiziert wird und angeblich etwa 230 Millionen Jahre alt sein soll, mit der Radiokohlenstoff-Uhr auf ein Alter von 33720 ± 430 Jahren datiert.[25] Die begleitenden Überprüfungen zeigten, dass das ^{14}C-Alter nicht auf Verunreinigungen zurückzuführen war, sondern nach dem üblichen Verständnis dieses Datierungssystems (lange Zeitalter) korrekt war.

Für Vertreter der Evolutionslehre ist es ein ungelöstes Rätsel, warum Kohle ^{14}C enthält oder auch Holz, das angeblich viele Millionen Jahre alt ist. Im Weltbild des Schöpfungsmodells hingegen sind diese Tatbestände vollkommen stimmig.

Ungereimtheiten

Von allen Methoden, die zur Ermittlung des Erdalters herangezogen wurden, weisen 90% auf ein wesentlich geringeres Alter als die Milliarden von Jahren hin, die aus evolutionistischer Sicht behauptet werden. Dazu sollen hier einige Beispiele aufgeführt werden:

• Hinweise auf die rasche Bildung der geologischen Schichten, entsprechend der biblischen Sintflut. Zu diesen Indizien gehören: Fehlen von Erosionsspuren zwischen den Gesteinsschichten, zwischen denen angeblich eine Zeitspanne von vielen Millionen Jahren liegt; Fehlen von Anzeichen dynamischer biologischer Prozesse (durch Würmer, Wurzeln etc.) in den Gesteinsschichten; das Fehlen von Erdreich-Schichten; polystrate Fossilien (d.h. Fossilien, die quer durch mehrere Gesteinsschichten verlaufen) – sie konnten unmöglich ganze Epochen hindurch aufrecht aus der Erde ragen, während sie langsam vergraben wurden; massive Gesteinsschichten, die, ohne zu brechen, gebogen wurden und somit darauf hinweisen, dass die ge-

---

[25] Snelling, A.A., 1999. Dating Dilemma. *Creation* 21(3):39-41.

samte Gesteinsschicht weich war, als sie verformt wurde und viele weitere geologische Hinweise. Siehe dazu auch Kapitel 15 (S. 197-200) und Bücher von den Geologen Morris[26] und Austin[27].

• Rote Blutkörperchen und Hämoglobin wurden in nicht fossilisierten Dinosaurierknochen gefunden. Doch konnten sich diese nicht mehr als einige tausend Jahre ohne zu verrotten halten – und ganz gewiss nicht 65 Ma, also die Zeit, vor der laut gängiger Evolutionslehre die letzten Dinosaurier lebten.[28]

• Das Magnetfeld der Erde zerfällt so schnell, dass es weniger als 10 000 Jahre alt zu sein scheint. Rasche Umkehrungen während des Sintflutjahres und Fluktuationen kurz danach würden dazu geführt haben, dass die Feldstärke sogar noch schneller gesunken ist.[29]

• Radioaktiver Zerfall gibt Helium in die Atmosphäre ab, jedoch entweicht davon nur wenig aus der Atmosphäre. Die Gesamtmenge an Helium in der Atmosphäre beträgt nur ein 2000-stel des erwarteten Wertes, wenn man davon ausgeht, dass die Atmosphäre wirklich Milliarden Jahre alt ist. Dieses Helium stammt ursprünglich aus Gestein. Die Freisetzung vollzieht sich relativ rasch, doch befindet sich in manchen Gesteinen immer noch so viel Helium, dass ihm offenbar die Zeit fehlte, um daraus zu entweichen – was bei einem Alter von Milliarden von Jahren sicherlich nicht der Fall wäre[30] (siehe auch *Unstimmigkeiten bei tiefen Gesteinskristallen*, S. 93).

• Eine Supernova ist die Explosion eines massenreichen Sterns. Die Explosion ist derart hell, dass sie für kurze Zeit ihre ganze Galaxie überstrahlt. Die Überreste einer Supernova (SNRs) sollten sich erwartungsgemäß Hunderttausende Jahre lang ausdehnen, wie man es physikalisch berechnen kann. Doch gibt es in unserer Galaxie, der Milchstraße, und auch in ihren Satelliten-Galaxien, den Magellanschen Wolken, keine sehr alten, weit ausgedehnten (Phase 3) SNRs und nur einige wenige mittleren Alters (Phase 1). Das ist genau das, was wir bei „jungen" Galaxien erwarten würden, die noch nicht lange genug für die Annahme von ausgedehnten Explosionen existieren.[31]

---

[26] Morris, J., 1994. *The Young Earth*. Creation-Life Publishers, Colorado Springs, Colorado.

[27] Austin, S.A. (Hg.), 1994. *Grand Canyon: Monument to Catastrophe*. Institute for Creation Research, Santee, California.

[28] Wieland, C., 1997. Sensational Dinosaur Blood Report! *Creation* 19(4):42-43, basierend auf Schweitzer, M., und Staedter, T., 1997. The Real Jurassic Park. *Earth*, Juni, S. 55-57.

[29] Humpreys, D.R., 1986. Reversals of the Eearth's Magnetic Field During the Genesis Flood. *Proc. First ICC, Pittsburgh, PA* 2:113-126.
Sarfati, J.D., 1998. The Eearth's Magnetic Field: Evidence that the Eearth is Young. *Creation* 20(2):15-19.

[30] Vardiman, L, 1990. *The Age of the Eearth's Atmosphere: A Study of the Helium Flux through the Atmosphere*, Institute for Creation Research, San Diego, CA.
Sarfati, J.D., 1998. Blowing Old-Eearth Belief Away: Helium Gives Clear Evidence that the Eearth is Young. *Creation* 20(3):19-21.

[31] Davies, K. 1994. Distribution of Supernova Remnants in the Galaxy. *Proc. Third*

• Der Mond entfernt sich mit einer Geschwindigkeit von etwa 4 cm pro Jahr von der Erde, und in der Vergangenheit war diese Geschwindigkeit noch größer. Doch selbst wenn der Mond sich unmittelbar als ehemaliger Bestandteil der Erde von unserem Planeten losgelöst hätte, hätte er nur 1,37 Milliarden Jahre gebraucht, um seine derzeitige Entfernung von der Erde zu erreichen. Daraus ergibt sich nicht das tatsächliche, sondern ein *maximales* Alter des Mondes. Für die Evolutionslehre ist das viel zu jung, denn es wird behauptet, der Mond sei 4,6 Milliarden Jahre alt. Das ist zudem wesentlich jünger als die radiometrischen „Alter" den Mondgesteinen zuschreiben.[32]

• Salz wird den Ozeanen wesentlich schneller zugeführt als es daraus entweicht. Das Meer ist nicht annähernd salzhaltig genug, als dass diese Anreicherung mit Salz über Milliarden von Jahren stattgefunden haben kann. Selbst wenn man den Vertretern der Evolutionslehre mit großzügigen Annahmen entgegenkommt, können die Ozeane nicht älter als 62 Ma alt sein. Das ist weit jünger als die Milliarden von Jahren, die von der Evolutionslehre geglaubt werden. Auch hier wird wiederum ein maximales Alter aufgezeigt und nicht das tatsächliche.[33]

In seiner Broschüre *Evidence for a Young World* nennt Dr. Russel Humphreys weitere Prozesse, die unvereinbar sind mit den Milliarden von Jahren.

6. Schöpfung kontra Evolution

Schöpfungsforscher können zwar das Alter der Erde nicht mit einer bestimmten wissenschaftlichen Methode nachweisen, die Vertreter der Evolutionslehre können dies jedoch ebensowenig. Ersteren ist klar, dass alle Wissenschaft vorläufig ist, weil wir nicht über alle Daten verfügen, insbesondere wenn es um die Vergangenheit geht. Das gilt für die wissenschaftlichen Argumente sowohl der Vertreter der Schöpfungs- als auch der Evolutionslehre: Evolutionisten mussten schon viele „Beweise" für die Evolution verwerfen, genauso wie Schöpfungsforscher viele ihrer Argumente revidieren mussten. Der Atheist und Evolutionist W. B. Provine gab zu: „Das meiste, das ich im Studium (1964 – 1968) in diesem Bereich [der Evolutionsbiologie] gelernt habe, ist entweder falsch oder wurde schwerwiegend abgeändert."[34]

---

*ICC,*Hg. R.E. Walsh, S. 175-184.
Sarfati, J.D., 1998. Exploding Stars Point to a Young Universe. *Creation* 19(3):46-49.

[32] DeYoung, D., 1990. The Earth-Moon System. *Proc. Second ICC* 2:79-84, Hg. Walsh, R.E. und Brooks, C.L.
Sarfati, J.D., 1998. The Moon: the Light that Rules the Night. *Creation* 20(4):36-39.

[33] Austin, S.A. und Humphreys, D.R, 1990. The Sea's Missing Salt: a Dilemma for Evolutionists. *Proc. Second ICC*, 2:17-33.
Sarfati, J.D., 1999. Salty Seas: Evidence for a Young Earth. *Creation* 21(1):16-17.

[34] Eine Buchbesprechung zu *Teaching about Evolution and the Nature of Science* (National Academy of Science USA, 1998) von Dr. Will B. Provine, online unter

Schöpfungsforscher verstehen die Grenzen der Datierungsmethoden besser als die Evolutionisten, die behaupten, sie könnten Prozesse aus der beobachteten Gegenwart heranziehen, um zu „beweisen“, dass die Erde Milliarden Jahre alt ist. In Wirklichkeit beruhen alle Datierungsmethoden, einschließlich derer, die auf eine junge Erde hinweisen, auf unbeweisbaren Annahmen.

Schöpfungsforscher bestimmen das Alter der Erde letzten Endes auf historische Weise anhand der biblischen Chronologie. Die Berechtigung dafür ist ihr Glaube, dass die Bibel ein zuverlässiger Augenzeugenbericht der Weltgeschichte ist und in sich selbst das Zeugnis trägt, dass sie das Wort Gottes und deshalb absolut zuverlässig und fehlerfrei ist (siehe Kapitel 1 für einige Hinweise darauf).

Fehler in den Datierungsmethoden

Was aber bedeuten dann die radiometrischen „Datierungen“ in der Größenordnung von Millionen von Jahren, wenn es sich nicht um wirkliche Erdzeitalter handelt? Um diese Frage beantworten zu können, müssen wir die experimentellen Ergebnisse der verschiedenen Datierungsmethoden, die Deutungen, die auf Grundlage dieser Ergebnisse getroffen werden und die Annahmen, die diesen Deutungen zugrunde liegen, näher untersuchen.[35]

Die Isochronen-Datierungsmethode wurde für unfehlbar gehalten, weil sie angeblich das Problem mit den Annahmen über die Anfangsbedingungen und über die Geschlossenheit des Systems aufhob.

Der Geologe Dr. Andrew Snelling arbeitete an der „Datierung“ der Koongarra-Uranvorkommen im Nordterritorium Australiens und verwendete dazu in erster Linie die Uran-Thorium-Blei-Methode (U-Th-Pb). Er stellte fest, dass sogar Proben aus dem extrem der Witterung ausgesetzten Erdreich der Umgegend, die definitiv keine geschlossenen Systeme sind, augenscheinlich gültige „Isochronen“-Linien ergaben, mit „Altern“ von bis zu 1445 Ma.

Solche „falschen Isochronen“ sind derart verbreitet, dass zu ihrer Beschreibung eine ganze Terminologie aufgekommen ist, wie z. B. „offensichtliches Isochron“, „Mantel-Isochron“, „Pseudo-Isochron“, „sekundäres Isochron“, „ererbtes Isochron“, „eruptives Isochron“, „Mischlinie“ und „Mischisochron“. Zheng schrieb:

> ... einige der grundlegenden Annahmen der konventionellen Rb-Sr-[Rubidium-Strontium] Isochronenmethode müssen modifiziert werden, und ein beobachtetes Isochron definiert nicht mit Sicherheit eine gültige Altersinformation für ein geologisches System, selbst wenn die experimentellen Ergebnisse des Auftragens der Konzentrationsverhältnisse

<http://fp.bio.utk.edu/darwin/NAS_guidebook/provine_1.html>, 18. Februar 1999.

[35] Für eine derartige gründliche Untersuchung siehe Woodmorappe, a.a.O.

von $^{87}Sr/^{86}Sr$ gegen $^{87}Rb/^{86}Sr$ eine gute Übereinstimmung zeigen. Dieses Problem darf nicht übersehen werden, insbesondere bei der Bewertung der numerischen Zeitskala. Ähnliche Fragen können außerdem bei der Anwendung von Sm-Nd- [Samarium-Neodym] und U-Pb- [Uran-Blei] Isochronenmethoden aufkommen.[36]

Für die geraden Linien, die sich aus der grafischen Auswertung der Isotopenverhältnisse ergeben, sind eindeutig andere Faktoren verantwortlich als das Alter. Auch hier gilt wiederum: Die einzige Möglichkeit zu wissen, ob ein Isochron „gut" ist, ist der Vergleich des Ergebnisses mit dem, was vorher bereits geglaubt wurde.

Eine weitere derzeit populäre Datierungsmethode ist die Uran-Blei-Konkordanzmethode. Diese vereint effektiv die beiden Uran-Blei-Zerfallsserien in einem Diagramm. Die Ergebnisse, die auf der Konkordanzkurve liegen, haben den beiden Bleiserien zufolge dasselbe Alter und werden „konkordant" (übereinstimmend) genannt. Jedoch liegen die Ergebnisse beispielsweise von Zirkon (einem Edelstein-Mineral) durchweg außerhalb der Konkordanzkurve – das bedeutet, sie sind diskordant (nicht übereinstimmend). Zur Erklärung solcher Daten wurden zahlreiche Modelle entwickelt oder Geschichten erfunden.[37] Geschichten können jedoch schwerlich als objektive Wissenschaft bezeichnet werden, die eine alte Erde beweist. Dennoch werden die Geschichten entsprechend ihrem Erfolg bewertet, ob sie die Daten mit dem existierenden Glauben an lange Zeitalter in Einklang bringen können.

Erklärungsversuche für die Fehler

Andrew Snelling schlug vor, dass die Elemente im geschmolzenen Zustand im Erdmantel fraktioniert (sortiert) wurden; das könnte erheblich dazu beitragen, die Verhältnisse der Isotopenkonzentrationen zu erklären, die als Zeitalter gedeutet werden.

Melvin Cook, der Professor für Metallurgie an der Universität von Utah ist und für den Nobelpreis nominiert war, zeigte bereits 1966 Indizien dafür auf, dass beispielsweise die Verhältnisse von Blei-Isotopen auch durch andere Faktoren als dem radioaktivem Zerfall Schwankungen unterworfen sein können.[38] Cook bemerkte z. B., dass Erze aus der Katanga-Mine einen sehr hohen Blei-208-Gehalt aufwiesen (ein stabiles Isotop), jedoch kein Thorium-232 als Quelle für das Blei-208. Thorium hat eine hohe Halbwertszeit (es zerfällt sehr langsam) und ist nur schwierig aus

[36] Zheng, Y.F., 1989. Influence of the Nature of Initial Rb-Sr System on Isochron Validity. *Chemical Geology* 80:1-16 (S. 14).

[37] Gebauer, D., und Grunenfelder, M., 1979. U-Th-Pb Dating of Minerals. In Jager E., und Hunziker, J.C. (Hg.). *Lectures in Isotope Geology*, Springer Verlag, New York, 105-131.

[38] Cook, M.A., 1966. *Prehistory and Earth Models*, Max Parrish, London, 353 S.

dem Gestein herauszulösen. Wenn also das Blei-208 aus dem Thoriumzerfall entstanden ist, dann sollte noch zumindest etwas Thorium vorhanden sein. Die Konzentrationen von Blei-206, Blei-207 und Blei-208 legen nahe, dass das Blei-208 durch Umwandlung mittels Neutronen-Einfang (von Blei-206 zu Blei-207 zu Blei-208) entstanden ist. *Wenn die Isotopenkonzentrationen diesen Umwandlungen angeglichen werden, reduzieren sich die berechneten Alter von 600 Ma auf weit jüngere Werte.* Andere Erzvorkommen schienen ähnliche Befunde aufzuweisen. Cook erkannte, dass das gegenwärtige Verständnis der Kernphysik unter normalen Umständen anscheinend keine derartige Umwandlung zulässt, doch präsentierte er Beweise dafür, dass solche Umwandlungen stattfinden und lieferte sogar eine Erklärungsmöglichkeit mit.

Unstimmigkeiten bei tiefen Gesteinskristallen: Der Physiker Dr. Robert Gentry hat aufgezeigt, dass der Helium- und Bleigehalt von Zirkonen aus tiefen Bohrungen nicht mit dem evolutionistischem Alter von 1 500 Ma des Granitgesteins vereinbar ist, in welchem sie gefunden werden.[39] Der Bleigehalt wäre mit den gegenwärtigen Zerfallsraten über Millionen Jahre möglich, doch wäre das Blei in einer solchen großen Zeitspanne aus dem Kristall herausdiffundiert. Außerdem ist der Heliumgehalt von Zirkonen aus heißen Gesteinen gut mit einer jungen Erde vereinbar (Helium entsteht beim Zerfall radioaktiver Elemente).

Die Messergebnisse für Blei und Helium lassen annehmen, dass die radioaktiven Zerfallsraten in der jüngeren Vergangenheit wesentlich höher waren. Humphreys vermutet, dass dies möglicherweise während der Schöpfungswoche und der Sintflut geschehen ist. Dadurch würde alles wesentlich älter erscheinen als es wirklich ist, wenn man die Datierung anhand der heutigen Zerfallsraten vornimmt. Das, was auch immer die Ursache für derartige erhöhte Zerfallsraten gewesen sein mag, kann ebenso für die Umwandlung von Blei-Isotopen verantwortlich sein, wie Cook sie aufgezeigt hat (siehe oben).

Verwaiste Strahlungshöfe: Zerfallende radioaktive Teilchen in festem Gestein verursachen kugelförmige, in Mitleidenschaft gezogene Zonen in der umgebenden Kristallstruktur. Schon eine kleine Menge eines radioaktiven Elements wie z. B. Uran-238 wird einen verfärbten Bereich hinterlassen, der für alle Elemente der Zerfallskette von Uran-238 bis Blei-206 einen bestimmten charakteristischen Radius hat.[40] Wenn man diese kugelförmigen Bereiche mit einem Mikroskop im Querschnitt betrachtet, erscheinen sie als Ringe, die man Strahlungshöfe (oder Radiohalos) nennt. Dr. Gentry hat viele Jahre lang

---

[39] Gentry, R.V., 1986. *Creation's Tiny Mystery.* Earth Science Associates, Knoxville, Tennesee.

[40] Das gilt nur für die Elemente, die einen *alpha*-Zerfall durchlaufen (d. h. einen Heliumkern freisetzen).

Strahlungshöfe untersucht und seine Ergebnisse in führenden wissenschaftlichen Zeitschriften veröffentlicht.[41]

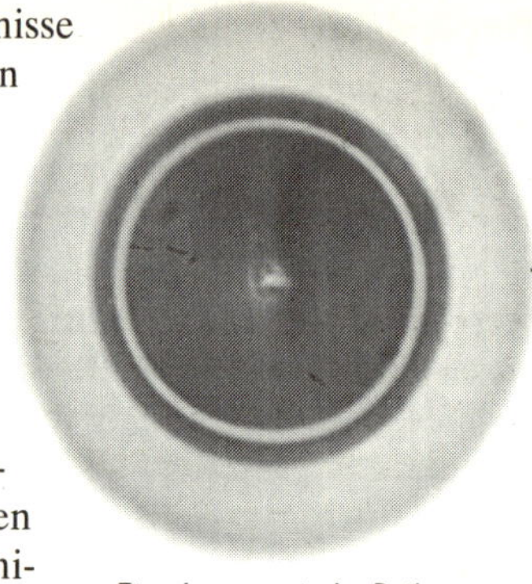

Eine konzentrische Reihe von Strahlungshöfen

Foto: Robert Gentry

Einige Zwischenprodukte des Zerfalls – wie z.B. die Polonium-Isotope – haben sehr kurze Halbwertszeiten (sie zerfallen sehr schnell). Beispielsweise hat ^{218}Po eine Halbwertszeit von nur 3 Minuten. Seltsamerweise findet man häufig Ringe, die durch Poloniumzerfall entstanden sind, eingebettet in Kristalle ohne die mütterlichen Uran-Strahlungshöfe. Nun muss das Polonium in das Gestein gelangen, bevor das Gestein erhärtet, aber es kann nicht aus Uran im festen Gestein entstanden sein. Andernfalls würden wir einen Uran-Strahlungshof vorfinden. Entweder wurde das Polonium geschaffen (von Anfang an; es entstand nicht aus Uran) oder die Zerfallsraten haben sich in der Vergangenheit radikal verändert.

Gentry ist auf jede Kritik an seinem Werk eingegangen.[42] Es gab viele davon, denn die verwaisten Strahlungshöfe sprechen von Zuständen in der Vergangenheit – entweder bei der Schöpfung oder später, womöglich sogar während der Sintflut – die nicht zur uniformitarischen Sichtweise der Vergangenheit passen, die ja die Grundlage der radiometrischen Datierungsmethoden ist. Welcher Prozess auch immer für die Strahlungshöfe verantwortlich ist, er könnte sehr wohl auch der Schlüssel zum Verstehen der radiometrischen Datierungen sein.[43]

Fazit

Es gibt viele Hinweise und Indizien dafür, dass die radiometrischen Datierungen nicht der objektive Beweis für eine alte Erde sind, wie es so viele behaupten und dass die Welt in Wirklichkeit nur einige tausend Jahre alt ist. Wir haben nicht alle Antworten parat, aber wir haben das zuverlässige Zeugnis des Wortes Gottes als die wahre Geschichtsschreibung der Welt.

---

[41] Gentry, a.a.O.

[42] ebd., und: Wise, K.P., Brief an den australischen Herausgeber, sowie die Antwortschreiben von Armitage, M., und Gentry, R., 1998. *CEN Technical Journal* 12(3):285-290.

[43] Ein internationales Team von Schöpfungswissenschaftlern erstrebt aktiv ein von der Schöpfung ausgehendes Verständnis der radiometrischen Datierungen. Sie ist als RATE-Gruppe bekannt (Radioisotopes and the Age of The Earth) und kombiniert die Fähigkeiten verschiedener Physiker und Geologen, um mit einem multidisziplinären Ansatz das Thema angehen zu können. Von einer solchen Forschergruppe sind interessante Erkenntnisse zu erwarten.

Kapitel 5

Warum können wir in einem jungen Universum weit entfernte Sterne sehen?

Wenn das Universum jung ist und das Licht vieler Sterne Millionen von Jahren braucht, um zu uns zu gelangen, wie kommt es, dass wir sie dann überhaupt sehen können? Hat Gott das Licht so geschaffen, dass es schon auf dem Weg zur Erde war? War das Licht in der Vergangenheit schneller? Hat das irgendetwas mit dem Urknall zu tun?

Manche Sterne sind Millionen von Lichtjahren entfernt. Ein Lichtjahr ist die Entfernung, die das Licht in einem Jahr zurücklegt. Ist deshalb die Schlussfolgerung richtig, dass das Universum sehr alt sein muss?

Trotz aller biblischen und wissenschaftlichen Indizien für eine junge Erde und ein junges Universum war diese Fragestellung lange Zeit ein Problem. Jedes wissenschaftliche Konzept der Entstehung des Universums fordert uns zu weiteren Forschungen heraus und führt zu neuen Fragestellungen, die gelöst werden müssen. Wir werden nie vollständiges Wissen zur Verfügung haben; immer werden wir Neues zu lernen haben. Eine Erklärung, die die Schöpfungsforscher früher verwendeten, war recht komplex und besagte, das Licht bewege sich auf Riemannschen Flächen (eine abstrakte mathematische Beschreibung des Raumes). Abgesehen von der schweren Verständlichkeit dieser Erklärung hat sich herausgestellt, dass sie nicht stimmen kann, denn sie bedeutet, dass wir alles doppelt sehen müssten.

I. Wurde das Licht geschaffen?

Die vielleicht am häufigsten herangezogene Erklärung besagt, dass Gott das Licht schon auf seinem Weg zu uns erschuf, sodass Adam die Sterne sofort sehen konnte und nicht jahrelang warten musste, bis das Licht selbst der nächstliegenden Sterne die Erde erreicht hatte. Wir sollten zwar die Macht Gottes nicht einschränken, aber diese Erklärung bringt doch einige recht schwerwiegende Komplikationen mit sich.

So würden wir jedes Mal, wenn wir das Verhalten eines fernen Gegenstandes beobachten, etwas sehen, das in Wirklichkeit niemals geschehen ist. Betrachten wir beispielsweise ein Objekt in einer Entfernung von einer Million Lichtjahren, das sich zu drehen scheint. Dem Licht, das wir in unseren Teleskopen empfangen, können wir das geschilderte Verhalten entnehmen. Doch der obigen Erklärung zufolge stammt das Licht nicht von dem Stern, sondern wurde sozusagen en route (d.h. die Lichtstrahlen befanden sich schon auf dem Weg zur Erde) erschaffen.

Für ein – sagen wir – 10 000 Jahre altes Universum würde das bedeuten, dass alles, was wir jenseits einer Entfernung von etwa 10 000 Lichtjahren sehen, in Wirklichkeit Bestandteil einer gigantischen Filmvorführung von Dingen und Ereignissen ist, die nicht tatsächlich stattgefunden haben und dass wir Objekte sehen, die womöglich überhaupt nicht existieren.

Um dieses Problem noch besser zu verstehen, stellen wir uns einen explodierenden Stern (eine Supernova) in einer exakt gemessenen Entfernung von – sagen wir – 100 000 Lichtjahren vor. Wir müssen dabei bedenken, dass sich diese Vorstellung auf ein Universum bezieht, das erst 10 000 Jahre alt ist. Wenn der Astronom auf der Erde diesen explodierenden Stern beobachtet, empfängt er nicht nur einen bloßen Lichtstrahl. Wenn das schon alles wäre, was unserem Verständnis Schwierigkeiten bereitet, dann wäre es überhaupt kein Problem zu sagen, Gott habe eine ganze Kette von Photonen (Lichtteilchen bzw. -wellen) geschaffen, die sich bereits von einem Objekt wegbewegten.

Was der Astronom aber empfängt, ist ein bestimmtes, sehr spezifisches Variationsmuster innerhalb des Lichts, das ihm die Veränderungen zeigt, die man als Begleiterscheinungen einer solchen Explosion erwartet: eine voraussagbare Abfolge von Ereignissen einschließlich dem Empfang von Neutrinos, sichtbarem Licht, Röntgenstrahlen und Gammastrahlen. Das Licht gibt Kunde von einem offenbar realen Ereignis. Der Astronom liegt völlig richtig, wenn er diese Botschaft als Übermittlung einer tatsächlichen Realität interpretiert und schließt, dass dort draußen wirklich ein solches Objekt war, dass entsprechend den Gesetzen der Physik explodierte, aufleuchtete, Röntgenstrahlen emittierte, verglimmte usw.

Alles, was er sieht, stimmt also mit den Naturgesetzen überein, einschließlich der Spektralmuster im Licht des Sterns, das uns einen „Fingerabdruck“ der darin enthaltenen chemischen Elemente liefert. Doch die

Foto: NASA

Theorie vom en route erschaffenen Licht bedeutet, dass diese aufgezeichnete Botschaft von Ereignissen, die quer durch den Weltraum übermittelt wird, von der Erschaffung des Lichtstrahls an in ihm enthalten gewesen oder später dort hineingeprägt sein muss, ohne jemals von diesem entlegenen Punkt selbst ausgegangen zu sein. (Wenn der Lichtstrahl vom Stern selbst ausgegangen wäre, dann wäre er noch 90 000 Lichtjahre von der Erde entfernt.)

Diese Signale erwecken den Eindruck, von einer Serie realer Ereignisse zu zeugen, hätten aber in Wirklichkeit keinen realen Ausgangspunkt. Deshalb erfüllt die Erschaffung einer solch detaillierten Serie von Signalen in Lichtstrahlen keinen erkennbaren Zweck.

Das ist genauso abwegig, als wenn man sagt, Gott habe die Fossilien in der Erde erschaffen, um uns an der Nase herumzuführen oder gar um unseren Glauben zu prüfen. Nach dieser Annahme wären also die Fossilien keine Tiere oder Pflanzen, die einst gelebt haben und gestorben sind. Das Ganze wäre nur eine grobe Täuschung.

2. Hat sich das Licht immer mit derselben Geschwindigkeit fortbewegt?

Eine andere denkbare Lösung ist die Annahme einer höheren Lichtgeschwindigkeit in der Vergangenheit. Dadurch ist es möglich, dass das Licht denselben Weg in kürzerer Zeit zurücklegt. Das scheint auf dem ersten Blick eine allzu bequeme *ad hoc* Erklärung zu sein. Der Australier Barry Setterfield brachte vor einigen Jahren diese Möglichkeit zu einer gewissen Akzeptanz: Er zeigte, dass es in den Beobachtungen der Lichtgeschwindigkeit (*c*) während der letzten 300 Jahre einen abnehmenden Trend gibt. Setterfield und sein Koautor Trevor Norman legten viele Indizien zugunsten dieser Theorie vor.[1] Sie glauben, dass sie sich auf die Ergebnisse der radiometrischen Datierungsmethoden ausgewirkt und sogar die Rotverschiebung des Lichts von fernen Galaxien verursacht habe, wenngleich dieser Gedanke später verworfen wurde und noch weitere Modifikationen vorgenommen wurden.

Im Kreise von vergleichbar fähigen Schöpfungswissenschaftlern wurde viel darüber diskutiert, ob die statistischen Indizien wirklich auf einen Rückgang der Lichtgeschwindigkeit (engl. c-decay oder „c-dk") hinweisen oder nicht.

Die größten Schwierigkeiten bringen jedoch bestimmte physikalische Konsequenzen dieser Theorie mit sich. Wenn *c* in der Weise abgenommen hat, wie Setterfield es vorschlug, dann sollten diese Konsequenzen immer noch im Licht von fernen Galaxien wahrnehmbar sein, was sie jedoch offenbar nicht sind. Kurz gesagt, bisher war keiner der Verfechter dieser Theorie in der Lage, die aufgeworfenen Probleme zu lösen.

[1] Norman, T.G. und Setterfield, B., 1990. *The Atomic Constants, Light and Time*, Selbstverlag, 88 S.

3. Eine neue Kosmologie, die von der Schöpfung ausgeht

Die *c*-dk-Theorie hat trotz ihrer physikalischen Mängel zu einem intensiven Nachdenken über diese Fragen angeregt. Der Physiker Dr. Russel Humphreys ist ein Vertreter der Schöpfungslehre. Er hat ein ganzes Jahr lang versucht, die *c*-dk-Theorie in die physikalische Wirklichkeit umzusetzen, aber es gelang ihm nicht. Seine Arbeit war jedoch nicht vergeblich, denn während dieser Forschungsstudie wurde er inspiriert, eine neue Schöpfungs-Kosmologie zu entwickeln. Darin bot er eine Lösung des offensichtlichen Konflikts an zwischen der Kosmologie und der biblischen Lehre über eine junge Schöpfung.

Seine neue Kosmologie wurde als schöpfungsorientierte Alternative zur Urknall-Theorie vorgeschlagen. Sie hat der Überprüfung durch qualifizierte Fachkollegen standgehalten, die für eine Vorstellung auf der Internationalen Konferenz der Schöpfungsforscher 1994 in Pittsburgh erforderlich war.[2] Jene Schöpfungswissenschaftler, die ein „Junge-Erde-Modell" vertreten, standen der Theorie zunächst recht skeptisch gegenüber.[3] Bei einer solch radikalen Abkehr vom Bisherigen ist das auch nicht verwunderlich. Humphreys stellte sich aber den aufgeworfenen Problemen.[4] Verfechter eines alten Universums und des Urknalls widersetzten sich heftig seiner neuen Kosmologie und behaupteten, Fehler darin entdeckt zu haben.[5] Humphreys konnte sein Modell jedoch nicht nur verteidigen, sondern auch weiterentwickeln.[6] Die Debatte wird zweifellos fortgesetzt werden.

Hier entstand eine schöpfungsorientierte Theorie, wobei eine vorhergehende überholt wurde – in diesem Fall die *c*-dk-Theorie. Eine solche Art von Modellbildung muss als ein gesundes Verhalten in der Wissenschaft angesehen werden. Über den grundlegenden biblischen Rahmen lässt sich nicht streiten, wohl aber über die wechselnden Ansichten und Modelle von fehlbaren Menschen, die innerhalb dieses Rahmens versuchen, die Daten zu verstehen.

Auch die Vertreter der Evolutionslehre ändern häufig ihre Vorstellungen darüber, *wie* alles Vorhandene von selbst entstanden sein soll. Sie ändern aber nie die Auffassung, *dass* alles von selbst entstand.

---

[2] Humphreys, D.R., 1994 Progress Toward a Young-Earth Relativistic Cosmology. *Proceedings 3rd ICC, Pittsburgh, PA*, S. 267-286.

[3] Byl, J., 1997. On Time Dilation in Cosmology. *Creation Research Society Quarterly* 34(1):26-32.

[4] Humphreys, D.R., 1997. It's Just a Matter of Time. *Creation Research Society Quarterly* 34(1):32-34.

[5] Conner, S.R. und Page, D.N., 1998. *Starlight and Time* is the Big Bang. *CEN Technical Journal* 12(2)174-194.

[6] Humphreys, D.R., 1998. New Vistas of Space-Time Rebut the Critics. *CEN Technical Journal* 12(2):195-212. siehe auch die weitere Diskussion in *CEN Technical Journal* 13(1):49-62, 1999.

Eine leise Ahnung

Wir wollen zunächst eine grobe Vorstellung davon bekommen, wie die neue Kosmologie das Problem des Lichts von den Sternen löst, bevor wir uns dann in detaillierter Weise weiteren einführenden Fragestellungen zuwenden. Halten wir zunächst einmal fest, dass die Zeit, die ein sich bewegendes Objekt benötigt, um eine bestimmte Entfernung zurückzulegen, sich dadurch ergibt, dass die Entfernung durch die Reisegeschwindigkeit dividiert wird. Als Formel können wir das wie folgt ausdrücken:

Zeit = Entfernung geteilt durch Geschwindigkeit

Wird diese Gleichung auf Licht von fernen Sternen angewendet, so ergibt die Berechnung einen Zeitbedarf von Millionen von Jahren. Manche haben versucht, die Entfernung in Frage zu stellen, doch das ist eine höchst unwahrscheinliche Antwort.[7]

Die Astronomen gebrauchen viele verschiedene Methoden, um Entfernungen zu messen und kein seriöser Astronom, der dem Schöpfungsbericht glaubt, würde behaupten, die Fehler bei der Entfernungsbestimmung der Sterne seien so gravierend, dass Milliarden von Lichtjahren beispielsweise auf einige Tausend zusammen schrumpfen würden. Es gibt wirklich gute Belege dafür, dass unsere Milchstraße einen Durchmesser von 100 000 Lichtjahren hat!

Wenn die Lichtgeschwindigkeit *c* sich nicht geändert hat, bleibt als einzige Größe in der Gleichung nur noch die Zeit selbst übrig, die es näher zu betrachten gilt. Hier tut sich tatsächlich eine Tür auf: Seit Jahrzehnten sagt Einsteins Relativitätstheorie aller Welt, dass die Zeit keine Konstante ist.

Der Relativitätstheorie zufolge beeinflussen zwei Faktoren die Zeit; der eine ist die *Geschwindigkeit* und der andere ist die *Gravitation.* Diese Einflussgrößen sind experimentell nachgewiesen und gelten als gesichert. Einsteins Allgemeine Relativitätstheorie (AR) ist nach gegenwärtigem Wissensstand die beste Theorie über die Gravitation und sie besagt, dass die *Gravitation die Zeit beeinflusst.*

Dieser Effekt ist in zahlreichen Experimenten immer wieder quantitativ bestätigt worden. Uhren an der Spitze hoher Gebäude, wo ja die Gravitation minimal geringer ist, laufen ein klein wenig schneller als die Uhren auf der Erde, und zwar in dem Maße, wie es die Gleichungen der AR vorhersagen.[8]

Wenn eine Materieansammlung sehr groß und die Dichte hoch genug

---

[7] Es gibt viele Milliarden Sterne, und viele davon haben die gleichen Eigenschaften wie unsere Sonne. Das haben die Analysen des Lichts ergeben, das wir von ihnen empfangen. Eine so große Zahl von Sternen muss über einen großen Raum verbreitet sein, denn sonst wären wir alle frittiert.

[8] Die demonstrierbare Nützlichkeit der AR in der Physik kann von gewissem „philosophischem Ballast“ gelöst werden, den einige ihr unberechtigterweise angeheftet haben und gegen den sich manche Christen ausgesprochen haben.

ist, wird die Gravitation derart stark, dass selbst Licht nicht mehr entweichen kann.[9] Hier wurde der Begriff „Ereignishorizont“ eingeführt. Er ist jener Ort, bis zu dem die Lichtstrahlen der enormen Anziehungskraft der Gravitation entkommen können, dann aber wieder zurückgezogen werden. An dieser unsichtbaren Grenze gibt es eine solche Materiekonzentration, dass die Zeit buchstäblich still steht; auch das zeigen die Gleichungen der AR an.

Unter der Annahme einiger Voraussetzungen …

Dr. Humphreys' neue Schöpfungs-Kosmologie ergibt sich buchstäblich „von selbst“ aus den Gleichungen der AR – sofern man davon ausgeht, dass das Universum begrenzt ist. Anders ausgedrückt: Das Universum hat ein Zentrum und einen Rand. Würde man also durch den Weltraum reisen, dann käme man schließlich an einen Punkt, jenseits dessen es keine Materie mehr gibt. Nach dieser Kosmologie befindet sich die Erde in relativer Nähe zum Zentrum, so wie es offensichtlich unserem Eindruck entspricht, wenn wir ins Weltall hinausblicken.

Dies hört sich eigentlich sehr einleuchtend an – und ist es auch –, doch alle modernen säkularen (Urknall-) Kosmologien lehnen dieses Modell ab. Das heißt, sie machen die willkürliche Annahme, für die es keine wissenschaftliche Notwendigkeit gibt, dass das Universum keine Grenzen hat, d. h. keinen Rand und damit auch kein Zentrum. In ihrem mutmaßlichen Universum wäre jede einzelne Galaxie in allen Richtungen gleichmäßig von weiteren Galaxien umgeben (sofern dies in einem ausreichend großen Radius bemessen wird), und darum heben sich in der Bilanz alle Gravitationskräfte gegenseitig auf.

Wenn das Universum jedoch begrenzt ist, dann gibt es einen Netto-Gravitationseffekt, der auf das Zentrum hin wirkt. Am Rand des Universums würden Uhren dann mit einer anderen Geschwindigkeit laufen als Uhren auf der Erde. Anders gesagt: Es reicht nicht mehr aus zu sagen: Gott schuf das Universum in sechs Tagen. Gewiss tat er das, doch sechs Tage gemessen an welcher Uhr? Wenn wir sagen „Gottes Zeit“, gehen wir an der Tatsache vorbei, dass er den Zeitfluss so erschaffen hat, wie wir ihn jetzt erfahren. Er steht außerhalb der Zeit und sieht das Ende von Anfang an.[10]

Es scheint beobachtbare Hinweise darauf zu geben, dass sich das Universum in der Vergangenheit ausgedehnt hat. Diese Indizien werden unterstützt von den vielen Begriffen, die Gott in der Bibel benutzt, um uns zu sagen, dass er bei der Schöpfung die Himmel „ausgespannt“ hat (andere Übersetzungen sagen „ausgebreitet“).[11]

---

[9] Ein solches Objekt wird „schwarzes Loch“ genannt.

[10] 1. Mose 1,1; Prediger 3,11; Jesaja 26,4; Römer 1,20; 1. Timotheus 1,17; Hebräer 11,3. Interessanterweise existiert der AR zufolge Zeit nicht ohne Materie, wie bereits in Kapitel 1 diskutiert wurde.

[11] Zum Beispiel Jesaja 42,5; Jeremia 10,12; Sacharja 12,1.

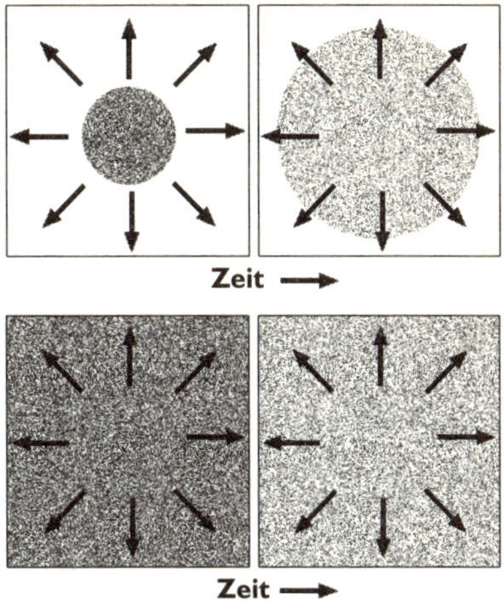

Ausdehnung eines gebundenen (oben) und ungebundenen (unten) Universums

Wenn das Universum jetzt nicht wesentlich größer ist, als wir es derzeit beobachten können und wenn es in der Vergangenheit nur 50-mal so klein war wie jetzt, dann können wir aufgrund der physikalischen Herleitung über die Allgemeine Relativitätstheorie schließen, dass es sich aus einem früheren Zustand heraus ausgedehnt haben muss, bei dem es von einem Ereignishorizont umgeben war (also einem Zustand, der technisch als „Weißes Loch" bekannt ist. Dies wäre ein „Schwarzes Loch", das rückwärts abläuft, und das ist aufgrund der Gleichungen der AR möglich).

Als sich die Materie über diesen Ereignishorziont hinaus ausbreitete, begann der Horizont selbst zu schrumpfen – bis er schließlich zu nichts wurde. Deshalb hätte dieser Horizont irgendwann einmal auch die Erde erreicht. In diesem Augenblick wäre die Zeit auf der Erde (von einem weit entfernten Punkt aus gesehen) praktisch eingefroren worden. Ein Beobachter auf der Erde hätte sich in keiner Weise irgendwie anders „gefühlt". Dem Licht stünden somit „Milliarden von Jahre" zur Verfügung (in dem Bezugsrahmen, innerhalb dessen es sich im Kosmos ausbreitet), um die Erde zu erreichen, ebenso für Sterne, um hohe Alter zu erreichen – während auf der Erde weniger als ein gewöhnlicher Tag vergeht. Diese massive Zeitverzögerung durch den Gravitationseffekt scheint wissenschaftlich unvermeidlich zu sein, wenn sich ein begrenztes Universum in größerem Umfang ausgedehnt hat.

In einem gewissen Sinne hätten Beobachter auf der Erde zu einer bestimmten Zeit ins Weltall hinausblicken können und die Geschwindigkeit, mit der das Licht aus dem Kosmos auf sie zukam, wäre ihnen um ein Vielfaches höher erschienen als *c*. (Auch Galaxien hätten sich scheinbar schneller gedreht.) Wäre ein Beobachter jedoch draußen im Weltraum gewesen und hätte dort die Geschwindigkeit des Lichts gemessen, dann hätte er als Lichtgeschwindigkeit immer noch nur den festen Wert von *c* festgestellt.

Weitere Einzelheiten dieser neuen Kosmologie werden in allgemeinverständlicher Weise in dem Buch *Starlight and Time* von Dr. Humphreys erklärt; dort sind auch seine publizierten Artikel enthalten, in denen die relevanten Gleichungen aufgeführt sind.[12]

Glücklicherweise waren es nicht die Schöpfungswissenschaftler, die sol-

[12] Humphreys, R., 1994. *Starlight and Time*, Master Books, Green Forest, AR.

che Konzepte wie die Zeitverzögerung durch Gravitation, Schwarze und Weiße Löcher, Ereignishorizonte usw. erfunden haben. Wahrscheinlich hätte man uns dann bezichtigt, wir würden die Daten manipulieren, um dieses Problem zu lösen. Das Bemerkenswerte an Humphreys Kosmologie ist, dass sie auf einer Mathematik und einer Physik gegründet ist, die von allen Kosmologen akzeptiert werden, die auch der Allgemeinen Relativitätstheorie zustimmen. Humphreys geht auch, wie nahezu alle anderen Physiker davon aus, dass sich das Universum in der Vergangenheit ausgedehnt hat (wenn auch nicht von einer kleinen, imaginären Singularität ausgehend). Sein Modell erfordert keinerlei „Zurechtbiegen" – es ergibt sich sozusagen von selbst, solange man auf einen willkürlichen Anfangspunkt verzichtet, wie ihn die Urknall-Vertreter gebrauchen (deren Vorstellung eines unbegrenzten Kosmos könnte man bezeichnen als „Was die Experten über den 'Urknall' verschweigen").

Diese neue Kosmologie scheint auf einen Schlag auch alle jene Beobachtungen zu erklären, die als Belege für den „Urknall" verwendet werden, einschließlich der progressiven Rotverschiebung und der kosmischen Mikrowellen-Hintergrundstrahlung, ohne dabei die Daten und das biblische Zeugnis einer jungen Schöpfung zu verleugnen.

4. Gebotene Vorsicht!

Das sind ganz faszinierende Neuigkeiten, und doch sollten wir immer bedenken: Alle Theorien des fehlbaren Menschen sind im Licht künftiger Entdeckungen der Revision oder Verwerfung unterworfen, ganz gleich, wie gut sie auch die derzeitigen Daten zu erklären scheinen. Etwas Wesentliches aber können wir festhalten: Es ist zu diesem Zeitpunkt ein plausibler Mechanismus bekannt, der sowohl von den Beobachtungen als auch von den theoretischen Überlegungen her deutlich gestützt wird.

Was wäre, wenn niemand an die Möglichkeit der Zeitverzögerung durch Gravitation gedacht hätte? Viele sähen sich dann gezwungen, den säkularen Wissenschaftlern darin zuzustimmen (einschließlich vieler Christen), dass es zu dem hier diskutierten Problem *keine* denkbare Erklärung gibt. Viele hatten sich auch schon damit abgefunden, dass die langen Zeitalter eben eine Tatsache seinen und die Bibel „uminterpretiert" (zurechtgebogen) oder zu immer größeren Teilen verworfen werden müsse. Durch zahlreiche Publikationen und sogar theologische Kommentare sahen sich Christen immer wieder genötigt, aufgrund dieser „unbestreitbaren Tatsachen" die klare biblische Lehre einer jungen Schöpfung aufzugeben. Diese Uminterpretation bedeutet aber zugleich, akzeptieren zu müssen, dass es vor Adam Milliarden Jahre des Todes, Leides und Blutvergießens gab. Dadurch würde jener maßgebende Rahmen von Schöpfung, Sündenfall und Erlösung gesprengt, in welchem die Bibel das Evangelium verkündigt.

Doch selbst ohne dieses neue Erklärungsmodell sollten wir nicht vorschnell falsche Ideen akzeptieren. Von der Autorität der Bibel sollten niemals durch menschliche „wissenschaftliche“ Theorien Abstriche gemacht werden. Schon eine kleine, zuvor unbekannte Tatsache oder eine Veränderung in den Anfangsbedingungen kann ein derart drastisch anderes Bild ergeben, dass einstige „Tatsachen“ nicht länger haltbar sind.

Dies sollten wir insbesondere bedenken, wenn wir uns mit jenen anderen Problemgebieten beschäftigen, die trotz der vorhandenen gewichtigen Belege für die biblische Schöpfung noch verbleiben. Nur Gott allein ist allwissend. Wenn wir unsere wissenschaftlichen Untersuchungen auf die Annahme gründen, dass sein Wort wahr ist, anstelle der Annahme, es sei falsch oder ohne Bedeutung, werden unsere wissenschaftlichen Theorien auf lange Sicht schließlich die Realität korrekt beschreiben.

Kapitel 6

Warum gibt es so viele destruktive Mechanismen bei den Lebewesen?

Wenn Gottes ursprüngliche Schöpfung „sehr gut" war, warum ist dann die Natur so blutrünstig und grausam? Schuf Gott die Tiere mit Strukturen, die auf Verteidigung und Angriff angelegt sind? Oder wurden sie nach dem Sündenfall umstrukturiert? Gäbe es nicht eine Populationsexplosion, wenn sich die Tiere nicht gegenseitig fressen würden?

Vor dem Sündenfall gab es in dieser Welt keinen Tod, keine Krankheit und kein Leid, denn Gott hatte über die vollendete Schöpfung gesagt, dass sie „sehr gut" sei (1. Mose 1,31). In Übereinstimmung damit teilte Gott den Tieren die Pflanzen als Nahrung zu (1. Mose 1,29-30).

Heute verfügen viele Geschöpfe über strukturelle Konzeptionen, die anscheinend auf Zwecke wie Angreifen, Verletzen, Fangen, Töten oder Fressen anderer ausgelegt sind oder die zur Verteidigung gegen solche Gefahren dienen. Es gibt die tödlichen Giftzähne von Schlangen, die großen fleischfressenden Raubkatzen und das Spinnennetz, um hier nur einige wenige zu nennen. Somit stellt sich die Frage: Wann und wie entstanden diese Strukturen, die in eine gefallene Welt passen, aber vor dem Sündenfall unnötig waren?

Einige Geschöpfe scheinen so konstruiert zu sein, dass sie andere töten und fressen können.

Es gibt hier kein einfaches oder gar einziges Erklärungsmodell, das alle diese Fragen hinreichend beantwortet und dem alle Schöpfungsforscher gleichermaßen zustimmen würden. So wollen wir uns zunächst einen Überblick über einige der möglichen Erklärungen verschaffen:

Zuerst aber müssen wir jene biblischen Lehraussagen untersuchen, die für diese Fragestellung bedeutsam sind. Dabei sollten wir bedenken, dass die Bibel uns zwar wahre, aber aus wissenschaftlicher Sicht unvollständige Mitteilungen macht. Im nächsten Schritt gilt es dann zu versuchen, unsere Erkenntnislücken durch Schlussfolgerungen zu schließen. Auch wenn wir unser Wissen über die belebte Welt mit einbeziehen, wird dennoch eine gewisse spekulative Komponente nicht zu vermeiden sein. Die Bibel lässt uns wissen:

- Ursprünglich wurden sowohl den Menschen als auch den Tieren Pflanzen zur Nahrung gegeben (1. Mose 1,29-30). Vor dem Sündenfall wurde kein Fleisch verzehrt, weder von Menschen noch von Tieren. Die fleischfressenden Glieder der gegenwärtigen Nahrungskette existierten somit nicht. Gott besiegelte seine Schöpfung mit dem treffenden Urteil „sehr gut" (1. Mose 1,31).

- Die Bibel unterscheidet klar zwischen dem Status der Pflanzen und der Tiere. Von Tieren wie auch von Menschen wird im Schöpfungsbericht gesagt, dass sie *nephesch* (hebräisch für Seele) haben bzw. sind. Schauen wir dazu in 1. Mose 1,20.21.24, wo *nephesch chaijah* mit "lebendige Wesen" übersetzt wird und in 1. Mose 2,7, wo Adam zu einer „lebendigen Seele" (*nephesch chaijah*) wurde. *Nephesch* vermittelt in erster Linie den Gedanken eines „atmenden Geschöpfs". Im Alten Testament wird das Wort in Verbindung mit anderen Begriffen auch zur Bezeichnung von Emotionen, Gefühlen usw. gebraucht. Vielleicht bezeichnet *nephesch* Leben, das über einen gewissen Grad von Bewusstsein verfügt. Pflanzen haben keine solche *nephesch*, deshalb hatte es nichts mit Tod im biblischen Sinne zu tun, wenn Adam beispielsweise eine Mohrrübe aß.

- Eines Tages wird die Welt wieder in diesen ursprünglichen Zustand versetzt werden (Apostelgeschichte 3,21), in dem es, wie einst, keine Gewalt und keinen Tod geben wird, auch nicht unter den Tieren. Ob Jesaja 11,6-9 nun von einem tausendjährigen Reich oder von der neuen Erde danach spricht, bleibt davon unberührt. Jedenfalls werden Lämmer, Wölfe, Leoparden, Kinder, Bären, Kälber und Schlangen an einem gemeinsamen Ort in Frieden leben. Die Löwen werden wieder Pflanzenfresser sein. Diese Zukunftsvision des künftigen Friedens und der Eintracht spiegelt eindeutig wider, wie es einst im Garten Eden war; aber dieser Zustand ging aufgrund des Sündenfalles verloren.

- Vor dem Fall gab es auch bei den Tieren (*nephesch*-Geschöpfen) keine Krankheit, kein Leid und keinen Tod. Das wirft nun die Frage auf, was überhaupt ein *nephesch*-Geschöpf ist. Haben einzellige Organismen wie Bakterien und Hefepilze oder wirbellose Tiere wie Würmer, Insekten und Garnelen *nephesch*-Leben? Die Bibel führt uns an die Lösung heran, denn sie sagt uns: „Denn des Leibes Leben (*nephesch*) ist im Blut" (3. Mose 17,11 und 1. Mose 9,4). Wenn wir diese Aussage verwenden, um die Organismen in solche mit und ohne *nephesch*-Leben zu unterteilen, hilft uns das schon ein Stück weiter, denn dadurch kommen die Mikroorganismen nicht mehr für die *nephesch*-Kategorie in Frage. Aber es verbleibt weiterhin die Schwierigkeit zu definieren, was als Blut zählt. So haben beispielsweise auch Insekten und Schalentiere eine Art von Blut, obgleich sich dieses von dem der Wirbeltiere deutlich unterscheidet. Das Vorhandensein von Hämoglobin kann leider nicht als Kriterium herangezogen werden, da es sogar in manchen Pflanzen vorkommt.

Gemäß 1. Mose 2 versah Adam die Landtiere mit Namen – vielleicht kommen wir damit der Sache mehr auf die Spur. Adam gab „jedem lebendigen Wesen (*nephesch chaijah*)" (1. Mose 2,19; Schlachter-Bibel) einen Namen. Um welche Tiere handelte es sich dabei? „Und der Mensch gab einem jeden Vieh und Vogel unter dem Himmel und Tier auf dem Felde seinen Namen" (1. Mose 2,20).[1] An dieser Stelle ist es vielleicht wichtig, darauf hinzuweisen dass die *remes*, also die „kriechenden Tiere" bzw. das „Gewürm" (Luther, Schlachter) aus 1. Mose 1,24 nicht darin eingeschlossen waren, wie der bekannte Theologe Leupold bemerkte. Wenn beispielsweise auch Insekten und Würmer zu den „kriechenden Tieren" gehörten, dann wären sie womöglich nicht zur Kategorie des *nephesch*-Lebens zuzuordnen. Da aber die Bibel hier nicht eindeutig ist, sollten wir in diesem Punkt nicht dogmatisch sein.

Es kann aber mit Sicherheit gesagt werden, das es keinen gewaltsamen Tod gab, insbesondere keinen Tod mit Blutvergießen. Oder anders formuliert: All jene Geschöpfe, die wir in unserer Alltagssprache als „Tiere" bezeichnen, bekämpften und töteten sich nicht, vergossen kein Blut und fraßen sich nicht gegenseitig, wie wir es heute bei vielen kennen.

• Erst nach der Sintflut erlaubte Gott dem Menschen Fleisch zu essen (1. Mose 9,3). Das kann damit zu tun haben, dass bei der Sintflut viele Pflanzenarten ausgerottet wurden, die vormals den Protein- und Vitaminbedarf des Menschen decken konnten. Eine ausgewogene Ernährung durch rein vegetarische Kost ist heute schwierig zu erzielen, ist aber nicht unmöglich. Denkbar ist auch, dass die Menschen ohnehin auch schon vor der Sintflut Tiere gegessen haben, obwohl Gott es nicht erlaubt hatte. Auch wenn es vielleicht hier und da vorkam, war es sicherlich nicht sonderlich

Mensch und Tier waren ursprünglich Vegetarier.

[1] Zu einer Diskussion, was Adam benannte, siehe Grigg, R., 1996. Naming the Animals: All in a Day's Work for Adam. *Creation* 18(4):46-49.

verbreitet, denn die Bibel deutet darauf hin, dass die Tiere sich erst nach der Sintflut vor den Menschen fürchteten und scheu wurden (1. Mose 9,2).

• Heute verfügen Tiere über bestimmte biologische Strukturen, die sie entweder zum Angreifen anderer Tiere oder zur Verteidigung gegen sie verwenden. Wir wollen diese Strukturen zusammenfassen und sie als „Defensiv-Offensiv-Strukturen“ (DOS) bezeichnen. Als erstes stellt sich nun die Frage: „Handelt es sich dabei um geschaffene Strukturen, die gezielt zum Verletzen entworfen wurden?“

Die nächste damit zusammenhängende Frage lautet: „Wann sind sie entstanden?“ In der Welt vor dem Sündenfall kommen uns DOS ziemlich fehl am Platze vor.

Im Folgenden zeigen wir einige mögliche Antworten auf. Wir wollen aber auch einige Schwierigkeiten und Probleme diskutieren.

Auffassung Nr. 1

Die heute als DOS gebrauchten Mechanismen sind nicht zu diesem Zweck entworfen worden und hatten vor dem Sündenfall eine andere Aufgabe. Ihre gegenwärtige Funktion erlangten sie durch Degeneration, z.B. durch Mutationen.

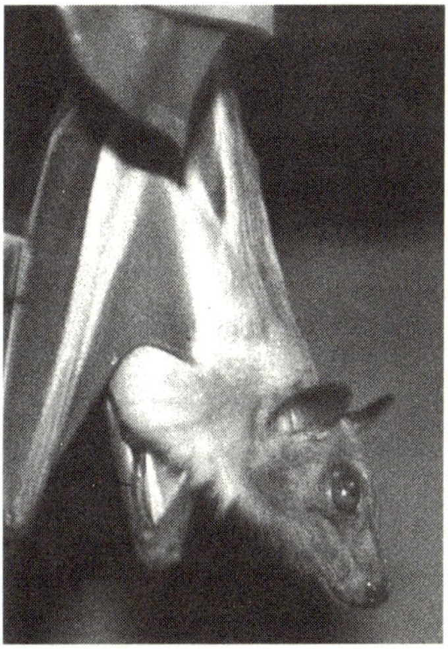

Verschiedene Fledermausarten unterscheiden sich zwar in ihrer Nahrung, aber ihre Gebisse sind dennoch sehr ähnlich.[2]

Man kann zeigen, dass heute einige Geschöpfe scharfe Zähne haben, die so aussehen, als ob sie zum Reißen von Fleisch eingesetzt würden, obwohl wir wissen, dass sie nicht dazu verwendet werden. Die Fruchtfressende Fledermaus (Großfledermaus) ist ein gutes Beispiel dafür. Einige Fischarten der Piraña-Familie gebrauchen ihre Kiefer und Zähne ausschließlich für Pflanzen. Können daher nicht auch – so wird dann argumentiert – die Zähne des Löwen vor dem Sündenfall nur zum Abbeißen und Zerkauen von Früchten benutzt worden sein? Auch Viren, die heute ihren Wirten schädliche Gene übertragen, könnten vor dem Sündenfall eine nützliche Rolle gehabt haben.[3]

[2] Weston., P., 1998. Bats: Sophistication in Miniature. *Creation* 21(1):29-31.

[3] Viren könnten vor dem Sündenfall beispielsweise eine Rolle bei der Übertragung genetischer Information zur Erhaltung bzw. Steigerung der genetischen Vielfalt ausgeübt haben. Es wäre kein Informationssprung zu einer komplexeren Ebene

Pandas haben scharfe Zähne und Klauen, aber sie fressen hauptsächlich Bambus.

Andere DOS hatten vor dem Sündenfall vielleicht eine andere Funktion, die verloren ging oder modifiziert wurde, entweder per Zufall[4] oder (was die übliche Erklärung ist) durch degenerative Mutationen.

Der Riesenpanda (auch Bambusbär genannt) hat scharfe Zähne und Klauen und gebraucht diese doch in erster Linie nur zum Pflücken und Fressen von pflanzlichem Material (Bambus). Nur in seltenen Fällen wurde beobachtet, dass Pandas auch kleinere Tiere fressen. Stellen wir uns einmal vor, Pandas hätten immer gerade dann, wenn der Mensch sie beobachtete, hauptsächlich Tiere gefressen, dann könnten wir uns nur schwerlich vorstellen, dass ihre Zähne und Klauen ursprünglich zum Pflanzenverzehr geschaffen waren.

Das Immunsystem unterscheidet grundsätzlich zwischen „Selbst" und „Nicht-Selbst". Es war in der Zeit vor dem Sündenfall zur Aufrechterhaltung der körperlichen Integrität wichtig gewesen. Dieses System wurde nach dem Fall noch wichtiger, weil es uns auch vor Krankheitserregern schützen konnte.

Diese Auffassung Nr. 1 umgeht das Problem, dass ein guter Gott schädliche Strukturen entwirft.[5] Die Schwierigkeiten entstehen aber, wenn diese

---

erforderlich, um stattdessen Krankheiten verursachen zu können. Die Viren hätten sich Gene von den Wirten aneignen können, und diese Gene konnten sogar durch Mutationen so verändert sein, dass die darauf codierten Enzyme weniger spezifisch waren (das wäre wohlgemerkt ein Verlust von Information durch Mutation) und somit zu Prozessen fähig waren, die zu Krankheiten führten. Viele krankheitserregende Organismen sind sogar von ihrem eigenen Standpunkt aus gesehen degeneriert: Sie töten ihren Wirt und vernichten sich somit selbst. Außerdem kann der Wirt degeneriert sein und an Widerstandskraft verloren haben. Siehe Bergmann, J., 1999. Did God Make Pathogenic Viruses? *CEN Technical Journal* 13(1):115-125.

[4] Das wirft ein weiteres Problem auf: In welchem Maße entscheidet sich ein Tier für seine Lebensweise, im Gegensatz zum programmierten Instinkt? Der einzige indirekte biblische Beleg dafür scheint 1. Mose 6,7.11-13 zu sein. Einige haben diese Verse dahingehend verstanden, dass Gewalt im Tierreich ein Grund für die Ausrottung aller Landtiere außerhalb der Arche war. Das bedeutet jedoch nicht unbedingt, dass Gott den Tieren irgendeine moralische Verantwortung auferlegte. Vielleicht war er deshalb betrübt, weil die Sünde des Menschen die Tür für die ganze darauf folgende Herrschaft von Tod und Blutvergießen geöffnet hatte.

[5] Das wirft jedoch eine alte und interessante theologische Frage auf. Wäre Gott in seiner Allmacht weniger verantwortlich für DOS, wenn er diese Strukturen auf

Auffassung zur Erklärung aller DOS herangezogen wird. So gut wie alle Lebewesen verfügen über irgendeine Form von DOS, sei es auch nur ein hochempfindliches Nervensystem zur Warnung vor Angriffen. Allem Anschein nach wurden diese DOS entworfen, um in einer gefallenen Welt überleben zu können. Die meisten von ihnen lassen aufgrund ihrer komplexen Mechanismen auf gezielte Planung schließen.

Der Körperbau von Raubkatzen ist durch mehr Merkmale auf Fleischfressen ausgelegt als nur durch scharfe Zähne.

Tatsächlich verfügen die meisten, wenn nicht sogar alle Lebewesen über destruktive Konzepte, die von Schöpfungsforschern als Beispiele verwendet werden, um damit gezielte Schöpferplanung aufzuzeigen. Wenn wir sagen, dass DOS oder zumindest einige Aspekte ihrer gegenwärtigen Funktion durch zufällige Mutationen entstanden sind, dann untergraben wir damit zutiefst das Hauptargu-

„natürlichem“ Wege zulässt, als wenn er sie aktiv entwirft? Ein Vergleich wäre ein Arzt, der weiß, dass er mit dem Sauerstoff, den er vorrätig hat, einen Patienten retten könnte, diesen aber nicht verwendet. Trägt er weniger Verantwortung als wenn er den Patienten aktiv mit Zyanid umgebracht hätte? Einige haben herausgestellt, dass Gott ständig aktiv Gericht ausübt, ohne dass darin ein ethisches oder theologisches Dilemma besteht. Das gilt beispielsweise für die Sintflut, die er über die Erde gebracht hat und die für Millionen Tod und Untergang bedeutete.

ment für die Notwendigkeit eines Planers. Damit würde man sagen, Millionen verschiedener, komplexer und ausgefeilter Baupläne seien durch Zufall (Mutation und natürliche Selektion) entstanden. Denken wir nur an die raffinierte chemische Apparatur, die hinter der Produktion von Spinnfäden steht und an das technische Wunder des Spinnennetzes; manche Arten können sogar kleinere Vögel damit fangen. Die komplexe Maschinerie zur Herstellung dieser Netze ist mit einem programmierten Instinkt gekoppelt (und diese Programmierung erfordert codierte Information), damit die Spinnen wissen, wann und wohin sie sie bauen müssen, damit letztlich Beute gefangen werden kann und wann und wie sie sich auf die Beute hinbewegen müssen, um sie zu töten. Da wir dabei bleiben, dass komplexes, zweckmäßiges Design intelligente, zweckorientierte Schöpfung bedeutet, liegen somit in buchstäblich Millionen von Beispielen absolut offensichtliche Indizien dafür vor, dass Gott auch die DOS mit einem gezielten Zweck entworfen hat.

Bei dieser Argumentationsweise bleibt noch ein anderes Problem: Immer, wenn wir eine DOS beobachten, muss die eigentliche Funktion (vor dem Sündenfall) eine andere gewesen sein. Man mag einwenden, dass unser fehlendes Wissen über die frühere Funktion nicht bedeutet, dass es keine solche gab. Das stimmt natürlich; wenn man jedoch diese Aussage auf jede einzelne der Millionen von DOS anwendet, wird damit die Bereitschaft, auch Unwahrscheinliches zu glauben, stark überstrapaziert. Man sollte ferner nicht darüber hinwegsehen, welch enormer konzeptioneller Aufwand hinter jeder einzelnen DOS und dem dazugehörigen Mechanismus steckt. In Diskussionen über die Formen von Zähnen und Klauen wird häufig die Tatsache übersehen, dass für das Fleischfressen bei den Raubkatzen erheblich mehr Designmerkmale erforderlich sind als nur scharfe Zähne. Ein Löwe verfügt über präzise programmierte Jagdinstinkte sowie über eine besonders ausgeprägte Muskelkraft, die es ihm gestattet, einem Gnu mit einem Schlag das Genick zu brechen. Sein Verdauungssystem ist bestens auf die Ernährung mit frischem Fleisch abgestimmt, obgleich Löwen in Krisenzeiten auch mit pflanzlicher Nahrung überleben können; da Fleisch einfacher zu verdauen ist als pflanzliche Nahrung, könnten aber auch degenerative Veränderungen zum Verzehr von Fleisch geführt haben. Das alles sind überwältigende Indizien dafür, dass der Löwe eine hochgradig geplante Jagd- und Tötungsmaschine ist.

Alle diese Tatsachen sind uns sehr geläufig. Welche Funktion hatte aber die enorme Schnelligkeit des Gepards vor dem Sündenfall?[6] Wofür verwen-

---

[6] Vielleicht hat Gott sie erschaffen, um seine Herrlichkeit durch schnelles Laufen zu offenbaren (genau wie ein Adler zu enormen Höhen aufsteigt oder ein Delphin „wellenreitet" – und das anscheinend zur „Entspannung"). Außerdem haben Gottes Konstruktionen oftmals menschliche Erfindungen inspiriert – z. B. die Blendenfunktion der Iris als Vorbild für Kameras. Das könnte zu Gottes Vorsehung gehören.

dete der Bombardierkäfer seine hochgradig komplexen Doppelkanonen, die er jetzt einsetzt, um sich Angreifern zu entledigen? Selbst wenn wir uns einen Zweck in der Zeit vor dem Sündenfall vorstellen könnten, würde das immer noch die Frage offen lassen, wann und wie der programmierte Instinkt zu schießen bei den Käferfressern entstand.

Die Idee, dass die Giftzähne der Schlange dazu gebraucht worden sein könnten, um eine aufweichende Substanz in Früchte zu injizieren, bringt das gleiche Problem mit sich: Warum, wie und wann – wenn nicht durch unmittelbare Schöpfung – haben Schlangen nicht nur ihre Ernährung umgestellt, sondern auch ihr Verhalten, welches anscheinend in ihrem genetischen Code programmiert und nicht eine Frage der bewussten Entscheidung ist?[7] Jedenfalls enthält Schlangengift sehr komplexe Chemikalien, die für spezifische Zwecke entworfen zu sein scheinen, aber nichts mit Früchteverzehr zu tun haben. Eine dieser Chemikalien ist hochgradig präzise auf den Angriff des Zentralnervensystems abgestimmt, um die Atmung lahmzulegen. Ein anderes spezialisiertes Gift blockiert die Blutgerinnung, so dass die Beute innerlich verblutet.

Trotz der hier angeführten Probleme kann die obige Erklärung dennoch die richtige sein, zumindest in einigen, vielleicht sogar vielen Fällen. So saugt der weibliche Moskito Blut, da er zu seiner Vermehrung Hämoglobin benötigt. Der männliche Moskito hingegen saugt lediglich Saft aus Pflanzen. Möglicherweise nahmen vor dem Fall beide Geschlechter nur Pflanzensaft auf und da später einige Pflanzenarten ausstarben, konnten die Weibchen nicht mehr hinreichend Hämoglobin aus Pflanzen beziehen. Wie bereits erwähnt, enthalten auch heute noch einige Pflanzen Hämoglobin.

Auffassung Nr. 2

Diese Position besagt, komplexe Planung erfordere die unmittelbare Hand eines Planers, sei es bei DOS oder bei allen anderen Strukturen. Innerhalb dieser Auffassung gibt es mehrere Deutungsmöglichkeiten, von denen wir hier drei skizzieren:

---

[7] Basierend auf der Prämisse, dass es in der vorsintflutlichen Welt keine Wüsten oder kalten Lebensräume gab, haben einige diejenigen Designmerkmale vieler Tiere in Frage gestellt, die nur unter solchen Bedingungen von Nutzen sind. Dazu gehören z. B. das Schutzsystem des Kamels gegen Austrocknung oder auch die speziellen isolierenden Eigenschaften des Eisbär-Pelzes. Die Bibel sagt jedoch an keiner Stelle, dass es vor der Sintflut nirgends Wüsten oder kalte Lebensräume gegeben habe. In jedem Fall können solche adaptiven Designmerkmale in den Genen von breiter angelegten geschaffenen Arten dieser Kreaturen vorgelegen haben. Beispielsweise kreuzen sich Eisbären, die speziell an Kälte angepasst sind und sich fast ausschließlich von Fleisch ernähren, mit Braunbären, die nicht an Kälte angepasst sind und 75-prozentige Vegetarier sind. Das lässt vermuten, dass beide von ein und derselben ursprünglich geschaffenen Bärenart abstammen.

1. Vor dem Sündenfall gab es überhaupt keine Geschöpfe mit DOS; alle diese Kreaturen wurden erst später erschaffen.

Das würde bedeuten, dass die meisten heute lebenden Geschöpfe nicht bis auf die Zeit vor dem Sündenfall zurückgehen. Die Bibel gibt keinen Hinweis auf eine solche Neuschöpfung, und 2. Mose 20,11 steht in direktem Widerspruch zu diesem Gedanken. Es überrascht darum nicht, dass diese Auffassung nicht sehr verbreitet ist.

2. *Die strukturelle Information für DOS war bereits vor dem Sündenfall vorhanden, möglicherweise in latenter oder verborgener Form.*

Diese Sichtweise setzt voraus, dass Gott schon vor dem Sündenfall wusste, dass dieser eintreten wird. Dies knüpft an seine Allwissenheit an, die in verschiedenen Bibelstellen eindeutig gelehrt wird. Ein markantes Beispiel dafür ist, dass Gott die Gläubigen „erwählt hat, ehe der Welt Grund gelegt war“ (Epheser 1,4). Die zunächst verborgene genetische Information erhielt nach dieser Auffassung dann die Möglichkeit, sich zu Strukturen auszudifferenzieren. Es ist vorstellbar, dass diese entweder unmittelbar beim Sündenfall zum Vorschein kamen oder durch den natürlichen Prozess der Rekombination und Selektion in Erscheinung traten. Wenn das Letztere der Fall ist, würde das wiederum die Vorkenntnis Gottes voraussetzen, nämlich darüber, dass zwischen Schöpfung und Sündenfall nur eine kleine Zeitspanne lag. Andernfalls wären diese DOS bereits im Garten Eden erkennbar gewesen.

Es ist jedoch genetisch nicht einfach vorstellbar, wie eine derartige Selbstaktivierung bei einer so riesigen Anzahl von Geschöpfen vonstatten gehen konnte, die zudem noch auf ökologische Veränderungen reagieren musste. So musste eine Verteidigungsstruktur auf sehr geschickte Weise erstmalig zum Vorschein kommen, unmittelbar nachdem der persönliche Feind eine neue Waffe bekommen hatte.

3. *Nach dem Sündenfall wurden keine Geschöpfe mehr neu geschaffen, doch viele bereits lebende wurden „umgestaltet“ und die dazu erforderliche Information den bestehenden Genen zugefügt.*

Diese Auffassung wird von der Bibel indirekt unterstützt. Der Fluch, der nach dem Sündenfall der Schöpfung auferlegt wurde, umfasste auch biologische Veränderungen bei den Menschen: Sie würden nun sterben (1. Mose 3,19), und das Kindergebären würde nun sehr schmerzhaft sein (1. Mose 3,16). Auch der Erdboden wurde verflucht, sodass er Dornen und Disteln hervorbringen würde (1. Mose 3,18). Das deutet darauf hin, dass sich auch an den Pflanzen biologische Veränderungen vollzogen. Die Schlange scheint von Gott durch den Fluch am radikalsten und für immer umgestaltet worden zu sein (1. Mose 3,14). Somit gab es bei Menschen, Tieren, Pflanzen und dem Erdboden rasche Veränderungen aufgrund des Sündenfalls. Rein logisch ist es naheliegend, dass diese Änderungen das Ergebnis eines souveränen Eingreifens als Folge von Adams Sünde waren und dass sie sich nicht einfach deshalb vollzogen, weil „die Dinge ihren Lauf nahmen“[8]. Diese Sichtweise stimmt auch mit anderen Schriftstellen überein wie z. B.

Römer 8, wo „die ganze Schöpfung" als dem Fluch unterworfen beschrieben wird und auf die Erlösung von den Folgen der Sünde wartet.

Schlussfolgerung

Die Bibel liefert uns nicht genug Hinweise, um dogmatisch festlegen zu können, dass eine oder mehrere der o. g. drei möglichen Erklärungen absolut richtig oder falsch sind. Womöglich treffen mehrere von ihnen gleichzeitig zu.

Als gefallene Geschöpfe in einer gefallenen Welt ist es für uns schwierig, uns die Welt vor dem Sündenfall mit all ihren Details vorzustellen. Außerdem sind wir begrenzte Wesen, denen das nötige Wissen fehlt. Das alles gebietet uns, insbesondere dann vorsichtig zu sein, wenn wir aus der Gegenwart auf die Vergangenheit schließen wollen.

Hingegen geht aus Gottes Wort klar hervor, dass „Herrschaft von Gewalt und das Recht des Stärkeren", was wir gegenwärtig erleben sowie gewaltsamer Tod, Grausamkeit und Blutvergießen in der Welt vor dem Sündenfall keinen Platz hatten, und auch in der künftigen wiederhergestellten Schöpfung keinen Platz haben werden.

Anhang: Bevölkerungsexplosion?

In der heutigen Welt nach dem Sündenfall beobachten wir, dass der Tod und das gegenseitige Fressen unter den Tieren dazu nützlich sind, zu vermeiden, dass irgendeine Spezies die Erde überbevölkert. Manche fragen deshalb konsequenterweise, wie es ohne Sündenfall möglich gewesen wäre, eine solche Überbevölkerung ohne Tod und Blutvergießen zu vermeiden.

Man könnte dies als eine unberechtigte Frage abweisen, weil uns die Bibel sagt, dass Gott bereits vor der Schöpfung wusste, dass Adam in Sünde fallen würde. Es ist aber sicherlich eine anmaßende Vorstellung zu behaupten, der allmächtige Schöpfer wäre nicht in der Lage gewesen, für andere Wege zur Vermeidung dieses Problems zu sorgen. Gott beauftragte die Menschen, sich zu vermehren und die Erde zu füllen (1. Mose 1,22.28). Wenn dieser Befehl vollends ausgeführt worden wäre, dann wäre damit das von Gott gesetzte Ziel erreicht.

---

[8] Wenn in der zukünftigen Wiederherstellung aus dem fleischfressenden ein pflanzenfressender Löwe wird, scheint das eine übernatürliche Umgestaltung der DNS (Gene) zu erfordern, damit die Veränderung bei allen künftigen Generationen erhalten bleibt. Da diese Veränderung einen solchen Eingriff erfordert und da es sich um eine „Wieder-Herstellung" handelt (d.h. eine Umkehrung der Folgen des Sündenfalls), weist dies vielleicht darauf hin, dass die Umformung vom pflanzenfressenden zum fleischfressenden Löwen auf dieselbe Art und Weise geschieht (durch übernatürliche Umprogrammierung der DNS), nur in die andere Richtung.

Auch in unserer gefallenen Welt ist ein natürlicher Mechanismus zur Begrenzung des Populationswachstums bekannt. Einige Tiere reduzieren ihre Vermehrungsrate drastisch, wenn eine Überbevölkerung droht, und sie können die Vermehrung wieder steigern, wenn die Populationsdichte sinkt.

Kapitel 7

Was ist von Ähnlichkeiten und anderen Argumenten für Evolution zu halten?

Beweisen die Ähnlichkeiten zwischen den Lebewesen, dass sie von einem gemeinsamen Vorfahren abstammen – dass also Evolution stattgefunden hat? Haben Menschen und Schimpansen eine einander sehr ähnliche Erbinformation? Durchlaufen menschliche Embryonen bei ihrer Entwicklung tierische Phasen? Gibt es im menschlichen Körper funktionslose Rudimente (verkümmerte Organe) von Tieren? Was ist von sogenannten „Affenmenschen" zu halten?

I. Ähnlichkeiten?[1]

Wir Menschen haben mancherlei Merkmale, die denen der Tiere in vielerlei Hinsicht ähneln, insbesondere den Affen. Die Vertreter der Evolutionslehre benutzen dies als Argument, dass wir mit den Affen verwandt seien und von einem gemeinsamen Vorfahren abstammen.

Was sagt die Bibel dazu? In 1. Mose 1 steht ausdrücklich, dass Gott die ersten Menschen erschaffen hat – einen Mann und eine Frau:

> Und Gott sprach: Lasset uns Menschen machen, ein Bild, das uns gleich sei, die da herrschen über die Fische im Meer und über die Vögel unter dem Himmel und über das Vieh und über alle Tiere des Feldes und über alles Gewürm, das auf Erden kriecht (1. Mose 1,26).

Gott schuf die Menschen in *seinem* Bild und nicht in dem Bild von Tieren. Außerdem sollte der Mensch über die Tiere herrschen und dominieren.

In 1. Mose 2 erfahren wir mehr Details über den Prozess der Schöpfung und stellen fest, dass Adam „aus Erde vom Acker" geschaffen (1. Mose 2,7) und nicht aus einem Affen gestaltet worden war. Als Gott nach dem Sündenfall das Urteil über Adam sprach, bestätigte er nochmals, dass Adam aus dem Erdboden stammte:

> Im Schweiße deines Angesichts sollst du dein Brot essen, bis du wieder zu Erde werdest, davon du genommen bist. Denn du bist Erde und sollst zu Erde werden (1. Mose 2,19).

Einige Leute würden den Bericht der Genesis über die Erschaffung des Menschen gern allegorisieren, ihn also rein bildhaft deuten, um ihn somit

---

[1] In der Wissenschaft als Homologien bekannt. Siehe auch Kapitel 1 (einige Indizien für Schöpfung).

der heute gängigen evolutionistischen Ansicht anzupassen, dass Mensch und Affe von einem gemeinsamen Vorfahren abstammen (populäre vereinfachte Kurzform: „Der Mensch stammt vom Affen ab“). Dieser Gedanke lässt sich jedoch schnell widerlegen: Wenn der Staub, aus dem Adam gemacht war, für den Affen steht, von dem er abstammte, dann müsste Adam als Folge des Sündenfalls wieder zu einem Affen geworden sein! Das ist natürlich nicht der Fall; die Bibel lehrt klar und deutlich, dass der Mensch eine separate Schöpfung war.

Tatsächlich wurden auch alle Tier- und Pflanzenarten individuell erschaffen; nicht nur die Menschen. Die Pflanzen sollten Samen „nach ihrer Art“ hervorbringen, so sollten beispielsweise Bohnenpflanzen wieder Bohnensamen produzieren und Kühe wieder Kühe zur Welt bringen usw. (1. Mose 1,11.12.21.24.25). Somit gibt es in der Bibel keinerlei Hinweis auf irgendeinen Evolutionsprozess, bei dem sich die eine Art von Lebewesen in eine andere Art verwandeln würde.

Vertreter der Evolutionslehre glauben nicht nur, der Mensch stamme von einem affenähnlichen Wesen ab, sondern mehr noch: Alle Lebewesen gehen auf einen einzelligen Organismus zurück, der selbst irgendwann einmal aus der unbelebten Materie entstand. Sie behaupten weiterhin, die Ähnlichkeiten zwischen den Lebewesen seien der Beweis dafür, dass sie von gemeinsamen Vorfahren abstammen. Dazu führen sie z. B. die weitgehende Übereinstimmung zwischen der DNS von Mensch und Schimpanse an, Ähnlichkeiten zwischen den Embryonen, vermeintliche rudimentäre Organe sowie Fossilien von mutmaßlichen Übergangsformen zwischen verschiedenen Arten, wie z. B. vom Affenmenschen.

2. Ist die Ähnlichkeit zwischen der DNS von Mensch und Schimpanse ein Beleg für eine evolutionäre Verwandtschaft?

Der Gedanke, dass Menschen und Schimpansen eine annähernd 100-prozentige Übereinstimmung ihres Erbguts (DNS) aufweisen, wird oft als Beweis für die Abstammung des Menschen vom Affen vorgebracht. Die angeführten Zahlen variieren: Mal werden 97 %, mal 98 % oder sogar 99 % Übereinstimmung genannt; es hängt sehr davon ab, wer die Geschichte erzählt. Welche Grundlage haben diese Behauptungen? Besagen diese Zahlen wirklich, dass es keinen großen Unterschied zwischen Schimpansen und Menschen gibt? Sind wir wirklich nichts weiter als geringfügig evolvierte Affen?

Zuerst sei gesagt, dass Ähnlichkeit nicht unbedingt ein Indiz für gemeinsame Vorfahren (Evolution) ist, sondern auch mit einem gemeinsamen Schöpfer (Schöpfung) begründet werden kann. Denken wir nur an einen Porsche 911 und einen VW-„Käfer“. Beide haben einen luftgekühlten, 4-Zylinder-Boxermotor als Heckantrieb, zwei getrennte Auspuffrohre, zwei Türen, einen Kofferraum vorn und viele weitere Ähnlichkeiten. Warum haben diese beiden verschiedenen Autos so viele Gemeinsamkeiten? Weil sie aus der Hand desselben Konstrukteurs stammen! Ob Ähnlichkeiten nun morphologischer (Gestalt, Bau) oder biochemischer Natur sind – diesem Argument für Evolution mangelt es jedenfalls an Logik:

Wenn die Menschen vollkommen anders beschaffen wären als alle übrigen Lebewesen, oder wenn sogar jedes einzelne Lebewesen individuell verschieden wäre, würde das dann auf einen Schöpfer hinweisen? Nicht unbedingt! Wir könnten auch rechtfertigen, es habe nicht nur einen, sondern viele Schöpfer gegeben. Gerade die Einheitlichkeit der Schöpfung legt aber Zeugnis von dem *einen* wahren Gott ab, der alles gemacht hat. So erklärt es uns auch Römer 1,20.

Wären wir Menschen gänzlich anders als alle anderen Lebewesen, was würden wir dann essen? Wir müssen essen, um Nährstoffe und Energie zum Leben zu beziehen, aber wovon würden wir uns denn ernähren, wenn alle anderen Organismen auf der Erde eine grundlegend andere Biochemie hätten? Wie könnten wir unsere Nahrung (Pflanzliches und Tierisches) verdauen, und wie könnten wir die Aminosäuren, Kohlehydrate usw. verwerten, wenn sie sich von den Substanzen in unserem eigenen Körper deutlich unterschieden? Biochemische Entsprechung ist zur Ernährung unbedingt notwendig! *Selbst in der Welt vor dem Sündenfall, als Tiere und Menschen sich ausschließlich von Pflanzen ernährten, hätte es getrennte Pflanzenreiche zur Ernährung der Tiere und der Menschen geben müssen, hätten Tiere und Menschen nicht dieselbe Biochemie gehabt.*

Wir wissen, dass die DNS in den Zellen den wesentlichen Teil der Information enthält, die zur Entwicklung des Organismus notwendig ist. Anders ausgedrückt: Wenn zwei Organismen ähnlich aussehen, würden wir auch für ihre DNS eine gewisse Übereinstimmung erwarten. Die DNS einer Kuh und die eines Wales – also zweier Säugetiere – sollten mehr übereinstimmen als die DNS einer Kuh und einer Bakterie. Andernfalls müsste man das Konzept in Frage stellen, dass die DNS der Informationsträger der Lebewesen ist. Weil Menschen und Affen viele morphologische Ähnlichkeiten aufweisen, erwarten wir konsequenterweise auch eine hohe Übereinstimmung ihrer DNS. Von allen Tieren ähneln die Schimpansen dem Menschen am meisten und so erwarten wir, dass die DNS von Schimpansen der menschlichen DNS weitgehend, aber nicht völlig gleicht.

Bestimmte biochemische Fähigkeiten sind allen Lebewesen gemein, und deshalb gibt es z.B. einen gewissen Grad an Übereinstimmung sogar zwischen der DNS von Hefe und der vom Menschen. Weil menschliche Zellen viele Prozesse ausführen, die auch in Hefezellen ablaufen, werden wir in jenen Abschnitten der DNS Ähnlichkeiten antreffen, die für dieselben Enzyme und Proteine codieren und in beiden Zelltypen dieselben Aufgaben erfüllen. Einige dieser Gene, z.B. diejenigen, die Histonproteine codieren, sind nahezu identisch.

Was ist nun mit den 97% Übereinstimmung, die zwischen der DNS von Menschen und Schimpansen bestehen soll? Die zitierten Zahlen bedeuten bei weitem nicht das, was in den populären Veröffentlichungen, aber auch in einigen wissenschaftlichen Journalen behauptet wird. Die Information in der DNS ist codiert in der Abfolge (Sequenz) von vier chemischen Verbindungen, den Nukleotiden, die wir international mit den Abkürzungen C, G, A und T versehen. Eine komplexe Übersetzungsapparatur in den Zellen „liest" eine Sequenz von „Wörtern" (je drei von diesen chemischen „Buchstaben" codieren für eine Aminosäure) und übersetzt sie in Ketten aus Aminosäuren. Proteine bestehen aus bis zu zwanzig verschiedenen Aminosäuren; ein typisches Protein ist eine Kette von Hunderten solcher Aminosäuren. Die menschliche DNS umfasst über 3 Milliarden Nukleotide. Die DNS des Menschen ist derzeit (2001) zu etwa 90% sequenziert worden, die des Schimpansen noch nicht. Ein wirklicher Vergleich ist also zur Zeit noch gar nicht möglich.[2]

Woher stammt dann die Behauptung der „97-prozentigen Übereinstimmung"? Sie wurde mit Hilfe einer recht groben Technik namens *DNS-Hybridisierung* hergeleitet, bei der kleine Teile menschlicher DNS zu Einzelsträngen aufgespalten und dann mit Schimpansen-DNS in Verbindung gebracht werden, damit sie sich so wieder zu Doppelsträngen zusammenfügen.[3] Es gibt jedoch verschiedene Gründe, warum DNS hybridisiert oder warum nicht – und nur einer davon ist der Grad an Übereinstimmung. Folglich verwenden die Fachleute auf dem Gebiet der molekularen Homologie diese recht willkürlichen Zahlen nicht; stattdessen werden andere Zahlen benutzt, die aus der Form der „Schmelzkurve" hergeleitet werden.[4] Warum, so fragt man sich, wurde der Wert von 97% so ausgiebig veröffentlicht? Vielleicht diente es dem selben Zweck, wie wir es bei den Rekonstruktionen von imaginären „Affenmenschen" in vielen Museen immer wieder gezeigt bekommen – der Evolutionsgedanke soll auf jede Weise verbreitet werden, auch dann, wenn die wissenschaftliche Argumentation schwach ist.

---

[2] Ein Vergleich wäre sehr aufwendig: Stellen Sie sich vor, zwei Bibliotheken aus je 1000 dicken Büchern müssten Satz für Satz auf Übereinstimmung und Unterschiede verglichen werden!

[3] Sibley, C.G. und Ahlquist, J.E., 1987. DNA Hybridization Evidence of Hominoid Phylogeny: Results from an Expanded Data Set. *Journal of Molecular Evolution* 26:99-121. Das resultierende hybride Doppelstrang-Material wird dann von der verbleibenden einsträngigen DNS getrennt und in Stufen von je 2 bis 3 Grad von 55° auf 98° Celsius erhitzt. Die Menge an DNS, die sich bei jeder Temperatur trennt, wird gemessen und aufaddiert und schließlich mit menschlicher DNS verglichen, die nach Aufspaltung ebenfalls wieder zu einem Doppelstrang wurde, allerdings unter Kombination wiederum mit menschlicher DNS. Dieses Verfahren ergibt die „Schmelzkurve". Wenn beim Erhitzen der hybriden Mensch-Schimpansen-DNS 90% der menschlichen DNS durch Vergleich mit Mensch-Mensch-DNS wiedergefunden werden, dann kann gesagt werden, dass 90% der beiden DNS deckungsgleich sind.

[4] Sarich, V.M., Schmid, C.W. und Marks, J., 1989. DNA Hybridisation as a Guide to Phylogenies: a Critical Analysis. *Cladistics* 5:3-32.

Bemerkenswerterweise fehlten in den ursprünglichen Veröffentlichungen, die die angebliche Affen-Mensch-Übereinstimmung beschrieben, die zugrunde liegenden Messergebnisse, und so musste der Leser die Interpretation der Daten „im Glauben" akzeptieren. Sarich und seine Mitarbeiter hatten Zugriff auf die Originaldaten und zogen sie für ihre Diskussion heran, welche Parameter bei Homologie-Untersuchungen verwendet werden sollten.[5] Sarich *et al.* entdeckten, dass Sibley und Ahlquist ihre Daten sowie ihre statistische Analyse auf höchst nachlässige Weise erzielt hatten. So entdeckten sie bei der Ermittlung des Wertes von 97 % einen systematischen Fehler in der Statistik. Die Autoren berechneten einfach den Mittelwert von zwei Messwerten ohne die Unterschiede in der Anzahl der Beobachtungen zu berücksichtigen, obwohl sich diese Unterschiede auf den Mittelwert auswirken. Bei korrekter Berechnung erhält man nicht 97 %, sondern nur 96,2 %. In der Arbeit fehlte jedoch jede Betrachtung dieser Art und deshalb kann den von Sibley und Ahlquist veröffentlichten Zahlen keine wirkliche Bedeutung zugeschrieben werden.

Was wäre aber, wenn die DNS von Mensch und Schimpanse tatsächlich auch nur zu 96 % übereinstimmen würden? Was würde das bedeuten? Wäre daraus herleitbar, dass Mensch und Schimpanse von einem gemeinsamen Vorfahren abstammen können? Auf keinen Fall! Der Informationsgehalt der drei Milliarden Basenpaare in der DNS jeder menschlichen Zelle wurde auf einen Vergleichswert von 1000 Büchern mit jeweils 500 Seiten geschätzt.[6] Wenn sich die DNS von Menschen „nur" um vier Prozent von der des Schimpansen unterschiede, machte das immer noch 120 Millionen Basenpaare aus mit einem Vergleichswert von zwölf Millionen Wörtern oder vierzig umfangreichen Büchern. Das ist eine Grenze, die für Mutationen (zufällige Änderungen) unmöglich zu überschreiten ist.

Bedeutet ein hoher Grad an Übereinstimmung, dass zwei DNS-Sequen-

---

[5] Untersuchungen von molekularen Homologien können für Schöpfungswissenschaftler recht nützlich sein, um zu bestimmen, welches die ursprünglich geschaffenen Arten waren und welche neue Spezies seitdem innerhalb der einzelnen Arten hervorgegangen sind. Beispielsweise entwickelten sich die Variationen bzw. Spezies von Finken auf den Galapagosinseln offensichtlich von einer kleinen ursprünglichen Anzahl, die zu den Inseln auswanderte. Die heutigen vielfältigen Spielarten von Finken auf diesen Inseln können allein durch die Mechanismen der Rekombination der Gene in der ursprünglich eingewanderten Population und durch natürliche Selektion entstanden sein – genau wie alle Hunderassen der Welt vor nicht allzu langer Zeit künstlich aus einer ursprünglichen Wildhundart gezüchtet wurden. Es ist bemerkenswert, dass molekulare Homologiestudien am meisten Übereinstimmung zeigten, wenn sie auf Spezies angewendet wurden, die wahrscheinlich auf denselben Schöpfungs-Grundtyp („ein jedes nach seiner *Art*") zurückgehen. Doch solche Untersuchungen widersprechen häufig wichtigen Voraussagen der Evolutionstheorie über die Beziehungen zwischen den größeren Klassifikationen wie Stämmen und Klassen (siehe nächste Fußnote zu Letzterem).

[6] Denton, M., 1985. *Evolution: Theory in Crisis*, Burnett Books, London.

zen dieselbe Bedeutung oder Funktion haben? Nein, nicht unbedingt. Vergleichen wir z. B. die beiden folgenden Sätze:

- Es gibt heute viele Wissenschaftler, die das Evolutionsparadigma und seine atheistisch-philosophischen Implikationen in Frage stellen.
- Es gibt heute *nicht* viele Wissenschaftler, die das Evolutionsparadigma und seine atheistisch-philosophischen Implikationen in Frage stellen.

Diese beiden Sätze stimmen zu 96% miteinander überein und haben doch eine entgegengesetzte Bedeutung! Das ist eine aussagekräftige Analogie zur Art und Weise, wie lange DNS-Sequenzen von relativ kleinen Kontrollsequenzen ein- und ausgeschaltet werden können.

Als Zusammenfassung können wir sagen, dass die Methoden, die zur Berechnung der so viel zitierten (und dazu noch falsch zitierten!) Zahlen verwendet wurden, äußerst ungenau sind. Sie berechtigen nicht zu der Aussage, dass Menschen und Schimpansen im evolutionistischen Sinne miteinander verwandt sind. Je mehr wir über die Komplexität der biologischen Systeme in unseren Zellen erfahren, desto stärker geraten wir ins Staunen. Und selbst dann, wenn wir die Werte als berechtigt annehmen könnten, wären Mutationen nicht in der Lage, die Kluft zwischen Schimpansen und Menschen zu überbrücken. Schimpansen sind lediglich Tiere. Wir hingegen sind zum Bilde Gottes geschaffen (kein Schimpanse wird jemals diese Zeilen lesen können).

3. Ähnlichkeiten bei Embryonen

Die meisten von uns haben schon einmal von dem Gedanken gehört, dass der menschliche Embryo während seiner frühen Entwicklung im Mutterleib verschiedene evolutionäre Phasen durchlaufen haben soll. Dabei soll er z. B. Kiemenspalten wie ein Fisch und einen Schwanz wie ein Affe gehabt haben. Abtreibungskliniken haben sich dieser Vorstellung bedient, um die Gewissen der Patientinnen zu beruhigen, indem sie beispielsweise propagierten: „Wir entfernen nur einen Fisch aus Ihrem Körper."

Dieses Konzept wurde fälschlicherweise „Biogenetisches Grundgesetz" genannt. Der deutsche Evolutionsforscher Ernst Haeckel veröffentlichte es Ende der 1860-er Jahre. Es ist auch unter der Bezeichnung „embryonische Rekapitulation" bekannt oder als Aussage „die Ontogenese rekapituliert die Phylogenese". Damit sollte gesagt sein, dass ein Organismus während der Entwicklung seiner Frühstadien seine evolutionäre Geschichte wiederholt. Danach soll ein menschlicher Embryo angeblich ein Fischstadium, ein Amphibienstadium, ein Reptilstadium usw. durchlaufen haben.

L. Rütimeyer, Professor für Zoologie und vergleichende Anatomie an der Universität Basel, wies wenige Monate nach der Veröffentlichung von Haeckels Arbeit im Jahre 1868 nach, dass diese Arbeit unwahrhaftig war. William His Sr., Professor für Anatomie an der Universität Leipzig und berühmter vergleichender Embryologe, untermauerte Rütimeyers Kritik.[7] Diese Wissenschaftler zeigten, dass Haeckel seine Zeichnungen verschiedener Embryonen vorsätzlich abänderte, um sie einander ähnlicher aussehen zu lassen. Haeckel druckte sogar denselben Holzschnitt mehrmals, um den Embryonen ein absolut identisches Aussehen zu verleihen, und behauptete dann, es seien Embryonen von verschiedenen Spezies! Trotz der Aufdeckung dieses Skandals erschienen Haeckels Holzschnitte noch über viele Jahre in manchen Lehrbüchern.[8]

Hat das „Biogenetische Grundgesetz" irgendetwas geleistet? 1965 sagte der amerikanische Evolutionist George Gaylord Simpson: „Es steht jetzt felsenfest, dass die Ontogenese nicht die Phylogenese wiederholt."[9] Prof. Keith Thompson (Biologie, Yale) bestätigte:

> Das Biogenetische Grundgesetz ist gewiss so tot wie ein Türnagel. In den 1950-er Jahren wurde es endgültig aus den Biologie-Lehrbüchern getilgt. Als Thema ernsthafter theoretischer Überlegungen wurde es schon in den 1920-er Jahren verworfen.[10]

Leider bringen sogar Lehrbücher aus den 1990-er Jahren immer noch Haeckels betrügerische Zeichnungen, einschließlich eines Lehrbuchs, das in einführenden Biologiekursen an vielen Universitäten verwendet wird. Dort heißt es z.B.:

> In vielen Fällen kann die Entfaltung der evolutionären Geschichte eines Organismus während seiner Entwicklung beobachtet werden, wenn der Embryo charakteristische Merkmale der Embryonen seiner Vorfahren zeigt. Beispielsweise weisen menschliche Embryonen in den Frühstadien ihrer Entwicklung Kiemenspalten wie Fische auf ...[11]

Trotz seiner falschen Grundlage und der Entlarvung durch viele hochkarätige Wissenschaftler hat der Gedanke des Biogenetischen Grundgesetzes dennoch weiterhin Bestand.

Wissenschaftler, die es eigentlich hätten besser wissen sollen, haben den Mythos der embryonalen Rekapitulation in den 1990-er Jahren erneut verbreitet. Beispielsweise schrieb der verstorbene Populärwissenschaftler Carl

---

[7] Rusch, W.H., Sr., 1969. Ontogeny Recapitulates Phylogeny. *Creation Research Quarterly* 6(1):27-34.

[8] Grigg, R., 1996. Ernst Haeckel: Evangelist for Evolution and Apostle of Deceit. *Creation* 18(2):33-36.

[9] Simpson und Beck, 1965. *An Introduction to Biology*, S. 241.

[10] *Thompson, K., 1988. Ontogeny and Phylogeny Recapitulated. American Scientist* 76:273.

[11] Raven, P.H. und Johnson, G.B., 1992. *Biology* (3. Auflage), Mosby-Year Book, St. Louis, S. 396.

Sagan in einem bekannten Artikel über die Entwicklung des menschlichen Embryos:

> In der dritten Woche ... sieht er wie ein segmentierter Wurm aus ... Am Ende der vierten Woche ... ist etwas zum Vorschein gekommen wie die Kiemenbögen eines Fisches oder Amphibiums... Es sieht ungefähr aus wie ein Molch oder eine Kaulquappe ... In der sechsten Woche ... ein Reptiliengesicht ... Am Ende der siebenten Woche ist das Gesicht säugetierhaft, erinnert jedoch etwas an ein Schwein ... Am Ende der achten Woche ähnelt das Gesicht einem Primaten, ist aber immer noch nicht menschlich.[12]

Das hat er unreflektiert von Haeckel übernommen. Ein menschlicher Embryo sieht niemals aus wie ein Reptil oder Schwein. Ein menschlicher Embryo ist immer ein menschlicher Embryo, vom Augenblick der Empfängnis an; er ist niemals irgendetwas anderes, ganz im Gegensatz zu dem, was Sagan impliziert! Er *wird* nicht erst irgendwann nach acht Wochen menschlich. Das ist genau das, was die Bibel sagt – das ungeborene Kind ist ein kleiner Mensch (1. Mose 25,21-22; Psalm 139,13-16; Jeremia 1,5; Lukas 1,41-44), und deshalb tötet Abtreibung unschuldiges menschliches Leben.

Kiemenspalten: etwas Fischartiges?

Das oben erwähnte Universitäts-Lehrbuch behauptet, dass „menschliche Embryonen Kiemenspalten wie die eines Fisches aufweisen", obwohl seit vielen Jahrzehnten bekannt ist, dass menschliche Embryonen *niemals* „Kiemenspalten" hatten. Ein menschlicher Embryo hat Strukturen, die oberflächlich betrachtet wie „Kiemenspalten" eines Fischembryos aussehen. Diese „Pharyngealbögen", wie sie sachlich richtiger genannt werden (oder „Schlundtaschen" oder „Beugefalten"), haben niemals irgendeine Atmungsfunktion erfüllt und waren auch niemals „Spalten" oder Öffnungen. Sie entwickeln sich zur Thymusdrüse, zur Nebenschilddrüse und zum Mittelohrkanal. Keine dieser Strukturen hatte jemals etwas mit der Atmung zu tun, sei es unter oder über Wasser!

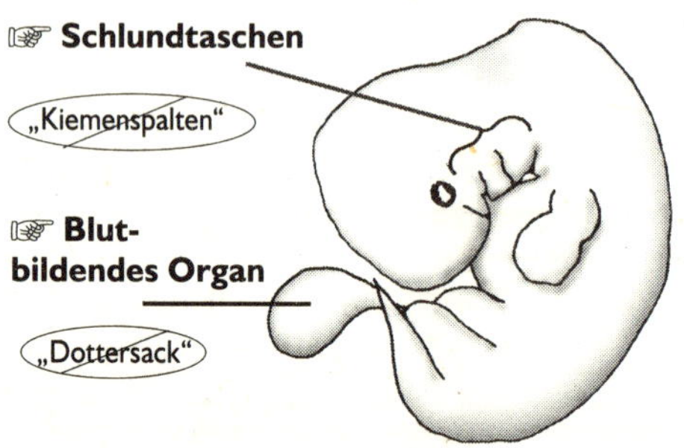

Für manche Teile des menschlichen Embryos werden falsche Begriffe verwendet, die Schülern und Studenten zum Glauben an die Evolutionslehre verleiten.

Spezialisierte Fachbücher der Embryologie geben zu,

[12] Sagan, C., 1990. Is it Possible to be Pro-Life and Pro-Choice?, *Parade Magazin*, 22. April 1990.

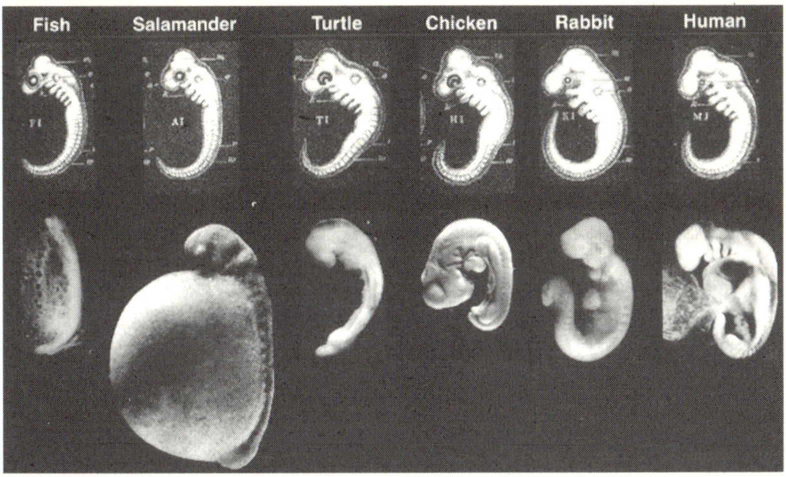

Haeckels irreführende Zeichnungen (obere Zeile) und Fotoaufnahmen der tatsächlichen Embryonen (untere Zeile). Von links nach rechts: Fisch, Salamander, Taube, Huhn, Hase, Mensch. Nach Richardson et al.[16] *Mit freundlicher Erlaubnis.*

dass menschliche Embryonen keine Kiemenspalten haben. Langman sagt beispielsweise:

> Da der menschliche Embryo niemals Kiemen (Branchien) hat, wurde in diesem Buch die Bezeichnung Pharyngealbögen und -furchen gewählt.[13]

Doch die meisten Vertreter der Evolutionslehre benutzen immer noch den Begriff „Kiemenspalten", insbesondere bei öffentlichen Präsentationen und im studentischen Unterricht. So finden wir diese Bezeichnung immer noch in Schul- und Fachbüchern.

Weitere Offenbarungen über Haeckels Betrug

Während die Verfechter der Evolution unter Druck zugeben würden, dass menschliche Embryonen niemals Kiemenspalten haben und dass Haeckels Zeichnungen trügerisch waren, glauben sie immer noch, Ähnlichkeiten zwischen Embryonen seien Belege für die Evolution (für gemeinsame Vorfahren). Letztlich beruht dieser Glaube – bewusst oder unbewusst – auf den von Haeckel veröffentlichten Holzschnitten und hat sich seitdem in vielen Lehrbüchern ganz oder teilweise erhalten.[14] Von diesen Zeichnungen glaubt man in weiten Kreisen, dass sie der Realität entsprechen. Doch

[13] Langman, J. 1975. *Medical Embryology* (3. Auflage), S. 262.

[14] Zum Beispiel Gilbert, S., 1997. *Developmental Biology* (5. Auflage), Sinauer Associates, Ma., S. 254, 900. Gilbert schreibt die Zeichnungen irrtümlicherweise „Romanes, 1901" zu.

hat es offensichtlich niemand für nötig befunden, diese Behauptung einmal nachzuprüfen.

Nun kommt ans Licht, dass Haeckels Betrug weit schlimmer war, als irgendjemand je gemerkt hatte. Unter Zusammenarbeit mit Biologen in aller Welt sammelte und fotografierte der Embryologe Dr. Michael Richardson die Embryonenarten, die Haeckel angeblich zeichnete.[15] Richardson stellte fest, dass Haeckels Zeichnungen kaum Ähnlichkeit mit den wirklichen Embryonen hatten.[16] Haeckels Zeichnungen können also nur seiner Fantasie entsprungen sein, die darauf ausgerichtet war, „Beweise" vorzulegen, um die Akzeptanz der Evolutionslehre zu fördern.

Vertreter der Evolutionslehre sollten Haeckels Zeichnungen nicht länger zur Verteidigung ihrer Lehre verwenden, indem sie behaupten, Embryonen verschiedener Spezies seien sich sehr ähnlich und würden deshalb die Evolution belegen.

Sind manche Ähnlichkeiten in frühen Embryonalstadien unausweichlich?

Wenn man irgendetwas konstruieren möchte, beginnt man üblicherweise mit einer groben Skizze oder mit einer einfachen Form und baut dann darauf auf. Eine Veranschaulichung aus der Töpferei kann hier hilfreich sein. Ein Töpfer beginnt zunächst mit einem Klumpen Ton. Um einen Pokal oder eine schlanke Vase herzustellen, formt der Töpfer den Klumpen zunächst zu einem Zylinder. Bis dahin sehen der künftige Pokal und die Vase noch gleich aus – ihr Grundplan ist gleich. Bei der weiteren Gestaltung nehmen Pokal und Vase allmählich ihre Form an und unterscheiden sich zunehmend. Eine Analogie dieses Vorgehens zur Embryonalentwicklung schlägt hier jedoch fehl, denn der Töpfer kann es sich, nachdem er bereits den Grundplan fertig hat, noch anders überlegen. Er ist in seiner Entscheidung immer noch frei, ob er lieber einen Pokal *oder* eine Vase fertigen möchte. Ein Fischembryo kann aber niemals zu einem menschlichen Embryo werden (oder umgekehrt), weil ein Fischembryo bereits von Anfang an nur über die codierte Information zur Entwicklung zum Fisch verfügt.

Die als *Von Baersche Gesetze* bekannten Prinzipien beschreiben dieses Konzept der Embryonalentwicklung: Bei einer größeren Gruppe von Tieren erscheinen die allgemeinen Merkmale im Embryo früher als die spezialisierten. Speziellere Merkmale entwickeln sich ausgehend von den allgemeineren usw., bis schließlich die spezialisiertesten Strukturen in Erscheinung treten. Kein Embryo einer gegebenen Spezies durchläuft je die Stadien von anderen Tieren, sondern entfernt sich bei seiner Entwicklung immer weiter von den anderen Arten.

Die Von Baerschen Gesetze besagen: Je jünger das Embryonalstadium

[15] Richardson, M., *et al.*, 1997. There Is no Highly Conserved Stage in the Vertebrates: Implications for Current Theories of Evolution and Development. *Anatomy and Embryology* 196(2):91-106.

[16] Grigg, R., 1998. Fraud Rediscovered. *Creation* 20(2):49-51.

ist, desto eher neigen Organismen dazu, sich einander zu ähneln, weil die allgemeineren Eigenschaften, die zuerst auftreten, gleich sind. Diese Entwicklung kann mit den Speichen eines Rades verglichen werden: Die Speichen beginnen an der Nabe und entfernen sich mit zunehmendem Abstand vom gemeinsamen Mittelpunkt immer weiter voneinander.

Anomalitäten weisen auf Schöpfung hin!

Es gibt Ausnahmen von den Von Baerschen Gesetzen, die unsere besondere Aufmerksamkeit verdienen: Wenn wir Wirbeltier-Embryonen im Pharyngealstadium (d.h. in dem Stadium, in dem die Pharyngealbögen auftreten) vergleichen, sehen sie sich relativ ähnlich, aber in einem *früheren* Stadium unterscheiden sie sich erheblich stärker! Ballard sagte:

> ... von sehr unterschiedlichen Eizellen ausgehend, durchlaufen die Embryonen von Wirbeltieren Teilungsstadien mit sehr unterschiedlichem Erscheinungsbild und anschließend eine Phase morphogenetischer Bewegungen, bei der sie Migrationsmuster und zeitweilige Strukturen zeigen, die für jede Klasse einzigartig sind. Dann erreichen alle ein Pharyngealstadium mit ähnlichen und gleichartig angeordneten rudimentären Organen, das im gesamten Unterstamm bemerkenswert uniform ist (obwohl es je nach Umgebung und Ernährung in einigen Bereichen anders geformt sein kann).[17]

Nachdem sie sich in ihrem Erscheinungsbild wieder „angenähert" haben, divergieren die Embryonen nach dem klassischen Von-Baer-Muster wieder auseinander. Wie kann dieses Phänomen im Rahmen der Evolution erklärt werden? ReMine[18] argumentiert, dass es auf einen intelligenten Planer hinweist, der die Lebewesen entworfen hat. Gott hat die Organismen einander ähnlich gemacht, um so zu zeigen, dass es nur *einen* Schöpfer gibt (die Ähnlichkeit im Pharyngealstadium). Doch hat er dieses Muster an Übereinstimmung so gestaltet, dass es nicht von einem gemeinsamen Vorfahren herrühren kann (da die früheren Stadien der Embryonalentwicklung unterschiedlich sind). Die Unterschiede in den früheren Stadien widersprechen der naturalistischen Erklärung, die Ähnlichkeiten im späteren Pharyngealstadium würden auf einem gemeinsamen Vorfahren zurückzuführen sein.

Ganz ähnlich verhält es sich mit der Art der Entwicklung von Fußknochen bei Amphibien- und Säugetierembryonen. Sie können im fertigen Zustand recht ähnlich aussehen, doch die Zehen des Amphibiums entwickeln sich aus einer Knochenplatte durch Auflösen von Knochenmaterial zwischen den Zehen. Die Zehen des Säugetiers hingegen entwickeln sich aus Knos-

---

[17] Ballard, W.W., 1976. Problems of Gastrulation: Real and Verbal. *Bioscience* 26(1):36-39.

[18] ReMine, W.J., 1993. The Biotic Message: Evolution versus Message Theory, St Paul Science, St Paul, Minn. USA, S. 370.

pen, die nach außen wachsen. Somit beruhen die Ähnlichkeiten, die wir in Amphibien und Säugetieren sehen, auf einem gemeinsamen Design und nicht auf einem gemeinsamen Vorfahren.

Sir Gavin de Beer, Embryologe und früherer Direktor des Britischen Museums für Naturkunde, sprach das Problem der fehlenden genetischen bzw. embryologischen Grundlage für Homologien bereits vor über 25 Jahren in einer Monographie an.[19] Obgleich de Beer an Evolution glaubt, zeigte er, dass Ähnlichkeiten oft nur scheinbar vorliegen und nicht konsequent mit dem Konzept gemeinsamer Vorfahren vereinbar sind.

Die Muster der Embryonalentwicklung weisen nicht auf Evolution hin, sondern auf Schöpfung! Wir sind tatsächlich „auf eine erstaunliche, ausgezeichnete Weise gemacht" (Psalm 139,14).[20]

4. Nutzlose Organe?

Vertreter der Evolutionslehre bringen häufig das Argument, dass solche Strukturen wie z. B. die kleinen Flügel von flugunfähigen Vögeln, die Zehen von Schweinen, die Brustwarzen von Männern, beinlose Eidechsen, das Verdauungssystem des Kaninchens, der Blinddarm des Menschen und Hüftknochen und Zähne von Walen ohne Nutzen und Funktion seien. Sie behaupten, es handele sich hier um „Überbleibsel der Evolution" und verwenden sie als Belege für die Evolutionslehre.

Das Argument der „rudimentären Organe" wird von den Vertretern der Evolutionslehre immer wieder hervorgebracht. Es ist somit eine alte Kamelle, die aber dennoch nicht haltbar ist:

Erstens ist es unmöglich zu beweisen, dass ein Organ funktionslos ist. Seine Funktion kann zur Zeit unbekannt sein und seine Aufgabe erst in Zukunft entdeckt werden. Das war bei über 100 zuvor angeblich rudimentären menschlichen Organen der Fall, die man früher als funktionslos einstufte. Mit dem Fortschritt der medizinischen Erkenntnisse wurde klar, dass diese unverzichtbar sind.

Zweitens würde ein angebliches rudimentäres Organ, selbst wenn es nicht länger gebraucht würde, keine Evolution, sondern vielmehr eine „Devolution" oder Degeneration beweisen. Das Schöpfungsmodell räumt die Möglichkeit der Degeneration seit dem Sündenfall ein. Das Modell der Evolution vom Molekül zum Menschen benötigt jedoch Beispiele von *werdenden* Organen, d. h. von solchen, die an Komplexität *zunehmen*.

---

[19] de Beer, G., 1971. *Homology, an Unsolved Problem*, Oxford Biology Reader, Oxford University Press.

[20] Zu weiterer Information über Embryologie siehe Parker, G., 1994. *Creation: Facts of Live*, Master Books, Green Forest, AR; Vetter, J., 1991. Hands and Feet – Uniquely Human, Right from the Start" *Creation* 13(1):16-17; Glover, W. und Ham, K., 1992. A Surgeon Looks at Creation. *Creation* 14(3):46-49.

Flügel bei flugunfähigen Vögeln?

Es gibt mindestens zwei Erklärungsmöglichkeiten, warum flugunfähige Vögel wie Strauße und Emus Flügel haben:

1.) Die Flügel sind tatsächlich „funktionslos" und stammen von Vögeln ab, die einst fliegen konnten. Das ist auch im Rahmen des Schöpfungsmodells denkbar. Natürliche Prozesse können relativ einfach zu einem Verlust von Merkmalen führen, wohingegen der Erwerb neuer Fähigkeiten spezifische neue Informationen in der DNS benötigt, und das ist unmöglich. Eine Käferart, die eine windige Insel bevölkerte, hat ihre Flügel höchstwahrscheinlich auf diese Weise verloren. Wir müssen jedoch noch einmal betonen, dass es sich dabei um einen *Verlust* genetischer Information handelt und dies somit kein Beleg für eine Evolution von der Mikrobe zum Menschen ist. Dazu wären Unmengen neuer genetischer Information erforderlich.[21]

Die Flügel des Emus sind nicht nutzlos.

2.) Die Flügel haben eine Funktion. Je nach der Spezies des flugunfähigen Vogels wären einige mögliche Funktionen: Unterstützung des Gleichgewichts beim Laufen, Abkühlung bei warmem Wetter, Erwärmung bei kaltem Wetter, Schutz des Brustkastens bei Stürzen, Balzrituale, Abschreckung von Angreifern (Emus laufen mit aufgerissenem Schnabel und flatternden Flügeln auf erkannte Feinde ihrer Küken zu), in Schutz nehmen der Küken etc. Wenn die Flügel funktionslos sein sollen, stellt sich die Frage, warum dann die Muskeln funktionieren, sodass sie es den Vögeln ermöglichen, ihre Flügel zu bewegen?

Schweine mit Zehen, die nicht den Boden berühren?

Bedeutet dies für die kürzeren Zehen, dass sie keine Funktion haben? Keineswegs. Schweine verbringen viel Zeit in Wasser und Schlamm, um sich zu kühlen. Die zusätzlichen Zehen erleichtern dem Schwein wahrscheinlich die Fortbewegung im Schlamm (etwa so wie die höher angebrachten Räder bei einigen langen LKW, die nur dann die Fahrbahn berühren, wenn der Lastwagen schwer beladen ist). Die Muskeln, die mit diesen Zusatzzehen verbunden sind, verleihen vielleicht dem „Knöchel" des Schweins Kraft.

Warum haben Männer Brustwarzen?

Männer haben deshalb Brustwarzen, weil es der allgemeine Bauplan der

[21] Wieland, C., 1997. Beetle Bloopers: Even a Defect Can Be an Advantage Sometimes. *Creation* 19(3):30.

frühen Embryonalentwicklung so vorsieht. Die Herausbildung von Merkmalen, die männlichen und weiblichen Exemplaren gemein sind, beginnt bereits beim Embryo. Das ist wiederum ein Beispiel für „Designökonomie", zu der auch die Brustwarzen bei Männern gehören. Die Behauptung, sie seien funktionslos, lässt sich aber, wie Bergman und Howe[22] aufzeigen, in Frage stellen.

Welche Erklärung haben die Vertreter der Evolutionslehre für die Brustwarzen bei Männern? Stammen die Männer etwa von den Frauen ab – also Degeneration? Oder haben einst die Männer die Säuglinge gestillt? Kein Evolutionist würde das vorschlagen. Brustwarzen bei Männern sind weder ein Beleg *für* noch ein Argument *gegen* Evolution, noch ein Beleg *gegen* Schöpfung.

Warum haben Kaninchen ein Verdauungssystem, das „so schlecht funktioniert, dass sie ihre eigenen Fäkalien fressen müssen"?

Das ist eine ungeheure Aussage. Das Kaninchen ist eine der erfolgreichsten Spezies der Welt! Die Lebensweise des Kaninchens ist offensichtlich höchst effektiv (das sehen wir schon anhand des Sprichworts „sich vermehren wie die Kaninchen"). Dass das Verzehren von Kot für uns Menschen ekelig ist, bedeutet nicht, dass es für das Kaninchen nicht effektiv ist! Kaninchen haben am Anfang ihres Dickdarms einen speziellen Beutel namens *Caecum*, der Bakterien enthält. Diese Bakterien unterstützen die Verdauung, genau wie die Bakterien im Pansen des Rinds und Schafs bei der Verdauung helfen. Ja, die Kaninchen sind „Wiederkäuer", ganz ähnlich wie Rinder und Schafe.

Das Kaninchen produziert zwei Arten von Kotkugeln, eine harte und eine besondere weiche, die aus dem Caecum stammt. Nur Letztere werden wieder verzehrt, um die Ernährung mit den Nährstoffen anzureichern, die von den Bakterien im Caecum produziert wurden. Anders ausgedrückt: Diese Fähigkeit der Kaninchen ist ein Designmerkmal, und es ist keineswegs so, dass sie etwas haben lernen müssen, weil „ihr Verdauungssystem so schlecht funktioniert". Diese Eigenschaft ist Bestandteil des Variantenreichtums der entworfenen Lebewesen, und spricht somit für Schöpfung und nicht für Evolution.

Skeptiker haben behauptet, Kaninchen seien unzureichend konstruiert, doch gemessen an ihrer Vermehrung gehören sie zu den erfolgreichsten Tieren überhaupt.

Skeptiker sagen, die Bibel sei fehlerhaft, weil sie behauptet, dass „der Hase ein Wiederkäuer ist" (3. Mose 11,6). Der hebrä-

[22] Bergman J, und Howe, G., 1990. *'Vestigal Organs' are Fully Functional.* Creation Research Society Monograph No. 4, Creation Research Society Books, Terre Haute, Indiana.

ische Begriff für „Wiederkäuer" bedeutet wortwörtlich „wieder hervorbringen, was geschluckt wurde". Das Kaninchen isst die Nahrung, die es geschluckt hat, noch ein zweites Mal in Form der erst teilweise verdauten Kotkugeln. Hier irren die Skeptiker.

Eidechsen ohne Beine

Es ist sehr wahrscheinlich, dass beinlose Eidechsen durch Verlust genetischer Information aus einer ursprünglich erschaffenen Art hervorgegangen sind; die Strukturen stimmen mit dieser Annahme überein. Der „Verlust" von Strukturen liefert keinen Beitrag zum Gedankensystem der Evolution; vielmehr müssten Mechanismen gefunden werden, die zu neuen Strukturen führen. Verlust von Information kann nicht erklären, wie eine Evolution „von der Amöbe zum Menschen" funktionieren sollte. In diesem Zusammenhang sei erwähnt, dass 1. Mose 3,14 nahe legt, dass Schlangen womöglich einst Beine hatten.[23]

Anpassung und natürliche Selektion sind biologische Tatsachen; die „Von-der-Amöbe-zum-Menschen-Evolution" jedoch nicht. Natürliche Selektion kann nur mit jener genetischen Information geschehen, die bereits in einer Population von Organismen vorliegt – es kann aber keine neue Information entstehen. Da beispielsweise keine bekannten Reptilien Gene für Federn haben, kann auch noch so viel Selektion keine gefiederten Reptilien hervorbringen. Mutationen in den Genen können nur existierende Strukturen verändern oder eliminieren, aber keine neuen erschaffen. Wenn eine Eidechse in einer bestimmten Umgebung besser mit kleineren Beinen überleben kann oder ganz ohne Beine, dann werden die Varianten mit diesen Merkmalen selektiert. Diesen Vorgang bezeichnet man besser als *Degeneration* anstatt als *Evolution*.

Bei Eidechsen können rasche kleinere Veränderungen in der Länge der Gliedmaßen auftreten, wie Losos *et al.* auf den Bahamas gezeigt haben.[24] Diese Veränderungen traten wesentlich schneller auf, als es die Vertreter der Evolutionslehre für möglich hielten. Zu derartigen Veränderungen ist keine neue genetische Information notwendig, und deshalb bieten sie keinerlei Beleg für eine Evolution von der Mikrobe zum Menschen. Sie zeigen vielmehr, wie schnell sich die Tiere nach der Sintflut den verschiedenen Lebensräumen anpassen konnten.

Der menschliche Blinddarm

Es ist nunmehr bekannt, dass der menschliche Blinddarm Lymphgewebe

---

[23] Brown, C., 1989. The Origin of the Snake (Letter). *Creation Research Society Quarterly* 26:54. Brown schlägt vor, dass Waranechsen vielleicht die Vorgänger der Schlangen waren.

[24] Losos, J.B., Warheit, K.I., und Schoener, T.W., 1997. Adaptive Differentiation Following Experimental Island Colonization in Anolis Lizards. *Nature* 387:70-73. Vgl. den Kommentar von Case, T.J., *Nature* 387:15-16 und *Creation* 19(4):9.

enthält und dass er bei der Regelung des Zugangs von Bakterien zum Darm hilft. Er funktioniert in ähnlicher Weise wie die Mandeln am oberen Ende des Verdauungstraktes (Speiseröhre), von denen bekannt ist, dass sie Infektionen der Atmungswege abwehren. Auch die Mandeln wurden einst für funktionslose Organe gehalten.[25]

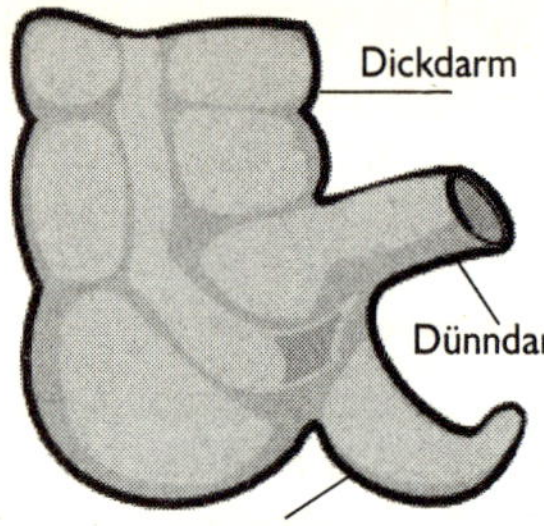

Der Blinddarm des Menschen dient dazu, den Dünndarms vor den Mikroben des Dickdarms zu schützen.

Hüftknochen von Walen

Manche Anhänger der Evolutionslehre behaupten, diese Knochen verweisen darauf, dass Wale von Landtieren abstammen. Bergman und Howe haben jedoch nachgewiesen, dass männliche und weibliche Wale verschiedene Hüftknochen haben.[26] Sie sind keineswegs funktionslos, sondern sind für die Fortpflanzung (Paarung) nützlich.[27]

Zähne bei Embryonen von Bartenwalen

Die Vertreter der Evolutionslehre behaupten, diese Zähne würden belegen, dass Bartenwale von Zahnwalen abstammen. Sie konnten jedoch keinen passenden Mechanismus nennen, der ein vollkommen funktionstüchtiges System (Zähne) ausrangiert und es durch ein absolut andersartiges System (Barten oder Walknochen) ersetzt. Außerdem fungieren die Zähne im Walembryo als Orientierung für die korrekte Bildung der massiven Kiefer.

Scadding, ein Vertreter der Evolutionslehre, sagte: „… rudimentäre Organe bieten keinen Beleg für die Evolutionstheorie."[28]

5. Affenmenschen?

Gibt es wirklich Beweismaterial dafür, dass Menschen und Affen von gemeinsamen Vorfahren abstammen? Viele Leute sind davon überzeugt, der Stammbaum des Menschen sei heute wahrheitsgetreu und nahezu vollständig rekonstruiert. Sie haben von Funden von „fehlenden Bindegliedern" („missing links") gehört und betrachten sie als wissenschaftliche Beweise für die Evolution des Menschen. Es gilt jedoch festzuhalten: Bisher

---

[25] Ham, K., und Wieland, C., 1997. Your Appendix … It's there for a Reason. *Creation* 20(1):41-43.
Glover, J.W., 1988. The Human Vermiform Appendix – a General Surgeon's Reflections, *CEN Technical Journal* 3:31-38.

[26] Bergman und Howe, a.a.O.

[27] Siehe Wieland, C., 1988. The Strange Tale of the Leg on a Whale. *Creation* 20(3):10-13.

[28] Scadding, S.R., 1981. Do Vestigial Organs Provide Evidence for Evolution? *Evolutionary Theory* 5:173-176.

wurde kein Vorfahr des Menschen in überzeugender Weise dokumentiert. Nach den „fehlenden Bindegliedern“ wird immer noch gesucht. Im Folgenden sei eine Zusammenfassung von Fakten über einige der bekanntesten Fossilien genannt:[29]

„Ehemalige“ Affenmenschen

Hier ist eine Auflistung von Fossilfunden, die zu verschiedenen Zeiten als Übergangsformen zwischen Affen und Menschen ausgegeben wurden, die aber jetzt sogar von Vertretern der Evolutionslehre verworfen werden:

- *Homo sapiens neanderthalensis* (Neandertaler) – Vor 150 Jahren rekonstruierte man den Neandertaler in gebeugter Körperhaltung, wie es sich für einen „Affenmenschen“ gehört. Heute geben viele zu, dass die gebeugte Haltung auf Krankheiten (z. B. Rachitis) zurückzuführen ist und dass Neandertaler vollständige Menschen waren, die sprechen konnten und Kunst und Religion pflegten.[30]
- *Ramapithecus* einst als weitläufiger Vorfahr der Menschen beschrieben, wird heute lediglich als eine ausgestorbene Art des Orang-Utan (eines Affen) angesehen.
- *Eoanthropus* (Piltdown-Mensch) – ein fingiertes Exemplar, das aus einem menschlichen Schädel und dem Kiefer eines Orang-Utan zusammengestellt wurde. Er wurde 40 Jahre lang weithin als fehlendes Bindeglied publiziert und war noch nicht einmal eine gute Fälschung.
- *Hesperopithecus* (Nebraska-Mensch) – basierte auf einem einzelnen Zahn einer Schweineart, die heute nur in Paraguay lebt.
- *Pithecanthropus* (Java-Mensch) – wird heute als Mensch angesehen und *Homo erectus* genannt (siehe unten).
- *Australopithecus africanus* – wurde früher als das fehlende Bindeglied propagiert. Er ist sehr affenähnlich; Evolutionisten sehen ihn nicht mehr als Übergangsform an.
- *Sinanthropus* (Peking-Mensch) – wurde jetzt unter der Bezeichnung *Homo erectus* als Mensch neu klassifiziert (siehe unten).

Derzeit gängige „Affenmenschen“

Der evolutionistische Stammbaum des Menschen, der angeblich den *Homo sapiens* auf eine schimpansenähnliche Kreatur zurückführt, wird heute von folgenden „Affenmenschen“ geziert:

- *Australopithecus* – verschiedene Spezies dieser Gattung wurden zeitweilig als Vorfahren des Menschen ausgegeben. Einer von ihnen verbleibt: *Aus-*

---

[29] Für Einzelheiten siehe Lubenow, M., 1994. *Bones of Contention: A Creationist Assessment of the Human Fossils*, Baker Books, Grand Rapids, Michigan.
Für ein Dokumentarvideo über den sogenannten „Affenmenschen“ siehe *The Image of God*, Keziah Films.

[30] Lubenow, M.L., 1998. Recovery of Neandertal mtDNA: an Evaluation. *CEN Technical Journal* 12(1):87-97.

tralopithecus afarensis, der durch das Fossil „Lucy" berühmt wurde. Detaillierte Untersuchungen von Innenohr, Schädel und Knochen zeigen jedoch, dass „Lucy" und ihre Artgenossen keine halbmenschlichen Übergangsformen sind. Zum Beispiel bewegten sie sich womöglich anders fort als die meisten Affen, aber dennoch hatten sie nicht den Gang des Menschen. *Australopithecus afarensis* ähnelt sehr dem Zwergschimpansen oder Bonobo.

• *Homo habilis* – unter den meisten Anthropologen wächst die Zustimmung, dass es sich hier um eine nicht wertbare (engl. „junk") Kategorie handelt. Tatsächlich umfasst sie Stücke und Teile verschiedener anderer Arten, wie z. B. *Australopithecus* und *Homo erectus.* Deshalb ist diese Art eine „ungültige Taxonomie". Ein solches Wesen hat niemals gelebt. Ehemals wurde *Homo habilis* als „eindeutiges Bindeglied" zwischen Affen und Menschen eingeordnet, doch diese Behauptung kann nicht länger aufrecht erhalten bleiben.

• *Homo erectus* – rund um die Welt wurden viele Überreste dieser Art gefunden. Zu dieser Klassifikation gehören jetzt auch der Java-Mensch (*Pithecanthropus*) und der Peking-Mensch (*Sinanthropus*), die früher als „fehlende Bindeglieder" eingestuft wurden. Ihre Schädel hatten – ähnlich wie der Neandertaler – hervorstehende Überaugenwülste, ihr Körperbau glich dem der heutigen Menschen, er war nur etwas robuster. Die Gehirngröße bewegte sich im Rahmen der Gehirngröße heutiger Menschen, und Untersuchungen des Mittelohrs ergaben, dass der *Homo erectus* genauso aufrecht ging wie wir. Sowohl die morphologischen als auch die damit verbundenen archäologischen und kulturellen Befunde haben gezeigt, dass *Homo erectus* ein vollständiger Mensch war. Einige Evolutionisten stimmen heute zu, dass *Homo erectus* vollkommen Mensch ist und in die Klassifikation *Homo sapiens* aufgenommen werden sollte.[31]

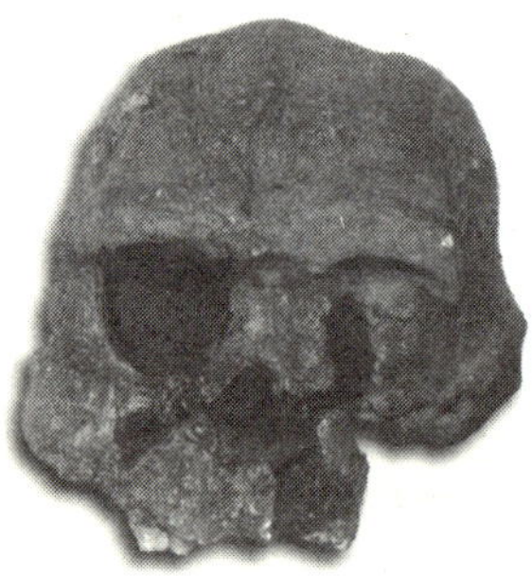

Der Homo erectus, *eine Menschengattung, wurde einst als „fehlendes Bindeglied" gefeiert.*

Es gibt keine eindeutigen fossilen Belege dafür, dass der Mensch vom Affen abstammt. Bindegliedern fehlen immer noch, weil sie nämlich nie existierten. Die Bibel sagt eindeutig: „Da bildete Gott, der HERR, den Menschen, aus Staub vom Erdboden und hauchte in seine Nase Atem des Lebens; so wurde der Mensch eine lebende Seele" (1. Mose 2,7). Bei der Betrachtung der Geschichte von ausgestorbenen „Affenmenschen" sollten alle Behauptungen mit Skepsis behandelt werden.

Andere Übergangsfossilien

Wenn die evolutionistische Geschichte der Entstehung der Lebewesen wahr wäre, dann sollten wir Millionen von Fossilien finden, die die Übergänge

[31] Zum Beispiel Milford Wolpoff, siehe in Lubenow, 1994, a.a.O., S. 134-143.

von der einen Art von Organismen zur anderen markieren. Schließlich sagen die Vertreter der Evolutionslehre, es habe Hunderte Millionen Jahre von Mutation und natürlicher Selektion gegeben und die Gesteinsschichten haben diese „Naturgeschichte" in Form von Fossilien aufgezeichnet. Doch gibt es herzlich wenig solcher fossilen Übergangsformen, und selbst Evolutionisten sind sich über ihre Bedeutung nicht einig. Die angeblichen Beweisstücke in Form von Fossilien, die Zwischenformen verschiedener Arten von Lebewesen sein sollen, halten einer Überprüfung nicht stand.[32]

Das Fehlen von Übergangsfossilien trieb Ende der 1970-er Jahre Vertreter der Evolutionslehre sogar zum Entwurf einer neuen Art der Evolutionstheorie, um die Evolution aufrecht erhalten zu können, ohne Übergangsfossilien finden zu müssen. Diese Vorstellung – das *punktualistische Modell* – besagt grundsätzlich, dass die evolutiven Veränderungen – geologisch gesagt – so schnell auftraten, dass keine Fossilien entstanden sind, die diesen Übergang bezeugen.[33]

6. Schlussfolgerung

Die angeblichen Belege für Evolution halten einer kritischen Untersuchung nicht stand.[34] Die Befunde können besser verstanden werden, wenn sie im Kontext von Gottes Schöpfung von Grundtypen von Lebewesen gedeutet werden. Diese Grundtypen waren fähig, sich verschiedenen Lebensräumen anzupassen, indem sie die ursprünglich geschaffene genetische Information (die durch geschlechtliche Reproduktion stets neu gemischt wurde) durch natürliche Selektion sortierten. Einige Varianten entstanden durch Mutationen, doch handelt es sich dabei um degenerierte Veränderungen, die mit dem Verlust genetischer Information einhergehen oder bestenfalls um horizontale Modifikationen, bei denen Information weder verloren geht noch gewonnen wird.

Die Wahrscheinlichkeit, dass natürliche Prozesse neue genetische Information produzieren können, ist praktisch gleich Null, so dass eine Evolution als Ursache für den Ursprung der enormen Mengen komplexer codierter Information in den Lebewesen nicht in Frage kommt.[35] Schöpfung ist die Erklärung, die mit den Befunden am besten zu vereinbaren ist.

---

[32] Gish, D.T., 1992. *Fossilien – stumme Zeugen der Vergangenheit.* Christliche Literatur-Verbreitung, Bielefeld.

[33] Batten, D., 1994. Punctuated Equilibrium: Come of Age? *CEN Technical Journal* 8(2):131-137.

[34] Weiterführende Literatur über die angeblichen Belege für Evolution: Wieland, C., 1994. *Stones and Bones.* Answers in Genesis, Acacia Ridge, Qld, Australia.
Parker, G., 1994. *Creation: Facts of Life.* Master Books, Green Forest, AR.
Sarfati, J., 1999. *Refuting Evolution.* Master Books, Green Forest, AR.
Für eine ausführliche Darlegung siehe ReMine, a.a.O.

[35] Spetner, L.M., 1998. *Not by Chance.* Judaica Press, New York.

Kapitel 8

Woher kam die Frau von Kain?

Es ist nach den heutigen Gesetzen nicht erlaubt, die eigene Schwester zu heiraten. Wen aber heiratete Kain? Gab es noch andere Menschen auf der Erde? Wer lebte im Land Nod? Haben diese Fragen irgendeine Bedeutung für das Evangelium?

Wir kennen noch nicht einmal ihren Namen, und dennoch kam Kains Frau 1925 in dem berühmten Prozess gegen den Biologielehrer John Thomas Scopes zur Sprache, in dem der Staat Tennessee Herrn Scopes beschuldigte, Evolution gelehrt und somit ein Gesetz des Staates übertreten zu haben. Kains Frau wurde ebenfalls in den Filmen *Brady-Skandal*[1] und *Contact*[2] erwähnt und seit Hunderten von Jahren in vielen Ländern der Erde immer wieder als Diskussionsthema aufgegriffen. Sie ist vielleicht die Ehefrau, über die seit Beginn der Welt am meisten diskutiert wurde.

Skeptiker der Bibel haben durch die Frage nach Kains Frau immer wieder versucht, den Schöpfungsbericht aus 1. Mose als historisches Ereignis unglaubwürdig darzustellen. Leider sind die meisten Christen nicht imstande, eine befriedigende Antwort auf diese Frage zu geben. Folglich meint die Welt, die Christen könnten die Autorität der Heiligen Schrift und somit den christlichen Glauben nicht verteidigen.

Nehmen wir zum Beispiel die geschichtlich bedeutsame Gerichtsverhandlung aus dem Jahr 1925 im US-Bundesstaat Tennessee gegen John Thomas Scopes. Der Staatsanwalt William Jennings Bryan, der für den christlichen Glauben einstand, brachte es nicht fertig, die Frage nach Kains Frau zu beantworten, als er von dem ausgesprochen antichristlichen ACLU-Rechtsanwalt[3] Clarence Darrow[4] danach gefragt wurde.

---

[1] Der Film *Brady-Skandal* (englischer Originaltitel *Inherit the Wind*) ist eine „Hollywood"-Version des berühmten Scopes-Prozesses. Die Handlung beruhte angeblich nicht auf der wirklichen Person Scopes, aber sie war eindeutig darauf ausgelegt, als Repräsentation dieses Prozesses angesehen zu werden. Siehe auch: Menton, D., 1997. „Inherit the Wind": an Historical Analysis. *Creation* 19(1):35-38. Menton dokumentiert die äußerst verzerrte Darstellung und antichristliche Gotteslästerung des Films.
Ham, K., 1996. The Wrong Way Round! *Creation* 18(3):38-41.

[2] *Contact*, Kinostart (in den USA) am 11. Juli 1997. Ein Film von Robert Zemecki. Warner Bros. Basiert auf *Contact* von Carl Sagan, 1985, Pocket Books, New York.

[3] ACLU steht für American Civil Liberties Union („Vereinigung für amerikanische Bürgerfreiheit"). Das ist eine Organisation, die an vorderster Front der Bemühungen kämpft, alle Überreste des Christentums aus der US-amerikanischen Öffentlichkeit zu verbannen.

[4] The World's Most Famous Court Trial, The Tennessee Evolution Case (A word-

Diese Verhandlung stand damals im Mittelpunkt des Interesses der Weltpresse, und was der Öffentlichkeit präsentiert wurde, hat bis heute bedeutende Auswirkungen für das Christentum: Man meint, Christen könnten die Zuverlässigkeit der biblischen Überlieferung nicht verteidigen! Und Skeptiker ziehen dann die logisch trügerische Schlussfolgerung, dass der Bericht der Bibel unhaltbar ist.

Dieselbe Frage wird von dem Atheisten Carl Sagan in seinem Buch *Contact* aufgegriffen (das auf der Bestsellerliste der *New York Times* geführt wurde) sowie im gleichnamigen Kinofilm, der auf Sagans Buch basiert.

Ellie, eine fiktive Person in dem Buch, bekommt von der Frau des Pfarrers, die einen Gesprächskreis der Gemeinde leitet, auf die Frage nach Kains Frau und andere Fragen keine Antworten.[5]

Sagan führt geschickt eine Reihe üblicher Fragen an wie z.B. die nach Kains Frau, die man Christen oft mit der Absicht stellt, zu „beweisen", dass die Bibel nicht verteidigt werden kann.

Leider können die meisten Christen diese Fragen nicht beantworten. Und doch gibt es Antworten darauf. Aber da es in den meisten Kirchen und Gemeinden an Unterweisung in Apologetik[6] mangelt, insbesondere in Hinsicht auf das 1. Buch Mose, ist die Mehrzahl der Gläubigen in den Gemeinden nicht in der Lage, „allezeit bereit zur Verantwortung vor jedermann, der von euch Rechenschaft fordert über die Hoffnung, die in euch ist mit Sanftmut und Gottesfurcht" (1. Petrus 3, 15).

Wer war Kains Frau? Viele Christen können diese Frage nicht beantworten.

I. Warum ist die Frage nach Kains Frau so wichtig?

Viele Skeptiker haben die Behauptung aufgestellt, dass es auf der Erde

---

for-word report), 1990. Bryan College (reprinted original edition), S. 302.

[5] Sagan, C., 1985. *Contact.* Pocket Books, New York, S. 19-20.

[6] Der Begriff Apologetik stammt von dem griechischen Wort *apologia*, was „verteidigen" bedeutet. Christliche Apologetik ist eine Verteidigung unseres Glaubens an Jesus Christus und unserer Hoffnung in ihm auf unser Heil (1. Petrus 3,15). Apologetik erfordert eine gründliche Bibelkenntnis, einschließlich der Lehre über Themen wie Schöpfung, Erbsünde, Fluch, Sintflut, Jungfrauengeburt, Leben und Wirken Jesu Christi, das Kreuz und die Kreuzigung, Auferstehung, Himmelfahrt, die Wiederkunft Jesu und der neue Himmel und die neue Erde. Sie umfasst das logische Erklären dieser Lehren, um so den eigenen Glauben an die Hoffnung auf Jesus Christus rechtfertigen zu können. Schließlich müssen wir imstande sein, diese Lehren und die Bibel an sich gegen Angriffe von Ungläubigen zu verteidigen.

Menschen anderer Abstammung gegeben haben muss, die keine Nachkommen Adams und Evas waren. Nur so, meinen sie, hätte Kain eine Frau finden können. Diese Frage ist für viele ein Hindernis, um an den Schöpfungsbericht aus 1. Mose zu glauben, wonach die Weltgeschichte mit nur einem Mann und einer Frau begann. Es ist jedoch zu bedenken, dass von der Gültigkeit dieses Berichtes ein großer Teil der alt- und neutestamentlichen Lehren abhängt.

Verteidiger des Evangeliums müssen darum aufzeigen können, dass alle Menschen Nachkommen eines Mannes und einer Frau (Adam und Eva) sind – da nach dem biblischen Zeugnis nur deren Nachkommen errettet werden können. Aus diesem Grunde müssen Gläubige in der Lage sein, die Frage nach Kains Frau zu beantworten und erklären können, dass sie ein Nachkomme Adams und Evas war. (Den dafür relevanten Bibelabschnitt finden wir in 1. Mose 4,1 – 5,5).

Der Erste Mensch

„Deshalb, wie durch einen Menschen die Sünde in die Welt gekommen ist und der Tod durch die Sünde, so ist der Tod zu allen Menschen durchgedrungen, weil sie alle gesündigt haben" (Römer 5,12).

In 1. Korinther 15,45 lesen wir, dass Adam „der erste Mensch" war. Gott ließ also die Menschheit nicht mit der Erschaffung einer ganzen Gruppe von Menschen beginnen.

Die Bibel macht deutlich, dass *nur* die Nachkommen Adams errettet werden können. Römer 5 lehrt uns, dass wir sündigen, weil Adam gesündigt hat. Die Todesstrafe, die Adam aufgrund seiner Sünde des Ungehorsams erhielt, ist auch auf alle seine Nachkommen übergegangen.

Als Adam „fiel", war er als das Haupt des menschlichen Geschlechtes gefallen, und somit „fielen" auch wir. Das ist der Grund, warum wir alle von Gott getrennt sind. Die letztendliche Folge der Sünde würde die ewige Trennung von Gott in unserem sündigen Zustand sein. Die gute Nachricht jedoch ist, dass es für uns einen Weg gibt, zu Gott zurück zu kehren!

Da ein Mensch Sünde und Tod in die Welt gebracht hatte, benötigte die Nachkommenschaft Adams einen sündlosen Menschen, um die Strafe für Sünde und das resultierende Todesurteil auf sich zu nehmen. Die Bibel lehrt, dass *alle gesündigt haben* (Römer 3,23). Was ist die Lösung dieses Problems?

Der Letzte Adam

Gott fand einen Weg, um den Menschen aus seinem verlorenen Zustand zu befreien. In 1. Korinther 15 erklärt Paulus, dass Gott einen anderen Adam gab! Der Sohn Gottes nahm zusätzlich zu seiner göttlichen Natur die menschliche Natur an und wurde somit zugleich vollkommen Gott und auch vollkommen Mensch: Jesus Christus. Als Mensch war er ein Nachkomme Adams (über Noah, Abraham und David) und war somit mit uns verwandt! Er wird „der letzte Adam" (1. Korinther 15,45) genannt, da er die Stelle des ersten Adam einnahm. Er wurde das neue Haupt und konnte, da er sündlos war, die Strafe für die Sünde bezahlen:

> Denn da durch **einen** Menschen der Tod gekommen ist, so kommt auch durch **einen** Menschen die Auferstehung der Toten. Denn wie sie in Adam alle sterben, so werden sie in Christus alle lebendig gemacht werden" (1. Korinther 15,21-22).[7]

Christus erlitt am Kreuz den Tod (die Strafe für die Sünde) und vergoss dabei sein Blut, denn „ohne Blutvergießen geschieht keine Vergebung" gemäß Hebräer 9,22. Daraufhin können nun alle diejenigen, die über ihre rebellische Sünde Buße tun und ihr Vertrauen auf Jesu Werk am Kreuz setzen, mit Gott versöhnt werden können.

Da die Bibel außer Jesus Christus *alle* Menschen als Sünder beschreibt, und da wir *alle* verwandt sind (Apostelgeschichte 17,26: „Und er hat aus einem Menschen das ganze Menschengeschlecht gemacht, damit sie auf dem ganzen Erdboden wohnen"), macht das Evangelium nur auf der Grundlage Sinn, dass alle Menschen, die jemals lebten, Nachkommen des ersten Menschen Adam sind.[8] Wenn diese Zusammenhänge nicht stimmen sollten, könnte das Evangelium nicht erklärt oder verteidigt werden.

Der Hebräerbrief betont, dass Jesus die menschliche Natur annahm, um die Menschen zu retten (Hebräer 2,11-18). *Und darum können nur Nachkommen des ersten Menschen (Adam) erlöst werden.*

Alle sind miteinander verwandt

Somit gab es anfänglich also nur *einen einzigen* Menschen – er wurde aus dem Staub der Erde gebildet (1. Mose 2,7).

Das bedeutet konsequenterweise, dass Kains Frau ein Nachkomme Adams war. Sie konnte von keiner anderen „Menschenrasse" stammen.

Die erste Frau

In 1. Mose 3,20 lesen wir: „Und Adam nannte sein Weib Eva; denn sie wurde die Mutter aller, die da leben."[9] Das bedeutet: Alle Menschen sind Nachkommen von Adam und Eva. Sie war die erste Frau.

Eva wurde aus Adams Rippe (oder Seite) geschaffen (1. Mose 2,21-24) – ein einzigartiges Ereignis. Im Neuen Testament begründen sowohl Jesus (Matthäus 19,4-6) als auch Paulus (Epheser 5,31) die monogame Ehe zwischen einem Mann und einer Frau auf der Grundlage dieses historischen und einmaligen Geschehens.

---

[7] In diesem Vers steht das griechische Wort für „Mann" im Singular (*ein* Mann).
[8] Auch Eva war in gewissem Sinne ein „Nachkomme" Adams, da sie ja aus seinem Fleisch gebildet wurde und somit biologisch mit ihm verbunden war (1. Mose 2,21-23).
[9] Im Hebräischen heißt es wortwörtlich: „Sie sollte die Mutter aller Lebenden sein."

Außerdem wird uns in 1. Mose 2,20 mitgeteilt, dass Adam beim Betrachten der Tiere keinen Partner finden konnte, denn es gab niemanden von seiner Art.

All dies macht deutlich, dass es am Anfang nur *eine einzige* Frau gab, und das war die Frau Adams. Niemals gab es in dieser Welt irgendwelche Frauen, die nicht Nachkommen von Eva waren.

Wie können Christen das Evangelium verstehen und erklären, wenn sie nicht erklären können, dass die Herkunft aller Menschen (einschließlich Kains Frau) letztendlich bis auf Adam und Eva zurückgeht? Womit sonst wollen sie rechtfertigen, dass Missionare zu jedem Stamm und zu jeder Nation ausgesandt werden? Christen müssen deshalb in der Lage sein, die Frage nach Kains Frau zu beantworten, um somit zu zeigen, dass Christen das Evangelium samt all seiner Lehre verteidigen können.

2. *Kains Brüder und Schwestern*

Kain war das erste Kind Adams und Evas (1. Mose 4,1), das in der Bibel erwähnt ist. Er und seine Brüder Abel (1.Mose 4,2) und Set (1. Mose 4,25) gehörten zur *ersten* Generation von Kindern, die je auf dieser Erde geboren wurde.

Obwohl nur diese drei Söhne namentlich erwähnt werden, hatten Adam und Eva noch andere Kinder. Eine Aussage aus 1. Mose 5,4 fasst das Leben Adams und Evas zusammen: „Und Adam war 130 Jahre alt und zeugte einen Sohn, ... und nannte ihn Set; und lebte danach 800 Jahre und zeugte Söhne und Töchter." Hier wird nicht gesagt, *wann* diese Kinder geboren wurden. Etliche von ihnen konnten während der 130 Jahre (1. Mose 5,3) vor Set geboren worden sein.

Im Laufe ihres Lebens bekamen Adam und Eva viele Söhne und Töchter. Der jüdische Historiker Josephus schrieb, dass „die Anzahl der Kinder Adams nach alter Tradition 33 Söhne und 23 Töchter betrug."[10] Die Bibel nennt uns keine Zahl, wie viele Kinder Adam und Eva geboren wurden. Betrachtet man aber ihre lange Lebenszeit – gemäß 1. Mose 5,5 lebte Adam 930 Jahre –, erscheint es logisch anzunehmen, dass es viele gewesen sind! Schließlich hatten sie das Gebot erhalten: „Seid fruchtbar und mehret euch" (1. Mose 1,28).

Die Frau

Wenn wir nun ausschließlich von der Bibel ausgehen und alle persönlichen Vorurteile oder andere außerbiblische Vorstellungen außer Acht lassen, müssen wir annehmen, dass zu der Zeit, als es nur die erste Generation gab, Brüder ihre Schwestern heiraten mussten. Ansonsten hätte es keine weiteren Generationen mehr gegeben!

---

[10] Josephus, Flavius (übersetzt von William Whiston, A.M.) 1981. *The Complete Works of Josephus.* Kregel Publications, Grand Rapids, Michigan, S. 27.

Wir erfahren nicht, zu welchem Zeitpunkt Kain geheiratet hat. Es werden uns auch keine Einzelheiten über andere Ehen und Kinder mitgeteilt, aber wir können mit Sicherheit davon ausgehen, dass zu Beginn der Menschheitsgeschichte einige Brüder ihre Schwestern heiraten mussten.

3. Vorgebrachte Einwände, warum Kains Frau nicht ein Nachkomme Adams gewesen sein soll

Gottes Gesetz

Viele lehnen die Schlussfolgerung, dass die Söhne und Töchter von Adam und Eva einander heirateten, unverzüglich ab. Dabei berufen sie sich auf das Gesetz, welches eine Ehe zwischen Geschwistern verbietet. Einige sagen, man könne seine Verwandten nicht heiraten. Aber wenn man keinen Verwandten heiraten will, wird man schließlich gar keinen Menschen heiraten können! Eine Frau ist schon vor ihrer Ehe mit ihrem Mann verwandt, da wir alle Nachkommen von Adam und Eva sind – wir sind somit alle von einem Blut. Das Gesetz, das nahen Verwandten zu heiraten verbietet, wurde erst unter Mose gegeben (3. Mose 18-20). Wenn ein Mann und eine Frau heirateten (laut 1. Mose 1 und 2), die miteinander sogar nahe verwandt waren – sie konnten sogar Bruder und Schwester sein –, dann war das ursprünglich (vor der Zeit Moses) kein Ungehorsam gegenüber dem Gesetz Gottes.

Von Abraham wissen wir, dass er seine Halbschwester heiratete (1. Mose 20,12). Gott segnete diese Verbindung und machte sie über Isaak und Jakob zum Ausgangspunkt für das hebräische Volk. Erst etwa 400 Jahre später erteilte Gott Gesetze an Mose, die derartige Ehen verboten.

Biologische Missbildungen

Heute ist es Geschwistern (sowie Halbbrüdern und Halbschwestern) gesetzlich verboten, einander zu heiraten, weil für ihre Kinder ein unvertretbar hohes Risiko von Missbildungen besteht. Je näher die Eltern miteinander verwandt ist, desto größer ist die Gefahr von Schädigungen bei den Nachkommen.

Für diese Regelung gibt es eine sehr vernünftige Erklärung, die in der Genetik begründet und einfach zu verstehen ist. Jeder Mensch hat zwei Sätze von Genen. Etwa 35 000 Genpaare spezifizieren, wie jeder einzelne Mensch gestaltet sein wird und wie alle biologischen Funktionen funktionieren. Jeder Mensch erbt ein Gen eines jeden Genpaars von jedem Elternteil. Leider enthalten die Gene heute aufgrund des Sündenfalls und des damit verbundenen Fluches viele Fehler, die sich auf vielfältige Weise auswirken. Beispielsweise lassen sich manche Menschen ihre Haare über die Ohren wachsen, um zu verbergen, dass ein Ohr niedriger liegt als das andere. Bei anderen liegt die Nase nicht ganz in der Mitte des Gesichts oder der Kiefer ist nicht wohlgeformt. Wir müssen diese Tatsachen als gegeben hinnehmen. Der Hauptgrund, warum wir das alles noch als normal ansehen, ist, dass wir uns alle daran gewöhnt haben.

Je weitläufiger Eltern miteinander verwandt sind, desto wahrscheinlicher ist es, dass ihre Gene *unterschiedliche* Fehler haben. Dann erhalten die Kinder, die je einen Satz Gene von jedem Elternteil erben, wahrscheinlich Genpaare mit höchstens einem schlechten Gen pro Paar. Das gute Gen neigt dazu, über das schlechte Gen zu dominieren, sodass es zu keiner Missbildung kommt (jedenfalls zu keiner schlimmen). So bekommt jemand z. B. statt völlig verkrüppelter Ohren lediglich krumme Ohren! Wir müssen wissen: Insgesamt degeneriert die Menschheit allmählich, da sich die Defekte von Generation zu Generation anhäufen.

Je enger zwei Menschen jedoch miteinander verwandt sind, desto wahrscheinlicher ist es, dass ähnliche Fehler in ihren Genen auftreten, die sie von den ihnen gemeinsamen Vorfahren geerbt haben. Bei Geschwistern ist davon auszugehen, dass ihr Erbmaterial ähnliche Fehler aufweist. Ein Kind aus einer Verbindung solcher Geschwister könnte von beiden Elternteilen in einem Genpaar dasselbe schlechte Gen erben. Dann würden aus diesen beiden schadhaften Genexemplaren schwerwiegende Defekte resultieren.

Adam und Eva hatten jedoch noch keine angesammelten genetischen Defekte. Die beiden ersten Menschen waren bei ihrer Erschaffung körperlich absolut vollkommen. Alles, was Gott gemacht hatte, war „sehr gut" (1. Mose 1,31). Das bedeutet auch, dass ihre Gene vollkommen waren; sie waren damit ohne Fehler! Als aber die Sünde (durch Adam – 1. Mose 3,6ff. und Römer 5,12) in die Welt kam, belegte Gott die Welt mit einem Fluch, sodass die vollkommene Schöpfung zu degenerieren begann, d. h. unter Tod und Verfall litt (Römer 8,22). Diese Degeneration hat im Laufe von Tausenden von Jahren bei den Lebewesen zu allerlei Arten von genetischen Defekten geführt.

Kain gehörte zur ersten Generation von Kindern, die je geboren wurden. Er und seine Geschwister hatten von Adam und Eva praktisch keinerlei unvollkommene Gene erhalten, da die Folgen der Sünde und des Fluches anfänglich recht minimal waren. Die Anhäufung dieser Kopierfehler steigt erst im Laufe der Zeit an. Unter diesen Umständen konnten Geschwister mit Gottes Zustimmung ohne jede Gefahr missgebildeter Nachkommen einander heiraten.

Zur Zeit Mose, und das war einige tausend Jahre später, hatten sich die degenerativen genetischen Defekte in der Menschheit schon derart angehäuft, dass Gott Gesetze erließ, um die Heirat unter Geschwistern sowie engen Verwandten zu verbieten (3. Mose 18-20).[11] Außerdem gab es in-

[11] Manche behaupten, eine Veränderung des Gesetzes würde eine Veränderung in Gottes Denken bedeuten. Doch Gott hat sein Denken nicht geändert – weil die Sünde zu Veränderungen geführt hatte und weil Gott sich nie verändert, führte er um unsertwillen neue Gesetze ein. Außerdem finden wir in der Bibel eine fortschreitende Offenbarung des messianischen Programms, das von Ewigkeit

zwischen genügend Menschen auf der Erde, sodass es nicht mehr erforderlich war, innerhalb der engen Verwandtschaft zu heiraten.

Kain und das Land Nod

Manche behaupten, 1. Mose 4,16-17 bedeute, dass Kain ins Land Nod ging und dort eine Frau fand. Daraus schließen sie, dass es somit eine andere Menschenrasse auf der Erde gegeben haben muss, die nicht von Adam abstammte und die eine Frau für Kain bereit hielt.

> So ging Kain weg vom Angesicht des HERRN und wohnte im Land Nod, östlich von Eden. Und Kain erkannte seine Frau und sie wurde schwanger und gebar Henoch. Und er wurde der Erbauer einer Stadt und benannte die Stadt nach dem Namen seines Sohnes Henoch.

Es wurde bereits ausführlich erläutert, dass alle Menschen, Kains Frau eingeschlossen, Nachkommen Adams sind. Der letztgenennte Bibelabschnitt besagt keinesfalls, Kain sei in das Land Nod gegangen und habe dort eine Frau gefunden. Johannes Calvin kommentiert diesen Vers wie folgt:

> Vom Zusammenhang her gesehen, können wir zu der Schlussfolgerung gelangen, dass Kain eine Frau geheiratet hatte, bevor er seinen Bruder erschlug; ansonsten hätte Mose hier etwas über seine Heirat gesagt.[12]

Kain hatte also bereits geheiratet, *bevor* er ins Land Nod zog. Er fand nicht erst dort eine Frau, sondern „erkannte" seine Frau im Sinne von einer geschlechtlichen Beziehung.[13]

Andere argumentierten, dass im Land Nod viele Menschen gelebt haben müssen, weil Kain dort eine „Stadt" erbaute. Das hebräische Wort, das hier mit „Stadt" übersetzt ist, muss nicht unbedingt das bedeuten, was wir uns heute unter einer „Stadt" vorstellen. Das Wort bedeutet „ein Ort, der (oder ein Lager, das) von einem Wall (oder einer 'Stadtmauer') umgeben ist".[14] Sogar 100 Menschen wären schon viel für so eine „Stadt". Dessen ungeachtet kann es zur Zeit von Abels Tod bereits viele Nachkommen Adams auf der Erde gegeben haben (siehe unten).

---

her Gottes Ratschluss war. Siehe Grigg, R., 1998. Unfolding the Plan. *Creation* 20(3):22-24.

[12] Calvin, John, 1979. *Commentaries on The First Book of Moses Called Genesis.* Baker House, Grand Rapids, Michigan, Bd. 1, S. 215.

[13] Selbst wenn Calvins Vermutung nicht richtig ist, stand immer noch genügend Zeit zur Verfügung, damit zahlreiche Nachkommen Adams und Evas auswandern und Gebiete wie das Land Nod besiedeln konnten.

[14] *Strong's Concordance*: „Stadtkern, Stadt, ein Ort, der durch eine Wache im weitesten Sinne bewacht wird (auch ein bloßes Lager oder ein Posten)."

Vor wem fürchtete sich Kain (1. Mose 4,14)?

Mach einem anderen Einwand wird behauptet, dass außer den Nachkommen von Adam und Eva noch viele andere Menschen auf der Erde gelebt haben müssen, weil Kain sich ansonsten nicht so vor anderen Menschen hätte zu fürchten brauchen, die ihn wegen des Totschlags an Abel umbringen wollten.

Erstens: In jener Zeit, als es noch keine Regierung gab, die für die Bestrafung von Mördern zuständig gewesen wäre (1. Mose 9,2.5), hätte nur dann jemand Kain für seinen Mord an Abel belangen wollen, wenn er eng mit Abel verwandt gewesen wäre! Fremde hätten sich darum wohl kaum geschert. Deshalb konnte es sich bei den Leuten, vor denen Kain sich fürchtete, nicht um eine andere Rasse von Menschen handeln.

Zweitens: Kain und Abel waren lange Zeit vor Abels Tod geboren worden. In 1. Mose 4,3 lesen wir: „Es begab sich aber nach etlicher Zeit, dass Kain dem HERRN Opfer brachte von den Früchten des Feldes." Zu beachten ist hier der Ausdruck „nach etlicher Zeit". Wir wissen, dass Set geboren wurde, als Adam 130 Jahre alt war (1.Mose 5,3) und dass Eva ihn als „Ersatz" für Abel ansah (1. Mose 4,25). Von daher kann zwischen Kains Geburt und Abels Tod durchaus ein Zeitraum von mehr als 100 Jahren gelegen haben. Damit stände genug Zeit zur Verfügung, dass andere Kinder von Adam und Eva heiraten und Kinder und Enkel bekommen konnten. Als Abel umgebracht wurde, kann es darum sehr wohl schon viele Nachkommen von Adam und Eva gegeben haben, die mehreren Generationen angehörten.

Woher stammte die Technik?

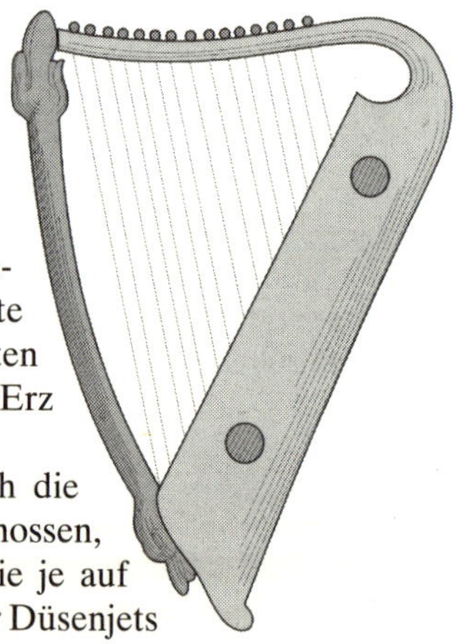

Ein weiterer Einwand ist die Meinung, dass es in dem Land Nod schon eine gut ausgeprägte, möglicherweise von anderen „Rassen" entwickelte Technik gegeben haben muss, damit Kain eine Stadt bauen konnte.

Die Nachkommen von Adam und Eva waren sehr intelligente Menschen. Jubal stellte Musikinstrumente her, z. B. Zithern und Flöten (1. Mose 4,21) und Tubal-Kain arbeitete mit Erz und Eisen (1. Mose 4,22).

Aufgrund intensiver Beeinflussung durch die Evolutionslehre meinen heute viele Zeitgenossen, unsere Generation sei die intelligenteste, die je auf diesem Planeten gelebt hat. Doch nur weil wir Düsenjets und Computer entwickelt haben, bedeutet das nicht, dass wir die intelligentesten Menschen sind. Diese moderne Technik resultiert aus einem weithin angesammelten Wissen. Wir stehen auf den Schultern der früheren Generationen.

Unsere Gehirne sind seit 6000 Jahren (seit Adam) unter dem Fluch in Mitleidenschaft gezogen worden. Im Vergleich zu den Menschen, die vor vielen Generationen gelebt haben, sind wir am stärksten degeneriert. Wir sind womöglich bei weitem nicht so intelligent und kreativ wie einst die Kinder von Adam und Eva. Die Bibel vermittelt uns einen Eindruck vom großartigen Erfindungsreichtum in biblischer Vorzeit.[15]

4. Schlussfolgerung

Viele Christen können die Frage nach Kains Frau nicht beantworten, weil sie allein auf die heutige Welt schauen und die Probleme, die mit der Heirat von engen Verwandten einhergehen. So können sie die klaren historischen Angaben nicht mehr verstehen, die uns Gott in der Bibel gegeben hat.

Sie versuchen, die Schöpfungsgeschichte aus unserer heutigen Situation heraus zu erklären, anstatt die wahre biblische Weltgeschichte und die Veränderungen infolge des Sündenfalls einzubeziehen. Da sie ihre Weltanschauung nicht auf die Bibel gründen, sondern mit einer säkularen Denkweise an die Bibel herangehen, sind sie blind geworden, selbst für die einfachen Antworten.

Die Schöpfungsgeschichte ist ein Bericht „aus der Feder" Gottes; er war dabei als sich die Geschichte zutrug. Sie ist das Wort des Einen, der alles weiß und der ein zuverlässiger Zeuge der Vergangenheit ist. Wenn wir deshalb das 1. Buch Mose als Grundlage für unser Verständnis der Weltgeschichte verwenden, haben wir Zugang zu Antworten auf all jene Fragen, die uns sonst ein Geheimnis blieben.

---

[15] Siehe Chittick, D., 1997. *The Puzzle of Ancient Man.* Creation Compass, Newberg, OR, USA.

Kapitel 9

Waren die „Söhne Gottes“, die „Nephilim“ oder gar beide aus 1. Mose 6,4 Außerirdische?[1]

Wurde die Erde von Außerirdischen besucht? Könnte es „dort draußen im All“ Leben geben? Was ist von Ufos und Vertuschungen der US-Regierungen zu halten?

Spekulationen über außerirdisches Leben werden seit Jahrzehnten durch kursierende Gerüchte über „fliegende Untertassen“ und Begegnungen mit Außerirdischen angefacht. Einige haben sogar behauptet, dass es sich bei den „Söhnen Gottes“ und/oder den *Nephilim* aus 1. Mose 6,4[2] um Außerirdische handelt (siehe unten).

1996 wurden diese Spekulationen noch aus einer anderen Quelle genährt. Wissenschaftler der NASA behaupteten, in einem Meteoriten Spuren von einfachen Lebensformen entdeckt zu haben. Der Meteorit stammte angeblich vom Mars und wurde in der Antarktis gefunden.

Der Meteorit, der angeblich Spuren von einstigem Leben auf dem Mars aufweisen sollte.

Doch seitdem hat dieser „Beweis“ für Leben im „Marsgestein“ in Wissenschaftskreisen beträchtlich an Ansehen verloren.[3] Bei den angeblichen winzigen „Nanofossilien“ handelte es sich wahrscheinlich um nichts weiteres als magnetische Härchen plus Artefakten des experimentellen Prozesses.[4]

---

[1] Dieses Kapitel basiert zum großen Teil auf einen Artikel von Dr. Werner Gitt, veröffentlicht in *Creation* 19(4):46-48, 1997.

[2] 1. Mose 6,4 (Rev. Elberfelder): „In jenen Tagen waren die Riesen (hebr. nephilim) auf der Erde, und auch danach, als die Söhne Gottes zu den Töchtern der Menschen eingingen und sie ihnen Kinder gebaren. Das sind die Helden, die in der Vorzeit waren, die berühmten Männer.“
1. Mose 6,4 (Luther 1984): „Zu der Zeit und auch später noch, als die Gottes Söhne zu den Töchtern der Menschen eingingen und sie ihnen Kinder gebaren, wurden daraus die Riesen (hebr. nephilim) auf Erden. Das sind die Helden der Vorzeit, die hochgerühmten.“

[3] Sarfati, J.D., 1996. Life on Mars? *Creation* 19(1):18-20.
Sarfati, J.D., 1996. Life from Mars? *CEN Technical Journal* 10(3):293-296.
Holmes, Bob, 1996. Death Knell for Martian Life. *New Scientist* 152(2061/2):4.

[4] Siehe Anon., 1998. Another Blow to Mars „Life“ Claim. *Creation* 20(2):8.

Trotz alledem ist durch den 2-kg-Stein eine neue Welle des „Marsfiebers“ entbrannt. Für die nächsten 20 Jahre planen Amerikaner, Europäer, Japaner und Russen etwa 20 Projekte zur Erkundung unseres Nachbarplaneten, der in seiner nächstgelegenen Position 78 Millionen Kilometer von der Erde entfernt ist.

Währenddessen wächst der Glaube an außerirdische Intelligenzen weiterhin und wird mit geradezu religiösem Eifer betrieben.

1. Die Ufo-Welle

Der Psychologieprofessor John E. Mack von der Harvard-Universität zog kürzlich weltweites Aufsehen auf sich, als er Fallstudien von Personen zusammenstellte, die behaupteten, „von Außerirdischen entführt“ worden zu sein.

Außerdem wurde ein Film veröffentlicht, der angeblich die Obduktion eines angeblich außerirdischen Wesens zeigt, das bei einem Ufo-Absturz in New Mexico nahe des US-Luftwaffenstützpunktes Roswell geborgen wurde. Der bizarre Streifen, der von den meisten als offensichtliche und ordinäre Fälschung abgelehnt wurde, war dessen ungeachtet die Hauptattraktion auf dem Ufo-Weltkongress 1995 in Düsseldorf.

In dieselbe Kerbe schlägt auch der Film *Independence Day*, ein Spektakel einer Invasion von Außerirdischen, der in der ersten Woche seines Kinostarts mehr Einnahmen brachte als jeder andere Film zuvor.

Eine aktuelle Umfrage in Deutschland ergab, dass 17 % der Bevölkerung an Besuche von Außerirdischen glauben und 31 % an intelligentes Leben in anderen Galaxien.

Was sollten Christen von den Ufo-Meldungen halten?

2. Was sagt uns die Bibel dazu?

(a) Die Bibel berichtet nirgends von Besuchen durch Außerirdische

Das geoffenbarte und geschriebene Wort Gottes sagt uns, dass Leben nur durch einen Schöpfungsakt möglich ist. Selbst wenn es in anderen Galaxien erdähnliche Planeten geben sollte, könnte dort nur dann Leben existieren, wenn der Schöpfer es dort geschaffen hätte. Wenn Gott das so eingerichtet hätte und wenn diese Wesen uns eines Tages besuchen sollten, dann hätte Gott uns darüber gewiss nicht im Unklaren gelassen.

Gott hat uns sehr konkrete Details über die Zukunft mitgeteilt, z.B. die Wiederkunft Jesu und einige Einzelheiten über das Ende der Welt. Irgendwann in der Zukunft wird das Universum zusammengerollt werden wie eine Buchrolle (Jesaja 34,4; Offenbarung 6,14). Wenn Gott auch irgendwo anders Lebewesen erschaffen hätte, dann würde dieses Ereignis automatisch auch deren Lebensraum vernichten. Der Sündenfall Adams brachte den Fluch Gottes über die ganze Schöpfung. Weshalb sollte dann eine Gattung von intelligenten Wesen, die nicht aus Adams sündiger Nachkommenschaft stammen, in ihrer Schöpfung durch den Fluch beeinträchtigt sein und schließlich wieder an der Wiederherstellung teilhaben, die Christus als der „letzte Adam“ bringen wird? Dies alles würde höchst seltsam erscheinen.[5]

Einige haben behauptet, bei den *Nephilim* oder den „Söhnen Gottes“, die beide in 1. Mose 6,2-4 erwähnt sind, handele es sich um Außerirdische. Das ist eine extreme Übertreibung der beliebten Annahme, dass die „Söhne Gottes“, die die „Töchter der Menschen“ heirateten, gefallene Engel waren und dass die *Nephilim* aus diesen „Ehen“ hervorgingen.

Der Ausdruck „Söhne Gottes“ wird in Hiob 38,7 eindeutig für Engel verwendet. Die Septuaginta (LXX) übersetzt hier „Söhne Gottes“ mit „Engel Gottes“. Das muss nicht bedeuten, dass böse Engel oder Dämonen tatsächlich mit Frauen geschlechtlich verkehrten. Jesus hat klar herausgestellt, dass Engel keine geschlechtlichen Beziehungen haben, zumindest nicht die Engel im Himmel (Matthäus 22,30). Dennoch könnten gefallene Engel auf der Erde die Körper von gottlosen Menschen benutzt haben, indem sie diese Menschen besessen machten. So hätten die Dämonen ihre böse Absicht erreicht, eine bösartige Generation von Menschen hervorzubringen (1. Mose 6,12).[6]

Es gibt noch andere einsichtige Vorschläge zur Identität der „Söhne Gottes“ und der *Nephilim*. Bemerkenswerterweise kommt das Wort *Nephilim* nur an dieser Stelle und in 4. Mose 13,33[7] vor, wo es sich eindeutig auf die Nachkommen Anaks bezieht, die großwüchsige Menschen waren, aber immerhin Menschen. Der Ausdruck „Söhne Gottes“ wird nicht ausschließlich für Engel benutzt. Auch die Kinder Israel wurden in Hosea 1,10 „Söhne des lebendigen Gottes“ genannt (siehe auch Psalm 73,15; 80,17).

Bibellehrer wie z.B. H.C. Leupold glauben, dass die „Söhne Gottes“ Nachkommen Sets waren und somit der göttlichen Linie entstammten. Sie werden in den vorangegangenen Kapiteln der Bibel detailliert aufgeführt (1. Mose 4,25 – 5,32). Leupold schrieb: „Wer aber waren die ‘Söhne’ Gottes? Ohne jeden Schatten eines Zweifels waren es die Setiter ...“[8] Dieser Auffassung zufolge wurden die Nachkommen Sets eigenwillig und heirateten unvernünftigerweise die „Töchter der Menschen“. Dabei achteten sie nur

---

[5] Außerdem macht es keinen Sinn, wenn Jesus für außerirdische Wesen starb, da Jesus die *menschliche* Natur annahm und als Retter für immer Gott und Mensch bleibt. Wenn er – sagen wir – Vulkanier erlösen wollte, müsste er ein Vulkanier werden. Der ganze Zweck der Schöpfung ist auf das Geschlecht auf der Erde ausgerichtet, aus dem einige für alle Ewigkeit zur „Braut“ Christi gehören werden. Christus hat nicht mehrere Bräute.

[6] Morris, H.M., 1976. *The Genesis Record.* Baker Book House, Grand Rapids, MI, S. 169.

[7] 4. Mose 13,33: „Wir sahen dort auch Riesen (hebr. nephilim), Anaks Söhne aus dem Geschlecht der Riesen.“

[8] Leupold, H.C., 1942. *Exposition of Genesis*, Bd. 1. Wartburg Press, Ann Arbor, MI, S. 250.

auf ihr Aussehen, aber überhaupt nicht auf ihren geistlichen Zustand. Die *Nephilim* waren ihre Nachkommen.

Im antiken Ägypten und Mesopotamien proklamierten sich die Herrscher oft selbst als „Söhne Gottes“, um somit ihre Macht und ihr Prestige besonders herauszustellen. Deshalb besagt eine weitere gut begründete Auffassung, dass die „Söhne Gottes“ machthungrige Herrscher und Despoten waren, die sich in ihrer Gier nach Macht und Einfluss viele Frauen nahmen und in Polygamie lebten. Diese Herrscher und ihre Nachkommen wurden auf dem Weg der Tyrannei zu „gewaltigen Männern“ (oder mächtigen Männern, Helden – Nimrod wird in 1. Mose 10,8 als ein solcher „Gewaltiger“ beschrieben).

In der Antike wurden Herrscher oft „Götter“ genannt.

Für das Verständnis dieses zugegebenermaßen nicht leicht verständlichen Abschnittes ist es aber keineswegs nötig, zu solchen extrem unangemessenen Auslegungen zu greifen, die in diese Verse Außerirdische hineininterpretieren.

(b) Der Zweck der Sterne

An mehreren Stellen der Bibel wird uns der Grund genannt, weshalb es Sterne gibt – nicht nur in dem bekannten Psalm 19, sondern insbesondere auch im Schöpfungsbericht. In 1. Mose 1,14 lesen wir: „Und Gott sprach: Es sollen Lichter an der Wölbung des Himmels werden, um zu scheiden zwischen Tag und Nacht, und sie sollen dienen als Zeichen und zur Bestimmung von Zeiten und Tagen und Jahren.“

Somit machte Gott also die Sterne für die Menschen auf der Erde – und nicht für eine andere außerirdische Gattung „dort draußen“. Beachten wir noch die Reihenfolge der Schöpfungswerke (am ersten Tag die Erde und erst am vierten Tag die Sterne), dann ist der Tenor des biblischen Zeugnisses deutlich erkennbar: Der Zweck der Schöpfung konzentriert sich einzig und allein auf die Erde.

3. Wissenschaft

Es hat niemals einen einzigen Kontakt zu einem „Außerirdischen“ gegeben

Im Jahre 1900 setzte die Französische Akademie der Wissenschaft einen Preis von 100000 Franc für denjenigen aus, dem es als Ersten gelingen würde, Kontakt zu einer außerirdischen Zivilisation aufzunehmen. Der Mars blieb ausgespart, weil man sich der Existenz von Bewohnern auf dem Nachbarplaneten damals völlig sicher war. Inzwischen steht fest: Auf dem Mars und auch auf allen anderen Planeten gibt es keine Spur von „kleinen grünen Männchen“ oder irgendeiner anderen Lebensform.

Dennoch meinen sehr viele Astronomen, dass in der Umgebung irgendeines der vielen Sterne dort draußen Leben entstanden sein muss, weil es ja auch hier auf der Erde angeblich von selbst durch Evolution entstand. Rund um die Welt durchkämmen Wissenschaftler der SETI-Forschung (Search for Extra Terrestrial Intelligence, „Suche nach außerirdischer Intelligenz“) den Himmel, um Signale von intelligenten Lebewesen aufzuspüren. Trotz des jahrelangen Lauschens auf Tausenden von Frequenzen wurde nicht der geringste Hinweis gefunden, der auf die Existenz intelligenten außerirdischen Lebens schließen ließe.

Viele Bedingungen müssten gleichzeitig erfüllt sein

Leben auf irgendeinem anderen Planeten kann nur dann existieren, wenn eine große Anzahl äußerst genauer Anforderungen gleichzeitig erfüllt ist. So muss sich beispielsweise der Planet in einem bestimmten Abstand zu seiner zugehörigen Sonne befinden, damit es weder zu kalt noch zu warm ist. Mehr noch, die klimatischen Verhältnisse auf dem Planeten müssten innerhalb eines sehr engen Temperaturspektrums liegen, damit Wasser in flüssiger Form vorliegt.

Selbst wenn Planeten in der Umgebung anderer Sterne nachgewiesen werden würden, ist es höchst unwahrscheinlich, dass irgendeiner davon gerade alle jene Anforderungen erfüllt, die zum Leben unbedingt erforderlich sind. Auch das Vorkommen von flüssigem Wasser ist völlig unzureichend. Die Entdeckung von Flüssigkeit auf der Oberfläche des Jupitermondes Europa löste zunächst große Begeisterung aus; sie wurde dann sehr gedämpft, als sich herausstellte, dass es sich um Schwefelsäure handelte.

Leben kann ohnehin nicht spontan entstehen

Ohne Zusammenwirken von überragender Intelligenz und Kreativität kann aus leblosen Chemikalien kein Leben entstehen.[9] Die Theorie der spontanen Entstehung des Lebens wurde schon von dem bekannten Begründer der Mikrobiologie, Louis Pasteur, widerlegt. Leider folgt man heute dennoch der unbegründeten evolutionistischen Spekulation. Man kann sagen: Ohne den Evolutionsgedanken hätte die Ufologie nicht ihren gegenwärtigen Einfluss auf die öffentliche Fantasie genommen.

Weite Entfernungen

Auch unter der Annahme, dass es irgendwo im All Leben gibt, wäre ein Besuch von Außerirdischen auf der Erde, wie es die Ufo-Berichte suggerie-

---

[9] Einige aktuelle Kritiken von Kreationisten an evolutionistischen Theorien des Ursprung des Lebens sind: Aw, S.E., 1996. The Origin of Life: A Critique of Current Scientific Models. *CEN Technical Journal* 10(3):300-314.
Sarfati, J.D., 1997. Self-Replicating Enzymes. *CEN Technical Journal* 11(1):4-6.
Thaxton, C.B., Bradley, W.L. und Olsen, R.L., 1984. *The Mystery of Life's Origin*. Philosophical Library Inc., New York.

ren, faktisch unmöglich. Das Haupthindernis sind die unvorstellbar weiten Entfernungen und die damit verbundenen langen Reisezeiten.

Der nächste Stern zur Erde (außer der Sonne) ist Proxima Centauri (Alpha-Centauri C), der 40,7 Billionen ($40{,}7 \times 10^{12}$) Kilometer entfernt ist. Die Apollo-Flüge benötigten drei Tage, um bis zum 384000 Kilometer entfernten Mond zu gelangen. Bei gleicher Geschwindigkeit würde man 870000 Jahre brauchen, um zu Proxima Centauri zu gelangen. Unbemannte Raumsonden könnte man natürlich stärker beschleunigen und mit einer höheren Geschwindigkeit auf die Reise schicken.

Bei der unvorstellbaren Geschwindigkeit von einem Zehntel der Lichtgeschwindigkeit (c/10) würde allein die Hinreise immer noch 43 Jahre dauern. Allerdings würde man für den Schub so riesige Energiemengen benötigen, dass sie etwa dem Stromverbrauch der gesamten Weltbevölkerung innerhalb eines Monats entsprächen (siehe Anhang, Seite 151).

Ein weiteres Problem stellen die Staubkörner dar, die im All schweben. In jedem Kubikkilometer des Weltraums befinden sich schätzungsweise 100000 Staubpartikel aus Silikaten und Eis, die jeweils nur ein Zehntel Gramm wiegen.[10] Bei einer solchen Geschwindigkeit könnte die Kollision mit auch nur einem dieser winzigen Objekte ein Raumschiff zerstören.

4. Was ist nun von Ufos zu halten?

Wie sollten nach diesem Befund die Ufo-Phänome und die damit verbundene Euphorie sowie der Glaube an Außerirdische eingeordnet werden? In dem deutschen Nachrichtenmagazin *Focus* war zu lesen: „90 % der Ufo-Meldungen gelten als Humbug, aber ein Rest von zehn Prozent reicht aus, um Spekulationen ins Kraut schießen zu lassen."[11]

Der Artikel brachte ein Zitat des Soziologen Gerald Eberlein, der feststellte:

> Untersuchungen haben ergeben, dass Menschen, die nicht kirchlich gebunden sind, aber von sich behaupten, sie seien religiös, besonders stark auf die mögliche Existenz Außerirdischer ansprechbar sind. Für sie ist die Ufologie eine Ersatzreligion.[12]

Die Bibel drückt denselben Befund tiefgründiger aus, indem sie zusätzlich Ursache und Wirkung benennt:

---

[10] Das bedeuet, dass die Wahrscheinlichkeit sehr gering ist, eines dieser Partikel auf einem linear zurückgelegten Kilometer zu treffen, doch über eine solch große Distanz ist ein Treffer nahezu sicher. Im Anhang (S. 151-152) befindet sich eine Berechnung des Schadeneffekts solcher Staubpartikel bei einer derart hohen Geschwindigkeit.

[11] Hallo Erdling – Ufologie. *Focus*, 1995, 45:254.

[12] ebd., S. 252.

> Der Böse aber wird in der Macht des Satans auftreten und mit großer Kraft und lügenhaften Zeichen und Wundern und mit jeglicher Verführung zur Ungerechtigkeit bei denen, die verloren werden, weil sie die Liebe zur Wahrheit nicht angenommen haben, dass sie gerettet würden. Darum sendet ihnen Gott die Macht der Verführung, sodass sie der Lüge glauben (2 Thessalonicher 2,9-11).

Die Bibel gibt uns eine Wirklichkeitsbeschreibung aller lebenden Wesen. Der lebendige Gott offenbart sich uns als der Dreieine – Vater, Sohn und Heiliger Geist. Im Himmel gibt es die Engel, mächtige geschaffene Wesen, die den Menschen auf der Erde dienen.

Dann gibt es noch ein weiteres Reich, nämlich das des Teufels und der Dämonen.[13] Epheser 2,2 spricht von dem „Mächtigen, der in der Luft herrscht" und dessen Reich auf der Erde ist.

Der Teufel hat sein eigenes Repertoire der Verführungskünste in Form verschiedener okkulter Praktiken und vielfältiger religiöser Riten. So könnte es sein, dass hinter den unerklärbaren Ufo-Meldungen das Werk des Erzverführers steht.[14] Ufo-Meldungen bleiben nebulös und unidentifizierbar. Wer Christus nicht kennt, lässt sich schnell von allerlei nicht greifbaren Phänomenen faszinieren. Doch Christen gilt die Warnung Jesu aus Matthäus 24,4: „Seht zu, dass euch niemand verführe!" Was ist das beste Gegenmittel gegen Verführung? Paulus ermahnt uns in 2. Timotheus 2,15 durch Bibelstudium „danach zu streben, bewährt" zu sein und „richtig mit dem Wort Gottes umgehen zu können" (nach einer englischen Bibelübersetzung).

5. Geheime Stützpunkte? Vertuschungen der US-Regierung?

Viele Ufo-Enthusiasten verbreiten den Mythos, die US-Regierung führe geheime Experimente mit Außerirdischen durch. Diese Vorstellungen wurden noch zusätzlich durch den Kinofilm *Independence Day* geschürt. Würde eine solche Vertuschung jedoch einen Sinn ergeben, wenn die US-Regierung unter der Inspiration von Atheisten wie den verstorbenen Carl Sagan tatsächlich Millionen von Steuergeldern ausgegeben hat, um nach Signalen von außerirdischer Intelligenz „dort draußen" zu lauschen? Wie Sagan glauben auch viele andere evolutionistisch orientierte Humanisten leidenschaftlich, dass sich „da draußen" intelligentes Leben entwickelt habe und würden sich auf jeden leisesten Beleg für diese Vorstellung

---

[13] Der Teufel und seine Dämonen sind gefallene Geschöpfe. Satans Reich wird nur so lange bestehen, wie Gott es zulässt.

[14] William Alnor, ein Sektenexperte und preisgekrönter Journalist, hat das Ufo-Phänomen viele Jahre lang studiert. Sein Buch *UFOs in the New Age* (Baker Book House), 1992, dokumentiert seine Untersuchungen, die zu der Schlussfolgerung führen, dass einige Ufo-Phänomene okkulten Ursprungs sind.

stürzen. Denken wir nur an das Medienspektakel um das Fiasko mit dem „Leben im Marsgestein". Die Vorstellung, dass eine wesentlich spektakulärere Entdeckung seit Jahrzehnten geheim gehalten wird, entbehrt jeder Glaubwürdigkeit.

6. Anhang: Durchführbarkeit von interstellaren Reisen

Die folgenden Berechnungen führen wir für technisch Interessierte an:

1. Damit ein Raumschiff eine Geschwindigkeit von c/10 erreicht, wird eine kinetische Energie benötigt, die sich mit hinreichender Genauigkeit nach der nichtrelativistischen Formel $\frac{1}{2}mv^2$ berechnen lässt. Bei einer sehr kleinen unbemannten Sonde mit der Masse von nur 10 kg ergibt das $\frac{1}{2} \times 10\ \text{kg} \times (3 \times 10^7\ \text{m/s})^2 = 4{,}5 \times 10^{15}$ Joule. Das derzeit größte Wasserkraftwerk der Welt, Itaipu, wird gemeinsam von Brasilien und Paraguay betrieben und hat eine Leistung von 12,6 Millionen Kilowatt. Die von den 18 Turbinen in vier Tagen erzeugte Energiemenge, entspricht gerade der kinetischen Energie der o.g. 10-kg-Sonde, die sich mit c/10 bewegt.

Bei einem bemannten Raumschiff, das mehrere Tonnen wiegt (Annahme: 12 t), würde bei gleicher Geschwindigkeit (c/10) die erforderliche Energiemenge mehr als dem doppelten jährlichen Stromverbrauch der Welt[15] entsprechen. Vergleichen wir diesen Energieinhalt noch einmal mit der Energieerzeugung des Itaipu-Kraftwerkes, so wird die entsprechende Energiemenge erst nach 13,7 Jahren Dauerbetrieb erreicht. Der Energiebedarf des Raumschiffs aus dem Film *Independence Day*, das die Größe einer Kleinstadt hatte, wäre buchstäblich astronomisch. Wenn das Raumschiff wieder abbremsen wollte, würde es für den Bremsvorgang nahezu dieselbe Energiemenge benötigen.

Wollte man das Raumschiff mehrere Male auf c/10 beschleunigen und wieder abbremsen, dann wäre der Energiebedarf wiederum um ein Vielfaches höher.

Es wäre wahrscheinlich unmöglich, ausreichend Treibstoff mitzuführen, es sei denn, das Raumschiff hätte eine Art Antimaterie-Antrieb. Wenn vollkommene Zerstrahlung von Materie möglich wäre, d.h. die komplette Umwandlung von Materie in Energie ($E = m \times c^2$), dann könnte eine Tonne Antimaterie eine Tonne gewöhnlicher Materie auflösen, wobei folgende Energie freigesetzt würde: $2000\ \text{kg} \times (3 \times 10^8\ \text{m/s})^2$, oder $1{,}8 \times 10^{20}$ Joule. Und das wäre die absolut maximale Energie, die aus einer bestimmten Menge Treibstoff gewonnen werden könnte. Kein reales Raumschiff könnte diese Effizienz auch nur annähernd erreichen.

2. Die kinetische Energie eines Staubpartikels mit einer Masse von nur 0,1 Gramm, die bei einem Aufprall auf ein Raumschiff, das mit einem

[15] Im Jahre 1998 betrug die Weltproduktion an Strom 13,4 Billionen kWh ($= 13{,}4 \times 10^{12}$ kWh $= 8{,}24 \times 10^{18}$ Joule).
Aus: Fischer Weltalmanach 2001, S. 1205; Fischer Taschenbuch Verlag.

Zehntel der Lichtgeschwindigkeit ($c/10 = 3 \times 10^7$ m/s) fliegt, wäre mit $\frac{1}{2}mv^2$ oder

$$\frac{1}{2} \times 10^{-4}\ \text{kg} \times (3 \times 10^7\ \text{m/s})^2 = 4{,}5 \times 10^{10}\ \text{Joule}$$

zu veranschlagen.

Die Verbrennungsenergie von TNT beträgt 4520 kJ/kg oder $4{,}52 \times 10^9$ Joule/Tonne. Die obigen $4{,}5 \times 10^{10}$ Joule entsprechen also 9,95 Tonnen TNT. Die Aufprallenergie von einem 0,1 Gramm schweren Objekt bei einem Zusammenstoß mit einem Raumschiff, das sich mit einem Zehntel der Lichtgeschwindigkeit fortbewegt, entspricht somit einer Explosion von etwa 10 Tonnen TNT.

Kapitel 10

War die Sintflut weltweit?

Ist diese Frage überhaupt von Bedeutung? Sagt die Bibel, dass die Sintflut die gesamte Erde bedeckte? Gibt es außerhalb der Bibel irgendwelche Hinweise auf eine derartige Flut?

Viele Christen behaupten heute, die Sintflut zur Zeit Noahs sei lediglich eine *regionale* Flut gewesen. Sie sagen, diese Flut sei auf ein Gebiet irgendwo in Mesopotamien beschränkt gewesen und habe niemals wirklich die ganze Erde bedeckt. Sie ziehen die von Archäologen entdeckte Schlammschicht im Nahen Osten und den aktuellen Fund von Hinweisen auf eine regionale Flut am Schwarzen Meer als Belege für eine solche regionale Sintflut heran.

Die Vorstellung einer solchen Flut wird heute allgemein bevorzugt, weil man die gängige evolutionistische Sichtweise der Weltgeschichte angenommen hat, nach der die Fossilien als Belege für die allmähliche Höherentwicklung des Lebens im Laufe der Zeitalter gedeutet werden.

Einst verstanden die Wissenschaftler die Fossilien, die von den im Wasser abgelagerten Sedimenten aus Schlamm und Sand eingebettet sind, in erster Linie als Resultate der großen Sintflut. Aber heute haben viele von ihnen die Vorstellung übernommen, dass sich die Fossilien im Laufe einer Milliarden Jahre langen Evolution allmählich anhäuften. Sie haben die Hinweise auf die Sintflut wegerklärt und glauben nun an eine regionale oder an gar keine Sintflut. Wenn sie von einer biblischen Perspektive her denken könnten, dann würden sie die unzähligen Hinweise auf die Sintflut sehen. Jemand brachte es treffend auf den Punkt: „Ich hätte sie nicht gesehen, wenn ich nicht daran geglaubt hätte."

Die Vertreter der langen Zeitalter berauben auch den Sündenfall – vielleicht unwissentlich – seiner ernstlichen Konsequenzen, weil sie nämlich die Fossilien, die von Krankheit, Leid und Tod zeugen, auf eine Zeit vor dem Auftreten der Menschheit datieren; die Ablagerung geschah also, bevor Adam und Eva sündigten und somit nach biblischem Zeugnis Tod und Leid in die Welt brachten. Damit untergraben die Evolutionsvertreter auch die Bedeutung des Todes Jesu Christi und seiner Auferstehung. Ein solches Szenario stellt auch Gottes Urteil über seine vollendete Schöpfung als „sehr gut" in Frage (siehe Kapitel 2).

Einige Prediger sagen, dass sie an eine „universale" oder „weltweite" Flut glauben, und doch glauben sie nicht, dass die Sintflut die gesamte Erde bedeckte. Sie versehen nämlich wichtige biblische Begriffe mit einer neuen Bedeutung und nehmen dadurch die eindeutige Lehre der Bibel nicht mehr ernst. Sie meinen „universal" und „weltweit" nur im Sinne einer imaginären begrenzten Ausdehnung der menschlichen Zivilisation in damaliger Zeit. Sie stellen sich vor, dass die Menschen damals nur – sagen wir – in einem Tal in Mesopotamien lebten und somit alle Menschen bei einer Sintflut umkamen, die in ihrer Ausdehnung nicht weltweit sein musste.

I. Biblische Belege für eine weltweite Sintflut

Der Gedanke einer regionalen Flut ist mit der Bibel völlig unvereinbar, wie die folgenden Punkte zeigen:

Die Arche war notwendig

Wenn die Sintflut nur regional gewesen wäre, warum musste dann Noah eine Arche bauen? Er hätte sich lediglich auf die andere Seite der Berge begeben können und wäre so entkommen. Bei Tagesetappen von nur 20 km wären Noah und seine Familie in sechs Monaten über 3000 km weit gekommen. Gott hätte im Falle einer regionalen Flut Noah nur warnen und auffordern müssen zu fliehen, so wie er es bei Lot in Sodom tat.

Die Arche musste groß sein

Wenn die Sintflut nur regional gewesen wäre, warum musste die Arche dann groß genug sein, um alle Arten von Landwirbeltieren aufnehmen zu können, die auf der ganzen Welt lebten? Wenn nur mesopotamische Tiere hätten an Bord genommen werden müssen oder nur die einheimischen Tiere, dann hätte die Arche wesentlich kleiner ausfallen können.[1]

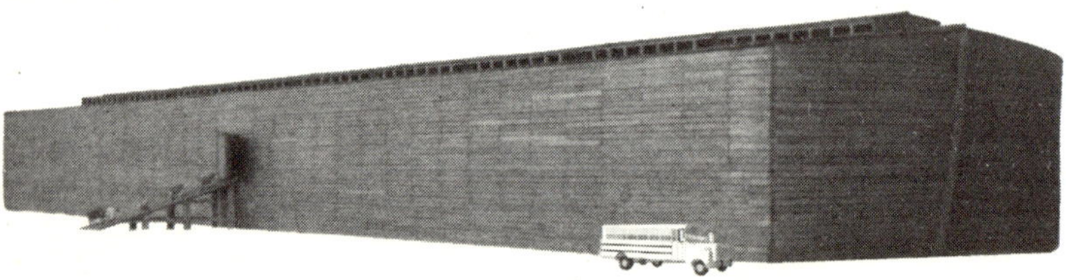

Die riesige Größe der Arche ist nur dann erforderlich, wenn die Sintflut nicht lokal, sondern weltweit war.

Die Tiere mussten in die Arche

Wenn die Sintflut nur regional gewesen wäre, warum schickte Gott dann die Tiere in die Arche, um ihr Überleben zu sichern? Es hätte dann ja genug andere Tiere gegeben, die für den Fortbestand dieser Arten gesorgt hätten, auch wenn in jener Region alle Tiere umgekommen wären. Oder Gott hätte sie in eine Gegend schicken können, die nicht von der Flut betroffen war.

Die Vögel mussten in die Arche

Wenn die Sintflut nur regional gewesen wäre, warum wurden dann die Vögel an

[1] Siehe Kapitel 13, Seite 183.

Bord geschickt? Sie hätten doch ganz einfach in das nächste Gebirge fliegen können. Vögel können an einem Tag mehrere Hundert Kilometer fliegen.

Das Gericht war weltweit

Wenn die Sintflut nur regional gewesen wäre, wären alle Menschen, die nicht in der betroffenen Region lebten, von der Flut verschont geblieben und wären dem Gericht Gottes über die Sünde entkommen. Es ist doch unvorstellbar, dass nach all den Jahrhunderten seit der Schöpfung niemand in andere Gebiete ausgewandert sein sollte – oder dass die Bewohner am Rand des Gebietes, das von der Flut betroffen war, nicht in die benachbarten Gebirge geflüchtet wären, anstatt zu ertrinken. Jesus sagte, dass die Sintflut alle umbrachte, die nicht in der Arche waren (Matthäus 24,37-39).

Natürlich glauben die Vertreter einer regionalen Sintflut, dass die Welt sehr alt sei und dass es bereits seit vielen Zehntausenden von Jahren vor der Flut Menschen gegeben hätte. Würde das zutreffen, dann ist es unvorstellbar, dass alle Menschen in einem einzigen Tal in Mesopotamien Platz fanden und auch, dass sie sich nicht weiter ausbreiteten, nachdem ihre Bevölkerungsdichte zugenommen hatte.

Die Sintflut war ein Vorschatten des künftigen Gerichts

Was meinte Jesus, als er das künftige Gericht über die Welt mit dem Gericht über „alle“ Menschen zur Zeit Noahs verglich (Matthäus 24,37-39)? In 2. Petrus 3 wird das künftige Gericht durch Feuer dem einstigen Gericht durch das Wasser der Sintflut gegenübergestellt. Somit würde ein teilweises Gericht zu Noahs Zeit konsequenterweise auch nur ein teilweises Gericht in der Zukunft bedeuten.

Das Wasser stand über den Berggipfeln

Wenn die Sintflut nur regional gewesen wäre, wie konnte das Wasser dann bis auf 15 Ellen (ca. 8 Meter) *über* die Berggipfel steigen (1. Mose 7,20)? Wasser breitet sich stets so aus, dass die Pegel gleich hoch sind. Es konnte nicht die Berge in der Region bedecken und andererseits den Rest der Welt unberührt lassen.[2]

Die Flut dauerte lange

Noah und seine Familie waren mit den Tieren ein Jahr und zehn Tage (360

---

[2] Auf dem Gipfel des Mt. Everest hat man marine Fossilien gefunden. In den Ozeanen gibt es genügend Wasser, um damit die gesamte Erde bis zu einer Höhe von 2,7 km zu bedecken, wenn alle ihre Oberflächenstrukturen, einschließlich der Ozeanbecken, eingeebnet würden. Das ist zwar nicht genug, um Berge von der Höhe, die der Mt. Everest jetzt hat, zu bedecken, aber es zeigt immerhin, dass die Berge in der Zeit vor der Sintflut recht hoch gewesen sein und trotzdem noch bedeckt hätten werden können. Dennoch hätten auch diese bedeckt werden können. Weitere Einzelheiten und Erklärungen in Kapitel 11.

Tage + 10 Tage = 370 Tage) in der Arche (1. Mose 7,11; 8,13-14). Das wäre zweifellos eine extrem lange Zeit für eine regionale Flut. Erst mehr als sieben Monate nach Beginn der Sintflut wurden die ersten Berggipfel wieder sichtbar. Wie konnten Noah und seine Besatzung so lange mit der Arche in einer regionalen Überschwemmung umhertreiben, ohne irgendwelche Berggipfel zu sehen?

Hat Gott seine Verheißung gebrochen?

Wenn die Sintflut nur regional gewesen wäre, dann hätte Gott seine Verheißung, nie wieder eine solche Flut zu senden, wiederholt gebrochen. In jüngster Zeit hat es gewaltige „regionale Fluten" gegeben, zum Beispiel in Bangladesch, wo 80 % des Landes unter Wasser standen.

Alle Menschen sind Nachkommen Noahs und seiner Familie

Die Stammbäume von Adam (1. Mose 4,17-26; 5,1-31) und Noah (1. Mose 10,1-32) sind ausschließlicher Art – d.h. sie sagen uns, dass alle Menschen vor der Sintflut von Adam abstammen und alle nach der Sintflut von Noah. Die Nachkommen Noahs lebten alle zusammen in Babel und weigerten sich, „die Erde zu füllen", wie es ihnen befohlen war (1. Mose 9,1). So verwirrte Gott ihre Sprache in viele verschiedene Sprachen und zerstreute sie (1. Mose 11,1-9).

Es gibt erstaunliche Hinweise darauf, dass alle Völker der Welt von Noah abstammen, z.B. die Flutlegenden, die es in vielen Kulturen in aller Welt gibt, in Nord- und Südamerika, auf den Südseeinseln, in Australien, Papua-Neuguinea, Japan, China, Indien, dem Nahen Osten, in Europa und in Afrika. Man hat Hunderte solcher Geschichten zusammengetragen.[3] Die Geschichten aus den Gebieten, die Babel, dem Ausgangspunkt der Zerstreuung, am nächsten liegen, kommen dem biblischen Bericht bis ins Detail am nächsten, z.B. das Gilgamesch-Epos.

Die hebräische Terminologie von 1. Mose 6 – 9[4]

• Im Sintflutbericht in 1. Mose 6 – 9 wird das Wort „die Erde" (hebr. *erets*) 46-mal verwendet; auch in 1. Mose 1 kommt der Begriff häufig vor. Die ausdrückliche Verbindung zum großen Bild der Schöpfung, insbesondere in 1. Mose 6,6-7, impliziert eindeutig eine weltweite Flut. Außerdem wurde das Gericht Gottes nicht nur über *alles Fleisch*, sondern über die *ganze Erde* ausgesprochen:

Da sprach Gott zu Noah: Das Ende allen Fleisches ist bei mir beschlos-

---

[3] Frazer, J.G., 1918. *Folklore in the Old Testament: Studies in Comparative Religion*, Bd. 1, Macmillan, London, S. 105-361.

[4] Davidson, R.M., 1995. Biblical Evidence for the Universality of the Genesis Flood. *Origins* 22(2):58-73.

sen, denn die Erde ist voller Frevel von ihnen; und siehe, ich will sie verderben mit der Erde (1. Mose 6,13).

• Der Ausdruck „auf der Fläche der ganzen Erde“ (1. Mose 7,3; 8,9; Rev. Elberfelder) steht eindeutig in Verbindung mit demselben Ausdruck im Schöpfungsbericht, wo Gott Adam und Eva die Pflanzen der Erde zur Nahrung zuteilt (1. Mose 1,29). Nach Gottes Verfügung gilt dieses Vorrecht sicherlich universal – die ganze Erde ist das Gut des Menschen. Gott verwendet diesen Ausdruck im 1. Buch Mose auch für die Zerstreuung der Menschen beim Turmbau zu Babel (1. Mose 11,8-9). Hier geht es wiederum um die ganze Landoberfläche des Globus. An keiner anderen Stelle im ersten Buch Mose wird der gleiche Ausdruck nochmals verwendet.

• Der Ausdruck „Fläche des Erdbodens“ kommt im Sintflutbericht 5-mal vor und bezieht sich zurück auf den universalen Zusammenhang der Schöpfung (1. Mose 2,6). Damit wird wiederum die Universalität der Sintflut betont.

• Der Ausdruck „alles Fleisch“ (hebr. *kol basar*) wird im Sintflutbericht 12-mal verwendet und sonst nirgends im 1. Buch Mose. Gott sagte, er werde „alles Fleisch vernichten“, abgesehen von dem in der Arche (1. Mose 6,13.17)[5], und genau das tat er auch (1. Mose 7,21-22). Im Zusammenhang der Sintflut umfasst „alles Fleisch“ eindeutig alle lungenatmenden Landtiere sowie alle Menschen – siehe 1. Mose 7,21-23. „Alles Fleisch“ konnte sich nicht auf ein Tal in Mesopotamien beschränken.

• „Alles Lebendige“ oder „alle Tiere“ (hebr. *kol chai*) wird ebenfalls im Sintflutbericht (1. Mose 6,19; 8,1.17) wie auch im Schöpfungsbericht (1. Mose 1,28) verwendet. Im Schöpfungsbericht wird der Ausdruck im Zusammenhang von Adams und Evas Herrschaft über die Tiere gebraucht. Gott sagte in 1. Mose 7,4, dass er „alles Lebendige“, das er gemacht hatte, auslöschen wird, und so geschah es. In der Arche überlebten nur Noah und seine Familie (1. Mose 7,23).

• „Unter dem ganzen Himmel“ (1. Mose 7,19) wird im Alten Testament 6-mal außerhalb des Sintflutberichts verwendet und hat dann stets eine globale Bedeutung (5. Mose 2,25; 4,19; Hiob 28,24; 37,3; 41,3; Daniel 9,12). Ein Beispiel: „Wer kann mir entgegentreten, und ich lasse ihn unversehrt? Unter dem ganzen Himmel ist keiner!“ (Hiob 41,3).

• „Alle Brunnen der großen Tiefe“. Die Brunnen der großen Tiefe werden nur im Sintflutbericht erwähnt (1. Mose 7,11; 8,2) und in Sprüche 8,28. Die „Tiefe“ (hebr. *tehom*) bezieht sich auf die Schöpfung (1. Mose 1,2), auf den einen großen Ozean, der die ganze Erde bedeckte, bevor das Land ge-

[5] Die „Hoffnung für alle“ schreibt in 1. Mose 6,13 für „alles Fleisch“ fälschlicherweise „die gesamte Menschheit“ (ebenso wie die englische NIV). Das ist eindeutig nicht die Bedeutung von „alles Fleisch“, wie es durch den Gebrauch dieses Begriffs in 1. Mose 7,21 offenbar wird (wo die „Hoffnung für alle“ treffender „alle Lebewesen“ schreibt).

bildet wurde. Und es waren nicht nur „die Brunnen der großen Tiefe“, sondern „*alle* Brunnen der großen Tiefe“, die sich öffneten.

• Für die Flut oder Überschwemmung ist ein besonderes hebräisches Wort vorbehalten: *mabbul.* In allen 13 Fällen, wo es verwendet wird, bezieht sich dieses Wort auf die Sintflut zur Zeit Noahs. Sein einziges Vorkommen außerhalb von 1. Mose ist in Psalm 29,10, und dort bezieht es sich auch auf die Flut, über der Gott in seiner universalen Souveränität thront. Auch das Neue Testament hat ein spezielles Wort für die Sintflut, *cataclysmos,* von dem das Fremdwort „Kataklysmus“ (erdgeschichtliche Katastrophe) hergeleitet ist.

Gottes Bestimmungen in 1. Mose 9 entsprechen denen in 1. Mose 1

In 1. Mose 9,1 erteilt Gott dem Menschen exakt dieselben Aufträge wie in 1. Mose 1,28: „Seid fruchtbar und mehret euch und füllet die Erde!“ Ebenso verleiht er dem Menschen die Herrschaft über „alle Tiere auf Erden“ (1. Mose 9,2; vgl. 1,28) und schreibt ihm vor, was er essen darf und was nicht (1. Mose 9,4-5). Das ist eine Parallele zu 1. Mose 1,29-30. Die Bestimmungen in 1. Mose 1 haben weltweite Geltung – und genau das gilt auch eindeutig für die Anordnungen nach der Sintflut. So wie Adam und seine Nachkommen über die Erde herrschen sollten, so sollten es auch Noah und seine Nachkommen tun. Wenn mit der „Erde“ in 1. Mose 9,1 die ganze Erde gemeint ist – und dem stimmen alle zu –, dann ist sicherlich auch im Zusammenhang mit der Sintflut in 1. Mose 8,13 die ganze Erde gemeint!

Das Neue Testament spricht von der Sintflut als weltweitem Ereignis[6]

Wenn die Sintflut im Neuen Testament erwähnt wird, spricht der Text stets von einer weltweiten Flut: „... bis die Sintflut kam und raffte sie *alle* dahin“ (Jesus, Matthäus 24,39). „Sie aßen, sie tranken, sie heirateten, sie ließen sich heiraten bis zu dem Tag, an dem Noah in die Arche ging und die Sintflut kam und brachte sie *alle* um“ (Jesus, Lukas 17,27). „... und hat die frühere Welt [gr. *kosmos*] nicht verschont, sondern bewahrte allein Noah, den Prediger der Gerechtigkeit, mit sieben anderen, als er die Sintflut über die *Welt* der Gottlosen brachte“ (2. Petrus 2,5). „... zur Zeit Noahs, als man die Arche baute, in der *wenige,* nämlich acht Seelen, gerettet wurden durchs Wasser hindurch“ (1. Petrus 3,20). „Durch den Glauben hat Noah Gott geehrt und die Arche gebaut zur Rettung seines Hauses, ... durch den Glauben sprach er der Welt das Urteil“ (Hebräer 11,7). „... dennoch wurde damals die *Welt* dadurch in der Sintflut vernichtet“ (2. Petrus 3,6). Alle diese Aussagen gehen nicht von einem regionalen Ereignis, sondern von einer weltweiten Flut aus.

---

[6] Davidson, a.a.O.

2. *Eingebrachte Einwände gegen eine weltweite Flut*

Einwand 1: „Alles" bedeutet nicht immer „alles"[7]

Einige haben argumentiert, dass „alles" nicht immer „alles und ganz" bedeuten muss (z. B. in Markus 1,5) und dass daher der Gebrauch von „alles" und „ganz" im Sintflutbericht nicht unbedingt bedeutet, dass die Flut weltweit war. Sie behaupten damit, der Gebrauch dieser Wörter räume die Möglichkeit einer regionalen Flut ein.

Die Bedeutung eines Wortes wird jedoch von seinem Kontext bestimmt. Aus dem Kontext des Ausdrucks „*alle* Welt" in Lukas 2,1 können wir beispielsweise schließen, dass damit das ganze Römische Reich gemeint ist. Somit ist es der Zusammenhang, der uns sagt, dass „alle Welt" hier nicht jedes Stück Landoberfläche auf der Welt bedeutet.

Um jedoch die Bedeutung von „alles" in 1. Mose 6–9 zu bestimmen, müssen wir den Kontext in Betracht ziehen und nicht lediglich eine abgeleitete Bedeutung aus einem anderen Abschnitt übertragen.

Das Wort „alles" oder „ganz" (hebr. *kol*) kommt 72-mal in den 85 Versen von 1. Mose 6–9 vor, das sind 21 % aller Vorkommen in den 50 Kapiteln des ersten Buches Mose.

In 1. Mose 7,19 lesen wir, dass „alle (hebr. *kol*) hohen Berge unter dem ganzen (hebr. *kol*) Himmel bedeckt wurden". Beachten wir das zweifache Vorkommen von *kol*. Im Hebräischen verleiht dieser doppelte Gebrauch einen Nachdruck, um jede mögliche Zweideutigkeit auszuschließen. In seinem maßgeblichen Genesis-Kommentar schreibt Leupold: „... der Text hebt jeden Zweifel an der Universalität der Sintflut auf." [8]

Einwand 2: Die Geografie nach der Sintflut ist dieselbe wie vor der Sintflut

Weil in der Beschreibung des Gartens Eden die Flüsse Euphrat und Tigris erwähnt sind und weil es diese Flüsse auch heute noch gibt, argumentieren einige, könne die Flut nicht die Topografie der Erde umgestaltet haben und deshalb müsse sie nur regional gewesen sein.[9]

Es gibt jedoch bedeutende Unterschiede zwischen der Topografie des Gartens Eden und der jetzigen Welt. In Eden entsprang ein einzelner Fluss, der sich in vier Flüsse aufteilte (1. Mose 2,10-14); zwei davon hießen Eu-

---

[7] Zu einer ausführlichen Behandlung siehe Kruger, M., 1996. Genesis 6-9: Does „All" Always Mean All? *CEN Technical Journal* 10(2):214-218.

[8] Leupold, H.C., 1942. *Exposition of Genesis.* Baker Book House, Grand Rapids, MI, USA, Bd. 1, S. 301-302.

[9] Siehe zum Beispiel: Young, D.A., 1977. *Creation and the Flood: An Alternative to Flood Geology and Theistic Evolution.* Baker Book House, Grand Rapids, MI, USA, S. 210. Leider hat Young seine Auffassung immer mehr zugunsten einer vollentwickelten theistischen Evolutionslehre verändert, seitdem er dieses Buch geschrieben hat. Darin vertrat er die Auffassung des „progressiven Kreationismus" und ging somit Kompromisse zwischen Bibel und Evolution ein.

phrat und Tigris. Die Flüsse hatten also eine gemeinsame Quelle, und das unterscheidet sich deutlich von den heutigen Gegebenheiten. Die anderen beiden Flüsse hießen Pischon und Gihon. Der Pischon wird nach der Sintflut nicht mehr erwähnt, und mit Gihon wurde zur Zeit der Könige David, Salomo und Hiskia eine Quelle in der Nähe Jerusalems bezeichnet.[10]

Die Welt nach der Sintflut ist nicht mehr dieselbe wie die vor der Sintflut. Das wirft womöglich die Frage auf: „Warum haben wir dann heute einen Tigris und einen Euphrat?“ Die Antwort ist: „Aus demselben Grund, warum es ein Liverpool und Newcastle in Australien, ein London, Oxford und Cambridge in Nordamerika und ein Heidelberg, Marburg und Hannover in Südafrika gibt, obwohl diese Namen ursprünglich Städte in England bzw. Deutschland bezeichnen.“ Strukturen in der nachsintflutlichen Welt erhielten Namen, die den Überlebenden der Sintflut bereits vertraut waren.

Einwand 3: Bei den geologischen Funden gibt es keine Hinweise auf eine derartige Flut

Welche Spuren und Hinweise würden wir von einer weltweiten Flutkatastrophe erwarten, bei der alle Landtiere, Vögel und Menschen umkamen, die nicht in der Arche waren? Rund um die Welt sehen wir, wie Gesteinsschicht auf Gesteinsschicht abgelagert ist, in denen sich Milliarden sterblicher Überreste von Lebewesen befinden, die einst vom Wasser abgelagerten Schlamm und Sand begraben wurden. Ihr Erhaltungszustand zeugt von einer raschen Verschüttung und Fossilisierung, und zwar genau so, wie es bei einer solchen Flut zu erwarten ist.

Es gibt zahlreiche Hinweise darauf, dass viele Gesteinsschichten sehr rasch abgelagert wurden, eine nach der anderen. Es stellt sich so dar, dass da-

Auf der ganzen Welt gibt es fossile „Friedhöfe“, d.h. Ansammlungen von gehäuft angeschwemmten, verschütteten und fossilisierten Überresten vieler Tiere. Sie sind ein Indiz für eine Überschwemmungskatastrophe wie es die Sintflut war.

[10] Die Giohon-Quelle aus 1. Könige 1,33.38.45 und 2. Chronik 32,30; 33,14 hat eindeutig weder etwas mit dem heutigen Tigris-Euphrat-Flusssystem zu tun noch mit den vier Flüssen aus dem Garten Eden.

zwischen offenbar keine signifikant längeren Zeitspannen angenommen werden müssen. Erhaltene Tierspuren, Riffelungen im Sand und sogar Spuren von Regentropfen belegen eine rasche Einbettung dieser Strukturen, sodass sie erhalten blieben. Polystrate Fossilien (die sich quer durch mehrere Schichten erstrecken) sprechen von äußerst schneller Ablagerung der Schichten. Weitere Hinweise auf eine rasche Aufeinanderfolge der Ablagerungsstufen sind das fast vollständige Fehlen von Erosion, das Vorhandensein von Humus, Tierbauten und Wurzelbildung zwischen den einzelnen Schichten. Die enorme Deformierung mächtiger Sedimentschichten ohne jede Anzeichen auf Bruch oder Schmelzung zeigt ebenfalls, dass diese Schichten stets noch weich gewesen sein müssen, als sie gebogen wurden. Dämme (Wände) und Röhren (Zylinder) aus Sandstein, die mit ein und demselben Material viele darunter liegende Schichten verbinden, zeigen, dass die unteren Schichten immer noch weich gewesen sein müssen und viel Wasser enthielten. Dass der Sandstein durch Risse nach oben gepresst werden konnte und so die „klastischen“ Dämme und Röhren bildete, belegt wiederum eine rasche Ablagerung vieler Schichten.

Wenn Riffelungen im Sand erhalten blieben, muss eine rasche Verschüttung stattgefunden haben (unteres Trias-Gestein, England).

Die weltweite Verteilung vieler geologischer Strukturen und Gesteinstypen lässt sich ebenfalls mit einer globalen Flut in Verbindung bringen. Die Morrison-Formation ist eine Schicht aus Sedimentgestein, die sich von Texas bis Kanada erstreckt und zeigt dadurch eindeutig, welch Trugschluss es ist, an die immer noch übliche Vorstellung zu glauben, dass „die Gegenwart der Schlüssel zur Vergangenheit“ sei. Heute gibt es keine Prozesse auf der Erde, durch die derart große Gebiete von Sedimentschichten abgelagert

Faltungen im Sedimentgestein ohne Brüche und ohne Erhitzen, wie hier in Eastern Beach in Auckland (Neuseeland), legen nahe, dass sich das Sediment verformte, bevor der Sand und Schlamm zu Stein wurden. Das würde übereinstimmen mit einer raschen Ablagerung während der Sintflut. (Zur Einschätzung des Maßstabs beachte man die abgebildeten Personen).

werden könnten. In Wirklichkeit ist Gottes Offenbarung über die Vergangenheit der Schlüssel, um die Gegenwart zu verstehen.

Auch das begrenzte geografische Ausmaß von Unregelmäßigkeiten (eindeutigen Brüchen in der Ablagerungsabfolge mit verschiedenen Schräglagen von Schichten etc.) belegt die Tatsache, dass die weltweite Sintflut ein geschichtliches Ereignis war. Und es gibt noch viele weitere Hinweise auf diese Flut.[11]

Das Problem sind nicht etwa fehlende Belege, sondern die vorgefasste Meinung derer, die diese Hinweise betrachten. Ein Geologe bezeugte, dass er nie irgendeinen Hinweis auf die Sintflut gesehen habe – bis er schließlich als Christ von der Bibel her überzeugt war, dass die Flut eine weltweite Katastrophe gewesen sein muss. Nun sieht er die Belege überall. Das ist ein weiterer Fall, von dem man sagen kann: „Ich hätte es nicht gesehen, wenn ich es nicht geglaubt hätte!" Die Bibel spricht von Menschen, die in ihrem Denken verdorben sind, weil sie Gott den Rücken gekehrt haben (Römer 1,18ff) und von solchen, die geistlich so blind sind, dass sie selbst das Offensichtliche nicht mehr sehen können (Apostelgeschichte 28,25-27).

Siehe auch Kapitel 11 bis 15 zu weiteren Fragen über die Sintflut und die Arche Noah.

3. Schlussfolgerung

Die Bibel spricht eindeutig von einer weltweiten Sintflut, die die ganze Erdoberfläche bedeckte. Einer anderen Interpretation der Sintflut liegen außerbiblische Vorstellungen zu Grunde. Wenn wir jedoch den Rahmen akzeptieren, den die Bibel vorgibt, stellen wir fest, dass die substantiellen Zeugnisse aus den Gesteinen und Fossilien sehr gut mit der Lehre der Bibel übereinstimmen.

Darüber hinaus sollte uns das Wissen um die Wirklichkeit von Gottes früherem Sintflut-Gericht vor der Wirklichkeit seines künftigen Gerichts warnen – vor dem Gericht durch Feuer – und uns motivieren, für dieses Gericht bereit zu sein (2. Petrus 3,3-13). Wer nicht „in Christus" ist, wird dann den Zorn Gottes erleiden (Johannes 3,36).

---

[11] Morris, J.D., 1994. *The Young Earth.* Master Books, Colorado Springs.
Austin, S. (Hg.), 1994. *Grand Canyon: Monument to Catastrophy.* Institute for Creation Research, Santee, CA, USA.

Kapitel 11

Was hat es mit der Kontinentaldrift auf sich?

Hingen die Kontinente einst wirklich zusammen und haben sich dann voneinander wegbewegt? Wie lässt sich das mit der biblischen Geschichtsschreibung vereinbaren? Könnte die Kontinentaldrift etwas mit der Sintflut zu tun haben?

Vor den 1960-er Jahren waren die meisten Geologen vollkommen überzeugt, dass die Kontinente ihre Lage nie verändert haben. Einige wenige verbreiteten die Auffassung, die Kontinente hätten sich früher einmal bewegt (Kontinentaldrift), doch die Mehrheit warf ihnen vor, pseudowissenschaftlicher Fantasie zu frönen. Heute hat sich diese Meinung umgekehrt: Die vorherrschende Theorie ist die der die Kontinentaldrift einschließenden Plattentektonik. Interessanterweise war es ein Schöpfungswissenschaftler, Antonio Snider, der im Jahre 1859 als erster den Gedanken einer horizontalen katastrophenartigen Bewegung der Kontinente während der Sintflut[1] aufwarf. Sein Denken war von den Aussagen in 1. Mose 1,9-10 inspiriert, wo es heißt, dass die Wasser sich an einem Ort sammelten. Darin ist impliziert, dass es nur eine einzige Landmasse gab.

Geologen haben viele Anhaltspunkte dafür hervorgebracht, dass die Kontinente einst zusammenhingen und dann auseinander gedriftet sind. Dazu gehören:

- Die Form der Kontinente passt zueinander.
- Die Fossiltypen stimmen auf beiden Seiten der Ozeanbecken überein.
- Im vulkanischen Gestein, das sich auf dem Meeresboden entlang der mittelozeanischen Rücken gebildet hat, erstreckt sich ein zebrastreifenartiges Muster magnetischer Umkehrungen parallel zu diesen Rücken. Das weist auf eine Ausdehnung des Meeresbodens entlang dieser Rücken hin.
- Seismische Beobachtungen lassen vermuten, dass sich Teilplatten eines früheren Meeresbodens innerhalb des Erdmantels befinden.

Die gegenwärtige Theorie, die die Ausdehnung des Meeresbodens und die Kontinentaldrift umfasst, ist als „Plattentektonik" bekannt.[2]

---

[1] Snider, A., 1859. *Le Création et ses Mystères Devoilés.* Franck and Dentu, Paris.

[2] Einige Geologen stehen verschiedenen Aspekten der Plattentektonik immer noch skeptisch gegenüber.

I. Die Plattentektonik

Dieser Theorie zufolge besteht die Erdoberfläche aus mosaikartig angeordneten starren Platten, die sich jeweils relativ zu den angrenzenden Platten bewegen[3]. An den Rändern der Platten findet durch drei Arten von horizontaler Bewegung eine Deformation statt: Durch Ausdehnung (oder Verschiebung, Auseinanderdriften), durch Verwerfung (horizontales Schleifen entlang einer Verwerfungslinie) und durch Kompression, hauptsächlich durch Subduktion (eine Platte schiebt sich unter eine andere; von Subduktion spricht man auch bei vertikaler Bewegung).

Eine *Ausdehnung* tritt auf, wenn sich der Meeresboden an Rücken oder Spalten auseinanderzieht.

Eine *Verwerfung* findet dort statt, wo eine Platte horizontal an einer anderen vorbeischleift (z.B. bei der San-Andreas-Verwerfung in Kalifornien).

Eine verdichtende *Deformation* (durch Subduktion) geschieht, wenn sich eine Platte unter eine andere schiebt, so z.B. die pazifische Platte unter die japanische Platte und die Kokosplatte unter die südamerikanische Platte, oder auch, wenn zwei Kontinentalplatten kollidieren und dadurch ein Gebirgszug entsteht, z.B. entstand bei der Kollision der indo-australischen Platte mit der eurasischen Platte der Himalaja.

Vulkane kommen häufig in Subduktionszonen vor.

Die Ausdehnung des Meeresbodens

Ein Argument zugunsten der Plattentektonik ist die Ausdehnung des Meeresbodens. Beobachtungen in den Ozeanbecken entlang der mittelozeanischen Rücken, z.B. am mittelatlantischen Rücken und an der ostpazifischen Erhebung, werden dahingehend gedeutet, dass die Platten auseinander driften und dabei in der Kluft zwischen den Platten geschmolzenes Material aus dem Erdmantel[4] aufsteigt, das dann abkühlt und so eine neue Kruste unter dem Ozean bildet. Die jüngste Kruste befindet sich auf dem Grat des Rückens; und mit zunehmendem Abstand von diesem Grat ist das Gestein älter. Es wird geschätzt, dass gegenwärtig weltweit jährlich etwa 20 Kubikkilometer geschmolzenes Magma aufsteigen, das eine neue ozeanische Kruste bildet.[5]

Während des Abkühlens werden einige Mineralien in den Gesteinen durch das Erdmagnetfeld magnetisiert und zeichnen somit die Richtung des

---

[3] Nevins, S.E. [Austin, S.A.], 1978. Continental Drift, Plate Tectonics, and the Bible. In: *Up with Creation!* D.R. Gish and D.h. Rohrer (Hg.), Creation Life Publishers, San Diego, S. 173-180. Siehe auch *Longman Illustrated Dictionary of Geology*, Longman Group, Essex, UK, 1982, S. 137-172.

[4] Die Zone innerhalb der Erde, die unterhalb der Erdkruste beginnt und sich bis zum Kern erstreckt, bis zu einer Tiefe von ca. 2 900 km.

[5] Cann, J., 1998. Subtle Minds and Mid-Ocean Ridges. *Nature* 393:625-627.

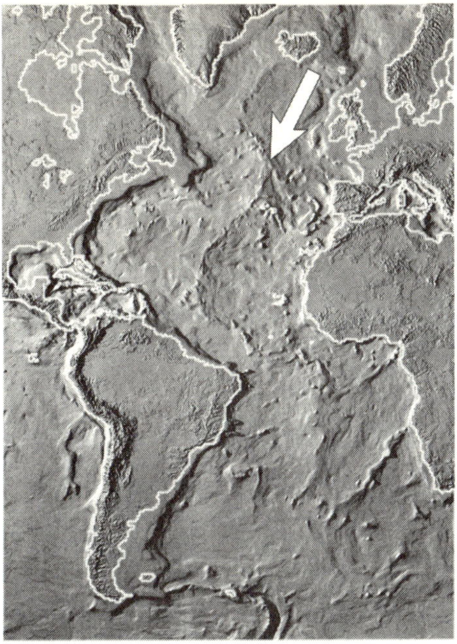

Der mittelatlantische Rücken (Pfeil) ist in dieser Satelliten-Aufnahme deutlich zu erkennen.

magnetischen Feldes auf. Befunde deuten darauf hin, dass sich das Erdmagnetfeld in der Vergangenheit mehrmals umgekehrt hat. Es wurden also einzelne Bestandteile der ozeanischen Kruste beim Abkühlen in jeweils umgekehrter Richtung magnetisiert. Wenn sich der Meeresboden kontinuierlich ausdehnt, dann sollte er eine „Magnetbandaufzeichnung" dieser Umkehrungen aufweisen. Und tatsächlich wurde in vielen Gebieten ein zebrastreifenartiges Muster linearer „magnetischer Anomalitäten" gefunden, das parallel zum Grat des mittelatlantischen Rücken verläuft.[6]

2. Probleme einer „langsamen und allmählichen" Plattentektonik

Einerseits wurde das erwartete Zebrastreifenmuster zwar bestätigt, doch andererseits haben Bohrungen durch den Basalt, der an den Rücken angrenzt, gezeigt, dass das feine Muster, das registriert wird, wenn ein Magnetometer über den Rücken geführt wird, nicht vorhanden ist, wenn einzelnes Gestein als Tiefenprobe untersucht wird. In den Bohrkernen wechselt die magnetische Polarität unregelmäßig, zeigt aber kein Muster, das in Beziehung zur Tiefe steht.[7] Genau das ist bei einer raschen Bildung des Basalts und raschen Umkehrungen des Magnetfelds zu erwarten, jedoch nicht bei einer langsamen und allmählichen Bildung mit langsamen Umkehrungen.

Der Physiker Dr. Russell Humphreys sagte voraus, dass in dünnen Lavaströmen, die innerhalb weniger Wochen abgekühlt sind, Indizien für rasche Umkehrungen des Magnetfelds zu finden sein müssten.[8] Er stellte

[6] Cox. A. (Hg.), 1973. *Plate Tectonics and Geomagnetic Reversals.* W.H. Freeman and Co., San Francisco, S. 138-220.

[7] Hall, J.M. und Robinson, P.T., 1979. Deep Crustal Drilling in the North Atlantic Ocean. *Science*204:573-586.

[8] Humphreys, D.R., 1986. Reversals of the Earth's Magnetic Field During the Genesis Flood. *Proc. First ICC*, Pittsburgh, PA 2:113-126.

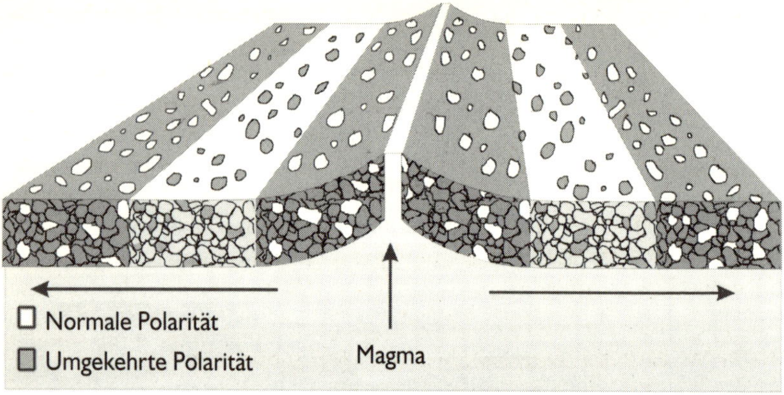

Das Magnetmuster im vulkanischen Gestein auf dem Meeresboden der mittelozeanischen Rücken deutet nicht auf Millionen von Jahre, sondern auf sehr rasche Prozesse hin. Die Flickenmuster der Polaritäten belegen eine rasche Entstehung des Gesteins.

die Hypothese auf, dass solche raschen Umkehrungen während der Sintflut aufgetreten sind. Tatsächlich wurden Indizien für rasche Umkehrungen später von den Forschern Coe und Prévot gefunden.[9] Weitere Untersuchungen[10] bestätigten diese Befunde und zeigten, dass die magnetischen Umkehrungen „erstaunlich rasch" geschahen.

3. Eine biblische Sicht

Zwar deuten die Indizien darauf hin, dass die Kontinente in der Vergangenheit auseinander gedriftet sind, doch darf man die heutigen beobachteten Driftraten von 2–15 cm pro Jahr weit zurück in die Vergangenheit extrapolieren? Ist die Gegenwart wirklich der Schlüssel zur Vergangenheit, wie die Geologen, die von der Evolution ausgehen, ernstlich behaupten? Eine derartige Extrapolation würde bedeuten, dass ein Ozeanbecken oder ein Gebirgszug zu seiner Entstehung etwa 100 Millionen Jahre benötigt.

Die Bibel spricht nicht direkt von Kontinentaldrift und Plattentektonik, doch wenn die Kontinente einst zusammenhingen, wie 1. Mose 1,9-10 es nahe legt und sie jetzt weit voneinander entfernt sind, wie passt das in eine

---

[9] Coe, R.S. und Prévot, M., 1989. Evidence Suggesting Extremely Rapid Field Variation During a Geomagnetic Reversal. *Earth and Planetary Science Letters* 92:292-298.
Für Einzelheiten siehe Snelling, A.A., 1991. „Fossil" Magnetism Reveals Rapid Reversals of the Earth's Magnetic Field. *Creation* 13(3):46-50.

[10] Coe, R.S., Prévot, M. und Camps, P., 1995. New Evidence for Extraordinary Rapid Change of the Geomagnetic Field During a Reversal. *Nature* 374:687-692. Für einen Kommentar siehe Snelling, A.A., 1995. The „Principle of Least Astonishment"! *CEN Technical Journal* 9(2):138-139.

biblische Sicht der Geologie mit einem Zeitrahmen von nur einigen Tausend Jahren?[11]

Dr. John Baumgardner, der am Los Alamos National Laboratory (USA) tätig ist, hat mit Hilfe von Supercomputern Prozesse im Erdmantel simuliert und so gezeigt, dass die tektonische Plattenbewegung sehr schnell und spontan abgelaufen sein kann.[12] Dieses Modell ist als *Katastrophische Plattentektonik* bekannt. Zur Zeit der Abfassung dieses Kapitels wurde Baumgardner, ein Wissenschaftler, der an die biblische Schöpfung glaubt, dafür ausgezeichnet, das weltbeste 3-D-Supercomputermodell der Plattentektonik entwickelt zu haben.[13]

4. Das Modell der Katastrophischen Plattentektonik

Das von Baumgardner vorgestellte Modell geht von einem vorsintflutlichen Superkontinent („Es sollen sich die Wasser … an einen Ort sammeln“, 1. Mose 1,9; Rev. Elberfelder) und dichten Meeresbodengesteinen aus. Der Prozess beginnt damit, dass der kalte und dichte Ozeanboden in den weicheren, weniger dichten darunter liegenden Mantel abzusinken beginnt. Die Reibung bei diesem Prozess erzeugt Wärme, insbesondere an den Rändern des Ozeanbodens, was das benachbarte Mantelmaterial aufweicht und es weniger widerstandsfähig gegenüber dem Absinken des Meeresbodens macht.[14] Die Ränder sinken schneller ab und ziehen den Rest des Ozeanbodens wie ein Fließband mit sich. Schnellere Bewegung führt zu höherer

---

[11] Einige Geologen haben vorgeschlagen, dass sich die Kontinente (mit ihren Massen von fossilführenden Schichten, die durch die Sintflut entstanden sind) zum Beispiel zur Zeit des Turmbaus zu Babel auseinander bewegten und ihre heutige Position einnahmen, weil 1. Mose 10,25 sagt: „... in seinen (Pelegs) Tagen wurde die Erde geteilt.“ Das hebräische Wort, das hier mit „Erde“ oder „Land“ übersetzt wird, kann allerdings auf die Menschen (Nationen) bezogen sein, die sich nach der Verwirrung von Babel verteilten. Außerdem würde die sehr kurze zur Verfügung stehende Zeit zu enormen Schwierigkeiten führen, da bei einer solch raschen Bewegung der Kontinente sehr viel Wärmeenergie freigesetzt würde, die sich verteilen müsste, ganz zu schweigen von den damit einhergehenden verheerenden Auswirkungen auf der Erdoberfläche. Diese würden einer globalen Katastrophe von dem Ausmaß der Sintflut selbst gleichkommen.

[12] Baumgardner, J.R., 1986. Numerical Simulation of the Large-Scale Tectonic Changes Accompanying the Flood. *Proc. First ICC* 2:17-30.
Ders., 1990. 3-D Finite Element Simulation of the Global Tectonic Changes Accompanying Noah's Flood. *Proc. Second ICC* 2:35-45.
Ders., 1994. Computer Modelling of the Large-Scale Tectonics Associated with the Genesis Flood. *Proc. Third ICC*, S. 49-62.

[13] Beard, J., 1993. How a Supercontinent Went to Pieces. *New Scientist* 137:19, 16. Januar.

[14] Baumgardner, 1994, Runaway Subduction as the Driving Mechanism for the Genesis Flood. *Proc. Third ICC*, Pittsburgh, S. 63-75.

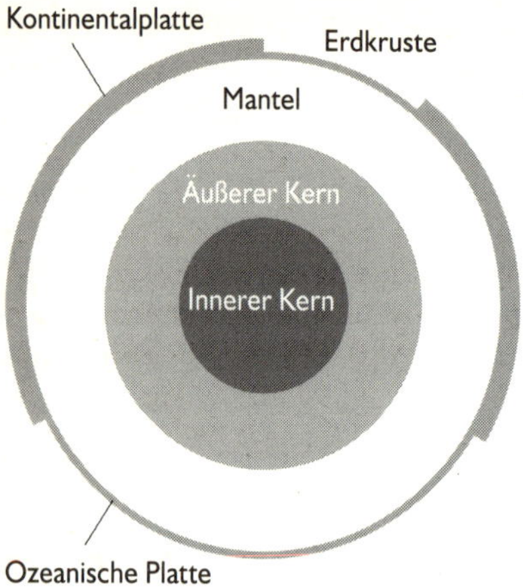

Die gegenwärtige Struktur der Erde.

Reibung und Wärmeentwicklung im umgebenden Mantel, was seine Widerstandskraft immer weiter reduziert, sodass der Ozeanboden noch schneller absinkt usw. Am Höhepunkt dieser thermalen selbstverstärkenden Instabilität sind Subduktionsraten in der Größenordnung von Metern pro Sekunde möglich. Dieses Schlüsselkonzept wird „selbstverstärkende Subduktion" (engl. „runaway subduction") genannt.

Der absinkende Meeresboden verdrängt im Erdmantel Masse und verursacht so im gesamten Mantel eine Bewegung größeren Umfangs. Durch das Absinken des Meeresbodens und seine rasche Subduktion an den Rändern des vorsintflutlichen Kontinents gerät die Erdkruste jedoch an anderen Stellen unter derartigen Spannungsdruck, dass sie auseinander reißt (sich spaltet), wodurch sowohl der ursprüngliche Superkontinent als auch der Ozeanboden aufbrechen.

Somit dehnen sich entlang der Risse im Ozeanboden, wo sich die Erdkruste aufgespaltet hat, relativ schnell über einige 10000 km Zonen einer neuen Erdkruste aus. Entlang dieser Ausdehnungszonen dringt heiße Mantelmasse, die von den abgesunkenen Platten in Bewegung versetzt wurde, nach oben an die Oberfläche. Auf dem Ozeanboden verursacht diese heiße Mantelmasse die Verdampfung gewaltiger Mengen Meereswassers, was das Meer über die gesamte Länge der Ausdehnungszonen in einen langen brodelnden Geysir mit ultraheißem Dampf verwandelt (womöglich waren das die „Brunnen der großen Tiefe", 1. Mose 7,11; 8,2). Dieser Dampf breitet sich aus, kondensiert in der Atmosphäre und schlägt sich weltweit als ergiebiger Regen nieder („... und taten sich die Fenster des Himmels auf", 1. Mose 7,11). Das könnte den 40 Tage und Nächte andauernden Regen erklären (1. Mose 7,12).

Baumgardners erdgeschichtliches Sintflutmodell mit Hilfe der Katastrophischen Plattentektonik[15] kann mehr geologische Befunde erklären als die konventionelle Plattentektonik mit ihren Millionen von Jahren. Zum Beispiel führt das rasche Absinken des ursprünglichen Ozeanbodens in den Erdmantel zu einem neuen Ozeanboden, der wesentlich heißer ist als bei langsamem Absinken, insbesondere in seinen oberen 100 km, und das nicht

[15] Austin, S.A., Baumgardner, J.R., Humphreys, D.R., Snelling, A.A., Vardiman, L. und Wise, K.P., 1994. Catastrophic Plate Tectonics: a Global Flood Model of Earth History. *Proc. ICC*, Pittsburgh, S. 609-621.

nur an den Ausdehnungszonen, sondern überall. Da er heißer ist, hat der neue Meeresboden auch eine geringere Dichte und steigt deshalb 1000 bis 2000 Meter höher als zuvor, was einen dramatischen Anstieg des weltweiten Meeresspiegels mit sich bringt.

Dieser höhere Meeresspiegel überflutet die Landoberflächen der Kontinente und ermöglicht die Absetzung umfangreicher Gebiete sedimentärer Ablagerungen auf den Hochlagen der aufragenden Kontinente. Der Grand Canyon ist ein spektakuläres Fenster von Sedimentablagerungen mit erstaunlichem „Schichtkuchen-Charakter"; die Ablagerungen erstrecken sich in vielen Fällen ununterbrochen über mehr als 1000 km.[16] „Langsame und allmähliche" Plattentektonik kann diese mächtigen kontinentalen Sedimentabfolgen von solch einem enormen horizontalen Ausmaß einfach nicht erklären.

Außerdem führt in Baumgardners Modell das rasche Absinken des kälteren ursprünglichen Meeresbodens in den Erdmantel zu einer erhöhten Zirkulation zähflüssigen Gesteins (kein geschmolzenes, sondern plastisches Gestein) innerhalb des Mantels. Dieser Fluss im Erdmantel (d.h. ein „Vermischen" innerhalb des Mantels) erhöht schlagartig die Temperatur an der Grenze zwischen Kern und Mantel; der Mantel ist dann in der Nähe des Kerns wesentlich kühler als der benachbarte Kern, und dadurch wird die Konvektion (der Energietransport durch bewegte Teilchen) und damit der Hitzeverlust aus dem Kern beträchtlich beschleunigt. Bei diesem Modell kann angenommen werden, dass unter den Bedingungen der gesteigerten Konvektion im Kern rasche geomagnetische Umkehrungen erfolgen. Diese machen sich auf der Erdoberfläche bemerkbar als sogenannte „magnetische

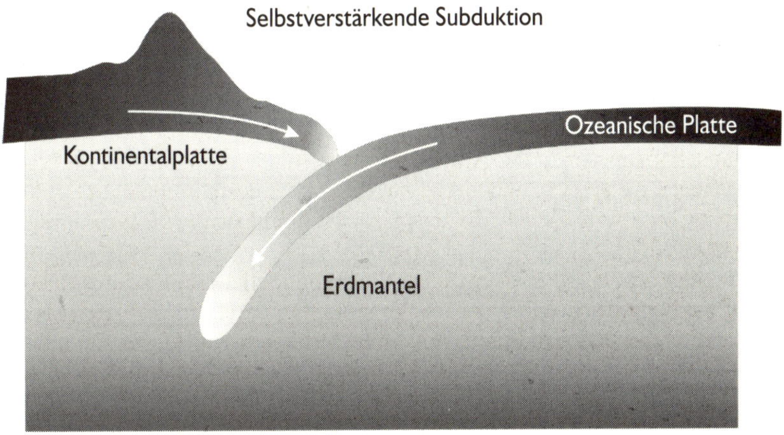

Die Bewegung der Platten der Erdkruste bei der selbstverstärkenden Subduktion

[16] Austin, S.A. (Hg.), 1994. *Grand Canyon: Monument to Catastrophe.* Institute for Creation Research, Santee, CA.

Zebrastreifen".[17] Sie sind dem Modell zufolge unregelmäßig und örtlich unterschiedlich, sowohl in ihrer Breite als auch ihrer Tiefe. Das wird auch durch die Messergebnisse bestätigt.[18] Sogar die oben zitierten Wissenschaftler, die von einer Evolution ausgehen, stimmen dem zu.

Dieses Modell bietet einen Mechanismus, der erklärt, wie sich die Platten relativ schnell (in der Größenordnung von Monaten) im Mantel verschoben haben und auch absanken. Und es sagt voraus, dass heute wenig oder gar keine Bewegung mehr zwischen den Platten messbar ist, da die Bewegung fast zu einem Stillstand kam, nachdem der gesamte vorsintflutliche Meeresboden abgesunken war. Unter diesen Gegebenheiten ist ferner zu erwarten, dass die Gräben entlang der Subduktionszonen mit unversehrten spät- und nachsintflutlichen Sedimenten gefüllt sind, genau wie es zu beobachten ist.

Einzelne Aspekte von Baumgardners Mantelmodell sind unabhängig voneinander veröffentlicht worden und so von anderen verifiziert worden.[19] Aus Baumgardners Modell ergibt sich auch noch die folgende Voraussage: Weil die thermale selbstverstärkende Subduktion von Scheiben kalter Meeresbodenkruste vor relativ kurzer Zeit geschah, nämlich zur Zeit der Sintflut (vor etwa 5000 Jahren), stand diesen Scheiben nicht ausreichend Zeit zur Verfügung, um vollständig vom umgebenden Mantel aufgenommen zu werden. Deshalb sollten heute noch Spuren dieser Scheiben oberhalb der Grenze zwischen Erdmantel und Erdkern (wohin sie absanken) auffindbar sein. Und tatsächlich wurden bei seismischen Forschungen Indizien für derartige nicht aufgenommene, relativ kalte Scheiben gefunden.[20]

Das Modell bietet außerdem einen Mechanismus für das Abfließen der Wassermassen nach der Sintflut an. Psalm 104,6-7 beschreibt den Rückgang des Wassers, das bis über die Berggipfel gestanden hatte. Vers 8 beschreibt: „Die Berge stiegen hoch empor, und die Täler senkten sich herunter"[21],

[17] Humphreys, D.R., 1988. Has the Earth's Magnetic Field ever Flipped ? *Creation Research Society Quarterly* 25(3):130-137.

[18] Weinstein, S.A., 1993. Catastrophic Overturn of the Earth's Mantel Driven by Multiple Phase Changes and Internal Heat Generation. *Geophysical Research Letters* 20:101-104.

[19] Weinstein, a.a.O.
Tacley, P.J., Stevenson, D.J., Glatzmaier, G.A. und Schubert, G., 1993. Effects of an Endothermic Phase Transition at 670 km Depth on Spherical Mantle Convection. *Nature* 361:699-704.
Moresi, L. und Solomatov, V., 1998. Mantle Convection with a Brittle Lithosphere: Thoughts on the Global Tectonic Styles of the Earth and Venus. *Geophysical Journal International* 133:669-682.

[20] Grand, S.P., 1994. Mantle Shear Structure Beneath the Americas and Surrounding Oceans. *Journal of Geophysical Research* 99:11591-11621.
Vidale, J.E., 1994. A Snapshot of Whole Mantle Flow. *Nature* 370:16-17.
Vogel, S., 1995. Anti-matters. *Earth: The Science of Our Placet.* August 1995, S. 43-49.

[21] Siehe auch: Taylor, C.V., 1998. Did the Mountains Really Rise According to

was darauf hindeutet, dass am Ende der Sintflut vertikale Bewegungen der Erdoberfläche die vorherrschenden tektonischen Kräfte waren, im Gegensatz zu den horizontalen Kräften, die während der Ausdehnungsphase dominierten.

In diesem Szenario werden Gebirge durch Plattenkollisionen aufgetürmt, während gleichzeitig das Abkühlen des neuen Meeresbodens dessen Dichte steigert, wodurch er absinkt und somit die neuen Ozeanbecken vertieft, sodass sie die abfließenden Wassermassen der Sintflut aufnehmen können. In diesem Zusammenhang ist es sehr bedeutsam, dass das „Gebirge Ararat“ (1. Mose 8,4), auf dem sich die Arche nach dem 150. Tag der Sintflut niederließ, in einer tektonisch aktiven Region liegt, die vermutlich die Schnittstelle von drei Krustenplatten ist.[22]

Das konventionelle (von der Evolutionslehre unterstützte) Modell der Plattentektonik, bei dem die heutige Plattenbewegung von ein oder zwei Zentimetern pro Jahr in die Vergangenheit extrapoliert wird, hat nur eine beschränkte Erklärungskraft. So ist es beispielsweise auch bei einer Plattengeschwindigkeit von 10 cm/Jahr fraglich, ob die Kollisionskräfte zwischen der indo-australischen und der eurasischen Platte ausreichten, um den Himalaja aufzutürmen. Aber das Modell der Katastrophischen Plattentektonik kann im Kontext der Sintflut erklären, wie die Platten durch die enormen katastrophischen Kräfte für kurze Zeit den Reibungswiderstand des zähflüssigen Erdmantels überwinden konnten und sich anschließend auf die heutige Geschwindigkeit verlangsamten.

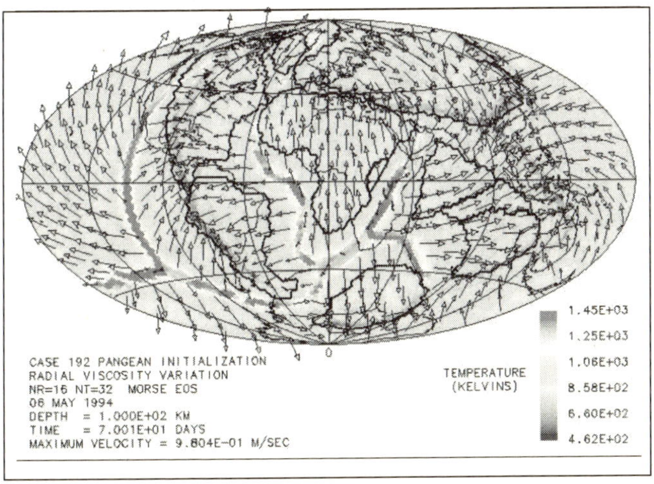

Eine von Baumgardners Computergrafiken, die die Bewegung der Platten zeigt.

Psalm 104:8? *CEN Technical Journal* 12(3):312-313.

[22] Dewey, J.F., Pitman, W.C., Ryan, W.B.F. und Bonnin, J., 1973. Plate Tectonics and the Evolution of the Alpine System. *Geological Society of America Bulletin* 84:3137-3180.

Die Annahme der Auftrennung der Kontinente löst scheinbare geologische Rätsel. Zum Beispiel erklärt sie die erstaunliche Übereinstimmung von Sedimentschichten im Nordosten der USA mit denen auf den Britischen Inseln. Ferner erklärt sie das Fehlen dieser Schichten im dazwischenliegenden nordatlantischen Ozeanbecken, und auch die Übereinstimmung der geologischen Beschaffenheit von Teilen Australiens und Südafrikas, Indiens und der Antarktis.

5. Schlussfolgerung

Die anfängliche Skepsis unter den Wissenschaftlern gegenüber der herkömmlichen Plattentektonik hat sich weitgehend zerschlagen, weil dieses Modell eine so große Erklärungskraft bietet. Das Modell der Katastrophischen Plattentektonik der Sintflut jedoch umfasst nicht nur die herkömmlichen erklärenden Elemente der Plattentektonik, sondern erklärt auch die vielfachen Spuren einer massiven Flut und katastrophischer geologischer Prozesse, die sich an den Kontinenten ereigneten. Eine weitere Ausarbeitung und Verfeinerung des Modells kann womöglich auch die Reihenfolge der Fossilablagerungen und ihre Verteilung im Kontext der Sintflut erklären (siehe dazu Kapitel 15).

Die Bibel sagt nichts über Plattentektonik. Viele Schöpfungswissenschaftler glauben aber, dass dieses Modell für ein Verständnis der Erdgeschichte hilfreich ist. Andere sind noch eher zurückhaltend. Der Gedanke ist relativ neu und radikal, und es muss noch viel nachgedacht werden, um die Details herauszuarbeiten. Möglicherweise müssen aber auch an dem Modell selbst noch größere Modifikationen vorgenommen werden, damit seine Erklärungskraft zunimmt, andererseits können aber auch künftige Entdeckungen dazu führen, dass dieses Modell verworfen wird. Das ist die Natur des wissenschaftlichen Fortschritts. Wissenschaftliche Modelle kommen und gehen, „aber des Herrn Wort bleibt in Ewigkeit“ (1. Petrus 1,25).

Kapitel 12

Woher kam die riesige Wassermenge bei der Sintflut?

Gab es eine Hülle aus Wasserdampf in der Atmosphäre? Wie wurde der Mt. Everest von Wasser bedeckt? Wohin floss das Wasser nach der Sintflut ab? Wie hat sich das alles ereignet?

In dem Bericht über die weltweite Flut zur Zeit Noahs macht die Bibel auch Angaben über Herkunft und Verbleib des Wassers. Als Herkunftsorte für das Wasser werden in 1. Mose 7,11 „die Brunnen der großen Tiefe" und „die Fenster des Himmels" genannt.

1. Die Brunnen der großen Tiefe

Die „Brunnen der großen Tiefe" werden vor den „Fenstern des Himmels" genannt, was entweder auf ihre größere Bedeutung oder auf die Reihenfolge der Ereignisse hinweist.

Was sind die „Brunnen der großen Tiefe"? Dieser Begriff kommt nur in 1. Mose 7,11 vor. In 1. Mose 8,2 finden wir die „Brunnen der Tiefe", die sich eindeutig auf dieselbe Sache beziehen. Sie sind nochmals in Sprüche 8,28 („Quellen der Tiefe" nach Luther 1984) erwähnt, wo ihre genaue Bedeutung jedoch unklar bleibt. „Die große Tiefe" kommt noch an drei weiteren Stellen vor: in Jesaja 51,10 („die Wasser der großen Tiefe"), wo sich dieser Ausdruck eindeutig auf den Ozean bezieht; in Amos 7,4 („die große Tiefe"), wo es heißt, dass das Feuer von Gottes Gericht die große Tiefe austrocknen kann, d. h. wahrscheinlich die Ozeane, und schließlich in Psalm 36,7, wo der Ausdruck „wie die große Tiefe" metaphorisch für die Tiefe des Gerichtes bzw. der Gerechtigkeit Gottes gebraucht wird. „Die Tiefe" kommt häufiger vor und bezieht sich üblicherweise auf die Ozeane (z. B. in 1. Mose 1,2; Hiob 38,30; 41,32; Psalm 42,7; 104,6; Jesaja 51,10; 63,13; Hesekiel 26,19; Jona 2,3), aber manchmal auch auf unterirdische Wasservorräte (Hesekiel 31,4.15). Das hebräische Wort „mayan", das als „Brunnen" übersetzt wird, bedeutet „(Spring)brunnen, Quelle, Brunnen" (Strongs Konkordanz).

Von daher handelt es sich bei den „Brunnen der großen Tiefe" wahrscheinlich um ozeanische oder möglicherweise unterirdische Wasservorkommen. Im Zusammenhang des Sintflutberichts kann es beides bedeuten.

Wenn die Brunnen der großen Tiefe die Hauptquellen des Wassers waren, dann muss es sich um gewaltige Wasservorräte gehandelt haben. Manche meinen, als Gott am dritten Schöpfungstag das Festland aus dem Wasser heraus hervortreten ließ, sei ein Teil des Wassers, das zuvor die Erde bedeckte, unterirdisch aufgefangen und im Festland eingeschlossen worden.[1]

1. Mose 7,11 sagt, dass an dem Tag, als die Sintflut begann, die Quellen „aufbrachen“, was eine Freisetzung des Wassers impliziert, möglicherweise durch große Spalten in der Erde oder im Meeresboden. Mit katastrophalen Konsequenzen brach das bisher zurückgehaltene Wasser hervor.

Zwischen den fossilhaltigen Schichten aus Sedimentgestein befinden sich viele eingestreute vulkanische Gesteine, die dort offensichtlich im Zusammenhang mit der Sintflut abgelagert wurden. Von daher ist es recht plausibel, dass dieses Aufbrechen der Brunnen der großen Tiefe eine Reihe von Vulkanausbrüchen umfasste, wobei sich ungeheure Mengen Wasser auf die Oberfläche der Erde ergossen. Es ist bemerkenswert, dass das Material, das bei Vulkanausbrüchen an die Erdoberfläche gebracht wird, auch heute bis zu 70 % oder mehr aus Wasser besteht, oft in Form von Dampf.

In ihrem Katastrophischen Plattentektonik-Modell für die Sintflut (siehe Kapitel 11) haben Austin et al.[2] vorgeschlagen, dass sich der Meeresboden beim Einsetzen der Flut plötzlich um 2 000 Meter anhob, da er sich durch die vermehrte horizontale Bewegung der tektonischen Platten erwärmte. Dadurch wäre das Meerwasser auf das Festland gespült worden und hätte dort eine massive Überschwemmung verursacht. Es ist durchaus denkbar, dass diese Ereignisse jene sind, die treffend mit dem Aufbrechen der „Brunnen der großen Tiefe“ beschrieben sind.

2. *Die Fenster des Himmels*

Die andere Quelle für die Wassermassen der Sintflut waren die „Fenster des Himmels“. Nach 1. Mose 7,12 hat es 40 Tage und 40 Nächte lang ununterbrochen geregnet.

Aus 1. Mose 2,5 erfahren wir, dass es vor der Erschaffung des Menschen noch nicht geregnet hatte. Manche meinen, bis zur Sintflut habe es überhaupt keinen Regen irgendwo auf der Erde gegeben. Da die Bibel eine solche Aussage jedoch nicht trifft, sollten wir darin nicht dogmatisch sein.[3]

Da Gott den Regenbogen als Zeichen seines Bundes mit Noah benutzt,

---

[1] Hinweise darauf häufen sich, dass tief in der Erde immer noch eine riesige Wassermenge in den Kristallgittern von Mineralien verwahrt ist. Das ist aufgrund des immensen Drucks möglich. Siehe Bergeron, L., 1997. Deep Waters. *New Scientist* 155(2097):22-26. „You Have Oceans and Oceans of Water Stored in the Transition Zone. It's Sopping Wet.“

[2] Austin, S.A., Baumgardner, J.R., Humphreys, D.R., Snelling, A.A., Vardiman, L. und Wise, K.P., 1994. Catastrophic Plate Tectonics: A Global Flood Model of Earth History. *Proc Third ICC*, S. 609-621.

[3] Da die Menschen sich über Noahs Warnungen einer bevorstehenden Flut lustig machten, behaupten einige, dass sie offenbar niemals Regen erlebt hatten. Doch die Menschen von heute haben zur Genüge Regen und Überschwemmungen gesehen und machen trotzdem ihre abschätzigen Bemerkungen über eine weltweite Sintflut. 1. Mose 2,5 sagt, dass es *noch* nicht geregnet hatte, aber ob es danach in der vorsintflutlichen Welt geregnet hat oder nicht, wird nicht gesagt.

Bei einem derartigen katastrophischen Ereignis wie der Sintflut wäre eine hohe vulkanische Aktivität zu erwarten.

argumentieren einige, dies sei ein Hinweis dafür, dass es bisher keinen Regenbogen und somit vor der Sintflut weder Regen noch Wolken gegeben habe. Wenn es jedoch auch schon vor der Sintflut Regenbogen und Wolken gegeben haben sollte, dann wäre das nicht das einzige Mal, dass Gott eine bereits existierende Sache als spezielles „neues" Zeichen für einen Bund benutzte (z. B. Brot und Wein beim Abendmahl).

Einen vorsintflutlichen Wasserkreislauf ohne Wolken und Regen kann man sich nur schwerlich vorstellen, da die Sonnenwärme auch damals große Mengen Oberflächenwasser verdunstet haben muss, das letztlich wieder zu flüssigem Wasser kondensiert wäre. Winzige Tröpfchen aus flüssigem Wasser bilden ja die Wolken, von denen wir den Regen erhalten.

Der Ausdruck „Fenster des Himmels" wird in Bezug auf die Sintflut zweimal verwendet (1. Mose 7,11 und 8,2). Er kommt im Alten Testament nur noch an drei anderen Stellen vor: zweimal in 2. Könige 7,2.19; dort bezieht er sich auf Gottes übernatürliches Eingreifen durch das Senden von Regen, und einmal in Maleachi 3,10, wo der Ausdruck wiederum für Gottes Eingreifen verwendet wird und sein Ausgießen von übermäßigem Segen auf sein Volk beschreibt. Im ersten Buch Mose erinnert der Ausdruck sicherlich an die außergewöhnliche Natur des Sintflutregens. Bei gewöhnlichem Regen wird dieser Begriff nicht verwendet.

Was sind die „oberen Wasser"?

In 1. Mosc 1,6-8 erfahren wir, dass Gott am zweiten Schöpfungstag die Wasser *auf* der Erde von den Wassern *oberhalb* der Erde trennte und dazu

eine „Wölbung" (Rev. Elberfelder; das hebräische Wort *raqija* übersetzen andere mit „Ausdehung", „Firmament" oder „Feste") dazwischen platzierte.[4] Viele sind der Auffassung, dass es sich bei dieser „Wölbung" um die Atmosphäre handelte, weil Gott die Vögel dorthin platzierte, was nahe legt, dass der Teil der Atmosphäre, wo die Vögel fliegen, zumindest zu dieser Wölbung dazugehört. Dann müsste sich das obere Wasser oberhalb der Atmosphäre befunden haben.

Der Vers, in dem es um die Erschaffung der Vögel geht (1. Mose 1,20), sagt jedoch wortwörtlich: „Vögel sollen fliegen oberhalb der Erde durch das Angesicht der Wölbung des Himmels."[5] Das räumt zumindest die Möglichkeit ein, dass die „Wölbung" auch den Raum jenseits der Atmosphäre umfasst.

Dr Russell Humphreys hat argumentiert: Da 1. Mose 1,17 sagt, dass Gott Sonne, Mond und Sterne ebenfalls „an die Wölbung des Himmels setzte", müsste die Wölbung demnach auch den interstellaren Raum umfassen.[6]

---

[4] Einige Skeptiker haben versucht, die Bibel durch die Behauptung herabzuwürdigen, *raqija* beschreibe eine massive Kuppel und die alten Hebräer hätten an eine flache Erde mit einer darüber gestülpten Kuppel geglaubt. Doch solche Gedanken finden sich weder in der Bibel noch in dem Wort *raqija*. Siehe Holding, J.P., 1999. Is the *raqiya* („Firmament") a Solid Dome? Equivocal Language in the Cosmology of Genesis 1 and the Old Testament: a Response to Paul H. Seely. *CEN Technical Journal* 13(2):44-51.

[5] Leupold, H.C., 1942. *Exposition of Genesis,* Bd. 1. Baker Book House, Grand Rapids, Michigan, S. 78.

[6] Humphreys, D.R., 1994. A Biblical Basis for Creationist Cosmology. *Proc. Third ICC*, Pittsburgh, PA, S. 255-266.

Nach dieser Deutung würden sich die „Wasser oberhalb der Wölbung“ aus 1. Mose 1,7 jenseits der Sterne am Rand des Universums befinden.[7]

Präpostitionen (in, unter, über usw.) sind im Hebräischen jedoch recht flexibel verwendbar, genau wie im Deutschen auch. Von einem U-Boot kann man sagen, dass es *unter* Wasser fährt oder auch *im* Wasser. Genauso können sich die oberen Wasser *über* der Wölbung oder auch *in* der Wölbung befunden haben. Deshalb sollten wir vorsichtig sein und nicht zu viel aus diesen Begriffen herauslesen.

Was aber sind nun die „oberen Wasser“? Manche meinen, dabei handle es sich lediglich um die Wolken. Andere halten sie für eine Hülle aus Wasserdampf um die Erde.

Eine Hülle aus Wasserdampf?

Dr. Joseph Dillow betrieb ausgiebige Forschungen über die Vorstellung einer Decke aus Wasserdampf, die vor der Sintflut womöglich die Erde umhüllte.[8] Als Modifikation der Hüllentheorie schlug Dr. Larry Vardiman[9] vor, dass ein großer Teil der „oberen Wasser“ in Form kleiner Eispartikel in äquatorialen Ringen um die Erde verteilt gewesen sein könnte, ähnlich wie bei der Venus.

Die Erwähnung der geöffneten Fenster des Himmels in 1. Mose 7,11 wurde als Kollaps dieser Wasserhülle gedeutet, die irgendwie instabil wurde und sich als Regen niederschlug. Vulkanausbrüche in Verbindung mit dem Aufbrechen der Brunnen der großen Tiefe haben möglicherweise Staub in die Wasserhülle aufgeworfen und dadurch den Wasserdampf um die Partikel zu Tropfen kondensieren und abregnen lassen.

Dillow, Vardiman und andere stellten die Hypothese auf, dass die Wasserhülle vor der Sintflut einen Treibhauseffekt bewirkte und so rund um den Globus ein angenehmes subtropisch-gemäßigtes Klima herrschte – sogar an den Polen, die heute von Eis bedeckt sind. Es hätte zu einer weltweit üppigen Landvegetation geführt. Dieser Gedanke wird unterstützt von der Entdeckung von Kohleadern in der Antarktis, die eine Vegetation enthalten, wie sie an den Polen heute nicht wächst, die dort aber offensichtlich unter wärmeren Bedingungen florierte.[10]

Eine Wasserhülle würde sich auch auf das globale Windsystem auswirken. Außerdem waren die Berge vor der Sintflut höchstwahrscheinlich nicht so hoch wie heute (siehe unten). In der heutigen Welt sind die starken Winde und die hohen Gebirgszüge ein wichtiger Bestandteil des Wasserkreis-

---

[7] Das könnte zur Erklärung der Mikrowellen-Hintergrundstrahlung beitragen, die im Weltraum gemessen wird. Siehe Kapitel 5 und Humphreys, a.a.O.

[8] Dillow, J.C., 1981. *The Waters Above.* Moody Press, Chicago.

[9] Vardiman, L., 1986. The Sky Has Fallen. *Proc. First ICC* 1:113-119.

[10] Das Vorkommen von solchen Überresten von Pflanzen aus warmem Klima kann auch durch plattentektonische Verschiebung erklärt werden (siehe Kapitel 11, S. 163).

laufs, der die Kontinente mit Regen versorgt. Vor der Sintflut hätten diese Faktoren jedoch zu einem völlig anderen Klimasystem geführt. Diejenigen, die sich damit näher befassen wollen, sollten Dillows und Vardimans Bücher zu Rate ziehen.

Ein größeres Problem mit der Wasserhüllen-Theorie

Vardiman[11] erkannte eine schwerwiegende Komplikation in der Wasserhüllen-Theorie: Selbst das beste Wasserhüllen-Modell führt zu einer unvertretbar hohen Temperatur auf der Erdoberfläche.

Rush und Vardiman versuchten eine Lösung zu finden,[12] stellten jedoch fest, dass sie die Menge an Wasserdampf in der Hülle von einem Regenäquivalent von 12 m Niederschlagsmenge auf lediglich 0,5 m reduzieren mussten. Eine weitere Ausarbeitung des Modells ergab, dass eine solche Hülle maximal 2 m Wasser enthalten konnte, selbst wenn für alle relevanten Faktoren optimale Werte veranschlagt werden, die ein Maximum an Wasser ermöglichen würden.[13] Eine derart reduzierte Wasserschicht würde nicht wesentlich zu den 40 Tagen und Nächten Regen, mit denen die Sintflut begann, beitragen.

Das Wasserhüllenmodell wird heute von den meisten Schöpfungswissenschaftlern entweder verworfen[14], oder es wird kein Bedarf mehr für ein solches Konzept gesehen. Letzteres gilt insbesondere, wenn andere vernünftige Mechanismen den Regen geliefert haben können.[15] Das Sintflutmodell der Katastrophischen Plattentektonik (siehe Kapitel 11)[16] beinhaltet vulkanische Aktivität auf dem Meeresboden, die mit dem Aufbrechen des vorsintflutlichen Ozeanbodens einherging. Dies hätte zu einem weitgestreckten Geysir aus ultraheißem Dampf aus Ozeanwasser (der sich wie eine Mauer quer durch den Ozean erstreckte), das weltweit intensiven Regen verursacht hätte.

Was auch immer die Quelle oder der Mechanismus der „Fenster des Himmels" war, unabhängig davon bleibt die biblische Aussage bestehen,

---

[11] Vardiman, a.a.O., S. 116, 119.

[12] Rush, D.E. und Vardiman, L., 1990. Pre-Flood Vapor Canopy Radiative Temperature Profiles. *Proc Second ICC,* Pittsburgh, PA, 2:231-245.

[13] Vardiman, L. und Bousselot, K., 1998. Sensitivity Studies on Vapor Canopy Temperature Profiles. *Proc. Fourth ICC*, S. 607-618.

[14] Psalm 148,4 scheint gegen die Wasserhüllentheorie zu sprechen. Er wurde nach der Sintflut verfasst, spricht aber von immer noch existierenden „Wassern, die ihr oberhalb der Himmel seid" und somit kann damit keine Wasserhülle gemeint sein, die bei der Sintflut kollabierte. Calvin, Leupold und Keil und Delitzsch schrieben alle, dass mit den „oberen Wassern" lediglich die Wolken gemeint seien.

[15] Wir werden vielleicht niemals richtig erforschen, wie es genau zur Sintflut gekommen ist, aber das ändert nicht die Tatsache, dass sie sich ereignet hat.

[16] Austin *et al.*, a.a.O.

Eine Wasserdampfhülle, die – gemessen als Niederschlagsmenge – mehr als zwei Meter Wasser repräsentiert, würde eine unvertretbar hohe Temperatur auf der Erde bewirken. Deshalb kann die angenommene Wasserdampfhülle in der Atmosphäre keine signifikante Quelle für das Wasser der Sintflut gewesen sein.

dass sich die Fenster des Himmels öffneten. Dies ist jedenfalls eine lebendige Beschreibung des weltweiten ergiebigen Regens.

3. Wohin ist das Wasser abgeflossen?

Bei der Sintflut war die ganze Erde mit Wasser bedeckt (siehe Kapitel 10: War die Sintflut weltweit?), und der damalige Lebensraum wurde durch genau dasselbe Wasser zerstört, aus dem er einst auf Gottes Befehl hin aufgetaucht war (1. Mose 1,9; 2. Petrus 3,5-6). Es stellt sich die Frage: Wohin ist dieses Wasser nach der Sintflut abgeflossen?

Es gibt eine Reihe von Bibelstellen, die die Wassermassen der Sintflut mit den heutigen Meeren gleichsetzen (Amos 9,6 und Hiob 38,8-11, siehe den Begriff „Wellen"). Wenn dieses Wasser immer noch existiert, warum stehen dann die höchsten Berge heute nicht mehr unter Wasser wie zu Noahs Zeit? Psalm 104 lässt eine Antwort erahnen. Nachdem die Wassermassen die Berge bedeckt hatten (Vers 6), schalt Gott sie und sie flohen (Vers 7). Daraufhin erhoben sich die Berge und die Täler senkten sich (Vers 8), und Gott setzte dem Wasser eine Grenze, sodass es nie wieder die Erde bedecken wird (Vers 9). Es ist somit ein und dasselbe Wasser!

Jesaja trifft dieselbe Aussage, dass das Wasser der Sintflut nie wieder die Erde bedecken wird (Jesaja 54,9). Die Bibel sagt eindeutig, dass Gott die Topografie des Festlands veränderte. Neue kontinentale Landmassen mit neuen Gebirgsketten aus gefalteten Gesteinsschichten erhoben sich aus den tieferen weltumspannenden Wassermassen, die die vorsintflutliche Topografie eingeebnet hatten. Gleichzeitig bildeten sich große und tiefe Ozeanbecken, die das Wasser der Sintflut aufnahmen, sodass die auftauchenden Kontinente trocken gelegt wurden.

Das ist der Grund dafür, weshalb die Ozeane so tief sind und warum es gefaltete Gebirgszüge gibt. Wenn man sich die gesamte Erdoberfläche

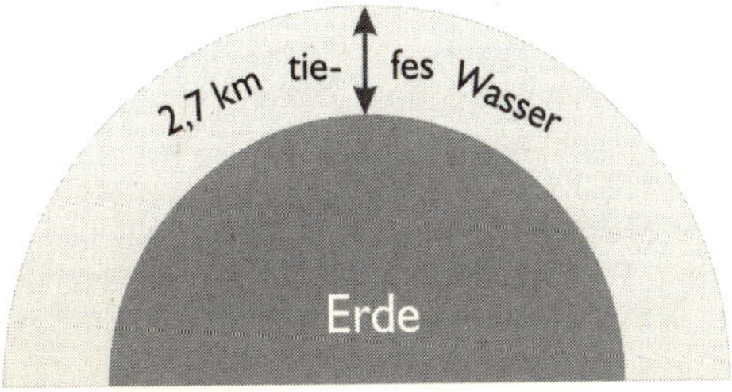

Würde man das Profil der Erdoberfläche vollständig einebnen, sodass es keine Berge und Ozeanbecken mehr gäbe, dann wäre die ganze Erde mit einem 2,7 km tiefen Ozean bedeckt (Abbildung nicht maßstabsgetreu).

gewissermaßen „ausgebügelt" und das gesamte Profil der Erdrinde, einschließlich der Höhenunterschiede der Meeresböden, eingeebnet denkt, dann würden die Wassermassen der Ozeane die gesamte Erdoberfläche 2,7 Kilometer hoch bedecken. Wir wollen uns daran erinnern, dass heute ohnehin etwa 70 % der Erdoberfläche von Wasser bedeckt ist. Es ist somit offensichtlich, dass sich die Wassermassen der Sintflut in den heutigen Ozeanbecken befinden.

4. Gibt es einen erklärenden Mechanismus?

Das Modell der Katastrophischen Plattentektonik (Kapitel 11) bietet uns einen erklärenden Mechanismus für das Absenken der Ozeane und das Erheben der Berge am Ende der Sintflut.

Als sich die neuen Ozeanböden abkühlten, nahm ihre Dichte zu und sie sanken ab, sodass das Wasser von den Kontinenten ins Meer floss. Die Verlagerung der Wassermassen von den Kontinenten auf die Meere drückte mit dem zusätzlichen Gewicht den Meeresboden weiter nach unten und erleichterte die Kontinente, was zu weiterem Absinken des Meeresbodens und zu einer Aufwärtsbewegung der Kontinente führte.[17] Dieses Vertiefen der Ozeanbecken und Anheben der Kontinente führte zu weiterem Ablaufen von Wasser vom Festland ins Meer.

Die Kollision der tektonischen Platten schob zudem die Gebirgszüge nach oben, insbesondere gegen Ende der Sintflut.

Konnten die Wassermassen den Mt. Everest bedecken?

Der Mt. Everest ist über acht Kilometer hoch. Wie konnte die Sintflut dann „alle hohen Berge, die unter dem ganzen Himmel sind, bedecken"?

Die Bibel spricht nur von „hohen Bergen", und die heutigen Berge entstanden erst gegen Ende und nach der Sintflut, und zwar durch Kollision der tektonischen Platten und dem damit einhergehenden Aufwärtsdruck. Belegt wird dies dadurch, dass die Schichten selbst in den höchsten Lagen des Mt. Everest aus fossilhaltigen Sedimenten bestehen, die durch Wasser abgelagert wurden.

Dieses Anheben der neuen kontinentalen Landmassen aus der Sintflut heraus bedeutet, dass beim Heben der Berge und Senken der Täler die Wassermassen sehr schnell von der neu enstandenen Landoberfläche abgeflossen sind. Auch der Kollaps natürlicher Geländestrukturen, die als Dämme wirkten und so das Flutwasser vom Festland zurückhielten, hätte eine katastrophische Überflutung ausgelöst. Solche raschen Bewegungen großer

---

[17] Dieses geologische Prinzip wird *Isostasie* genannt und umfasst ein „Schwimmen" der Platten auf dem Erdmantel. Die Ozeanbecken bestehen aus dichterem Gestein als die Kontinente, daher befinden sich die Ozeanbecken tiefer im Erdmantel als die weniger dichten Kontinente mit ihren Gebirgen.

Sogar in der Nähe der heutigen höchsten Berggipfel gibt es Fossilien von Meereslebewesen.

Wasservolumina könnten eine intensive Erosion verursacht und die Grundstrukturen der Erdoberfläche geformt haben.

Somit fällt es nicht schwer, sich ein rasches Herausschälen der Landschaftsstrukturen vorzustellen, wie wir sie heute auf der Erde sehen, einschließlich solcher Stätten wie den Grand Canyon in den USA. Die gegenwärtige Form des Uluru (Ayers Rock), eines Sandstein-Monolithen in Zentralaustralien ist das Ergebnis folgender Prozesse: Zuerst wurde in horizontalen Betten der Sand aus dem Wasser abgelagert; durch Kippen und Anheben und anschließender Erosion entstand schließlich die heutige Form. Da der Sand, aus dem der Uluru besteht, reich an Feldspat ist, muss er sehr schnell und in jüngerer Zeit abgelagert worden sein. Ein Transport des Sandes über eine längere Distanz hätte die Sandkörner abgerundet und sortiert, doch sie sind scharfkantig und unsortiert. Wenn sie sich über lange Zeiträume langsam im Bett eines Sees angesammelt hätten, wie es die geologischen Lehrtafeln in diesem Nationalpark erklären, dann wären die Feldspate längst zu Lehm verwittert. Gleiches gilt, wenn sich der Uluru Millionen Jahre lang in dem einst feuchten Gebiet Zentralaustraliens befunden hätte.[18] In ähnlicher Weise sind die nahegelegenen Kata-Tjuta-Formationen (die Olgas) aus einer unsortierten Mischung aus großen Felsblöcken, Sand und Schlamm zusammengesetzt, was darauf hinweist, dass das Material in sehr kurzer Zeit transportiert und abgelagert worden sein muss.

[18] Snelling, A.A:, 1998. Uluru and Kata Tjuta: Testimony to the Flood. *Creation* 20(2):36-40.

Die durch das zurückströmende Flutwasser verursachte Erosion ist der Grund dafür, dass die Flusstäler heute wesentlich breiter sind als das heutige Flusswasser je hätte ausschälen können. Die Wassermengen, die diese Täler ausgehöhlt haben, müssen wesentlich größer gewesen sein als das Wasservolumen, das heute durch diese Flüsse fließt. Es waren die umfangreichen Flutwassermassen, die am Ende der Sintflut von der sich erhebenden Landoberfläche abflossen und sich in die rasch sinkenden neu entstandenen tiefen Ozeanbecken ergossen.

Unser Verständnis vom geologischen Ablauf der Sintflut entwickelt sich ständig weiter. Ideen kommen und gehen, aber die Tatsache der Sintflut bleibt bestehen. Das 1. Buch Mose bezeugt sie klar, Jesus und die Apostel bestätigen sie, und es gibt weltweit geologische Befunde in Hülle und Fülle, die auf eine weltweite Wasserkatastrophe hinweisen.

Kata Tjuta in Zentral-Australien besteht aus Material, das sehr rasch von Wasser abgelagert worden sein muss.

Kapitel 13

Wie passten die vielen Tiere in die Arche?

Welche Tiere nahm Noah mit in die Arche? Wo wurde das Futter gelagert? War die Arche wirklich groß genug? Was geschah mit den Exkrementen der Tiere?

Viele Skeptiker meinen, die Bibel müsse falsch sein, denn die Arche könne doch unmöglich all die vielen verschiedenen Tierarten aufgenommen haben. Aufgrund dieses Arguments leugnen auch einige Christen die Sintflut oder glauben, sie sei nur eine regionale Flut gewesen und nur wenige Tierarten hätten in der Arche Platz finden müssen.

Solche Zweifler haben die Sache noch nicht zuende gedacht. Bereits 1961 erschien ein Buch – „*Die Sintflut*" – von Whitcomb und Morris.[1] Als Klassiker unter den schöpfungswissenschaftlichen Publikationen enthielt dieses Werk eine detaillierte Analyse dieses Problems. Eine umfassendere und aktuellere fachspezifische Untersuchung dieser und vieler weiterer damit zusammenhängender Fragenstellungen ist John Woodmorappes Buch *Noah's Ark: A Feasibility Study* (etwa: „Eine Machbarkeitsstudie der Arche Noah").[2] Dieses Kapitel basiert weitgehend auf diesen Büchern und enthält zusätzlich einige unabhängige Überlegungen. Zwei grundsätzliche Fragen gilt es zu beantworten:

- Wie viele Tierarten musste Noah mitnehmen?
- Reichte das Fassungsvermögen der Arche aus, um alle notwendigen Arten aufzunehmen?

1. Wie viele Tierarten musste Noah mit in die Arche nehmen?

Zu dieser Frage sind folgende Bibelabschnitte aus dem 6. und 7. Kapitel des 1. Buches Mose bedeutsam:

---

[1] Whitcomb, J.C. und Morris, H.M., 1961. *The Genesis Flood*, Presbyterian and Reformed Publishing Co., Phillipsburg, NJ, USA. Deutsche Ausgabe: *Die Sintflut*, Hänssler, Neuhausen-Stuttgart, 1977, (vergriffen).

[2] Woodmorappe, J., 1997. *Noah's Ark: A Feasibility Study.* Institute for Creation Research, El Cajon, CA, USA. Woodmorappe hat sich sieben Jahre lang dieser akademischen, systematischen Arbeit gewidmet, die Antworten bietet auf so gut wie alle Argumente gegen die Arche, auf angebliche Probleme der biblischen Schilderung und alle anderen relevanten Fragestellungen. Nie zuvor wurde etwas Vergleichbares geschrieben – es ist eine stichhaltige Verteidigung des biblischen Berichts über die Arche.

Und du sollst in die Arche bringen von allen Tieren, von allem Fleisch, je ein Paar, Männchen und Weibchen, dass sie leben bleiben mit dir. Von den Vögeln nach ihrer Art, von dem Vieh nach seiner Art und von allem Gewürm auf Erden nach seiner Art: von den allen soll je ein Paar zu dir hineingehen, dass sie leben bleiben (1. Mose 6,19-20).

Von allen reinen Tieren nimm zu dir je sieben, das Männchen und sein Weibchen, von den unreinen Tieren aber je ein Paar, das Männchen und sein Weibchen. Desgleichen von den Vögeln unter dem Himmel je sieben, das Männchen und sein Weibchen, um das Leben zu erhalten auf dem ganzen Erdboden (1. Mose 7,2-3).

Das hebräische Wort *behema*, das hier mit „Tier" übersetzt wurde, bezieht sich allgemein auf alle Landwirbeltiere. Das Wort für „Gewürm" (kriechende Tiere) ist *remes*, das in der Bibel mehrere verschiedene Bedeutungen hat, hier aber wahrscheinlich Reptilien meint.[3] Noah brauchte keine Wassertiere[4] mitzunehmen, weil ihre Existenz durch die Sintflut nicht unbedingt bedroht war. Turbulenzen im Wasser und die damit einhergehenden Sedimentablagerungen führten jedoch wahrscheinlich zu einem massiven Sterben auch in der Seewelt. Die Fossilien geben uns heute Zeugnis davon. So sind bei der Sintflut wahrscheinlich auch viele Meerestiere ausgestorben. Wenn es Gottes weiser Ratschluss war, einige Meeresbewohner nicht zu erhalten; so war Noah für diese auch nicht verantwortlich.

Noah brauchte auch keine Pflanzen mitzunehmen. Viele Pflanzen können als Samen oder auf schwimmenden Matten aus verhedderten Vegetationsresten überlebt haben, wie sie heute nach schweren Unwettern zu sehen sind. Viele Insekten und andere Wirbellose waren klein genug, um ebenfalls auf diesen Matten zu überleben. Aus 1. Mose 7,22 erfahren wir, dass die Sintflut alle Landtiere austilgte, die durch die Nase atmeten, abgesehen von denen in der Arche. Insekten atmen nicht durch eine Nase, sondern durch feine Poren (Tracheen) in ihrem äußeren Skelett (ihrer „Schale").

Reine Tiere: Bibelausleger sind sich uneinig darüber, ob im Hebräischen jeweils „sieben Exemplare" oder „sieben Paare" von jeder reinen Tierart gemeint sind. Woodmorappe vertritt die Auffassung, es seien sieben Paare gewesen, um den Skeptikern dadurch so weit wie möglich entgegenzukommen. Doch die überwiegende Mehrheit der Tiere ist nicht rein und wurde jeweils von nur einem Pärchen repräsentiert. Der Ausdruck „reine Tiere"

---

[3] Jones, A.J., 1973. How Many Animals on the Ark? *Creation Research Society Quarterly* 10(2):16-18.

[4] Es ist höchste Zeit, dass gewisse atheistische Skeptiker intellektuell redlich vorgehen sollten und sich zunächst mit dem Inhalt der Bibel vertraut machen, bevor sie argumentieren. Dann gäbe es nicht solche unsachgemäßen Kommentare, wie z.B. über Wale, die auf Schiffsplanken zappeln oder über Aquarien in der Arche.

Gott brachte alle Arten luftatmender Tiere zu Noah, um sie in der Arche vor der Sintflut zu retten.

wird in der Bibel erst im mosaischen Gesetz definiert. Doch da Mose auch der Autor bzw. Zusammensteller des Sintflutberichts war – und wenn wir das Prinzip befolgen, dass „die Schrift durch die Schrift ausgelegt wird", kann die Definition des mosaischen Gesetzes auch auf Noahs Situation angewendet werden. In 3. Mose 11 und 5. Mose 14 sind tatsächlich sehr wenig „reine" Landtiere aufgeführt.

Was ist eine „Art"?

Gott schuf eine Anzahl verschiedener Tierarten, die alle mit einer großen Bandbreite an Variabilität ausgestattet waren.[5] Die Nachkommen dieser verschiedenen Arten umfassen heute, im Gegensatz zum Menschen, eine weit größere Gruppe als die Klassifikation, die als *Art* oder *Spezies* bezeichnet wird. In vielen Fällen würden diese heutigen Arten, die von einer bestimmten ursprünglichen Art abstammen, in der modernen Taxonomie (der Zweig der Biologie, der die Lebewesen klassifiziert) als *Gattung* bezeichnet.

Eine Art ist nach einer üblichen Definition eine Gruppe von Organismen, die sich miteinander paaren (kreuzen) und die dadurch fruchtbare

[5] Ein häufiger Fehler, der von Vertretern der Evolutionslehre begangen wird, ist die Vorstellung, dass Variation innerhalb der Grenzen einer Art irgendwie die Evolution von Molekülen zum Menschen beweisen kann. Die dazu zitierten Beispiele, wie die antibiotische Resistenz bei Bakterien, sind in der Tat Beispiele für *natürliche Selektion*. Aber das ist *keine* Evolution. Evolution erfordert die Erschaffung neuer genetischer Information, was durch natürliche Prozesse wie Mutation oder natürliche Selektion nicht möglich ist. Siehe dazu Kapitel 1, S.20-22, 24-28.

Nachkommen hervorbringen können, und die sich nicht mit anderen Arten paaren. Bei den meisten Spezies einer Gattung oder Familie ist jedoch nicht überprüft worden, mit welchen anderen Spezies sie sich kreuzen können und mit welchen nicht. Die ausgestorbenen Arten können definitiv nicht mehr dieser Überprüfung unterzogen werden. In der Tat sind nicht nur Kreuzungen zwischen den Arten bekannt, sondern es gibt auch viele Fälle von Paarungen zwischen verschiedenen Gattungen, sodass die „Art“ in einigen Fällen so hoch angeordnet ist wie die Klassifikation „Familie“. Wenn man die „Art“ mit der Gattung gleichsetzt, stimmt man damit auch mit der Bibel überein, die diesen Begriff so verwendet, dass die Israeliten leicht eine Art ohne isolierte Kreuzungsversuche erkennen konnten.

Beispielsweise stammen Pferd, Zebra und Esel wahrscheinlich alle von einer einzigen pferdeähnlichen Art ab, da sie sich kreuzen können, obgleich ihre Nachkommen größtenteils unfruchtbar sind. Hund, Wolf, Kojote und Schakal stammen wahrscheinlich von einem Kaniden (einem Hundeartigem) ab. Alle verschiedenen Arten von domestizierten Rindern (die *reine* Tiere sind), stammen vom Auerochsen[6] ab, und so waren wahrscheinlich höchstens sieben oder vierzehn Rinder an Bord der Arche. Der Auerochse selbst war womöglich ein Nachkomme von einer Rinderart, die auch Vorfahr des Bisons und Wasserbüffels ist. Wir wissen, dass aus Kreuzungen von Löwe und Tiger Mischlinge (Hybride) hervorgehen, die Löger (engl. liger) und Tiwe (engl. tigon) genannt werden. Deshalb stammen sie wahrscheinlich von ein und derselben ursprünglichen Art ab.

Woodmorappe zählte insgesamt – einschließlich der ausgestorbenen – etwa 8000 Gattungen. Von daher mussten etwa 16000 verschiedene Tiere an Bord der Arche genommen werden. Bei ausgestorbenen Gattungen besteht unter einigen Paläontologen die Neigung, jedem neuen Fund einen neuen Gattungsnamen zuzuordnen. Doch dies geschieht willkürlich und die Anzahl ausgestorbener Arten ist wahrscheinlich viel zu hoch angesetzt.

Was war mit den Sauropoden, den größten Dinosauriern, zu denen die großen Pflanzenfresser gehörten wie z.B. Brachiosaurus, Diplodocus

Zebras, Esel und Pferde gehören wahrscheinlich einer einzigen biblischen „Art“ an.

[6] Wieland, C., 1992. Re-creating the Extinct Aurochs? *Creation* 14(2):25-28.

Die Eier selbst der größten Dinosaurier waren nicht größer als ein Fußball. Daher waren alle jungen Dinosaurier relativ klein

und Apatosaurus? Allgemein werden 87 Sauropoden-Gattungen angeführt, doch nur 12 sind „fest gesichert" und weitere 12 werden als „ziemlich gut gesichert" angesehen.[7]

Dinosaurier?

Eine häufig gestellte Frage lautet: „Wie konnte Noah all die großen Dinosaurier in die Arche hineinbekommen?" Erstens wogen von den 668 vermuteten Dinosauriergattungen nur 106 im ausgewachsenen Stadium mehr als zehn Tonnen. Zweitens sagt die Bibel nicht, dass die Tiere voll ausgewachsen sein mussten. Die größten Tiere wurden wahrscheinlich von „jugendlichen" oder noch jüngeren Exemplaren ihrer Art vertreten. Es scheint überraschend, doch die mittlere Größe der Tiere auf der Arche wird höchstwahrscheinlich nur die einer kleinen Ratte gewesen sein (nach Woodmorappes aktueller Aufstellung), während nur etwa 11 % wesentlich größer als ein Schaf waren.

Bakterien?

Ein anderes von Atheisten und Vertretern der theistischen Evolution häufig aufgeworfenes Problem ist die Frage: „Wie haben bakterielle Krankheitserreger die Flut überlebt?" Das ist eine Suggestivfrage – sie setzt voraus, dass die Bakterien damals genauso spezialisiert und infektiös waren wie heute. Dann müssten alle Passagiere der Arche unter jeder heute existierenden

[7] McIntosh, J.S., 1992. Sauropoda. In: Wieshampel, D.B. *et al*, *The Dinosauria*, University of California Press, Berkeley, CA, S. 345.

Krankheit gelitten haben. Doch waren die Bakterien damals wahrscheinlich widerstandsfähiger und haben womöglich erst vor relativ kurzer Zeit ihre Fähigkeit verloren, in verschiedenen Wirten oder unabhängig von einem Wirt zu überleben. Tatsächlich können auch heute noch viele Bakterien in Insekten oder deren Kadavern überleben oder auch im getrockneten oder gefrorenen Zustand. Sie können aber auch von einem Wirt getragen werden, ohne eine Krankheit zu verursachen. Außerdem macht es heute die Degeneration der Wirte den Mikroben leicht, eine Krankheit zu verursachen, während in der Vergangenheit Mikroben beispielsweise im Darm des Wirts gelebt haben, ohne eine Krankheit zu bewirken. Ein solcher Verlust von Widerstandskraft stimmt überein mit der allgemeinen Degeneration des Lebens seit dem Sündenfall.[8]

2. *War die Arche groß genug, um alle notwendigen Tierarten aufzunehmen?*

Die Arche war 300 × 50 × 30 Ellen groß (1. Mose 6,15), das sind etwa 137 × 23 × 13,7 Meter[9], was einem Volumen von 43 200 m^3 entspricht. Um uns dieses Größenverhältnis zu veranschaulichen, können wir das Volumen mit dem Fassungsvermögen von 522 üblichen Viehwaggons gleichsetzen, von denen jeder 240 Schafen Platz bietet.

Wenn die Tiere in Käfigen mit einer durchschnittlichen Größe von 50 × 50 × 30 cm, also 75 000 cm^3, gehalten wurden, dann hätten die 16 000 Tiere nur 1 200 m^3 Raum oder nur 14,4 Viehwaggons eingenommen. Selbst wenn zusätzlich eine Million Insektenarten an Bord waren, wäre das kein Problem gewesen, weil sie sehr wenig Platz benötigen. Wenn jedes Paar in einem Käfig mit 10 cm Seitenlänge gehalten worden wäre (1 000 cm^3), hätten alle Insektenarten einen Raum von nur 1 000 m^3 beansprucht, und das entspricht dem Volumen von weiteren 12 Viehwaggons. Das würde dann noch Platz lassen für fünf Züge mit jeweils 99 Waggons für Futter, für Noahs Familie, für „Auslauf" für die Tiere und für Luft. Da jedoch Insekten nicht zum Bedeutungsumfang von *behema* und *remes* gehören, musste Noah sie wahrscheinlich nicht an Bord nehmen.

Beim Zusammenrechnen des benötigten Volumens stellen wir fest, dass es bei weitem ausreichte. Es blieb noch genügend Platz in der Arche übrig, um Futter zu lagern, Bewegung zu haben usw. Es wäre auch möglich gewesen, die Käfige zu stapeln, wobei das Futter darauf oder daneben gela-

---

[8] Wieland, C., 1994. Diseases on the Ark. *CEN Technical Journal* 8(1):16-18. Viren werden durch zufällige Mutationen, die ihre Proteinhülle verändern, oft wesentlich infektiöser. Das erschwert den Antikörpern, sie zu erkennen, aber dadurch ist der Informationsgehalt nicht angestiegen und somit hat keine Evolution stattgefunden.

[9] Für die Elle wurde hier die Britische Elle (1 cubit = 18 inches) verwendet mit 45,72 cm/Elle.

gert werden konnte, um so die Arbeitsbelastung der Besatzung zu minimieren. Auf diese Weise wäre der Raum der Arche noch besser ausgenutzt worden, und es wären noch reichlich Lücken für die Luftzirkulation verblieben. Wir sprechen hier nicht über luxuriöse Wohnverhältnisse, sondern über eine Notfallsituation. Es war genügend Raum für Bewegung vorhanden, doch Skeptiker haben den Bewegungsbedarf der Tiere übertrieben hoch angesetzt.

Selbst wenn wir annehmen, dass die Käfige nicht aufeinandergestapelt wurden, hätten wir immer noch kein Platzproblem. Anhand heutiger gesetzlich vorgeschriebener Platzanforderungen für den Tiertransport zeigt Woodmorappe, dass alle Tiere zusammen weniger Platz gebraucht hätten als die Hälfte des verfügbaren Bodens auf den drei Decks der Arche. Bei dieser Anordnung lässt sich die größtmögliche Futter- und Wassermenge auf den Käfigen ganz in der Nähe der Tiere lagern.

Lagerung des Futters

Die Arche führte wahrscheinlich gepresstes, getrocknetes und konzentriertes Futter mit. Vielleicht ernährte Noah das Vieh hauptsächlich mit Getreide und etwas Heu oder Faserstoff. Woodmorappe berechnete, dass das Volumen der Futtervorräte nur etwa 15 % des Gesamtvolumens der Arche eingenommen hätte. Für das Trinkwasser mussten höchstens 10 % des verfügbaren Raumes vorgesehen werden. Dieser Platzbedarf würde sich noch verringern, wenn Noah Regenwasser auffangen und speichern konnte.

Entsorgung der Exkremente

Wie haben Noah und seine Familie täglich die Exkremente von Tausenden von Tieren entsorgt? Der dazu erforderliche Arbeitsaufwand konnte auf

Käfige mit gitterartigen Böden und einem darunter angebrachten angewinkelten Brett sind selbstreinigend (von Woodmorappe[2], mit freundlicher Genehmigung).

vielerlei Weise minimiert werden. Möglicherweise hatten sie schräge Böden in den Käfigen oder Käfige mit gitterartigem Boden, durch den die Exkremente durchfielen und weggespült wurden (Wasser war ja genug vorhanden!), oder die Exkremente wurden kompostiert und dann durch Würmer zersetzt. Kompost hätte Regenwürmer hervorgebracht, die man wiederum als Futter verwenden konnte. Wenn die Käfige mit sehr viel Streugut ausgestattet waren, hätte eine Füllung vielleicht ein Jahr gereicht, ohne ausgetauscht werden zu müssen. Absorbierendes Material (z. B. Sägemehl, Weichholzraspeln oder insbesondere Torfmoos) hätten den Feuchtigkeitsgehalt und somit den Geruch reduziert.

Winterschlaf

Raum, Futtervorrat und Entsorgung wären ausreichend gewesen, selbst wenn die Tiere einem normalen Tag-Nacht-Rhythmus nachgingen. Doch Winterschlaf ist eine Möglichkeit, die diese Anforderungen noch weiter reduziert hätte. Die Bibel sagt zwar nichts davon, aber das heißt nicht, dass diese Möglichkeit ausgeschlossen war. Einige Schöpfungswissenschaftler schlagen vor, dass Gott den Winterschlafinstinkt für die Tiere in der Arche erschuf oder erhöhte, aber wir sollten in dieser Frage nicht dogmatisch sein.

Einige Skeptiker wenden ein, dass mitgenommenes Futter an Bord einen Winterschlaf ausschließe. Das stimmt aber nicht, denn entgegen populären Vorstellungen schlafen winterschlafende Tiere nicht den ganzen Winter über ununterbrochen und brauchen deshalb hin und wieder etwas Futter.

Materialbedarf und Schwimmstabilität der Arche

Die in der Bibel genannten Abmessungen für die Arche waren nicht Noahs Ideen, sondern von Gott gegeben (1. Mose 6,15). Somit müssten diese Vorgaben die besten sein, die man aus bautechnischen Gründen für solch ein Schiff wählen würde. Wozu Noah damals nicht in der Lage war, das können wir heutzutage: Mit dem derzeitigen schiffbautechnischen und mathematischen Kenntnisstand sowie dem unentbehrlichen Werkzeug zur Ausführung numerischer Berechnungen, dem Computer, können wir die von Gott gegebenen Abmessungen verstehen lernen. Wie in einer Studie von Werner Gitt[10] ausführlich nachgewiesen, weist die Arche hinsichtlich der beiden wichtigsten Konstruktionsmerkmale „hohe Schwimmstabilität bei gleichzeitig sparsamem Materialeinsatz“ die bestmöglichen Abmessungen auf. Nur darum, weil Gott die Maße vorgegeben hat, mussten sie optimal sein. Damit können wir drei wichtige Ergebnisse festhalten:

1. Der Sintflutbericht ist keineswegs von Menschen erdacht, sondern göttlichen Ursprungs.

2. Wie dieses Beispiel eindrücklich belegt, kann auch mathematisches

[10] Gitt, W., 2000. Das sonderbarste Schiff der Weltgeschichte. *Fundamentum* 21(3): 36-81 bzw. Sonderdruck aus Fundamentum 3/2000 (erhältlich beim Immanuel-Verlag, Mühlenstiegrain 50, CH-4125 Riehen).

Rüstzeug hilfreich sein, um die Bibel besser zu verstehen und um falsche Lehren zu widerlegen.

3. Die weitverbreitete Annahme, der biblische Sintflutbericht sei vom babylonischen Gilgamesch-Epos beeinflusst, ist – wie sich rechnerisch nachweisen lässt – grundlegend falsch. Die im Epos genannte „Arche" ist ein Würfel mit sieben Stockwerken. Eine solche Konstruktion ist hinsichtlich der erforderlichen Schwimmstabilität äußerst instabil.

3. Schlussfolgerung

Wir haben hier gezeigt, dass man der Bibel auch bei nachprüfbaren Aussagen wie dem Bericht von Noahs Arche vertrauen kann. Viele Christen meinen, man könne der Bibel nur in Sachen des Glaubens und der Moral vertrauen und nicht auf wissenschaftlichem Gebiet. Doch wir sollten bedenken, was Jesus Christus höchstpersönlich zu Nikodemus sagte: „Glaubt ihr nicht, wenn ich euch von irdischen Dingen sage, wie werdet ihr glauben, wenn ich euch von himmlischen Dingen sage?" (Johannes 3,12).

Wenn die Bibel in nachprüfbaren Aussagen wie z. B. über Geografie, Geschichte und Naturwissenschaft falsch wäre, warum sollten wir ihr dann auf solchen Gebieten vertrauen wie dem Wesen Gottes und dem Leben nach dem Tod, die der empirischen Überprüfung nicht zugänglich sind? Deshalb sollten Christen sich vorbereiten und bedenken: „seid allezeit bereit zur Verantwortung vor jedermann, der von euch Rechenschaft fordert über die Hoffnung, die in euch ist" (1. Petrus 3,15), wenn Skeptiker behaupten, die Bibel würde erwiesenen „wissenschaftlichen Tatsachen" widersprechen.

Wenn Ungläubige sehen, dass die Bibel in nachprüfbaren Aussagen vertrauenswürdig ist und ungläubig bleiben, dann missachten sie die Warnungen des Wortes Gottes vor einem künftigen Gericht auf eigene Gefahr.

Kapitel 14

Wie haben Süß- und Salzwasserfische die Sintflut überlebt?

Wie haben die Salzwasserfische die Vermischung des Meerwassers mit Süßwasser überlebt, und wie überlebten die Süßwasserfische im Salzwasser? Und wie haben die Pflanzen überlebt?

Wenn bei der Sintflut die ganze Erde von Wasser bedeckt war, dann haben sich dabei alle Salz- und Süßwasservorkommen miteinander vermischt. Viele der heute lebenden Fischarten sind spezialisiert und könnten in Wasser, das einen völlig anderen Salzgehalt hat, als es ihrem üblichen Lebensraum entspricht, nicht überleben. Wie aber haben sie dann die Sintflut überlebt?

Die Bibel sagt uns klar, dass sich an Bord der Arche ausschließlich Landtiere, die Luft atmen, und Vögel befanden (1. Mose 7,14.15.21-23).

Wir wissen nicht, wie salzig der Ozean vor der Sintflut war. Die Flut wurde eingeleitet vom Aufbrechen der „Brunnen der großen Tiefe" (1. Mose 7,11). Wir wissen nicht genau, worum es sich bei diesen „Brunnen der großen Tiefe" handelte (siehe Kapitel 9), aber auf jeden Fall müssen bei der Sintflut schon allein aufgrund des Gewichts der Wassermassen massive tektonische Bewegungen aufgetreten sein, die wiederum zu umfangreicher vulkanischer Aktivität führten.

Vulkane emittieren große Mengen an Dampf, und Lavaströme unter Wasser bilden heißen Wasserdampf, der manche Mineralien löst und dadurch dem Wasser Salz zuführt. Darüber hinaus wurde den Ozeanen Salz durch die Erosion zugeführt, die nach der Sintflut mit dem Abfluss der Wassermassen vom Festland einherging. Anders ausgedrückt: Wir können annehmen, dass der Ozean vor der Sintflut weniger salzhaltig war als nach der Flut.

Fische leben in Gewässern unterschiedlicher Salzkonzentration. Zwischen zwei Lösungen unterschiedlicher Salzkonzentration, die durch eine semipermeable Membran getrennt sind, findet ein Konzentrationsausgleich statt (Osmose). Das bedeutet: Fische in Süßwasser würden zur Aufnahme von Wasser tendieren, wenn der Salzgehalt ihrer Körperflüssigkeit höher wäre als der im Süßwasser. Fische in Salzwasser hingegen würden Wasser verlieren, wenn das sie umgebende Wasser salziger wäre als ihre Körperflüssigkeit.

1. Salzwasser-Süßwasser-Anpassung bei heutigen Fischen

Viele der heutigen Meeresbewohner, insbesondere solche Spezies, die in Mündungszonen oder in Flüssen mit starkem Gezeiteneinfluss leben,

Ebenso wie viele andere Wasserlebewesen können Aale sowohl in Salz- als auch in Süßwasser leben.

können auch bei größeren Veränderungen des Salzgehaltes überleben. Beispielsweise kann der Seestern für unbegrenzte Zeit eine so niedrige Salzkonzentration wie 16-18 % der seines eigentlichen Lebensraumes tolerieren. Rankenfußkrebse überleben in einer Umgebung mit weniger als einem Zehntel des üblichen Meerwasser-Salzgehaltes.

Es gibt wandernde Fischarten, die zwischen Salz- und Süßwasser pendeln. Zum Beispiel laichen Lachs, Streifenbarsch und Atlantischer Stör in Süßwasser und wachsen dann in Salzwasser auf. Aale vermehren sich in Salzwasser, wachsen jedoch in Süßwasserflüssen und -seen auf. Somit sind viele der heutigen Fischarten imstande, sich sowohl an Süß- als auch an Salzwasser anzupassen.

Es gibt Hinweise auf eine Spezialisierung innerhalb einer Fischart nach der Sintflut. Beispielsweise ist der Atlantische Stör eine wandernde Salz-/Süßwasserart, wohingegen der Sibirische Stör, eine andere Erscheinungsform derselben Gattung, ausschließlich in Süßwasser lebt.

Viele Fischfamilien[1] umfassen sowohl Süß- als auch Salzwasserarten. Dazu gehören die Familien der Krötenfische, Hornhechte, Schlammfische, Störe, Heringe, Sardellen, Lachse/Forellen/Hechte, Katzenfische, Saugfische, Stichlinge, Drachenköpfe und Plattfische. Bedeutsam für unsere am Kapitelanfang gestellte Frage ist, dass es bei den meisten heute lebenden Fischfamilien sowohl Süß- als auch Salzwasserrepräsentanten gibt. Das legt nahe, dass die meisten Fische zur Zeit der Sintflut die Fähigkeit besaßen, Veränderungen des Salzgehaltes der Umgebung im größeren Umfang zu tolerieren. Spezialisierung durch natürliche Selektion hat seitdem möglicherweise bei vielen Arten zum Verlust dieser Fähigkeit geführt (siehe Kapitel 1, S. 27-29).

In Schottland wurden Kreuzungen aus wilden (Süßwasser-) Forellen und gezüchteten Lachsen (wandernde Arten) entdeckt,[2] was vermuten lässt, dass die Unterschiede zwischen Süß- und Salzwasserarten sehr geringfügig sind.

[1] Die „Familie" ist eine der Hauptklassifikationsstufen bei Fischen. Bei Fischen finden sich sehr viele Hinweise auf Kreuzungen innerhalb von Familien – zum Beispiel bei der Lachs-/Forellen-Familie. Das lässt darauf schließen, dass bei den Fischen die Familien die biblischen „Arten" repräsentieren.

[2] Charron, B., 1995. Escape to Sterility for Designer Fish. *New Scientist* 146(1979):22.

Die Süßwasser-Forelle kann sich mit dem Lachs kreuzen, obwohl dieser im Salzwasser lebt.

Tatsächlich scheinen die Unterschiede in der Physiologie weitgehend quantitative und nicht qualitative Unterschiede zu sein.

Die Nieren von Süßwasserarten scheiden überschüssiges Wasser aus, der Urin hat eine geringe Salzkonzentration; die Nieren von Salzwasserarten scheiden überschüssiges Salz aus und der Urin hat einen hohen Salzgehalt. Das Blut von Salzwasserhaien hat eine hohe Konzentration von Harnstoff, um in Salzwasserumgebung kein körpereigenes Wasser zu verlieren, wohingegen Süßwasserhaie eine niedrige Harnstoffkonzentration haben, um das Eindringen von Wasser zu verhindern. Wenn Sägefische von Salzwasser in Süßwasser kommen, steigern sie ihre Urinausscheidung um das Zwanzigfache und der Harnstoffgehalt ihres Blutes sinkt auf weniger als ein Drittel.

Größere öffentliche Aquarien machen sich die Fähigkeit der Fische zu nutze, sich an Wasser mit anderem Salzgehalt, als es ihrem natürlichen Lebensraum entspricht, anzupassen, um Süßwasser- und Salzwasserfische in einem gemeinsamen Becken halten zu können. Wird der Salzgehalt langsam genug verändert, kann sich der Fisch anpassen.

Demzufolge haben auch heute viele Fischarten die Fähigkeit, sich während ihres Lebens sowohl an eine Süß- als auch an eine Salzwasserumgebung anzupassen.

Im Wasser lebende, luftatmende Säugetiere wie z.B. Wale und Delphine konnten die Sintflut besser überleben als viele Fische, da sie den Sauerstoff nicht aus verschmutztem Wasser entnehmen mussten.

Wahrscheinlich sind bei der Sintflut viele Meeresbewohner durch Turbulenzen im Wasser, durch Temperaturwechsel usw. umgekommen. Die Fossilen bezeugen eine massive Vernichtung des Meereslebens, da Meereslebewesen 95 % der Fossilfunde ausmachen.[3] Einige dieser Lebewesen wie z. B. Trilobiten und Ichthyosaurier, sind wahrscheinlich zu jener Zeit ausgestorben. Das ist mit der biblischen Aussage vereinbar, dass die Sintflut mit dem Aufbrechen der „Brunnen der großen Tiefe" begann (d. h., sie begann im Meer; die „große Tiefe" ist der Ozean).

Möglicherweise entwickelten sich stabile Süß- und Salzwasserschichten, die in einigen Teilen des Ozeans erhalten blieben. Eine Süßwasserschicht kann sich für längere Zeit oberhalb von Salzwasser erhalten. In höheren Breitengraden waren die Turbulenzen möglicherweise gering genug, um einen Fortbestand solcher Schichtungen zu ermöglichen und damit in jenen Gegenden das Überleben von sowohl Süß- als auch Salzwasserspezies zu gewährleisten.

2. Wie die Pflanzen überlebten

Viele Samen von Landpflanzen können lange Zeit in feuchter Umgebung in verschiedener Salzwasserkonzentration überleben.[4] Tatsächlich verhindert Salzwasser das Keimen von manchen Arten, sodass der Same sich im Salzwasser besser hält als in Süßwasser. Andere Pflanzen können auf schwimmenden Vegetationsresten oder auf Bimsstein aus vulkanischer Aktivität überlebt haben. Bei vielen Pflanzen können Pflanzenteile später wieder ohne geschlechtliche Vermehrung sprossen.

Viele Pflanzen können auch als eingeplanter Futtervorrat auf der Arche überlebt haben oder als zufällige Miteinlagerung in einem solchen Vorrat. Viele Samen haben Strukturen, mit denen sie sich an Tiere anheften können, und einige können auf diese Weise durch die Flut gekommen sein. Andere haben womöglich in den Mägen der aufgedunsenen Kadaver der verendeten Pflanzenfresser überlebt.

---

[3] Es gibt ausgesprochen viele Meeresfossilien. Wenn sie wirklich auf die Art und Weise entstanden sind, wie es die Vertreter der Evolutionslehre behaupten (im Lauf von Hunderten von Millionen Jahren), dann sollten Fossilien von Übergangsformen, die die allmähliche Veränderung von einer Art zur anderen zeigen, gerade hier anzutreffen sein. Doch solche Übergangsfossilien glänzen durch ihre Abwesenheit. Darüber hinaus werden Fossilien solcher Objekte wie Quallen, Seesterne und Venusmuscheln nahe der unteren Grenze der Fossilüberlieferung mehrzelliger Organismen gefunden, und doch gibt es sie auch heute noch in grundsätzlich unveränderter Form.

[4] Howe, G.F., 1968. Seed Germination, Sea Water, and Plant Survival in the Great Flood. *Creation Research Quarterly* 5:105-112. Ironischerweise bewies auch Charles Darwin, dass Samen monatelang im Salzwasser überleben können.

Der Olivenzweig, den die Taube zu Noah brachte (1. Mose 8,11), zeigt, dass Pflanzen bereits wieder sprossen, noch bevor Noah und seine Begleitung die Arche verließen.

3. Schlussfolgerung

Es gibt viele einfache und einleuchtende Erklärungen, wie Süß- und Salzwasserfische sowie Pflanzen die Sintflut überlebt haben können. Auch von der hier bearbeiteten Fragestellung her gibt es keinen Grund, die Realität der Sintflut, wie sie in der Bibel beschrieben ist, anzuzweifeln.

Kapitel 15

Wo sind die menschlichen Fossilien?

Warum findet man Fossilien von Menschen nicht zusammen mit denen von z. B. Trilobiten? Wenn Menschen und Dinosaurier zur selben Zeit lebten, warum finden wir dann ihre Fossilien nicht am gleichen Ort? Wie konnte es durch die Sintflut zu einer Ordnung in der Fossilablagerung kommen?

Die Bibel lehrt in 1. Mose 1, dass es den Menschen seit dem sechsten Schöpfungstag gibt. Er wurde an demselben Tag erschaffen wie die Landtiere, zu denen auch die Dinosaurier gehören, und nur einen Tag nach den Meerestieren und Vögeln.

Die Vertreter der Evolutionslehre behaupten, die Ordnung der Fossilablagerung (z. B. Trilobiten ganz unten und Menschen oben) entspräche der Abfolge der Lebensentwicklung auf der Erde, die über viele Hunderte Millionen Jahre geschehen sein soll. Dieser Auffassung zufolge repräsentieren die Gesteinsschichten sehr lange Zeitperioden.

Auf der anderen Seite glauben die Schöpfungswissenschaftler, dass die meisten Fossilien während der ein Jahr dauernden weltweiten Sintflut entstanden, von der in 1. Mose 6–9 berichtet wird (siehe Kapitel 10: „War die Sintflut weltweit?"). Von daher meinen Wissenschaftler, die der Bibel glauben, dass die beobachtbare Ordnung in der Fossilablagerung auf die Reihenfolge der Verschüttungen im Laufe der weltweiten Sintflut sowie auf die darauf folgenden mehr regionalen Katastrophen zurückgeht. Deshalb stellen Skeptiker beispielsweise die Frage: Warum findet man keine Fossilien von Menschen zusammen mit z. B. Dinosaurierfossilien?

1. Repräsentieren die Gesteinsschichten lange Zeitalter?

Es gibt reichlich Hinweise darauf, dass die Gesteinsschichten nicht enorm lange Zeitperioden repräsentieren. Beispielsweise ist die gewaltige Cococino-Sandsteinformation im Grand Canyon (Arizona, USA) etwa 100 m dick und erstreckt sich über ein Gebiet von etwa 250000 km². Sie weist eine weiträumige kreuzweise Einbettung auf, und das ist ein Hinweis darauf, dass sie innerhalb von Tagen komplett in tiefem, schnellfließenden Wasser abgelagert wurde.

Andere Gesteinsschichten im Grand Canyon zeigen an, dass auch sie rasch sedimentierten ohne nennenswerte Pausen zwischen der Ablagerung der einzelnen Schichten.[1] An der Kaibab-Verwerfung ist die ge-

---

[1] Austin, S.A., 1994. *Grand Canyon: Monument to Catastrophe.* Institute for Creation Research, San Diego, CA.

samte Schichtenfolge des Grand Canyons gebogen, an manchen Stellen sehr extrem und doch ohne Bruchstellen. Das weist darauf hin, dass diese Schichten, die angeblich etwa 300 Millionen Jahre evolutionärer Zeitrechnung repräsentieren, bei diesem Biegevorgang alle noch weich waren[2]. Dies stimmt gut damit überein, dass die Schichten während der Sintflut rasch abgelagert und gebogen wurden.

Weitere Hinweise auf die Nichtexistenz langer Zeitalter und für die rasche Ablagerung der Schichten sind:

- Polystrate Fossilien – z. B. Baumstämme, die sich quer durch mehrere Schichten erstrecken und die angeblich Millionen Jahre repräsentieren sollen (in Kohle kommen solche querliegenden Stämme häufig vor). Sie zeigen, dass die Schichten in sehr rascher Aufeinanderfolge abgelagert worden sein müssen, denn sonst wären die oberen Bereiche des Baumstamms verrottet.
- Feine Details der Oberflächenstruktur in Schichten unter einer weiteren Schicht, wie z. B. Riffelungen und Fußspuren, weisen darauf hin, dass zwischen der Ablagerung dieser und der darauffolgenden Schicht nicht viel Zeit vergangen sein kann.
- Fehlen von fossilisiertem Humus in den Gesteinsschichten, der bei längeren Zeitlücken vorhanden sein müsste.
- Fehlen von Erosionsspuren in bzw. zwischen den Gesteinsschichten. Bei jeder signifikanten Zeitdauer wären an der Oberfläche der abgelagerten Schicht durch Wasser- und Windeinfluss Rinnen entstanden.

Foto: Andrew Snelling

Zwischen der Ablagerung dieser beiden geologischen Formationen kann kein nennenswerter Zeitraum liegen, denn sonst müssten Erosionsspuren an der Nahtstelle zu finden sein (Pfeil). Es handelt sich um die Naht- oder Kontaktstelle zwischen dem Coconino-Sandstein (oben) und dem Hermit-Schiefer (unten) neben dem Grandview-Trail im Grand Canyon (Arizona). Angeblich soll zwischen den Ablagerungen dieser Formationen ein Zeitraum von 10 Millionen Jahren oder mehr liegen.

[2] Morris, J., 1994. *The Young Earth.* Creation-Life Publishers Inc., Colorado Springs, CO. Siehe auch Austin, a.a.O.

- Ein eingeschränktes Ausmaß von Unregelmäßigkeiten. Unregelmäßigkeiten (eindeutige Pausen in der Ablagerung), die auf Zeitlücken hinweisen, kommen nur lokal vor und ohne Anzeichen für Zeitlücken in Gesteinen derselben Schicht an anderen Fundorten. Somit zeigen sie, dass alle zeitlichen Unterbrechungen bei der Ablagerung nur lokal und kurz waren.
- Fragmente von Dämmen und Leitungen an Stellen, wo eine Mischung aus Sand und Wasser in höhergelegene Schichten gepresst wurde. Obwohl der untere Sand angeblich Millionen Jahre älter sein soll als die darüber liegenden Schichten, stand ihm offenbar nicht genug Zeit zur Verfügung, um auszuhärten.
- und vieles mehr.[3]

Auch der Uluru (Ayers Rock) in Zentralaustralien soll sich angeblich langsam im Laufe von hundert Millionen Jahren gebildet haben, doch die Struktur des Felsens zeigt, dass er sehr rasch und erst vor kurzer Zeit entstanden sein muss (siehe Seiten 181-182).[4]

Die Existenz vieler „lebender Fossilien“ hinterfragt ebenfalls die angeblichen Hunderte Millionen Jahre „Erdgeschichte“. So werden beispielsweise Fossilien von Seesternen, Quallen, Brachiopoden, Venusmuscheln und Schnecken von den Vertretern der Evolutionslehre auf 530 Millionen Jahre datiert, und doch sehen diese Fossilien ganz genauso aus wie heute lebende Exemplare! Dr. Joachim Scheven, ein deutscher Wissenschaftler, leitete bis 2001 ein Museum[5] mit über 500 Exemplaren solcher „lebenden Fossilien“. Darüber hinaus fehlen einige dieser Fossilien in zwischengeschalteten Schichten, die angeblich viele Millionen Jahre alt sind. Das weist wiederum darauf hin, dass es keine Zeitlücken gegeben hat.

2. Hinweise darauf, dass Dinosaurier und Menschen zur gleichen Zeit lebten

Es gibt viele Hinweise, die nahe legen, dass Menschen und Dinosaurier zur etwa gleichen Zeit lebten und nicht in einem Abstand von 65 Millionen Jahren, wie Evolutionsvertreter annehmen:

- Bei vielen historischen Berichten über Lebewesen, die als „Drachen“ bekannt waren, handelt es sich um gute Beschreibungen solcher Wesen, die wir als Dinosaurier bezeichnen, wie z.B. die Saurier *Triceratops, Stegosaurus, Tyrannosaurus* und *Ankylosaurus*. Das Video *The Great Dinosaur Mystery* dokumentiert einige dieser Beispiele.[6] Die Beschreibung des *Be-*

---

[3] *Raging Waters*, Video von Keziah Videos, 1998. Siehe auch Morris, a.a.O.

[4] Snelling, A., 1998. Uluru and Kata Tjuta. *Creation* 20(2):36-40.

[5] Früher „Kuratorium Lebendige Vorwelt“ in Hagen-Hohenlimburg; aus Altersgründen in 2001 aufgegeben.

[6] Eden Films / Films for Christ. Siehe auch Kapitel 19.

hemot in Hiob 40 klingt sehr nach einem der großen Saurier wie z.B. *Apatosaurus* oder *Brachiosaurus.*

- Es gibt unmineralisierte („unfossilisierte") Dinosaurierknochen.[7] Wie können diese Knochen, von denen manche sogar noch Blutzellen enthalten, 65 Millionen oder mehr Jahre alt sein? Es würde schon die Vorstellungskraft überfordern zu glauben, sie seien auch nur einige Tausend Jahre alt.
- Gesteine mit Dinosaurierfossilien, wie z.B. die Morrison-Formation in Nordamerika, enthalten oft sehr wenig pflanzliches Material. Das ist ein weiterer Hinweis darauf, dass die Schichten keine Zeitalter des Lebens auf der Erde repräsentieren. Vertreten die Schichten jeweils eine Zeitepoche der Dinosaurier, dann stellt sich die Frage: Wovon haben sich die Saurier eigentlich ernährt? Ein großer *Apatosaurus* würde täglich mehr als drei Tonnen Vegetation benötigen, doch in vielen dieser saurierhaltigen Schichten gibt es keine Anzeichen für eine größere Vegetation. Kurz gesagt: Wir sehen vergrabene Dinosaurier, aber keine vergrabenen Ökosysteme oder „Zeitalter der Dinosaurier".

3. Fossilien, die „aus der Reihe tanzen"

Viele Fossilien und menschliche Werkzeuge etc. wurden an Stellen gefunden, wo sie sich nicht einordnen lassen.[8] Sie befanden sich in Schichten, die den Vertretern der Evolutionslehre zufolge eine Zeit repräsentieren, in der der bestimmte Organismus nicht lebte oder in der keine Werkzeuge hergestellt werden konnten. Es gibt reichlich Beispiele dafür, von denen einige in angesehenen Zeitschriften veröffentlicht wurden, bevor das evolutionistische Paradigma zum Dogma wurde. In modernen maßgebenden Zeitschriften werden solche Beispiele nicht veröffentlicht. Das liegt wahrscheinlich daran, dass es mit der evolutionistischen Weltanschauung unvereinbar ist, dass solche Funde existieren können. Der weithin bekannte Astronom Sir Fred Hoyle sagte in einem anderen Zusammenhang:

> Die Wissenschaft hat sich heute auf Paradigmen festgelegt. Jeder Weg ist von falschen Auffassungen blockiert und wenn man versucht, irgendetwas von einer Zeitschrift veröffentlichen zu lassen, wird man auf ein hinderndes Paradigma stoßen und die Herausgeber werden es ablehnen.[9]

---

[7] Wieland, C., 1999. Dinosaur Bones: Just How Old Are They Really? *Creation* 21(1):54-55, siehe auch dortige Quellenangaben.

[8] Siehe z.B.: Howe, G.F., Williams, E.L., Matzko, G.T. und Lammerts, W.E., 1988. Creation Research Society Studies on Precambrian Pollen, Part III: A Pollen Analysis of Hakatai Shale and other Grand Canyon Rocks, *Creation Research Society Quarterly* 24(4):173-182.

[9] Horgan, J., 1995. Profile: Fred Hoyle. *Scientific American* 272(3):24-25.

Das Buch *Forbidden Archeology* („Verbotene Archäologie“) von Cremo und Thompson listet einige menschliche Artefakte auf, die an „falscher Stelle“ gefunden wurden.[10] Die Autoren schrieben das Buch aus einer verwestlichten Hindu-Perspektive, mit dem Ziel zu zeigen, dass es Menschen seit Urzeiten gegeben hat, wie es die unzähligen Zyklen der Reinkarnation im Hinduismus erfordern. (Wahre Hinduisten sorgen sich um solche rationalen Probleme nicht, weil sie glauben, dass die physische Welt nur eine Illusion sei.[11]) Cremo und Thompson geht es nicht um die Millionen Jahre, sondern nur um die Frage, ob es damals bereits Menschen gegeben hat. Sie sind nur in dem Sinne „Sympathisanten“ der Schöpfungswissenschaftler, als dass sie ebenfalls glauben, dass es fast seit Anbeginn der Welt Menschen gegeben hat; wir hingegen lehnen die Milliarden Jahre ab. Cremo und Thompson haben gründlich gearbeitet; ihre abschließende Veröffentlichung umfasst 914 Seiten.

Man hat menschliche Fossilien zu Hunderten gefunden, jedoch meistens in Vorkommen, die die meisten Schöpfungswissenschaftler in die Zeit nach der Sintflut einordnen würden (z. B. solche, die während der nachsintflutlichen Eiszeit in Höhlen vergraben wurden, siehe Kapitel 16). Jedoch wurden in mindestens einem Fall Menschenknochen in „älteren“ Schichten gefunden.[12] Da jedoch keine ausführliche Dokumentation vorliegt, ist es leider nicht möglich, mit Gewissheit zu sagen, dass sie nicht später dort vergraben worden sind, obgleich keine bekannten Fakten ein solches Vergraben nahe legen.

Wenn Paläontologen feststellen wollen, ob fossile Lebewesen, die zusammen gefunden wurden, tatsächlich zusammen lebten, können sie die Fossilien auf Beschädigungen untersuchen, die auf eine „nachträgliche Bearbeitung“ hinweisen. Aus solchen Spuren könnten sie schließen, dass die Lebewesen nicht unbedingt zur gleichen Zeit lebten und starben. Bei Fossilien, die „aus der Reihe tanzen“, beruft man sich jedoch so gut wie immer auf die Erklärung der „nachträglichen Bearbeitung“ oder des „stratigrafischen Lochs“ (wo etwas „Junges“ in „altem“ Gestein gefunden wird).

4. Was hat es mit dem allgemeinen Muster auf sich?

Obwohl die Gesteinsschichten keine Abfolge von erdgeschichtlichen Zeitaltern darstellen, wie allgemein geglaubt wird, folgen sie dennoch einem all-

---

[10] Cremo, M.A. und Thompson, R.L., 1993. *Forbidden Archeology.* Bhaktivedanta Institute, San Diego, CA, S. 797-814.

[11] Das ist ein Grund, weshalb die Wissenschaft nur in solchen Ländern florierte, wo man der Bibel glaubte.

[12] Zwei menschliche Skelette in einer Kupfermine in Moab, Utah, im Dakota-Sandstein, der die „Kreidezeit“ repräsentiert und somit dem „Dinosaurier-Zeitalter“ zugerechnet wird. C.L. Burdick, 1973. Discovery of Human Skeletons in Cretaceous formation (Moab, Utah). *Creation Research Society Quarterly* 10(2):109-110.

gemeinen Muster. Beispielsweise finden sich relativ unbewegliche und bodenbewohnende Meeresorganismen eher in den tieferen Schichten, die komplexe Organismen enthalten, und die mobilen Landwirbeltiere befinden sich eher in den oberen Schichten. Dazu kann man sich die folgenden Gedanken machen:

Im Vergleich zu wirbellosen Meeresorganismen sind Fossilien von Wirbeltieren höchst selten. Die Ablagerungen bestehen zum größten Teil aus Fossilien von wirbellosen Meeresorganismen und aus pflanzlichem Material in Form von Kohle und Öl. Fossilien von Wirbeltieren kommen relativ selten vor und menschliche Fossilien noch seltener.[13]

Wenn es zur Zeit der Sintflut – sagen wir – 10 Millionen Menschen gab und alle ihre Körper erhalten blieben und gleichmäßig über die 700 Millionen Kubikkilometer fossilhaltigen Sedimentgesteins verteilt worden wären, dann würde man nur ein einziges menschliches Fossil in 70 Kubikkilometern Gestein finden. Somit ist es höchst unwahrscheinlich, überhaupt auch nur ein einziges menschliches Fossil zu finden.

Eine weltweite Flut, die mit dem Aufbrechen der Brunnen der großen Tiefe begann, würde die bodenbewohnenden Meeresorganismen zuerst begraben. Viele dieser Organismen sind – zumindest relativ – unbeweglich. Sie sind außerdem reichlich vorhanden und im Allgemeinen ro-

Die Fossilien sind in einer bestimmten Ordnung abgelagert, wie es bei einer weltweiten Überschwemmung zu erwarten ist.

bust (z. B. Schalentiere).[14] Als die Wassermassen anstiegen und das Festland bedeckten, wurden schließlich die Landtiere überschwemmt.[15] Außerdem wurden die Wasserpflanzen eher überschwemmt als die Sumpfpflanzen des niederen Festlandes, die wiederum vor den Hochlandpflanzen von der Flut erreicht wurden.

Säugetiere und Vögel, die ja mobil sind (insbesondere Vögel), konnten in höhergelegene Gebiete flüchten und erlagen deshalb als Letzte der Flut. Menschen hätten sich bis zuletzt an Flöße, Baumstämme usw. geklammert und wären dann aufgedunsen dahin getrieben und von Fischen gefressen worden. Dabei wären ihre Knochen recht schnell zerbissen und darum nicht „konserviert" worden. Wahrscheinlich sind aus diesen Gründen menschliche Fossilien aus der Sintflut höchst selten.

Es gibt noch weitere Gründe: Da die mobileren, intelligenteren Tiere die Flut am längsten überlebt hätten, und als letzte abgesunken wären, wären ihre Überreste am Ende der Sintflut und danach von der Erosion durch die abfließenden Wassermassen stark in Mitleidenschaft gezogen oder ganz vernichtet worden. Der Faktor der Intelligenz könnte zum Teil auch die offensichtliche Trennung zwischen Dinosauriern und Säugetieren wie z. B. Rindvieh erklären.[16]

Ein weiterer Faktor ist die sortierende Wirkung der Wasserdynamik. Ein Kohleflöz in Yallourn im australischen Bundesstaat Victoria umfasst eine 0,5 Meter dicke Schicht, die zu 50 % aus Pollen besteht. Eine solche Pollenschicht kann nur durch eine sortierende Wasserdynamik während einer massiven Wasserkatastrophe entstehen. Dabei könnte pflanzliches Material aus einem weitläufigen Gebiet zusammenkommen und im Becken von Yallourn abgelagert worden sein.

Die „Copes Regel" ist eine Beschreibung des Phänomens, dass Fossilien (z. B. Schalentiere) dazu neigen, mit höher gelegenen geologischen Schichten größer zu werden. Doch warum sollte Evolution einen allgemeinen Größenzuwachs bewirken? In Wirklichkeit sind lebende Formen von fossilisierten Lebewesen eher kleiner als ihre fossilen Vorfahren. Sortierende Wasserdynamik wäre eine bessere Erklärung.[17]

Eine ausführliche Darlegung über fossile Ablagerung von Kopffüßern (wie z. B. Kraken und Tintenfische) und ihre Übereinstimmung mit

[13] Morris, a.a.O.

[14] Es gibt jedoch auch erhaltene Eindrücke von weichen Organismen wie z. B. Quallen. Das bezeugt, dass sich das Begraben schnell vollzog.

[15] Die Bibel legt nahe, dass die Sintflut in der „großen Tiefe" (im Ozean) begann. Siehe S. 173.

[16] Viele Schöpfungswissenschaftler sehen größere Vorkommen von Säugetierfossilien, wie z. B. im John Day County in Oregon, USA, als nachsintflutlich an.

[17] Obwohl größere Gesteine im Allgemeinen unten liegen, haben z. B. größere Schalentiere eine geringere Dichte als kleine Schalentiere und könnten bei einer Sortierung später als die kleineren Exemplare abgelagert worden sein.

dem Schöpfungs- und Sintflutmodell bietet Woodmorappes Veröffentlichung.[18]

Das sind einige Faktoren, die die Abfolge in der Fossilablagerung erklären können, einschließlich des Fehlens menschlicher Fossilien bei den Ablagerungen der Sintflut. Der größte Teil der Fossilienfolge repräsentiert keine Geschichte des Lebens auf der Erde, sondern die Reihenfolge der Verschüttung bei der Sintflut und den Folgekatastrophen. Bei einer weltweiten Flut ist eine gewisse Folge in der Ablagerung zu erwarten, allerdings kein absolut regelmäßiges Muster. Und genau das ist es, was wir in den geologischen Schichten vorfinden.

Jede Rekonstruktion von historischen Ereignissen bringt Probleme mit sich, insbesondere die Rekonstruktion solcher Ereignisse, für die es in der Gegenwart keine vergleichbaren Ereignisse gibt. Die Sintflut gehört in diese Kategorie.[19] Deshalb ist es für uns schwierig, uns die genaue Abfolge der Ereignisse vorzustellen, durch die die Sintflut Material abtrug und ablagerte und so Fossilien entstehen ließ. Es ist aber durchaus möglich, dass demnächst einige ideenreiche Schöpfungswissenschaftler ein Sintflutmodell entwickeln, das die Fossil- und Gesteinsabfolgen vollständig erklären kann.

In dieser Hinsicht ist das Modell des TAB-Fachgebiets („Tektonisch assoziierte Biologie") von Woodmorappe von Interesse.[20] Und auch Dr. Tasman Walker hat ein Sintflutmodell vorgeschlagen, das ebenfalls einen Großteil der Befunde zu erklären scheint.[21] Ebenso scheint das Modell der Katastrophischen Plattentektonik von Austin, Baumgardner und Kollegen die Verteilung der Fossilien zu einem erheblichen Teil erklären zu können (siehe Kapitel 11). Derzeit werden weitere Modelle entwickelt, die für die Erklärung der Befunde ebenfalls nützlich sein können.[22]

Wir können zuversichtlich sein, dass die evolutionistische Sicht der Erdgeschichte falsch ist und dass die Abfolge der Gesteine und Fossilien,

---

[18] Woodmorappe, J., 1978. The Cephalopods in the Creation and the Universal Deluge. *Creation Research Society Quarterly* 15(2):94-112.

[19] Säkulare Geologen behaupten fälschlicherweise, die Erde sei im Lauf ihrer Geschichte nur durch solche Prozesse geformt worden, wie wir sie *heute* beobachten können. Das ist die Lehre (im englischsprachigen Bereich als Uniformitarismus bezeichnet), die die Geologie in den letzten 200 Jahren bestimmt hat. Da es heute keine weltweite Flut mehr gibt, hindert dieses Denken die meisten heutigen Geologen daran, die Spuren der Sintflut zu sehen, denn sie versuchen die gegenwärtig beobachtbaren Befunde ausschließlich durch Prozesse zu erklären, die auch heute noch wirksam sind. In 2. Petrus 3,3-7 prophezeit die Bibel diese falsche Herangehensweise an die Geologie, die die Schöpfung durch Gott verleugnet und die Sintflut bestreitet.

[20] Woodmorappe, a.a.O.

[21] Walker, T., 1994. A Biblical Geologic Model. *Proc. Third ICC*, S. 581-592.

[22] Oard, Michael, persönliche Kommunikation.

einschließlich der Verteilung der menschlichen Fossilien, im Licht der biblischen Ereignisse von Schöpfung, Sündenfall und Sintflut viel mehr Sinn ergibt.

Als Gott das Gericht über diese Welt verkündete, sagte er: „Ich will die Menschen, die ich geschaffen habe, vertilgen von der Erde (wörtl. *vernichten*)“ (1. Mose 6,7). Ist es vielleicht möglich, dass das Fehlen der Fossilien der vorsintflutlichen Menschen einfach zur Erfüllung dieses Gerichtsurteils gehört?

Kapitel 16

Gab es wirklich Eiszeiten?

Wie viele Eiszeiten gab es? Wie passt eine Eiszeit in die biblische Geschichtsschreibung? Wie weit waren die Kontinente vom Eis bedeckt? Wie lange dauerte die Eiszeit? Was bedeuten die gefrorenen Mammuts? Inwiefern hat die Eiszeit die Menschen betroffen?

Eindeutige Indizien gibt es nur für eine einzige Eiszeit. Deren Spuren sehen wir heute noch in solchen Strukturen wie den Gletschern und den U-förmigen Tälern, die sie ausgeformt hat. Die Vertreter der Evolutionslehre sagen, diese Eiszeit habe vor etwa zwei Millionen Jahren begonnen und sei vor etwa 11 000 Jahren zu Ende gegangen. Sie sei von relativ milden „interglazialen Perioden" unterbrochen worden, die etwa 10 % der Zeit ausmachten.

Die meisten Schöpfungswissenschaftler glauben dagegen, dass die Eiszeit sehr bald nach der Sintflut begann und weniger als 1 000 Jahre dauerte. Tatsächlich bietet die biblische Sintflut, wie wir später noch sehen werden, eine gute Grundlage um zu verstehen, wie die *eine* Eiszeit entstanden ist. Vertretern der Evolutionslehre bereitet es jedoch große Schwierigkeiten, eine Eiszeit zu erklären.[1] Nach ihrem Verständnis gab es viele Eiszeiten mit Abständen von jeweils 20 bis 30 Millionen Jahren.

1. Gab es frühere Eiszeiten?

Aufgrund ihres Prinzips, dass „die Gegenwart der Schlüssel zur Vergangenheit"[2] sei, behaupten die Vertreter der Evolutionslehre, es gäbe Indizien für frühere Eiszeiten. Sie verweisen auf angebliche Übereinstimmungen zwischen den Gesteinen in bestimmten geologischen Systemen und speziellen Merkmalen, die bei einer Eiszeit entstanden sind; aber diese angeblichen Entsprechungen sind nicht konsistent.[3]

Heutige Gletscher zerreiben das Gestein, über das sie sich bewegen und bilden durchmischte Ablagerungen aus feinem und grobem Material. Wenn

---

[1] Great Science Mysteries. *US News and World Report*, 18. August 1997.

[2] Der Apostel Petrus sagte voraus, dass einst Spötter behaupten werden, dass „alles so bleibt, wie es von Anfang an war" (2. Petrus 3,3-7).

[3] Oard, M.J., 1997. *Ancient Ice Ages or Gigantic Submarine Landslides?* Creation Research Society Books, Chino Valley, Arizona.
Molén, M., 1990. Diamictites: Ice-Ages or Gravity Flows? *Proc. Second ICC* 2:177-190.
Oard, M.J. 1990. *An Ice Age Caused by the Genesis Flood.* Technical Monograph, Institute for Creation Research, El Cajon, CA, S. 135-149.

Zeichnung von Robert Smith

Arktischer Fuchs

dieses unsortierte Material zusammengepresst wird und so einen Felsenkomplex bildet, wird es *Tillit* genannt. Im Gletscher eingebettete Steine ritzen durch ihr Reiben ebenfalls parallele Furchen in das Grundgestein, über das die Gletscherzunge gleitet. Diese Furchen werden Schrammen genannt. Wenn im Sommer das Eis vermehrt abschmilzt, setzt der Gletscher „Gesteinsmehl“ frei, das in Gletscherseen gespült wird, sich ablagert und so abwechselnd feine und grobe Schichten bildet, die *Warven* genannt werden. Manchmal bricht ein Stück Eis oder eine Eisschicht vom Gletscher los und gelangt in einen solchen Gletschersee. Wenn dieses Eis schmilzt, sinken die darin eingebetteten Felsstücke (die „Sinksteine“) auf den Grund des Sees und lagern sich dort in das feine Sediment (Warven) ein, sodass in diesen Warven bisweilen solche Felsstücke zu finden sind.

Geologen haben behauptet, derartige Merkmale seien in urzeitlichen Gesteinsschichten gefunden worden, was beweise, dass es *frühere* Eiszeiten gegeben habe. Heute weisen aber viele einheitliche Befunde darauf hin, dass die beobachteten Daten falsch interpretiert wurden:[4]

- Die Tilliten in den unteren Gesteinsschichten sind klein, gewöhnlich dick und wahrscheinlich marinen Ursprungs. Die Tilliten heutiger Gletscher sind hingegen groß, dünn und kontinentalen Ursprungs.

[4] Oard, 1997, a.a.O.

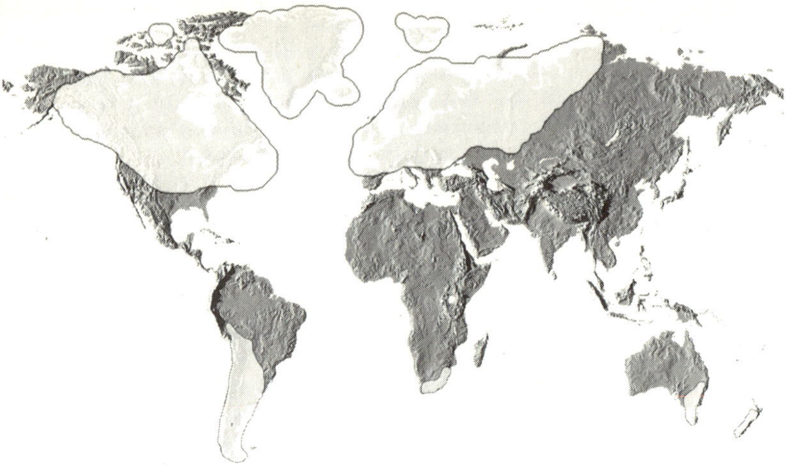

Die ungefähre Ausdehnung der Eisschollen beim Höhepunkt der Eiszeit.

- Häufige Beimengungen in diesen „Tilliten" sind Kalk- und Dolomitgestein. Das sind Karbonate, die sich in wärmerem Wasser, wie es heute auftritt, bilden und nicht in eiskaltem.
- Die größten Felsblöcke in den vorzeitlichen Tilliten sind wesentlich kleiner als die größten Felsblöcke, die heute durch Gletschertätigkeit abgelagert werden.
- Durch Massenströmungen unter Wasser können Ablagerungen entstehen, die den Tilliten ähnlich sind, außerdem gefurchtes Grundgestein und gefurchte Steine im Tillit. Solche Masseströmungen wären bei der Sintflut zu erwarten gewesen.
- Turbiditische Suspensionsströme[5] unter Wasser können sehr rasch geschichtete Ablagerungen bilden, die den geschichteten Ablagerungen in Gletscherseen (Warven) ähneln. Diese Ablagerungen werden genauer als Rhythmiten bezeichnet. Eine Warve ist der Definition nach eine Rhythmite, die in einem Jahr abgelagert wird. Lambert und Hsu zeigten anhand von Befunden aus einem See in der Schweiz, dass sich solche warven-ähnlichen Rhythmiten durch katastrophische, trübe Strömungen unter Wasser rasch bilden.[6] An einer Stelle bildeten sich fünf Paare solcher warven-ähnlichen Rhythmiten innerhalb von einem einzigen Jahr. Am Mount St. Helens in den USA bildete sich in weniger als einem Tag eine 8 Meter dicke geschichtete Ablagerung, die aus vielen dünnen

---

[5] Ein turbiditischer Suspensionsstrom ist eine dichte Masse von Wasser gemischt mit reichlich Sedimenten, der sich mit hoher Geschwindigkeit entlang einem Gefälle unter Wasser hinunterbewegt.

[6] Lambert, A. und Hsu, K.J., 1979. Non-Annual Cycles of Varve-like Sedimentation in Walensee, Switzerland. *Sedimentology* 26:453-461.

warven-ähnlichen Schichten bestand (12. Juni 1980).[7] Experimente mit Strömungstanks haben gezeigt, wie schnell sich solche Schichtungen bilden können, wenn Wasserströmungen zwei verschieden große Arten von Steinkörnern führen.[8]

- Die sogenannten „Sinksteine“ können nicht nachträglich in die urzeitlichen „Warviten“[9] abgesunken sein, weil diese Art der Platzierung zu Unregelmäßigkeiten in der Schichtenbildung führen würde, was sehr selten beobachtet wird. Die Befunde deuten darauf hin, dass sie durch Suspensionsströme oder Massenströmungen *mit* den einschließenden Sedimenten abgelagert wurden. Das steht wiederum im Einklang mit dem, was man bei einer globalen Flut erwarten würde. Anders gesagt: Die „Warviten“ stammen nicht aus zyklischer, jährlicher Ablagerung in Gletscherseen.

2. Die Ausdehnung des Eises

Die Auswirkungen *der* Eiszeit sind auch heute noch zu beobachten, insbesondere die gigantischen Eisdecken der Antarktis und Grönlands, die alpinen Gletscher und die glazialen Landschaftsstrukturen und Sedimente. Weil wir diese Spuren auf der heutigen Landoberfläche beobachten können, ist es klar, dass die Eiszeit nach der Sintflut stattfand.

Während der Eiszeit bildeten sich die mächtigen Eisdecken über Grönland und Nordamerika (südlich bis zum nördlichen Teil der USA) und in Nordeuropa von Skandinavien bis Deutschland und England (siehe Karte).

In den Rocky Mountains Nordamerikas, den europäischen Alpen und anderen Gebirgszügen ruhten dauerhafte Eiskappen auf den Gipfeln, und ausgedehnte Talgletscher erstreckten sich fast bis in die Ebenen jenseits dieser Gebirge.

In der südlichen Hemisphäre bedeckte eine weitere Eisdecke den größten Teil der Antarktis. Alpine Eiskappen bildeten sich auf den Bergen von Neuseeland, Tasmanien, Teilen des südöstlichen australischen Festlands und in Südchile. In den südlichen Alpen Neuseelands und in den Anden sind einige Gletscher bis heute erhalten, doch in den Snowy Mountains in Neusüdwales und in Tasmanien sind glaziale Landschaftsstrukturen alles, was uns als Erinnerung an die Auswirkungen der Eiszeit geblieben ist.

Gewöhnlich behaupten nahezu alle Lehrbücher, dass die Eiszeit mindestens vier Vorstöße und Rückzüge des Eises umfasste und jeweils relativ milde Perioden (interglaziale Phasen) dazwischen lagen. Ausgehend von der Suche nach einem zyklischen Muster ist die Anzahl der Eiszeiten, die es im Laufe

---

[7] Austin, S.A., 1986. Mount St Helens and Catastrophism. *Proc. First ICC*, Pittsburgh, PA, 1:3-9.

[8] Julien, P.Y., Lan, Y.Q. und Raslan, Y., 1998. Experimental Mechanics of Sand Stratification. *CEN Technical Journal* 12(2):218-221.

[9] „Warviten“ sind „Warven“ aus versteinerten Rhythmiten.

der letzten zwei Millionen Jahre geologischer Zeitrechnung gegeben haben soll, auf über 20 angewachsen. Die dichten Lehmböden, urzeitlichen Flussterrassen und andere Phänomene, die als Hinweise auf viele Eiszeiten gedeutet werden, können jedoch besser als Resultate von Vorstößen und Rückzügen einer einzigen Eiszeit verstanden werden, die auf die Sintflut folgte.[10]

3. Die Eiszeit und der Lebensraum der Menschen

Es ist wichtig zu bedenken, dass das Eis zu keiner Zeit – selbst nicht auf seinem Ausdehnungshöhepunkt – mehr als ein Drittel der Oberfläche des Festlandes bedeckte. Parallel zur Vergletscherung der höheren Breitengrade gab es wahrscheinlich eine Zeit erhöhten Regenfalls in den unteren Breiten. Ein solcher in Richtung auf den Äquator gesteigerter Niederschlag hätte selbst in solchen Gegenden wie in der heutigen Sahara, in der Wüste Gobi und in Arabien eine reichhaltige Wasserversorgung bereitgestellt. Und tatsächlich haben archäologische Ausgrabungen in diesen heutigen Wüstengebieten viele Hinweise auf eine üppige Vegetation, eine Bewohnung durch Menschen und auf komplexe Bewässerungssysteme freigelegt.

Es gibt auch Hinweise darauf, dass in Westeuropa die ganze Eiszeit hindurch Menschen nahe dem Rand der Eisdecke lebten, z. B. die Neandertaler. Viele Anthropologen haben nunmehr festgestellt, dass die recht derbe Gestalt der Neandertaler zumindest zum Teil auf Krankheiten (Rachitis, Arthritis) zurückgeht, die durch das dunkle, kalte und feuchte Klima der damaligen Region verursacht wurden. Weil sie zu wenig Sonnenlicht bekamen, was zur Synthese von Vitamin D und damit zur normalen Knochenentwicklung nötig ist und aufgrund einer schlechten Ernährung, bekamen sie Rachitis.[11]

Abgesehen von höchst fragwürdigen Datierungsmethoden (siehe Kapitel 4) gibt es keinen Grund, weshalb Neandertaler nicht zur selben Zeit wie die fortgeschrittenen Zivilisationen Ägyptens, Babyloniens und anderer Völker gelebt haben sollen, die sich in den südlicheren Gebieten ungehindert entwickeln konnten. Die Eiszeit ist besser zu verstehen, wenn man von einer Dauer von etwa 700 Jahren ausgeht als von zwei Millionen Jahren.

4. Die Sintflut als Auslöser für die Eiszeit

Damit es zu einer Eiszeit kommen kann, bei der sich Eis auf dem Festland ansammelt, müssen die Ozeane in mittleren und höheren Breitengraden warm und die Landmassen kalt sein, insbesondere im Sommer.[12] Warme

---

[10] Oard, a.a.O., S. 149-166.

[11] Ivanhoe, F., 1970. Was Virchow Right about Neandertal? *Nature* 227:577-579.

[12] Oard, 1990, a.a.O.
Oard, M.J., 1979. A Rapid Post-Flood Ice Age. *Creation Research Society Quarterly* 16(1):29-37.

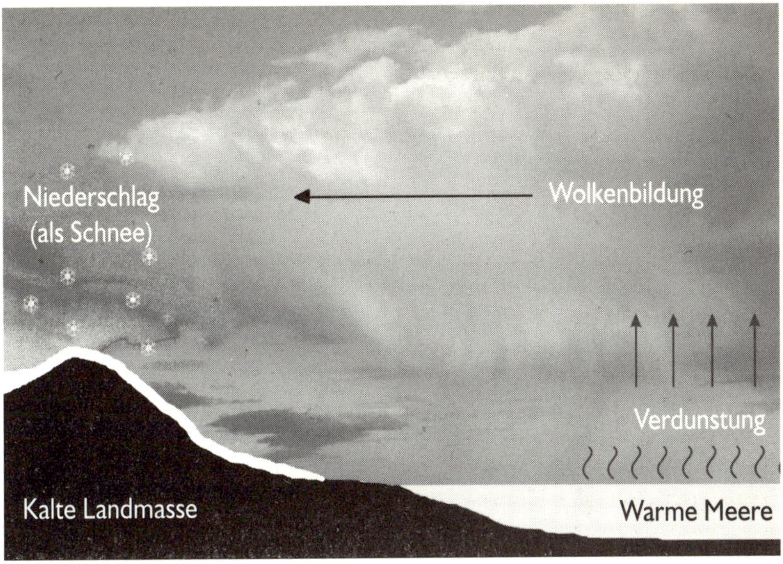

Durch die Sintflut und die nachfolgenden Vorgänge kam es zu warmen Meeren und kalten Kontinenten, die zur Entstehung der „Eiszeit" führten.

Ozeane verdunsten große Mengen Wasser, welches sich dann auf dem Land niederschlägt. Kalte Kontinente veranlassen das Wasser, sich eher als Schnee denn als Regen niederzuschlagen und verhindern ebenfalls das Abtauen des Schnees im Sommer. Somit häuft sich das Eis rasch an. Ein langsames und allmähliches evolutionsartiges Szenario[13] zur Erklärung der Eiszeit funktioniert nicht. Die Theorien der langen Zeitalter beinhalten ein langsames Abkühlen der Erde, aber dadurch würde keine Eiszeit entstehen. Wenn sich die Ozeane gemeinsam mit dem Festland allmählich abkühlten, wäre zu der Zeit, als alles kalt genug war, dass der Schnee im Sommer nicht schmolz, die Verdunstung von den Ozeanen zu gering gewesen, als dass es genug Schneefall zur Bildung der massiven Eisdecken hätte geben können.[14] Daraus würde keine Eiszeit, sondern eine Frostwüste resultieren.

Die in der Bibel beschriebene weltweite Sintflut bietet hingegen einen einleuchtenden Mechanismus für die Entstehung einer Eiszeit. Aufgrund der Zufuhr von heißem unterirdischen Wasser in den vorsintflutlichen Ozean und der Wärmeenergie, die durch vulkanische Aktivität freigesetzt wird,

---

Oard, M.J., 1986. An Ice Age within the Biblical Time Frame. *Proc. First ICC*, Pittsburgh, PA, 2:157-166.

Wieland, C., 1997. Tackling the Big Freeze. *Creation* 19(1):42-43.

[13] Oard, 1990, a.a.O., S. 1-22.

[14] Je höher die Wassertemperatur, desto höher auch die Verdunstung, weil Verdunstung viel Wärmeenergie erfordert.

Der Eisbär ist eine Variante der Art der Bären, die einem kalten Klima angepasst ist.

würden wir am Ende der weltweiten Flut warme Ozeane erwarten. Oard und Vardiman zeigen Hinweise dafür auf, dass das Ozeanwasser unmittelbar vor der Eiszeit tatsächlich wärmer war. Diese Hinweise sind aufgezeichnet durch die Sauerstoff-Isotopen in den Schalen kleiner Meereslebewesen, die Foraminiferen genannt werden.[15]

Große Mengen vulkanischen Staubs und ausgeströmte Gase aus den verbleibenden Vulkanausbrüchen am Ende und nach der Sintflut reflektierten Sonneneinstrahlung in den Weltraum zurück, was niedrige Temperaturen auf dem Festland zur Folge hatte, insbesondere im Sommer.[16] Der Staub und die Gase verschwanden allmählich aus der Atmosphäre, aber der anhaltende nachsintflutliche Vulkanismus sorgte noch Hunderte von Jahren nach der Sintflut für Nachschub. Dieses Modell wird durch Hinweise auf einen weitverbreiteten anhaltenden Vulkanismus unterstützt. Belege dafür sind die großen Vorkommen vulkanischen Gesteins, insbesondere in den Sedimenten des sogenannten „Pleistozäns“, die sich wahrscheinlich bald nach der Sintflut bildeten.

Vardiman zeigte anhand des Standardwissens über die atmosphärische Zirkulation, dass die warmen Ozeane nach der Sintflut und das schnelle Abkühlen an den Polen eine extreme atmosphärische Wärmeleitung angetrieben haben.[17] Das muss zur Entstehung eines gewaltigen polaren Sturm-

[15] Vardiman, L., 1993. *Ice Cores and the Age of the Earth.* Technical Monograph, Institute for Creation Research, El Cajon, CA.
Vardiman, L., 1994. A Conceptual Transition Model of the Atmospheric Global Circulation Following the Genesis Flood. *Proc. Third ICC*, Pittsburgh, PA, S. 569-579.
Vardiman, L., 1994. An Analytical Young-Earth Flow Model of Ice Sheet Formation During the “Ice Age”. *Proc. Third ICC*, Pittsburgh, PA, S. 561-568.

[16] Oard, 1990, a.a.O., S. 33-38.

[17] Vardiman, 1994 (2 Werke), a.a.O.

systems geführt haben, ähnlich einem Hurrikan, das über einem Großteil der Arktis herrschte. Dieses Sturmsystem, so schlägt Vardiman vor, kann sich über einen beträchtlichen Teil der 500 Jahre bis zum Höhepunkt der Eiszeit gehalten haben (siehe nächster Abschnitt). Solche Zirkulationsmuster konnten dann die gewaltigen Schneemengen in die höheren Breitengrade transportieren, die dort schnell zu Eisdecken anwuchsen und sich hauptsächlich über den Kontinenten ausbreiteten sowie später auch über den Ozeanen, als das Wasser sich gegen Ende der Eiszeit abkühlte.

Wie lange dauerte die Eiszeit?

Der Meteorologe Michael Oard schätzte, dass es nur etwa 700 Jahre gedauert hat, bis die polaren Ozeane von einer einheitlichen Temperatur von 30° C am Ende der Sintflut bis auf heutige Temperaturen (im Durchschnitt 4° C) abgekühlt waren.[18] Diese Zeit von 700 Jahren entspräche dann der Dauer der Eiszeit. Die Anhäufung des Eises muss bald nach der Sintflut begonnen haben. Etwa 500 Jahre nach der Sintflut wäre die weltweite Durchschnittstemperatur der Ozeane auf etwa 10° C gesunken und die daraus resultierende reduzierte Verdunstung hätte zu einer weniger dichten Wolkendecke geführt. Dieser Faktor, zusammen mit dem Abzug des vulkanischen Staubs aus der Atmosphäre, hätte mehr Sonneneinstrahlung auf die Erdoberfläche durchgelassen, sodass die Eisdecke immer weiter abgeschmolzen wäre. Somit wäre der Höhepunkt der Eiszeit etwa 500 Jahre nach der Sintflut erreicht gewesen.

Interessanterweise scheint es im sehr alten Buch Hiob einige Hinweise auf diese Eiszeit zu geben (Hiob 37,9-10; 38,22-23.29-30). Hiob lebte wahrscheinlich in der ausklingenden Eiszeit (er lebte im Land Uz; Uz war ein Nachkomme Sems – 1. Mose 10,23 –, sodass die meisten konservativen Bibelausleger darin übereinstimmen, dass Hiob wahrscheinlich irgendwann zwischen dem Turmbau zu Babel und Abraham lebte). Gott fragte Hiob aus einem Sturm heraus: „Aus wessen Schoß geht das Eis hervor, und wer hat den Reif unter dem Himmels gezeugt, dass Wasser sich zusammenzieht wie Stein und der Wasserspiegel gefriert?“ (Hiob 38,29-30).

Solche Fragen setzen voraus, dass Hiob entweder aus erster Hand oder aus geschichtlichen oder familiären Überlieferungen wusste, wovon Gott sprach. Wahrscheinlich handelt es sich um eine Anspielung auf die klimatischen Auswirkungen der Eiszeit, die heute im Nahen Osten nicht mehr zu beobachten sind.

In den letzten Jahren wurde das konventionell geschätzte Alter der Eiszeit anscheinend bestätigt, weil Bohrkerne aus den Eisdecken der Antarktis und Grönlands angeblich viele Tausende von Jahresschichten enthielten. Eine solche Schichtung ist sicherlich in den oberen Abschnitten solcher Bohrkerne sichtbar, doch korreliert diese nur mit den Jahresmustern der letzten

[18] Ebd., S. 109-119.

paar tausend Jahre, wie es auch zu erwarten ist, wenn diese Schichten die jährlichen Schneeablagerungen seit dem Ende der Eiszeit repräsentieren. Tiefer unten in den Eisbohrkernen sind die sogenannten Jahreslagen weniger deutlich zu erkennen; ihre Ursache kann mit anderen Mechanismen begründet werden, z. B. durch einzelne Schneestürme.

Vardiman[19] hat gezeigt, dass die Befunde aus den Eisbohrkernen das Modell der langen Zeitalter nur dann unterstützen, wenn man sie bewusst dahingehend interpretiert. Diese Befunde passen nämlich auch sehr gut in das Modell einer jungen Erde, wenn man berücksichtigt, dass der größte Teil der Eisdecke durch die hurrikanartige Zirkulation in der relativ kurzen Phase der 500 Jahre nach der Sintflut abgelagert wurde. Bei dieser Deutung repräsentieren beispielsweise die Variationen der Sauerstoff-Isotope keine Jahreszeiten, sondern einzelne Schneestürme aus unterschiedlicher Richtung, bei denen sich Wasser niederschlug, das aus Ozeanen mit unterschiedlicher Temperatur verdunstet war.[20]

Das Rätsel der eingefrorenen Mammuts

In ganz Nordeuropa, Sibirien und Alaska sind Hunderttausende von Überresten wollig-zotteliger Mammuts zu finden. Lange Jahre florierte ein lukrativer Handel mit Elfenbein von Mammuts. In Sibirien und Alaska müssen mindestens eine Million Mammuts gelebt haben.[21] Das gesunde Erscheinungsbild der Kadaver weist darauf hin, dass die Tiere gut genährt waren. Doch wie konnte die frostige Wildnis Sibiriens jemals genug Futter für die Mammuts hervorbringen? Und darüber hinaus gab es noch Mengen zotteliger Nashörner, Bisons, Pferde, Moschusochsen, Rentiere und Antilopen. Selbst wenn die Tiere nur im Sommer dorthin wanderten, gab es nicht ausreichend Futter für sie.

Zeichnung von Steve Cardno

Und was haben Tiere wie Nashörner, Bisons und Pferde während der eisigen Winter getrunken? Solche Tiere brauchen große Mengen Wasser in flüssiger Form.

Die Vertreter der Evolutions-

[19] Vardiman, 1993, 1994, 1994, a.a.O.

[20] Die Sauerstoffisotop-Konzentrationen von Schnee variieren mit der Temperatur des Ozeans, aus dem das Schneewasser ursprünglich verdunstete.

[21] Oard, 1990, a.a.O., S. 88.

lehre glauben im Rahmen ihrer langen Zeitalter und vielen Eiszeiten, dass Sibirien und Alaska gegenwärtig relativ warm sind[22] im Vergleich zu jener Zeit, als die Mammuts dort noch lebten. Wie konnten also diese großen Tierpopulationen in diesen Gebieten leben?

Der Moschusochse ist einem kalten Klima angepasst.

Schätzungsweise existieren heute noch etwa 50 000 solcher Kadaver bzw. Teile von Kadavern.[23] Die überwiegende Mehrheit davon zeigt Anzeichen von Verwesung, bevor sie im Schnee vergraben und eingefroren wurden, wenngleich etwa ein halbes Dutzend intakter gefrorener Mammuts gefunden wurde.

Bei einigen der „intakten“ Kadaver war sogar der Mageninhalt in nur teilweise verdautem Zustand. Es wurde behauptet, dass zu einem solchen Erhalt des Mageninhalts die Tiere schockgefroren werden mussten. Unverdaute Mageninhalte wurden jedoch auch in den Überresten eines nicht gefrorenen, nicht fossilisierten Mastodons in Ohio, USA, gefunden. Die Tatsache, dass beim größten Teil der Mammut-Überreste ein unterschiedlicher Verwesungsgrad vorliegt, zeigt, dass diese gefrorenen Kadaver nicht auf einen plötzlichen regionalen Kälteeinbruch zurückgehen. Bei dem festgestellten Erhaltungsgrad muss der Gefrierungsvorgang dennoch relativ rasch abgelaufen sein.

Einige der Pflanzenarten, die im Magen des berühmten Beresovka-Mammuts gefunden wurden, wachsen heute nur in wärmerem Klima. Der Befund deutet somit auf einen dauerhaften, raschen Klimawechsel in Nordsibirien und Alaska hin. Die Mammuts lebten dort, weil das Klima viel wärmer war und es mehr Niederschläge gab als heute. Mammutfundorte erstrecken sich in südlicher Richtung sogar bis Mexiko, was zeigt, dass sie nicht nur an kalte Lebensräume angepasst waren.

Höhlenmalereien mit Mammuts wurden offensichtlich von Menschen angefertigt, die nach der Sintflut lebten.[24] Die Mammutkadaver müssen irgendwann während der Eiszeit nach der Sintflut eingefroren worden sein. Das lässt

---

[22] Vertreter der Evolutionslehre meinen, dass wir uns gegenwärtig in einer warmen „interglazialen“ Periode befinden.

[23] Oard, 1990, a.a.O., S. 129.

[24] Kürzlich wurden in Nepal Elefanten entdeckt, die den Mammuts sogar in Details sehr ähnlich sind. Das lässt vermuten, dass die Mammuts noch nicht so lange ausgestorben sind, wie man allgemein annimmt. Siehe Wieland, C., 1997. „Lost World“ Animals – Found! *Creation* 19(1):10-13.

sich daraus schließen, dass sie in sogenanntem „Schlamm" gefunden werden sowie in Flussterrassen und Deltas, die durch Flussüberschwemmungen entstanden sind; die Kadaver befinden sich dabei in den oberen Ablagerungen von Flutsedimenten. Die Mammuts müssen rasch genug von Schlamm, Sand und Kies begraben und dann eingefroren worden sein, damit sie bis heute erhalten bleiben konnten.[25]

Das Begraben und Einfrieren dieser Mammuts kann nicht erklärt werden mit evolutionistischen Modellen eines langsamen und allmählichen Einsetzens der Eiszeit im Laufe von Tausenden von Jahren und einem langsamen Abklingen über einen ähnlich langen Zeitraum. Für die Vertreter der Evolutionslehre sind die gefrorenen Mammuts ein großes Rätsel; das biblische Sintflut- und Eiszeitmodell bietet jedoch einen Rahmen, in dem dieses Phänomen gut verstanden werden kann.

Oard nimmt an, dass die Mammuts gegen Ende der Eiszeit begraben und eingefroren wurden.[26] Es ist auffallend, dass Mammutreste am häufigsten nahe des Arktischen Ozeans und auf den Inseln entlang der Küste vorkommen. Außerdem werden sie sehr häufig südlich der maximal südlichsten Grenze der Eisdecke gefunden.

Oard vermutet, dass es durch das Schmelzen der kontinentalen Eisdecken und dem damit einhergehenden dauerhaften Klimawechsel zu katastrophischen Überschwemmungen kam, weil die Eisdämme schmolzen und große Seen von kaltem Süßwasser freigaben. Für zumindest einen solchen katastrophischen Dammbruch in Sibirien gibt es dokumentierte Hinweise.[27] Bei solchen Überschwemmungen könnten die Mammuts begraben worden sein.

Die Temperatur des Arktischen Ozeans war am Ende der Eiszeit wahrscheinlich unter den Gefrierpunkt von Süßwasser gesunken, lag aber noch über dem Gefrierpunkt von Salzwasser. Somit hätte ein plötzlicher Zustrom von Süßwasser ins Meer zur raschen Bildung von Eis auf der Meeresoberfläche geführt und die Verdunstung eingeschränkt. Das hätte zum sehr schnellen Einsetzen von äußerst kaltem, trockenen Wetter in Sibirien und Alaska geführt, wobei ein Absturz der Temperatur um bis zu 30° C innerhalb einer Woche denkbar wäre. Diese Vorstellung könnte das plötzliche Einsetzen von Frost in diesem Gebiet und somit das Sterben und Einfrieren derart vieler Mammuts erklären.

---

[25] Oard, 1990, a.a.O., S. 86-91, 128-133.

[26] Das bedeutet, dass sich die Tierpopulationen, einschließlich die der Mammuts, etwa 700 Jahre lang stetig vermehren konnten. Das ist genug Zeit, um die Mammutpopulation auf viele Millionen Tiere anwachsen zu lassen (bei einer vorsichtig angesetzten Verdoppelungszeit von 17 Jahren könnte aus dem einen Paar aus der Arche innerhalb von 500 Jahren eine Population von *über einer Milliarde* Exemplaren hervorgegangen sein). Siehe auch Wieland, 1997, a.a.O.

[27] Baker, V.R., Benito, G. und Rudoy, A.N., 1993. Paleohydrology of Late Pleistocene Superflooding, Altay Mountains, Siberia. *Science* 259:348-350.

Der relativ warme Arktische Ozean hätte dafür gesorgt, dass die Küstenlandstriche fruchtbar und bewohnbar blieben, während sich im Landesinneren Eis aufhäufte. Oard vermutet, dass Mammuts die Gewohnheit hatten, bei kaltem Wetter nach Norden zu diesen Küstenregionen am Arktischen Ozean zu wandern. Beim Zufrieren des Meeres wanderten sie jedoch in die falsche Richtung in noch kälteres Wetter hinein. Bei einigen Mammuts findet man Anzeichen auf einen Tod durch Ersticken oder Ertrinken. Aus Nordamerika ist bekannt, dass sehr kaltes Wetter zum Erstickungstod von Rindern führen kann.[28]

Überschwemmungen in Verbindung mit dem Abschmelzen des Eises in den asiatischen Bergen könnten die Mammuts in großer Zahl getötet und begraben haben.

Somit erklärt das biblische Modell recht einfach die große Menge von Mammutkadavern, die entlang der Küste des Arktischen Ozeans erhalten geblieben sind.

5. *Das Nachspiel der Sintflut*

Die Tiere aus der Arche vermehrten sich sehr rasch in den Jahrhunderten nach der Sintflut. Doch viele Tiere konnten die Entstehung der Eiszeit und das Einsetzen eines dauerhaften Klimawechsels am Ende der Eiszeit nicht bewältigen und starben aus. Einige von ihnen, wie das zottelige Mammut, starben bei Katastrophen, die mit diesen drastischen Veränderungen einhergingen.

Als das Eis zurückging und sich das Niederschlagsmuster abermals änderte, wurden viele der zuvor gut bewässerten Gebiete trocken, und so starben noch mehr Tiere aus. Die folgenschwere Sintflutkatastrophe und ihre darauf folgenden kleineren Katastrophen in Form von Vereisung, Vulkanismus und schließlich Verdürrung veränderten auf drastische Weise nicht nur die Erde, sondern auch ihre Bewohner in jenes Aussehen, das sie heute haben.

---

[28] Die alveolären Zellen, die in den Lungen Sauerstoff übertragen, werden durch extreme Kälte beschädigt, was zum Ersticken führt. Jogger in Kanada sind bei einer Lufttemperatur von -20° C an kälteinduzierter Erstickung gestorben.

Kapitel 17

Wie gelangten die Tiere von der Arche zu so entlegenen Plätzen wie Australien?

Wie kamen die Tiere aus fernen Ländern zur Arche? Sind die Kängurus nach der Sintflut den ganzen Weg bis Australien gehüpft? Was haben die Koalas unterwegs gefressen?

Zu Beginn wollen wir noch einmal bekräftigen, dass uns Gottes Wort in ganz einfacher Sprache offenbart, dass bei der Sintflut der gesamte Globus durch eine gewaltige Wasserkatastrophe überflutet wurde. Alle landbewohnenden, luftatmenden Geschöpfe, die sich nicht in der Arche befanden, gingen unter. Nach der Sintflut wurde die Welt von den Nachkommen jener Lebewesen wieder bevölkert, die in der Arche überlebt hatten (siehe auch Kapitel 10, *War die Sintflut weltweit?*).

1. Wie sind die Tiere zur Arche gekommen?

Skeptiker malen sich aus, wie Noah in Länder fern seiner Heimat ging, um Tiere wie z. B. die Kängurus und Koalas von Australien und die Kiwis von Neuseeland einzusammeln. Die Bibel berichtet hingegen, dass die Tiere zu Noah kamen und er sie nicht zusammentrommeln musste (1. Mose 6,20). Offensichtlich war es *Gott*, der die Tiere veranlasste, zu Noah zu gehen. Die Bibel sagt nichts darüber, wie das vonstatten ging.

Wir wissen ebenfalls nicht, wie die Geografie der Erde vor der Sintflut beschaffen war. Wenn es damals nur einen einzigen Kontinent gab (siehe später in diesem Kapitel), dann ist die Frage, wie die Tiere aus fernen Regionen zur Arche kamen, nicht mehr relevant.

2. Die Ausbreitung der Tiere nach der Sintflut

Wenn etwas in der Vergangenheit geschehen ist, das nicht im Detail dokumentiert wurde und auch nicht wiederholt werden kann, stößt man sehr schnell an praktische Grenzen, wenn es herauszufinden gilt, wie es genau gewesen ist und warum es so war.

Die Schwierigkeiten, warum wir nicht fähig sind, jede einzelne Situation in allen Einzelheiten zu erklären, resultieren aus unserem eingeschränkten Erkenntnisvermögen. Wir können nicht die Zeit rückwärts drehen und nachprüfen, was geschehen ist und es ist unvermeidlich, dass unsere geistigen Rekonstruktionen, wie die Welt nach der Sintflut aussah, hier und da Mängel aufweisen. Aus diesem Grund bringt der Ablauf der nachsintflutlichen Tierwanderung einige Probleme und Herausforderungen für die

Forschung im Bereich des biblischen Schöpfungsmodells mit sich. Doch bieten uns verschiedene Quellen Anhaltspunkte, anhand derer wir versuchen können, eine Antwort zu finden.

3. Anhaltspunkte aus der heutigen Zeit

Als im Jahr 1883 die Vulkaninsel Krakatau explodierte, blieben ihre Überreste für einige Jahre unbelebt, doch wurden sie schließlich von einer überraschenden Vielfalt von Lebewesen wieder besiedelt. Dazu gehörten nicht nur Insekten und Würmer, sondern Vögel, Eidechsen, Schlangen und sogar einige Säugetiere. Bei einigen Arten dieser überraschenden Mischung hätte man nicht erwartet, dass sie den Ozean überqueren würden, doch offensichtlich taten sie es. Obwohl diese Tiere zum größten Teil kleiner waren als diejenigen, um die es in diesem Kapitel geht, veranschaulicht das doch die Grenzen unserer Vorstellungskraft auf diesem Gebiet.

4. Landbrücken

Die Vertreter der Evolutionslehre geben zu, dass Menschen und Tiere einst ungehindert die Beringstraße, die Asien und Amerika verbindet[1], passieren konnten. Bevor der Gedanke der Kontinentaldrift populär wurde, waren die Vertreter der Evolutionslehre auf die Annahme einer Absenkung des Meeresspiegels während einer Eiszeit angewiesen (dadurch wurde das Wasser als Eis festgehalten), um Landbrücken und somit beispielsweise Festlandwege von Europa bis Australasien erklären zu können.

Die Existenz einiger Tiefwassergebiete entlang der Route nach Australien widerspricht dieser Erklärung keineswegs. Evolutionistische Geologen glauben selbst, dass es in der Zeit, die sie als Eiszeit datieren, größere tektonische Anhebungen gegeben hat, die von umfangreichem Heben und Senken des Meeresbodens begleitet wurden. Beispielsweise glauben sie, dass sich während der Eiszeit Teile Kaliforniens einige tausend Meter über den damaligen Meeresspiegel erhoben. Dieses Zeitalter nennen sie „Pleistozän", und es ist eines der jüngsten der angeblichen geologischen Zeitalter. Geologen, die von der Bibel ausgehen, sehen das Pleistozän allgemein als die nachsintflutliche Periode an, die Zeit, in der diese größeren Tierwanderungen stattfanden. In gleicher Weise sanken andere Festlandgebiete ab, einschließlich Teile dieser Landbrücken, und wurden etwa zur selben Zeit überspült.[2]

Es herrscht die weitverbreitete, aber falsche Annahme vor, dass Beuteltiere ausschließlich in Australien leben, was den Gedanken unterstützen würde, sie seien dort durch Evolution entstanden. Lebende Beuteltiere

---

[1] Elias, S.A., Short, S.K., Nelson, C.H. und Birks, H.H., 1996. Life and Times of the Bering Land Bridge. *Nature* 382:60-63.

kommen jedoch auch in Nord- und Südamerika vor, nämlich das Opossum; und fossile Beuteltiere wurden auf jedem Kontinent gefunden. Ebenso dachte man einst, Kloakentiere (eierlegende Säugetiere) würde es nur in Australien geben, aber die Entdeckung eines fossilen Schnabeltierzahns 1991 in Südamerika versetzte die wissenschaftliche Welt in Erstaunen.[3] Weil die Vertreter der Evolutionslehre glauben, dass alle Lebewesen von einem gemeinsamen Vorfahren abstammen, müssen sie eine Wanderung der Tiere zwischen Australien und anderen Gebieten annehmen. Diese Möglichkeit wird somit von allen Wissenschaftlern, also von Vertretern der Evolutionslehre ebenso wie von denen der Schöpfungslehre unterstellt.

Schöpfungswissenschaftler glauben allgemein, dass es nur eine Eiszeit gab, die eine Folge der Sintflut war.[4] Der zu dieser Zeit niedrigere Meeresspiegel ermöglichte es den Tieren mehrere Jahrhunderte lang, über Landbrücken zu wandern. Einige Schöpfungswissenschaftler nehmen an, dass nach der Sintflut – zur Zeit Pelegs (1. Mose 10,25) – eine ursprüngliche Kontinentalplatte in mehrere Teile zerbrochen ist.[5] Auch dann hätten den Tieren mehrere Jahrhunderte zur Verfügung gestanden, um sich auszubreiten. In diesem Fall wären keine Landbrücken nötig gewesen. Unter Schöpfungswissenschaftlern ist das Auseinanderbrechen der Kontinente zur Zeit Pelegs jedoch nicht allgemein anerkannt (siehe Kapitel 11).

5. Ist das Känguru den ganzen Weg bis Australien gehüpft?

Wie haben die Tiere die langen Reisen vom Ararat bis zu ihrem neuen Lebensraum bewältigt? Es gibt zwar vereinzelte Berichte von individuellen Tieren, die erstaunliche Reisen über Tausende von Kilometern zurücklegten, doch sind solche Fähigkeiten nicht einmal notwendig. Die ersten Siedler in Australien setzten an einer Stelle eine sehr kleine Anzahl von Kaninchen aus. Heute findet man Wildkaninchen auch auf der entgegengesetzten Seite (und an jeder anderen Stelle) dieses großen Kontinents. Bedeutet dies, dass ein einzelnes Kaninchen imstande sein musste, ganz Australien zu durchqueren? Selbstverständlich nicht.

Zeichnung von Robert Smith

[2] Es ist zu bedenken, dass die Region um Nordaustralien bis Südostasien eines der tektonisch aktivsten Teile der Erde ist.

[3] Anon., 1992. Platypus Tooth Bites Hard into long-held Beliefs. *Creation* 14(1):13, basierend auf einem Artikel in *New Scientist*, 24. August 1991. Das Schnabeltier ist ein Kloakentier (ein eierlegendes Säugetier).

[4] Siehe Kapitel 16, *Gab es wirklich Eiszeiten?*

[5] Siehe Kapitel 11, *Was hat es mit der Kontinentaldrift auf sich?*

Schöpfungswissenschaftlern wird nach Vorträgen manchmal die provozierende Frage gestellt: „Sind die Kängurus den ganzen Weg bis Australien gehüpft?“ Am Beispiel des Kaninchens sehen wir, dass diese Frage recht töricht ist.

Den Tierpopulationen standen Jahrhunderte zur Verfügung, um relativ langsam und über mehrere Generationen verteilt zu ihrem neuen Lebensraum zu gelangen. Hier lässt sich auch die umgekehrte und ebenfalls häufig gestellte Frage beantworten, ob die beiden Kängurus *von* Australien bis zur Arche gehüpft sind. Die Kontinente, wie wir sie heute mit ihren großen Mengen an Sedimentgestein vorfinden, das während oder teilweise auch nach der Sintflut abgelagert wurde, unterscheiden sich von dem Kontinent oder den Kontinenten der vorsintflutlichen Welt.

Wir haben ebenfalls keine Angaben darüber, wie die Tiere vor der Sintflut verteilt waren. Kängurus haben womöglich nicht in einem isolierten Gebiet gelebt (was auch für jedes andere Lebewesen gilt). Der Vers in 1. Mose 1,9 legt nahe, dass es nur ein einziges zusammenhängendes Festland gegeben hat („Es sammle sich das Wasser unter dem Himmel an besondere Orte, dass man das Trockene [das Festland] sehe“). Bei allem, was wir wissen, ist es gut möglich, dass Kängurus nur einen Steinwurf weit entfernt von jener Stelle gegrast haben, wo Noah die Arche baute.

Man könnte fragen: Wenn die Tiere im Laufe einer langen Zeitspanne nach Australien wanderten und die Route wahrscheinlich über Orte wie Indonesien etc. führte, warum finden wir dann keine Fossilien von ihnen auf dieser Route?

Fossilisation ist ein seltenes Ereignis. Es geschieht nur durch eine plötzliche Verschüttung (wie es z. B. durch die Sintflut geschah), bei dem der Kadaver nicht verwest. In Israel lebten bis vor nicht allzu langer Zeit noch Löwen. Dennoch finden wir in Israel keine Löwenfossilien; das hindert uns aber nicht, den vielen historischen Berichten über ihre dortige Anwesenheit zu glauben. Die Millionen von Bisons, die einst in Nordamerika verbreitet waren, haben praktisch keine Fossilien hinterlassen. Weshalb sollte es dann überraschen, dass kleine Populationen, die wahrscheinlich unter Migrationsdruck durch Wettstreiter bzw. natürliche Feinde standen und deshalb in jedem Gebiet nur für höchstens einige Generationen lebten, keine Fossilien hinterlassen haben?

6. Einzigartige Organismen

Eine weitere Frage ist, warum bestimmte Tiere (und Pflanzen) ausschließlich an einem bestimmten Ort vorkommen. Warum lebt die Spezies X nur in Madagaskar und die Spezies Y nur auf den Seychellen? Aus der Formulierung solcher Fragen ist oftmals erkennbar, dass der Fragesteller glaubt, dass die Spezies Y sich ausschließlich in diese eine Richtung ausbreitete und niemals irgendwo anders hin wanderte. Das ist zwar möglich, aber keineswegs notwendig. Alle Anzeichen aus der gegenwärtigen Situation deuten lediglich darauf hin, dass diese Orte heute die einzigen sind, an denen X oder Y *bis heute überlebt haben.*

Die Vorfahren der heutigen Kängurus hatten vielleicht Tochterpopulationen an vielen Stellen der Welt, von denen die meisten im Laufe der Zeit ausgestorben sind. Vielleicht haben diese Beuteltiere in Australien nur überlebt, weil sie vor den Plazentatieren[6] dorthin gekommen sind (wir denken dabei an nichts weiteres als „zufällige" Prozesse bei der Wahl des Zielortes) und deshalb vor Wettbewerb und Dezimierung geschützt waren.

Livingstonia-Palmen in Palm Valley, Zentralaustralien.

Palm Valley in Zentralaustralien ist der Lebensraum der einzigartigen Palmenart *Livingstonia mariae*, die sonst nirgends in der Welt zu finden ist. Bedeutet dies unbedingt, dass die Samen dieser Art nur an diesen kleinen Ort auf dem Globus geschwemmt worden sind? Keineswegs. Derzeitige Modelle des nachsintflutlichen Klimas deuten darauf hin, dass die Welt heute wesentlich trockener ist als in den ersten Jahrhunderten nach der Sintflut. Selbst Vertreter der Evolutionslehre stimmen zu, dass die Sahara noch vor relativ kurzer Zeit – gemessen an evolutionistischen Maßstäben – üppig grün war und in Zentralaustralien ein tropisch-feuchtes Klima herrschte. Bei allem, was wir wissen, kann es gut sein, dass die *Livingstone-mariae*-Palme in ganz Australien weit verbreitet war und vielleicht auch in anderen Gegenden wuchs, die heute trocken sind, wie z. B. in bestimmten Teilen Afrikas.

Die Palme konnte in Palm Valley überleben, weil sie dort vor der Trockenheit geschützt war, die nunmehr weitläufig in der australischen Umgebung herrscht. An allen anderen Orten aber ist sie ausgestorben.

Wenn wir über die Tierwanderungen nach der Sintflut nachdenken, sollten wir stets an dieses Konzept einer sich verändernden Vegetation und eines sich ändernden Klimas denken.

Ein weiterer beispielhafter Einwand ist: Wie konnten die Kreaturen, die heute einen Regenwald als Lebensraum brauchen, auf dem Weg dorthin durch Tausende Kilometer dürrer Wüste wandern? Die Antwort lautet: Damals gab es dort noch keine Wüste!

---

[6] Plazentatiere gehören zu den Säugetieren; sie besitzen eine Gebärmutter mit Mutterkuchen (griech. plakounta = flacher Kuchen) und bringen ihre Jungen lebend zur Welt. Zu den Säugtieren gehören noch die Beuteltiere (Marsupialia) und die Kloakentiere (Montremata) wie z.B. das Schnabeltier. Beuteltiere wie das Känguru bringen zwar auch ihre Jungen lebend zur Welt, aber diese sind noch nicht alleine lebensfähig; sie werden nicht den Plazentatieren zugerechnet.

7. Der Koala und andere spezialisierte Arten

Die Vorliebe des Koalas für Eukalyptusblätter ist anscheinend eine Sucht. Junge Koalas können dazu erzogen werden, sich von anderen Blätterarten zu ernähren.

Es gibt andere Probleme, die nicht so einfach zu lösen sind. Wir kennen Lebewesen, die ganz spezielle Bedingungen oder eine ganz besondere Ernährung benötigen, wie z. B. der Riesenpanda in China und der Koala in Australien. Wir wissen natürlich nicht, ob Bambus oder Eukalyptus[7] damals entlang ihrer jeweiligen Wanderrouten wuchsen. Das könnte sogar die Richtung vorgegeben haben, die sie letztendlich einschlugen.

Es gibt jedenfalls auch noch eine andere Erklärungsmöglichkeit. Die Notwendigkeit von einzigartigen oder speziellen Lebensbedingungen kann auch das Ergebnis einer Spezialisierung in einigen Populationen und damit eine Abwärtsveränderung sein. D. h. eine solche Veränderung könnte durch den Verlust genetischer Information entstehen, durch Ausdünnen des Genpools oder durch degenerative Mutationen. Ein gutes Beispiel dafür sind die vielen heutigen Hunderassen, die vom Menschen selektiert wurden (wenngleich auch natürliche Bedingungen selektieren können), und die in freier Wildbahn wesentlich weniger widerstandsfähig sind als ihre „wilden“ nicht reinrassigen Vorfahren. Der Bernhardiner beispielsweise hat infolge eines Mutationsfehlers eine Schilddrüsenüberfunktion, und darum muss er in einer kühlen Umgebung leben, um Überhitzung zu vermeiden.

Das legt nahe, dass die Vorfahren solcher Lebewesen nicht spezialisiert waren, als sie aus der Arche kamen. Somit waren sie widerstandsfähiger als

[7] Eigentlich kann sich der Koala auch von anderen Arten von Gummibaumblättern ernähren. In Australien gibt es etwa 500 Gummibaumarten (Eukalyptusbäume). Koalas fressen die Blätter von etwa 20 Arten, wobei der blaue Gummibaum ihr Favorit ist. Eine aktuelle Forschungsarbeit hat gezeigt, dass die Vorliebe des Koalas für Eukalyptus in Wirklichkeit eine Sucht nach bestimmten chemischen Stoffen in den Blättern ist, die er zuerst mit der Muttermilch aufnimmt. Koalas, die mit der Flasche aufgezogen wurden, können mit einer Ernährung ohne Eukalyptusblätter auskommen (siehe *CEN Technical Journal* 8(2):126). Auch vom Riesenpanda, der sich normalerweise nur von Bambussprossen ernährt, ist bekannt, dass er gelegentlich kleine Tiere frisst.

ihre Nachkommen, die nur noch über einen Teil des ursprünglichen Genpools an Erbinformation verfügen.[8] Anders formuliert: Die Vorfahren des Koalas konnten vielleicht mit einer viel größeren Bandbreite an Vegetation als Nahrung überleben. Eine solche Erklärung ist erst durch moderne biologische Erkenntnisse möglich geworden. Es ist anzunehmen, dass mit zunehmendem Wissen auch die letzten noch verbleibenden Schwierigkeiten bald weniger problematisch sein werden.

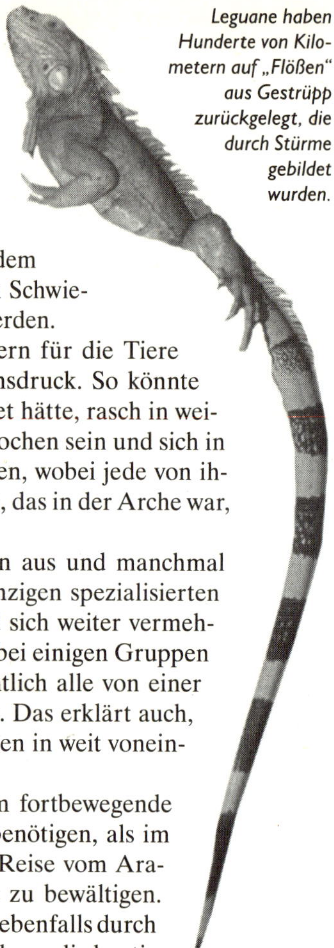

Leguane haben Hunderte von Kilometern auf „Flößen" aus Gestrüpp zurückgelegt, die durch Stürme gebildet wurden.

Alle genannten Veränderungen erfordern für die Tiere keine langen Zeitspannen unter Migrationsdruck. So könnte die erste kleine Population, die sich gebildet hätte, rasch in weitere Tochterpopulationen auseinandergebrochen sein und sich in verschiedene Richtungen ausgebreitet haben, wobei jede von ihnen nur einen Teil des Genpools des Paares, das in der Arche war, in sich getragen hätte.

Manchmal stirbt eine ganze Population aus und manchmal fast die ganze Population bis auf einen einzigen spezialisierten Typus. Wo alle Untertypen überleben und sich weiter vermehren, finden wir die größte Vielfalt. Dies ist bei einigen Gruppen von Lebewesen festzustellen, die offensichtlich alle von einer ursprünglich geschaffenen Art abstammen. Das erklärt auch, warum einige offensichtlich verwandte Arten in weit voneinander entfernten Gebieten leben.

Das Faultier, eine sich äußerst langsam fortbewegende Spezies, scheint wesentlich mehr Zeit zu benötigen, als im biblische Rahmen vorgegeben ist, um die Reise vom Ararat zu seinem gegenwärtigen Lebensraum zu bewältigen. Möglicherweise ist sein derzeitiger Zustand ebenfalls durch einen degenerativen Prozess erklärbar. Doch um die heutige Verbreitung der Tiere zu erklären, müssen selbst die Vertreter der Evolutionslehre annehmen, dass bestimmte Primaten Hunderte von Kilometern über den offenen Ozean zurückgelegt haben, wozu ihnen wahrscheinlich Flöße aus verfilzten Pflanzen dienten, die bei Stürmen entstanden sind.[9] Tatsächlich wurde kürzlich für Leguane dokumentiert, dass sie auf diese Weise Hunderte von Kilometern zwischen den Inseln in der Karibik zurücklegten.[10]

---

[8] Siehe Kapitel 18: *Wie sind die verschiedenen Rassen entstanden?* Dort ist ein Beispiel geschildert, dass einer sehr hellhäutigen Rasse, die von einer mittelbraunen abstammt, ein Teil der Information aus der elterlichen Population fehlt.

[9] Anon., 1993. Hitch-Hiking Lemurs. *Creation* 15(4):11, ein Kommentar zu: Tattersall, J., 1993. Madagascar's Lemurs. *Scientific American* 268(1):90-97.

Die Bibel gibt uns einige Hinweise, wie eine Ausbreitung von Tieren und Menschen nach der Sintflut vonstatten gegangen sein könnte. Damit kann man zum Beispiel die Lage der Fossilien von Affen und Menschen erklären. In den nachsintflutlichen Ablagerungen in Afrika befinden sich Affenfossilien unterhalb der Fossilien von Menschen. Vertreter der Evolutionslehre behaupten, dies sei darauf zurückzuführen, dass die Menschen von den Affen abstammen. Aber es gibt noch eine andere Erklärung: Die Tiere, einschließlich der Affen, haben unmittelbar nach der Sintflut angefangen, sich über die Erde auszubreiten, wohingegen die Bibel von den Menschen sagt, dass sie diese Ausbreitung verweigerten (1. Mose 9,1; 11,1-9). Die Zerstreuung der Menschen begann also erst in Babel, und das war einige hundert Jahre nach der Sintflut. Diese Verzögerung bewirkte, dass man heute Affenfossilien durchgängig unter den Fossilien von Menschen findet, weil die Menschen erst viel später als die Affen in Afrika ankamen.[11]

Vielleicht werden wir die genauen Antworten auf jede dieser Fragen niemals kennen, doch mit Gewissheit kann man sagen, dass die Probleme weit weniger gewaltig sind, als sie auf den ersten Blick erscheinen.[12] Kombiniert mit all den biblischen, geologischen und anthropologischen Hinweisen auf die Sintflut, kann man den biblischen Bericht über die Ausbreitung der Tiere von einem zentralen Punkt aus zu Recht als vollkommen vernünftig ansehen.[13]

Das biblische Modell bietet einen exzellenten Rahmen für die wissenschaftliche Untersuchung aller dieser Fragestellungen.

---

[10] Anon., 1999. Surfing Lizards Wipe out Objections. *Creation* 21(2):8.

[11] Die Paläontologin Dr. Sigrid Hartwig-Scherer auf dem Video *The Image of God*, Keziah Videos.

[12] In aktueller Literatur über einige Probleme bezüglich der Ausbreitung der Tiere, die sogar im Rahmen der Evolutionstheorie bestehen, wurde hin und wieder die Hypothese aufgestellt, dass die ersten Menschen womöglich wesentlich bessere Schiffsbauer und Navigatoren waren, als man bisher dachte. Von daher haben vielleicht verschiedene Tierarten den Menschen auf Schiffen über das Meer begleitet. Wir sollten dies als Möglichkeit für einige Fälle in Erwägung ziehen. Wenn Tiere auf diese Weise auf einen neuen Kontinent gelangten, können sie sich dort vermehrt haben, obwohl vielleicht die Menschen, die sie dorthin mitgenommen hatten, nicht dort blieben oder aber starben.

[13] Weiterführende Literatur: Whitcomb, J. und Morris, H., 1961. *The Genesis Flood*, Presbyterian and Reformed Publ. Co., Phillipsburg, New Jersey.
Woodmorappe, J., 1990. Causes for the Biogeographic Distribution of Land Vertebrates After the Flood. *Proc. Second ICC,* Pittsburg, S. 361-367.

Kapitel 18

Wie sind aus Noahs Familie die verschiedenen Rassen entstanden?

Was ist eine „Rasse"? Wie sind die verschiedenen Hautfarben entstanden? Welche Konsequenzen haben falsche Vorstellungen über „Rassen"? Gehen schwarze Volksgruppen auf den Fluch über Ham zurück?

Der Bibel zufolge stammen alle heute auf der Erde lebenden Menschen von Noah und seiner Frau und seinen drei Söhnen und Schwiegertöchtern ab. Deren Stammbaum geht wiederum auf Adam und Eva zurück (1. Mose 1–11). Doch heute gibt es viele verschiedene Menschengruppen, die häufig „Rassen" genannt werden und die augenscheinlich bedeutende Unterscheidungsmerkmale aufweisen. Der auffälligste Unterschied ist die Hautfarbe. Für viele Leute ist dies ein Grund, die biblische Geschichtsschreibung anzuzweifeln. Sie glauben, dass sich die verschiedenen Gruppen nur durch eine isolierte Evolution im Laufe von Zehntausenden von Jahren herausgebildet haben können. Wie wir jedoch sehen werden, erfordern die biologischen Befunde keine solche Entwicklung.

Die Bibel berichtet uns, dass die Bevölkerung, die von Noahs Familie abstammte, eine einzige Sprache hatte und Gott ungehorsam war, weil sie an einem Ort lebte, anstatt dem Gebot zu gehorchen „die Erde zu füllen" (1. Mose 9,1; 11,4). Gott verwirrte ihre Sprache und verursachte so ein Auseinanderbrechen der Bevölkerung in kleinere Gruppen, die sich dann über die Erde verteilten (1. Mose 11,8-9). Mit Hilfe der modernen Genforschung kann man eine solche Aufteilung der Population verfolgen und dadurch erkennen, dass sich Variationen z. B. in der Hautfarbe innerhalb einiger weniger Generationen entwickeln können. Es gibt gute Hinweise darauf, dass die verschiedenen Menschengruppen, die heute leben, *nicht* über lange Zeit voneinander isoliert waren.[1]

---

[1] Angeblich sollen die weltweiten Variationen in der Mitochondrien-DNS (die Geschichte der „Mitochondrien-Eva") zeigen, dass alle heute lebenden Menschen auf eine einzige Mutter zurückzuführen sind, die vor 70 000 bis 800 000 Jahren in einer kleinen Population lebte. Aktuelle Erkenntnisse über die Rate von Mutationen in der Mitochondrien-DNS verkürzen diese Zeit drastisch auf einen Wert innerhalb des biblischen Zeitrahmens. Siehe Loewe, L., und Scherer, S., 1997. Mitochondrial Eve: The Plot Thickens. *Trends in Ecology and Evolution* 12(11):422-423; Wieland, C:, 1998. A Shrinking Date for Eve. *CEN Technical Journal* 12(1):1-3.

1. Was ist eine „Rasse"?

In Wirklichkeit gibt es nur eine Rasse – die Rasse „Mensch". Die Bibel lässt uns wissen, dass Gott „aus einem Blut jede Nation der Menschen gemacht" hat (Apostelgeschichte 17,26, Elberfelder). Die Bibel unterscheidet die Völker nach stammesmäßigen oder nationalen Gesichtspunkten, aber nicht anhand von Hautfarbe oder Körpermerkmalen. Dennoch gibt es eindeutig Volksgruppen mit bestimmten gemeinsamen Merkmalen, z.B. der Hautfarbe, die sie von anderen unterscheiden. Wir ziehen vor, diese als „Menschengruppen" und nicht als „Rassen" zu bezeichnen, um so ein Anklingen an evolutionistische Gedanken zu vermeiden, die mit dem Wort „Rasse" assoziiert werden.

Alle Menschen können sich kreuzen und fruchtbare Nachkommen hervorbringen. Das zeigt, dass die biologischen Unterschiede zwischen den „Rassen" nicht besonders groß sind. Die Unterschiede im genetischen Erbgut sind tatsächlich minimal. Die DNS zweier beliebiger Menschen der Welt unterscheidet sich im Durchschnitt nur um 0,2 %.[2] Davon haben wiederum nur 6 % mit rassischen Kategorien zu tun; die übrigen Unterschiede sind Variationen innerhalb einer „Rasse".

Diese genetische Einheit zeigt sich beispielsweise darin, dass weiße Amerikaner, die vom Phänotyp her weit von schwarzen Amerikanern entfernt sind, bei Gewebeproben bisweilen besser mit schwarzen Amerikanern übereinstimmen als Schwarze untereinander.[3]

Anthropologen unterteilen die Menschen allgemein nur in eine kleine Anzahl von Hauptrassegruppen, wie z.B. die Europiden (die „Weißen")[4], die Mongoliden (sie umfassen die Chinesen, Inuiten oder Eskimos und die Indianer oder amerikanischen Eingeborenen), die Negroiden (die schwarzen Afrikaner) und die Australiden (australische Aborigines). Innerhalb jeder Klassifizierung gibt es etliche Untergruppen.

Praktisch alle Vertreter der Evolutionslehre stimmen heute zu, dass die verschiedenen Menschengruppen nicht unterschiedlichen Ursprungs sind. Sie glauben, dass sich verschiedene Menschengruppen nicht jeweils aus einer verschiedenen Tiergruppe entwickelten. So würden sowohl diejenigen, die an Evolution als auch diejenigen, die an Schöpfung glauben, darin übereinstimmen, dass alle Menschengruppen aus ein und derselben ursprünglichen Population stammen. Natürlich glauben die Evolutionsver-

[2] Gutin, J.C., 1994. End of the Rainbow. *Discover*, November, S. 71-75.

[3] Ebd.

[4] Auch die Bewohner des indischen Subkontinents sind hauptsächlich europid und ihre Hautfarbe rangiert von hellbraun bis dunkel. Auch innerhalb Europas variiert die Hautfarbe von sehr blass bis braun.

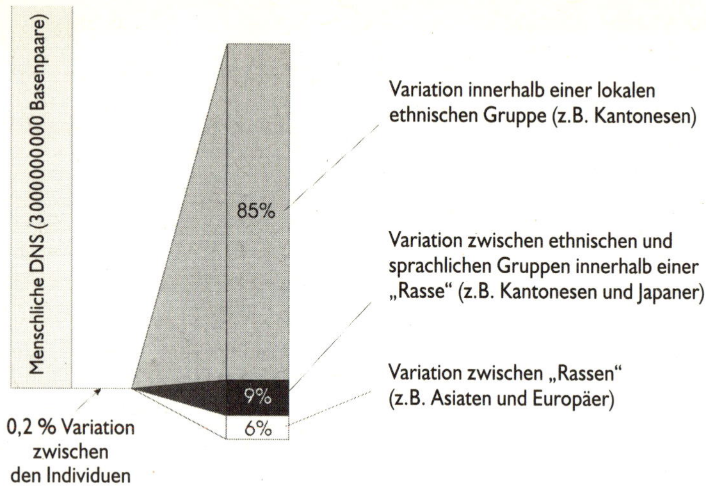

Die Variation im Erbgut einzelner Menschen zeigt, dass „Rassenunterschiede“ dabei kaum eine Rolle spielen.

treter, dass solche Gruppen wie die Aborigines und die Chinesen viele Zehntausende Jahre lang voneinander getrennt waren. Die meisten Leute glauben, dass die Unterschiede zwischen den Gruppen so groß sind, dass es einen langen Zeitraum gegeben haben *muss,* damit sich diese Unterschiede herausbilden konnten.

Ein Grund dafür ist die verbreitete Annahme, die beobachtbaren Unterschiede seien daraus entstanden, dass einige Völker einzigartige Merkmale in ihrem Erbgut hatten, welche anderen fehlten. Das ist ein einleuchtender, aber falscher Gedanke. Schauen wir uns beispielsweise die Hautfarbe an. Da verschiedene Menschengruppen „gelbe“, „rote“ „schwarze“, „weiße“ oder „braune“ Hautfarbe haben, kann man leicht meinen, es müsse viele verschiedene Hautpigmente oder Farbstoffe geben. Und da unterschiedliche chemische Stoffe zur Färbung der Haut verschiedene genetische Rezepte oder Codes im Erbgut der jeweiligen Menschengruppe erfordern würden, scheint sich daraus ein echtes Problem zu ergeben. Wie konnten sich all diese Unterschiede innerhalb einer kurzen Zeit entwickeln?

In diesem Zusammenhang gilt es festzuhalten: Wir haben alle das gleiche Farbpigment in unserer Haut, nämlich Melanin. Melanin ist ein dunkelbrauner Farbstoff, der in speziellen Hautzellen in unterschiedlicher Menge produziert wird. Wenn wir *kein* Melanin hätten, wie es bei den sogenannten Albinos der Fall ist, die einen Mutationsdefekt geerbt haben und deshalb kein Melanin bilden können, dann hätten wir eine äußerst weiße oder rosafarbene Haut. Produzieren wir wenig Melanin, sind wir europid-weiß. Würde unsere Haut hingegen große Mengen Melanin produzieren, wären wir sehr dunkelhäutig. Und dazwischen sind natürlich alle Schattierungen von Braun möglich. Andere nennenswerte Hautpigmente gibt es nicht.[5]

Zusammengefasst lässt sich nach heutigem Kenntnisstand sagen: Der wirklich wichtige Faktor für die Bestimmung der Hautfarbe ist die produzierte Menge an Melanin.

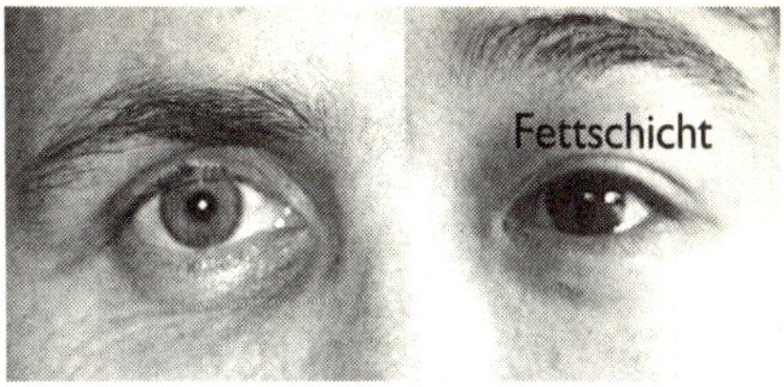

Abb. 1. Die Augen von Europäern und Asiaten unterscheiden sich durch die Menge an Fett, die um das Auge angelagert ist.

Dieser Aspekt gilt nicht nur für die Hautfarbe. Allgemein kann man sagen, dass keine Menschengruppe irgendwelche Merkmale hat, die sich wesentlich von den Merkmalen der anderen Gruppen unterscheiden, ganz gleich, welche Merkmale wir in Betracht ziehen. Beispielsweise unterscheidet sich das mandelförmige Auge der Asiaten von einem typischen europiden Auge darin, dass es von mehr Fett umgeben ist (siehe Abbildung 1). Sowohl das asiatische als auch das europide Auge sind von Fett umgeben – bei letzterem ist es einfach nur weniger.

Was macht das Melanin? Es schützt die Haut vor Schädigungen durch UV-Licht von der Sonne. Wenn man in einem sehr sonnigen Lebensraum zu wenig Melanin hat, bekommt man sehr schnell einen Sonnenbrand und Hautkrebs. Hat man sehr viel Melanin und lebt in einem Land, wo man wenig Sonnenlicht bekommt, ist es schwieriger, genügend Vitamin D zu bilden, denn für die Synthese von Vitamin D im Körper ist Sonnenlicht erforderlich. Die Folge ist dann Vitamin-D-Mangel, der zu Knochenkrankheiten wie z. B. Rachitis führen kann.

Wir müssen uns außerdem darüber im Klaren sein, dass wir nicht mit einer genetisch festgelegten Menge an Melanin geboren werden. Wir haben vielmehr ein genetisch festgelegtes *Potenzial*, eine bestimmte Menge zu produzieren, und die Menge steigt als Reaktion auf Sonnenlicht. Viel-

[5] Andere Substanzen können in geringerem Maße die Nuance der Hautfärbung beeinflussen, wie z. B. die gefärbten Fasern des Proteins Elastin und das Pigment Karotin. Doch auch hier gilt: Alle Menschen haben dieselben Komponenten und die Prinzipien, die ihr Erbgut steuern, ähneln denen, die hier umrissen sind. Andere Faktoren als Pigmentstoffe in der Haut können die feinen Schattierungen beeinflussen, die der Beobachter wahrnimmt, wie z. B. die Dicke der über den Pigmenten liegenden farblosen Hautschichten, die Dichte und Lage des Blutkapillarnetzes etc. Melanin, das von Körperzellen namens Melanozyten synthetisiert wird, besteht eigentlich aus zwei Pigmenten, die auch die Haarfarbe bestimmen. Eumelanin ist sehr dunkelbraun und Phäomelanin ist eher rötlich. Menschen bräunen, wenn Sonnenlicht die Produktion von Eumelanin stimuliert. Rothaarige, die oft keine schützende Bräunung der Haut entwickeln können, haben einen hohen Anteil an Phäomelanin. Sie haben wahrscheinlich ein defektes Gen geerbt, das ihre Pigmentzellen „unfähig macht, auf normale Signale zu reagieren, die die Produktion von Eumelanin anregen". Siehe Cohen, P., 1995. Redheads Come out of the Shade. *New Scientist* 147(1997):18.

leicht ist Ihnen schon einmal aufgefallen: Wenn Europide, die den Winter hauptsächlich im Haus verbringen, am Anfang des Sommers an den Strand gehen, haben sie alle mehr oder weniger die gleiche blass-weiße Hautfarbe. Mit Fortschreiten des Sommers und zunehmendem Aufenthalt in der Sonne werden jedoch manche von ihnen dunkler als die anderen.

Wie kommt es, dass in kurzer Zeit so viele verschiedene Hautfarben entstehen konnten? Wir müssen bedenken: Wenn wir von verschiedenen „Farben“ sprechen, meinen wir stets unterschiedliche Schattierungen desselben Farbstoffs Melanin.

Wenn ein Angehöriger einer sehr dunkelhäutigen Menschengruppe jemanden aus einer sehr hellhäutigen Gruppe heiratet, sind die Nachkommen dieses Paares, die sogenannten Mulatten, mittelbraun. Es ist seit langem bekannt, dass die Kinder von zwei verheirateten Mulatten jede Hautfarbe haben können, von ganz dunkel bis ganz hell. Wenn wir das verstehen, haben wir die nötigen Ansatzpunkte, um unsere eingangs gestellte Frage zu beantworten. Doch zunächst wollen wir uns in vereinfachter Form mit den grundlegenden Prinzipien der Vererbungslehre beschäftigen.

2. *Vererbungslehre*

Alle Menschen haben in ihren Körperzellen die Information, die den Bauplan ihres Körpers beschreibt, ebenso wie eine Bauzeichnung die Einzelheiten des fertigen Gebäudes festlegt. Diese Information bestimmt nicht nur, dass wir Menschen sind und keine Kakteen oder Krokodile, sondern sie gibt auch an, ob wir blaue Augen, Stupsnasen, lange Beine usw. haben werden. Wenn ein Spermium eine Eizelle befruchtet, ist damit bereits die *gesamte* Information festgelegt, die die Eigenschaften des werdenden Menschen bestimmt – abgesehen von solchen zusätzlichen Faktoren wie Lebensweise und Ernährung. Der größte Teil dieser Information befindet sich in codierter Form in unserer DNS.[6] Als Illustration kann hier eine Perlenschnur dienen, die mit Perlen verschiedener Größe eine Botschaft im Morsealphabet codiert:

[6] Der größte Teil dieser DNS liegt im Kern jeder einzelnen Zelle vor, doch ein kleinerer Teil ist in den Mitochondrien enthalten, die sich außerhalb des Zellkerns im Zytoplasma befinden. Bei der Befruchtung einer Eizelle bringen die Spermien nur DNS aus dem Zellkern ein. Die Mitochondrien-DNS wird nur von der Mutter über die Eizelle vererbt.

Diese Schnur kann in Form einer einfachen Abfolge von kurzen und langen Perlen (die für Punkte und Striche des Morsealphabets stehen) und von Leerzeichen dieselbe Information tragen, die im englischen Wort „help" („Hilfe") enthalten ist, das auf einem Blatt geschrieben steht. So könnte auf einer genügend langen Schnur die gesamte Bibel im Morsealphabet geschrieben werden.

In ähnlicher Weise ist der Bauplan des Menschen in einem Code (d. h. einer Sprachvereinbarung) gespeichert, der auf sehr langen chemischen Schnüren aus DNS festgehalten ist. Das ist bei weitem das effizienteste Informationsspeicherungssystem, das bekannt ist und übersteigt bei weitem jede absehbare Computertechnologie.[7] Diese Information wird mit der Fortpflanzung von Generation zu Generation kopiert und neu durchmischt.

Das Wort „Gen" bezieht sich auf einen kleinen Teil dieser Information, der beispielsweise die Anweisungen für die Bildung nur eines bestimmten Enzyms trägt.[8] Ein solches Gen kann einfach als ein Abschnitt der „Botschaftschnur" verstanden werden, der nur ein einziges Detail enthält.

Es gibt z. B. ein Gen, das die Anweisung zur Synthese von Hämoglobin trägt, dem Protein, das den Sauerstoff in unseren roten Blutkörperchen transportiert. Wenn dieses Gen durch Mutation beschädigt worden ist (z. B. durch Kopierfehler bei der Reproduktion), enthält es fehlerhafte Anweisungen und führt so zur Produktion von krankhaftem Hämoglobin, oder eine Hämoglobinbildung bleibt aus. Aus solchen Fehlern resultieren Krankheiten wie Sichelzellenanämie und Thalassämie.

Wie gelangt all diese Information in die Gene, nachdem die Eizelle befruchtet worden ist? Die eine Hälfte stammt vom Vater und wurde durch das Spermium übertragen, und die andere Hälfte ist von der Mutter und befand sich bereits in der Eizelle.

Gene werden paarweise vererbt, sodass im Fall des Hämoglobins beispielsweise zwei Sets von Codes (Anweisungen) zur Hämoglobinsynthese vorliegen; das eine Set stammt von der Mutter und das andere vom Vater.

Dies ist ein sehr gut durchdachter Mechanismus, denn wenn man von einem Elternteil ein beschädigtes Gen erbt, das Anweisungen zur Produktion von defektem Hämoglobin enthält, dann bekommt man vom anderen Elternteil wahrscheinlich ein intaktes Gen, das weiterhin die richtigen Anweisungen bereitstellt. Somit wird nur die Hälfte des Hämoglobins im Körper defekt sein. Tatsächlich tragen wir alle Hunderte genetischer Fehler in uns, die wir von einem unserer Eltern geerbt haben und die dadurch ausgeglichen werden, dass wir vom anderen Elternteil ein dazu passendes normales Gen erhalten haben – siehe Kapitel 8 über Kains Frau.

---

[7] Gitt, W., 1997. Dazzling Design in Miniature. *Creation* 20(1):6.

[8] Es ist unglaublich, aber manchmal kann ein und derselbe Abschnitt auf der DNS auf verschiedene Weise „gelesen" werden, sodass er mehr als nur eine Funktion hat. Dazu muss der Lesevorgang nur an einer anderen Stelle begonnen werden. Die schöpferische Intelligenz hinter solch einer Leistung ist atemberaubend.

3. Die Hautfarbe

Wir wissen, dass die Hautfarbe von mehr als einem Genpaar bestimmt wird. Der Einfachheit halber wollen wir annehmen, es seien nur zwei Gene,[9] die an den Stellen A und B auf den Chromosomen platziert sind. Die eine Form des Gens, „M“, veranlasst die Produktion einer großen Menge Melanin; die andere Form des Gens,[10] „m“, veranlasst die Produktion von nur einer kleinen Menge Melanin. An Position A können also die Paare M_AM_A, M_Am_A oder m_Am_A[11] vorliegen. Das würde die Hautzellen veranlassen, viel, etwas oder wenig Melanin zu produzieren. Dementsprechend können an Position B die Genpaare M_BM_B, M_Bm_B oder m_Bm_B vorliegen, die die Zellen wiederum zur Produktion von viel, etwas oder wenig Melanin veranlassen würden. Somit können sehr dunkle Menschen beispielsweise die Kombination $M_AM_AM_BM_B$ haben (siehe Abbildung 2). Da sowohl die Spermien als auch die Eizellen solcher Menschen nur die Kombination M_AM_B aufweisen können (da nur jeweils ein Paar von A und B in das Spermium bzw. die Eizelle aufgenommen wird), können sie nur Kinder bekommen, die genau dieselbe Genkombination wie sie selbst haben. Deshalb werden alle Kinder sehr dunkelhäutig sein. In gleicher Weise können

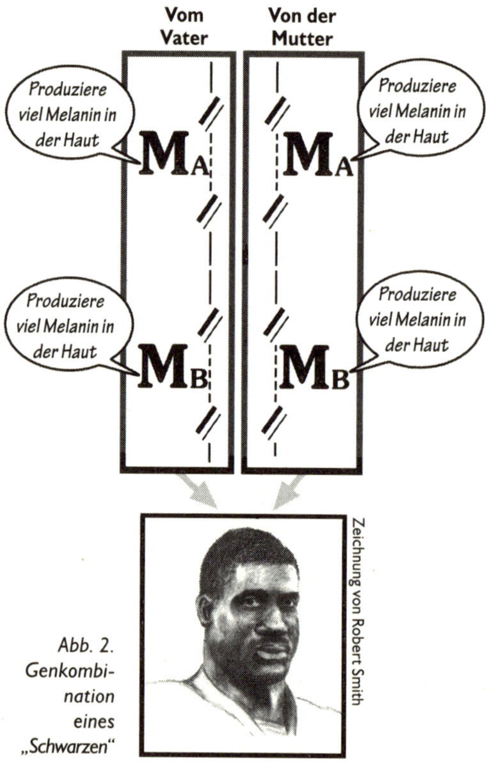

Abb. 2. Genkombination eines „Schwarzen“

[9] Diese Vereinfachung hilft in unserem Fall nicht direkt – je mehr Gene beteiligt sind, desto einfacher erhält man eine große Bandbreite von „verschiedenen“ Farben. Aber anhand dieses Beispiels mit zwei Genen kann das Prinzip verstanden werden.

[10] Variable Formen eines Gens werden „Allele“ genannt, doch das ist an dieser Stelle nicht wichtig.

[11] Für Interessierte sei gesagt, dass diese Art genetischer Ausdrucksweise, bei der Allel-Dosierungen den Phänotyp bestimmen, „partielle Dominanz“ genannt wird.

hellhäutige Menschen mit der Kombination $m_Am_Am_Bm_B$ nur Kinder ihresgleichen hervorbringen (siehe Abbildung 3).

Schauen wir uns nun an, welche Kombinationen von Eltern hervorgehen würden, die mittelbraune Mulatten sind und die Kombination $M_Am_AM_Bm_B$ haben (das können z.B. Nachkommen eines Paares mit $M_AM_AM_BM_B$ und $m_Am_Am_Bm_B$ sein; siehe Abbildung 4).

Wir können diese Kombinationen mit Hilfe eines Diagramms ermitteln, das „Körbchenquadrat" genannt wird (siehe Abbildung 5). Die linke Seite zeigt die vier verschiedenen Genkombinationen, die für das väterliche Spermium möglich sind und die obere Reihe gibt die möglichen Kombinationen der mütterlichen Eizelle an (wie bereits gesagt, kann ein Elternteil jeweils nur ein Gen aus jedem Genpaar ins Spermium bzw. in die Eizelle einbringen). Wir suchen uns eine bestimmte Genkombination des Spermiums aus und verfolgen die Zeile nach rechts bis zu einer bestimmten Eizellen-Genkombination (wie beim Suchen eines Ortes auf einer Karte mit Hilfe von Koordinatenangaben). Der Schnittpunkt nennt uns die genetische Zusammenstellung des Kindes, das aus dieser speziellen Spermium-Eizellen-Kombination hervorgeht. Beispielsweise geht aus einem M_Am_B-Spermium und einer m_AM_B-Eizelle ein Kind mit der Kombination $M_Am_AM_Bm_B$ hervor, die mit den

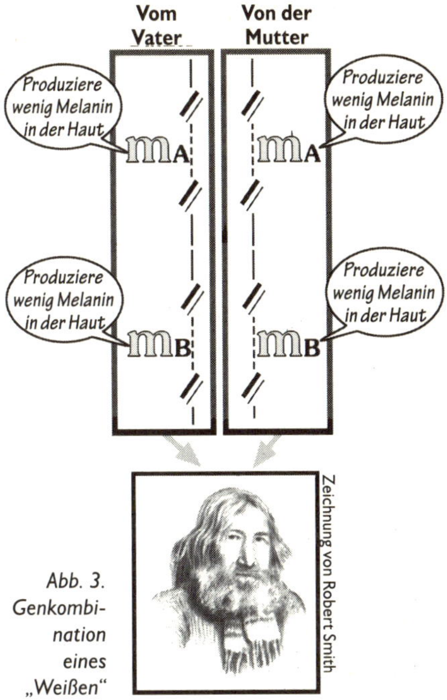

Abb. 3. Genkombination eines „Weißen"

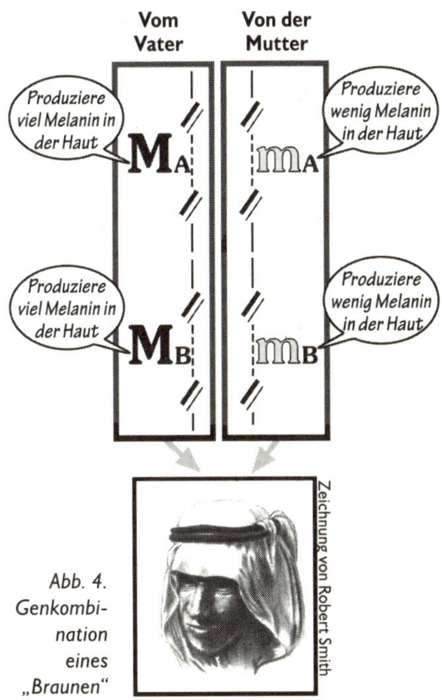

Abb. 4. Genkombination eines „Braunen"

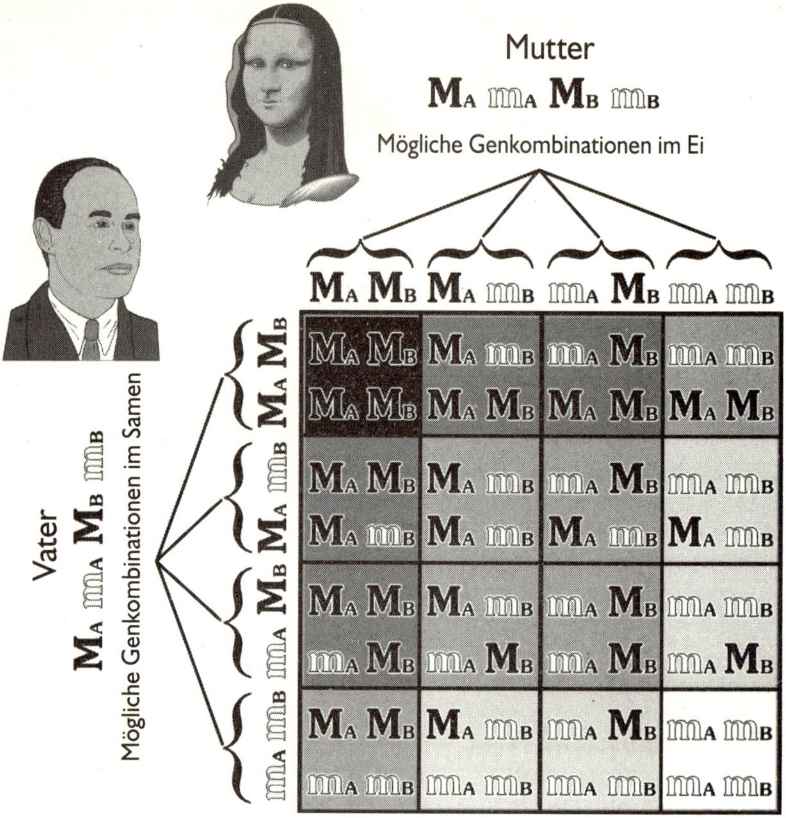

Abb. 5. Ein „Körbchenquadrat", das die möglichen Nachkommen von „mulattischen" braunen Eltern auflistet.

Eltern wiederum identisch ist. Die anderen Kombinationsmöglichkeiten ergeben, dass die einzelnen Nachkommen einer solchen Mulattenehe fünf verschiedene Melaninkonzentrationen (und damit Hautfarbeschattierungen) aufweisen können. Diese fünf Färbungen sind durch die Grauschattierungen im Diagramm grob angedeutet. Wenn drei Gene an der Ausprägung der Hautfarbe beteiligt wären, dann wären sieben Stufen der Melaninkonzentration möglich.

So kann also eine Bandbreite verschiedener „Hautfarben" – von sehr hell bis sehr dunkel – bereits aus *einer einzigen Generation* hervorgehen, die von diesem besonderen Typ mittelbrauner Eltern ausgeht.

Wenn zwei rein „schwarze" Menschen (also solche, die überhaupt keine Gene für helle Hautfarbe haben) mit der Kombination $M_AM_AM_BM_B$ heiraten und an einen Ort wandern, wo ihre Nachkommen keine Menschen hellerer Hautfarbe heiraten könnten, dann wären alle ihre Nachkommen schwarz und eine rein „schwarze Vererbungslinie" würde daraus resultieren.

Wenn „weiße“ Menschen ($m_A m_A m_B m_B$) nur andere Weiße heiraten dürften und dann an einen Ort wanderten, wo ihre Nachkommen keine dunkleren Typen heiraten könnten, dann würde daraus eine rein „weiße Linie“ entstehen. Sie hätten die Gene verloren, die zur Produktion einer größeren Menge Melanins und somit zur dunklen Hautfarbe erforderlich sind.

Ausgehend von einem mittelbraunen Elternpaar ist es somit ein Leichtes, nicht nur alle verschiedenen „Farben“ zu erhalten, sondern auch Gruppen von Nachkommen, die eine unveränderliche Schattierung ihrer Hautfarbe haben.

Was aber ist mit Volksgruppen, die beständig mittelbraun sind, wie sie heute sehr verbreitet sind? Auch das ist wiederum einfach zu erklären. Wenn sich die Träger der Kombinationen $M_A M_A m_B m_B$ oder $m_A m_A M_B M_B$ nicht mehr mit anderen Kombinationen verheiraten, werden sie wieder nur mittelbraune Nachkommen haben können (wie in Abbildung 4 dargestellt). Man kann dies mit Hilfe eines Körbchenquadrats selber ausprobieren.

Wenn ein Angehöriger einer dieser Linien sich wieder mit einer anderen Linie ehelich verbinden würde, dann wäre der ganze Prozess gerade umgekehrt. In kurzer Zeit würden ihre Nachkommen eine ganze Bandbreite von Hautfarben aufweisen, die auch oft in ein und derselben Familie auftreten. Abbildung 6 zeigt die bekannten „erstaunlichsten Zwillinge Englands“. Der eine hat eine offensichtlich recht helle Hautfarbe, während der andere eher dunkelhäutig ist.

Wenn man die Übung im Trockenen auf Papier durchführt und sich dabei an die erörterten Vorgaben hält, überrascht dieses Ergebnis überhaupt nicht mehr. (Wenn Sie das Diagramm selber anfertigen möchten, sei Ihnen hier ein Anhaltspunkt gegeben: Die Mutter kann nicht die Kombination $M_A M_A M_B M_B$ haben; außerdem sind die Zwillinge offensichtlich keine eineiigen Zwillinge, da sie nicht völlig identisch sind.)

Wenn alle Menschen auf der Erde uneingeschränkte Möglichkeiten der Partnerwahl hätten und diese Möglichkeit auch nutzen würden und sich dann in zufällige Gruppen aufteilten, könnte ein ganz

Abb. 6. „Englands erstaunliche Zwillinge“. Die Schlagzeile meldet: „Gemischtes Doppel – Zwillinge mit zwei verschiedenen Hautfarben.“

neues Set an Genkombinationen dabei herauskommen. Dann wäre es möglich, Mandelaugen und schwarze Hautfarbe zu haben, blaue Augen bei schwarzem, kurzgekräuselten Haar usw. Wir müssen dabei jedoch bedenken, dass der Weg vom Gen zu seinem sichtbaren Merkmal weit komplexer ist als wir es hier etwas vereinfacht erklärt haben. So sind beispielsweise manchmal bestimmte Gene miteinander verbunden. Das grundsätzliche Prinzip bleibt jedoch erhalten.

Selbst heute beobachtet man häufig innerhalb einer Menschengruppe ein Merkmal, das normalerweise für eine andere Menschengruppe typisch ist. Zum Beispiel sieht man gelegentlich Europäer mit einer breiten, flachen Nase oder einen Chinesen mit sehr blasser Haut oder europiden Augen. Die meisten Wissenschaftler stimmen heute darin überein, dass der Begriff „Rasse" keine oder nur wenig biologische Bedeutung für die heutigen Menschen hat. Das ist auch ein starkes Argument gegen die Vorstellung, die Menschengruppen müssten über lange Zeit isoliert voneinander evolviert sein.

4. Was geschah wirklich?

Mit Hilfe der folgenden Punkte können wir nun die wahre Geschichte der Menschengruppen rekonstruieren:

- Die Information, die der Schöpfer selbst im 1. Buch Mose mitteilt
- Die oben angeführte Hintergrundinformation
- Einige Erwägungen über die Auswirkungen der Umwelt

Adam wurde als erster geschaffener Mensch, von dem alle anderen Menschen abstammen, mit der bestmöglichen Genkombination erschaffen, z. B. für die Hautfarbe. Lange Zeit nach der Schöpfung vernichtete die Sintflut alle Menschen mit Ausnahme von Noah und seiner Frau sowie deren drei Söhnen und ihren drei Frauen. Diese Sintflut hat die Umwelt beträchtlich verändert. Hinterher befahl Gott den Überlebenden, die Erde zu füllen (1. Mose 9,1). Wenige Jahrhunderte später entschieden sich die Menschen, Gott ungehorsam zu sein und vereint eine große Stadt zu bauen, wobei der Turmbau zu Babel zum Mittelpunkt der rebellischen Religion wurde.

Aus 1. Mose 11 erfahren wir, dass es bis zu dieser Zeit nur eine einzige Sprache gegeben hatte. Gott richtete den Ungehorsam der Menschen dadurch, dass er ihnen verschiedene Sprachen auferlegte, sodass sie nicht mehr gemeinsam gegen Gott arbeiten konnten. Diese Verwirrung zwang die Menschen, sich nun über die Erde zu verteilen, wie Gott es beabsichtigt hatte.

So sind nach dem Ereignis von Babel all die Völkergruppen entstanden – schwarze Afrikaner, Indoeuropäer, Mongolide usw.

Noah und seine Familie waren wahrscheinlich mittelbraun und hatten Gene sowohl für dunkle als auch für helle Haut, weil eine mittlere Hautfarbe offenbar die bestgeeignete ist. Sie ist dunkel genug, um vor Hautkrebs zu schützen und doch hell genug, um eine ausreichende Vitamin-D-Synthese zu gewährleisten. Da Adam und Eva alle Faktoren für die Hautfarbe besaßen, waren sie höchstwahrscheinlich selbst auch mittelbraun und hatten braune Augen und braunes oder schwarzes Haar. Tatsächlich ist der überwiegende Teil der Weltbevölkerung auch heute noch mittelbraun.

In den wenigen Jahrhunderten zwischen der Sintflut und dem Turmbau zu Babel gab es nur eine Sprache und eine Kulturgruppe. Somit gab es keine Einschränkungen für eheliche Verbindungen innerhalb dieser Gruppe. Dieser Umstand verhinderte, dass die Hautfarbe der Bevölkerung irgendwelche Extreme annahm. Natürlich kamen sehr dunkle und sehr helle Haut vor, aber Personen mit einer solchen Tendenz hatten die Freiheit, jemanden mit ausgeglichenerer Hautfarbe zu heiraten. So war sichergestellt, dass die Durchschnittsfarbe im Großen und Ganzen gleich blieb.

Gleiches galt für die anderen Merkmale. Unter diesen Umständen wären niemals spezielle Unterschiede im Erscheinungsbild aufgetreten. Um derartige separate Merkmalslinien zu erhalten, müsste eine große Population in kleinere isolierte Gruppen aufgeteilt werden, die keine Mischehen mehr eingehen können. Das gilt, wie jeder Biologe weiß, für tierische wie auch für menschliche Populationen.

5. Die Folgen von Babel

Letzteres ist genau das, was nach Babel geschah. Als den Menschen die verschiedenen Sprachen auferlegt waren, gab es damit sofort Barrieren untereinander. Die Menschen neigten nicht nur dazu, jemanden zu heiraten, den sie auch verstehen konnten, sondern auch ganze Sprachgruppen hatten Schwierigkeiten, mit anderen zu kommunizieren und ihnen zu vertrauen. Somit entfernten sie sich voneinander – vielleicht gezwungenermaßen – und bewohnten fortan verschiedene Lebensräume. Das war natürlich genau das, was Gott beabsichtigt hatte.

Es ist unwahrscheinlich, dass jede kleine Gruppe über dieselbe große Bandbreite an Hautfarben verfügte wie die ursprüngliche große Gruppe. Die eine Gruppe hatte im Mittel vielleicht mehr Gene für dunkle Hautfarbe, während bei einer anderen Gruppe die Gene für hellere Hautfarbe überwogen. Gleiches galt für andere Merkmale wie Nasenform, Augenform usw. Und da sie nur unter ihrer eigenen Sprachgruppe heirateten, wurden diese Unterschiede nicht mehr wie zuvor ausgeglichen.

Als sich diese Gruppen von Babel entfernten, waren sie neuen und andersartigen Klimazonen ausgesetzt. Auch dieser Faktor beeinflusste das Gleichgewicht ererbter Gene in der Population. Doch die Auswirkungen der Umwelt sind in keinem Bereich auch nur annähernd so bedeutsam wie die anfängliche genetische Zusammenstellung der Gruppe.

Betrachten wir beispielsweise eine Gruppe von Menschen, die in eine kühle Region mit wenig Sonnenlicht zog. Dort wären die dunkelhäutigen Angehörigen nicht imstande, genügend Vitamin D zu produzieren und wären somit weniger gesund und hätten weniger Kinder. Deshalb würden mit der Zeit die hellhäutigen Gruppenmitglieder überwiegen. Wenn mehrere Gruppen in ein solches Gebiet zögen und wenn eine Gruppe zufällig über nur wenige Gene für helle Haut verfügte, dann stünde diese Gruppe in der Gefahr, beizeiten auszusterben. Daran erkennen wir sehr deutlich: Die natürliche Selektion schafft keine neuen Eigenschaften, sondern wirkt nur auf Merkmale, die *bereits vorhanden* sind.

Es ist interessant zu bemerken, dass die ausgestorbenen europäischen Neandertaler, die nun als vollwertige Menschen anerkannt sind, Anzeichen für Vitamin-D-Mangel aufweisen, da ihre Knochen häufig gebogen waren. Dieser Umstand – versehen mit evolutionistischen Denkvoraussetzungen – veranlasste die Vertreter der Evolutionslehre die Neandertaler lange Zeit als „Affenmenschen" zu klassifizieren. Von daher ist es recht einleuchtend, dass sie dunkelhäutig und somit nicht imstande waren, sich der neuen Umwelt anzupassen, weil ihre *ursprünglichen* Gene für die Hautfarbe dies nicht zuließen. Wir müssen hier wiederum beachten, dass diese natürliche Selektion, wie sie genannt wird, keine Hautfarbe *erzeugt*, sondern nur auf der geschaffenen Fähigkeit zur Pigmentsynthese basiert, die *bereits vorhanden* ist.

Umgekehrt können hellhäutige Menschen in sehr sonnigen Regionen leicht Hautkrebs bekommen. Somit würden hier die Dunkelhäutigen besser überleben können und schließlich vorherrschen.

So sehen wir also, dass der Umweltdruck a) das Gleichgewicht der Gene innerhalb einer Gruppe beeinflusst und b) sogar ganze Gruppen auslöschen kann. Das ist auch der Grund dafür, warum wir immer wieder die anpassende Tendenz beobachten, dass die Körpermerkmale von Menschen weitgehend zu der Umwelt passen, in der sie leben (z.B. nordische Völker mit heller Haut und äquatoriale Völker mit dunkler Haut).

Doch das ist nicht immer der Fall. Die Inuit (Eskimos) haben zwar eine dunkle Haut, dennoch leben sie in sonnenarmen Gebieten. Vermutlich haben sie alle eine Erbanlage wie $M_AM_Am_Bm_B$, die keine hellere Haut hervorbringen kann. Andererseits haben die eingeborenen Südamerikaner, die in Äquatornähe leben, keine schwarze Haut. Alle diese Beispiele bestätigen, dass natürliche Selektion keine neue Information schafft. Wenn die genetische Zusammenstellung einer Population keine Variation der Hautfarbe auf die optimale Färbung hin zulässt, kann natürliche Selektion keine solche Variante hervorbringen.

Pygmäen leben zwar in einem sehr warmen Gebiet, dennoch sind sie in ihrer Umwelt, dem dichten Dschungel, kaum einer starken Sonneneinstrahlung ausgesetzt. So überrascht es, dass sie sehr dunkle Haut haben. Pygmäen sind ein gutes Beispiel für einen weiteren Faktor, der die Rassengeschichte des Menschen beeinflusst hat: Diskriminierung.

Menschen, die von der „Norm" abweichen (z.B. sehr hellhäutige Menschen in einer Bevölkerungsgruppe mit dunkler Haut), wurden in der Geschichte immer wieder als unnormal angesehen und darum von der Gruppe abgelehnt. Somit war es für solche Menschen schwierig, einen Ehepartner zu finden. Dadurch wurden die Gene für helle Haut in diesem Volk noch seltener. Auf diese Weise hatten Volksgruppen die Neigung, sich selbst zu „reinigen".

In einigen Fällen können Mischehen innerhalb einer kleinen Gruppe ein gemeinsam auftretendes seltenes Merkmal verstärken, welches andernfalls durch Heirat außerhalb der Gruppe untergegangen wäre. In Afrika gibt es einen Stamm, dessen Angehörige infolge solcher Mischehen alle stark deformierte Füße haben.

Doch wenden wir uns noch einmal den Pygmäen zu. Wenn Menschen mit Genen für geringe Körpergröße diskriminiert werden, kann es sein, dass eine kleine Gruppe von ihnen Zuflucht im tiefsten Dschungel sucht. Wenn sie dann ausschließlich untereinander heiraten, würde sich von nun an eine Pygmäen-„Rasse" etablieren. Die Tatsache, dass Pygmäenstämme keine eigenen Sprachen haben, sondern stattdessen Dialekte von benachbarten „normalen" Stämmen sprechen, unterstützt diese These sehr gut.

6. Der Faktor der Entscheidung

Bestimmte genetische Merkmale können Völkergruppen beeinflusst haben, sich bewusst (oder halbwegs bewusst) für Gebiete zu entscheiden, in die sie wanderten. Beispielsweise würden Menschen mit Genen für eine dickere, isolierendere Fettschicht unter der Haut dazu neigen, unangenehm heiße Gegenden zu verlassen.

7. Gemeinsame Erinnerungen

Die Nachweise für die Zuverlässigkeit der biblischen Geschichte über den Ursprung des Menschen sind nicht nur biologischer und genetischer Natur. Da alle Völker von Noahs Familie abstammen und dieser gemeinsame Ursprung erst relativ kurze Zeit zurückliegt, ist zu erwarten, dass sich in den Geschichten und Legenden vieler Völker noch Erinnerungen an die Flutkatastrophe finden. Die verstrichene Zeit und die Ungenauigkeit des Weitererzählens haben die Geschichte womöglich verzerrt. Tatsächlich weist eine überwältigende Anzahl an Kulturen Berichte auf, die an eine weltweite, vernichtende Flut erinnern und oftmals erstaunliche Parallelen zum wahren Originalbericht aufweisen (wie z.B. acht Menschen, die in einem Boot gerettet wurden, das Aussenden von Vögeln als Kundschafter, einen Regenbogen u.v.m.).

8. Schlussfolgerung

Die Zerstreuung in Babel teilte eine große, zusammengehörende Volksgruppe in viele kleine, in sich geschlossene Gruppen auf. Dadurch wurden für die resultierenden Gruppen jeweils unterschiedliche Genspektren sichergestellt, die verschiedene Körpermerkmale ausprägten. Somit gewährleistete diese Zerstreuung, dass sich innerhalb einer kurzen Zeit bestimmte festgelegte Unterschiede etablierten, die die sogenannten „Rassen“ kennzeichneten. Darüber hinaus änderte der Selektionsdruck der Umwelt die vorliegenden Genkombinationen, sodass sich die Körpermerkmale jeder Gruppe tendenziell der Umwelt anpassten.

Niemals gab es bei den Genen so etwas wie eine Evolution vom Einfachen zum Komplexen, denn die Gene lagen ja von Anfang an vor.

Die dominierenden Merkmale der verschiedenen Volksgruppen resultieren aus unterschiedlichen Kombinationen der bereits existierenden geschaffenen Gene, zuzüglich einiger unwesentlicher degenerativer Veränderungen durch Mutation (zufällige Veränderung des Erbguts). Die ursprünglich geschaffene (genetische) Information wurde also entweder neu gemischt oder sie degenerierte, aber es ist keine neue entstanden.

9. Konsequenzen falscher Vorstellungen über den Ursprung der Rassen

Ablehnung des Evangeliums: Die Genauigkeit der historischen Einzelheiten in 1. Mose ist von entscheidender Bedeutung für die Glaubwürdigkeit der ganzen Bibel und der Botschaft des Evangeliums.[12] Der verbreitete Irrtum, dass alle Menschengruppen ihre jeweiligen Merkmale evolutiv entwickelten und nicht alle von Noahs Familie abstammen (was der Bibel widerspricht), hat den Glauben an das Evangelium Jesu Christi untergraben.

Rassismus: Eine der bedeutendsten Rechtfertigungen für Rassendiskriminierung in jüngster Zeit ist die Auffassung, dass die Völkergruppen separat durch Evolution entstanden seien. Somit meint man, die einzelnen Gruppen befänden sich auf unterschiedlichen Evolutionsstufen, und manche Völker wären darum nicht so weit entwickelt wie andere. Deshalb seien manche Menschen nicht so „vollständig Mensch“ wie man selbst. Diese Denkweise inspirierte Hitler zu seinem Programm zur Ausrottung von Juden und Zigeunern und zur Etablierung der „Herrenrasse“.[13] Leider haben sich einige Christen durch evolutionistische Indoktrination von dem rassistischen Denken infizieren lassen, dass Menschen mit anderer Hautfarbe minderwertig seien, weil sie angeblich den Tieren noch näher stünden. Solche Ansichten sind absolut unbiblisch (siehe z.B. Apostelgeschichte 17,26; Kolosser 3,11), obwohl aus dem Zusammenhang gerissene Bibelverse oft zur Rechtfertigung rassistischer Ansichten missbraucht werden (siehe Anhang 1).

---

[12] Ham, Ken, 1987. *The Lie: Evolution.* Creation-Life Publishers, San Diego, California, USA.

[13] Bergman, J., 1999. Darwinism and the Nazi Race Holocaust. *CEN Technical Journal* 13(2):101-111.

Schlechter Einfluss auf die Mission: Historisch stand die Verbreitung des evolutionistischen Glaubens in engem Zusammenhang mit einem Nachlassen des missionarischen Eifers, die Verlorenen in fernen Ländern zu erreichen. Diese Vorstellung von wilden, erst halb entwickelten und unterlegenen Völkern erweckt irgendwie nicht denselben missionarischen Drang wie der Gedanke, dass unsere engverwandten „Vettern“ auch noch das Evangelium hören müssen.[14] Sogar viele der besten Missionsgesellschaften von heute stehen – oft unbewusst – unter dem Einfluss dieses tief verwurzelten Evolutionsglaubens über die Entstehung anderer Völker und ihrer Religionen.

Alle Stämme und Völker sind Nachkommen von Noahs Familie!

Die Bibel macht deutlich, dass alle neu „entdeckten“ Stämme letztendlich auf Noah zurückzuführen sind. Von solchen Stämmen kann angenommen werden, dass sie im Laufe der Geschichte ihrer Kultur über eine höhere Technik oder Erkenntnis Gottes verfügten als wir sie heute bei ihnen vorfinden. Vielmehr begann ihre Kultur (angefangen bei Noah) mit a) einer Erkenntnis Gottes und b) einer Technik, die zumindest ausreichte, um ein Schiff von der Größe eines Ozeankreuzers zu bauen. Römer 1 deutet den Hauptgrund für einen Verlust von Technik und für die kulturelle Degeneration an (siehe Anhang 2). Diese Abwärtsentwicklung geht damit einher, dass die Anbetung des lebendigen Gottes vorsätzlich abgelehnt wird.

Daraus ziehen wir den Schluss: Die höchste Priorität bei der Hilfe für eine „rückentwickelte“ Volksgruppe sollten nicht säkulare Bildung und technische Hilfe sein, sondern zuallererst die Verkündigung des Evangeliums.

Die meisten „primitiven“ Stämme haben in ihrer Volkstradition und Religion tatsächlich immer noch eine Erinnerung an die Tatsache, dass ihre Vorfahren sich vom lebendigen Gott, dem Schöpfer, abwandten. Don Richardson, Missionar und Autor des Buches *Das Friedenskind*, hat gezeigt, dass missionarische Kontakte, die frei sind von evolutionistischer Voreingenommenheit, und bei denen ernsthaft nach der verlorenen Verbindung zum Schöpfer gesucht wurde, in vielen Fällen eine wunderbare und gesegnete Ernte für Gott einbringen konnten.[15]

Jesus Christus, Gottes Versöhnung angesichts der Ablehnung des Schöpfers durch den Menschen, ist die einzige Wahrheit, die Menschen aus *jeder* Kultur, Technologie, Volksgruppe oder Hautfarbe wahrhaft frei machen kann (Johannes 8,32; 14,6).

---

[14] Siehe z.B. Grigg, R., 1999. Darwin's Quisling. *Creation* 22(1):50-51.

[15] Richardson, D., 1986. *Eternity in Their Hearts.* Regal Books. Division of Gospel Light, Ventura, California, USA. Deutscher Titel: *Ewigkeit in ihren Herzen.*

10. Anhang 1: Gehen schwarze Volksgruppen auf den Fluch über Ham zurück?

Die bisherige Darlegung zeigt eindeutig, dass die schwarze Hautfarbe z.B. der Afrikaner lediglich eine bestimmte Kombination ererbter Faktoren ist. Das bedeutet, diese Faktoren lagen, wenn auch in einer anderen Kombination, bereits in Adams und Evas Erbgut vor. Die Auffassung, dass die Hautfarbe der Schwarzen eine Folge des Fluchs über Ham (Noahs Sohn) und seine Nachkommen sei, wird *nirgends in der Bibel gelehrt.* Außerdem wurde nicht Ham verflucht, sondern sein Sohn Kanaan (1. Mose 9,18.25; 10,6). Darüber hinaus hatten Kanaans Nachkommen wahrscheinlich keine schwarze Hautfarbe, sondern mittelbraune (1. Mose 10,15-19). Falsche Lehren über Ham wurden herangezogen, um Sklaverei und andere unbiblische rassistische Praktiken zu rechtfertigen. Traditionell nimmt man an, dass die afrikanischen Völker weitgehend von Ham abstammen, weil die Kuschiten (Kusch war gemäß 1. Mose 10,6 ein Sohn Hams) vermutlich im heutigen Äthiopien lebten. Die Bibel deutet an, dass die Zerstreuung von Babel wahrscheinlich den Familiengrenzen entsprach, und es kann sein, dass die Nachkommen Hams im Durchschnitt dunkler waren als beispielsweise die von Japhet. Doch könnte es auch ohne weiteres anders herum gewesen sein.

Rahab, die im Stammbaum Jesu in Matthäus 1,5 genannt wird, war eine Kanaaniterin. Als Nachkomme Hams muss sie einen Israeliten geheiratet haben. Weil diese Verbindung von Gott gebilligt wurde, war die spezielle „Rasse", der sie angehörte, nicht so wichtig. Es kam nur darauf an, dass sie dem wahren Gott Israels vertraute. Ruth, eine Moabiterin, kommt ebenfalls im Stammbaum Jesu vor. Vor ihrer Heirat mit Boas zeigte sie Glauben an den wahren Gott (Ruth 1,16). Gott warnt nur dann vor einer Ehe, wenn ein Gläubiger einen Ungläubigen heiraten möchte.[16]

11. Anhang 2: „Steinzeitmenschen"?

Die Archäologie zeigt, dass es Menschen gab, die in Höhlen lebten und simple Steinwerkzeuge benutzten. Auch heute noch gibt es Menschen, die genauso leben. Wir haben gesehen, dass alle Menschen, die heute auf der Erde leben, Nachkommen Noahs und seiner Familie sind. Bereits vor der Sintflut gab es, wie wir aus 1. Mose erfahren, eine hinreichende Technik, um Musikinstrumente herzustellen, Landwirtschaft zu betreiben, Geräte aus Metall zu schmieden, Städte und große, seetüchtige Schiffe zu bauen. Weil die neuen Sprachen Feindschaften hervorgerufen hatten, waren nach der Zerstreuung von Babel einige Volksgruppen gezwungen, recht schnell das Weite zu suchen und eine neue Bleibe zu finden, wo immer es nur möglich war.

In manchen Fällen wurden die Steinwerkzeuge womöglich nur zeitweilig benutzt, bis sich die Gruppe vollständig angesiedelt und etabliert und dabei

[16] Ham, K., 1999. Inter-racial Marriage: Is it Biblical? *Creation* 21(3):22-25.

zum Beispiel Erzvorkommen entdeckt hatte. In anderen Fällen hatte die ursprünglich abgewanderte Gruppe vielleicht nicht das nötige Wissen parat. Fragen wir doch heute einmal eine durchschnittliche Familiensippe, wie viele von ihnen imstande wären, wenn sie ganz von vorn beginnen müssten, Erzvorkommen zu finden, die Erze zu verhütten und das so gewonnene Metall zu verarbeiten! In vielen Volksgruppen hat es seit Babel ganz offensichtlich eine technologische und kulturelle Degeneration gegeben. In einigen Fällen haben womöglich harte Umweltbedingungen dazu beigetragen. Die australischen Aborigines verfügen über ein technisches und kulturelles Wissen, das ihrer Lebensweise und ihrem Überlebenskampf in der trockenen Wüste höchst angepasst ist. Das umfasst z.B. die Kenntnis der aerodynamischen Prinzipien zum Bau von Bumerangs, von denen einige so konstruiert sind, das sie zum Werfer zurückkehren, andere hingegen nicht.

Manchmal beobachten wir Anzeichen von Degeneration, die schwer erklärbar, aber dennoch nicht weniger real sind. Als z.B. die Europäer in Tasmanien ankamen, hatten die dortigen Aborigines die simpelste Technik überhaupt. Sie fingen keine Fische und machten und trugen auch keine Kleidung. Doch jüngste archäologische Entdeckungen legen nahe, dass frühere Generationen über mehr Wissen und Ausrüstung verfügten.

Beispielsweise glaubt der Archäologe Rhys Jones, dass die tasmanischen Aborigines in ihrer fernen Vergangenheit über Mittel verfügten, um Häute zu komplexen Kleidungsstücken zusammenzunähen. Dieser Befund steht im Kontrast zu den Beobachtungen Anfang des 19. Jahrhunderts, nach denen sie lediglich Felle über ihre Schultern warfen. Außerdem scheint es, dass sie früher Fische gefangen und gegessen haben, doch als die Europäer kamen, hatten sie diese Art der Ernährung lange nicht mehr praktiziert.[17] Daraus leiten wir ab, dass Technik nicht immer beibehalten und weiterentwickelt wird, sondern verloren gehen oder aufgegeben werden kann.

Animistische Völker leben in großer Angst vor bösen Geistern, und für sie sind Praktiken der Hygiene wie z.B. das Waschen und das Essen bestimmter Nahrungsmittel häufig tabu. Auch das illustriert, wie ein Verlust der Kenntnis des wahren Schöpfergottes zur Degeneration führt (Römer 1,18-32).

---

[17] Jones, R., 1987. Tasmanina's Ice-Age Hunters. *Australian Geographic*, Nr. 8 (Okt.-Dez.), S. 26-45.
Jones, R., 1977. The Tasmanian Paradox. In: Wright, R.S.V. (Hg.), *Stone Tools as Cultural Markers*, Australian Institute of Aboriginal Studies, Canberra.

Kapitel 19

Was ist mit den Dinosauriern passiert?

Was sagt die Bibel über Dinosaurier? Woher kamen sie? Wann haben sie gelebt? Wovon haben sie sich ernährt? Woher stammen die Fossilien? Welches Schicksal hat die Dinosaurier ereilt?

Mehr als alles andere dienen heute Dinosaurier dazu, Kindern und Erwachsenen die angeblich Millionen Jahre alte Erdgeschichte einzureden. Anhand der Bibel können wir die Existenz der Dinosaurier jedoch in einem Rahmen von einigen tausend Jahren erklären und so das Geheimnis lüften, wann sie gelebt haben und was mit ihnen geschehen ist. Schlüsseltexte hierzu sind 1. Mose 1,24-25 und Hiob 40,15-24.

I. Sind Dinosaurier ein Geheimnis?

Viele meinen, die Existenz von Dinosauriern und ihr Aussterben sei ein schleierhaftes Geheimnis, sodass wir vielleicht niemals erfahren werden, woher sie kamen, wann sie lebten und was mit ihnen geschehen ist. Doch Dinosaurier sind nur dann ein Geheimnis, wenn man ihrer evolutionistischen Geschichte glaubt.

Die Vertreter der Evolutionslehre sagen: Die Dinosaurier traten zum ersten Mal vor rund 235 Millionen Jahren auf[1] – lange bevor es Menschen gab. Kein Mensch war jemals Zeitgenosse dieser Tiere. Ihre Geschichte ist in den Fossilschichten aufgezeichnet, die in Millionen von Jahren abgelagert wurden. Die Dinosaurier waren eine derart erfolgreiche Tiergruppe, dass sie schließlich die Erde „beherrschten". Doch vor rund 65 Millionen Jahren geschah irgendetwas, wodurch alles anders wurde – die Dinosaurier verschwanden. Die meisten Vertreter der Evolutionslehre glauben, dass die Dinosaurier an irgendeiner Katastrophe, wie z.B. einem Asteroideneinschlag, zugrunde gingen. Andere wiederum behaupten, die Dinosaurier hätten sich zu Vögeln entwickelt und seien somit nicht ausgestorben, sondern fliegen heute in der Luft![2]

---

[1] Horner, J.R. und Lessem, D., 1993. *The Complete T. Rex*. Simon & Schuster, New York, S. 18.
Norell, M.A., Gaffney, E.S. und Dingus, L., 1995. *Discovering Dinosaurs in the American Museum of Natural History.* Nevraumont Publ. Co. Inc., New York, S. 17. Hier wird gesagt, dass die ältesten Dinosaurierfossilien auf 228 Millionen Jahre datiert wurden.

[2] Gish, D.T., 1995. *Evolution: The Fossils Still Say No!* Institute for Creation Research, El Cajon, California, S. 129ff. Dort wird die evolutionistische Anschauung von einem schöpfungswissenschaftlichen Standpunkt aus diskutiert.

Wenn wir die völlig andere Geschichtsschreibung der Bibel akzeptieren, sind die Dinosaurier nicht mehr von einem solchen Geheimnis umhüllt.

Die Bibel lehrt: Die Geschichte der Dinosaurier begann vor etwa 6000 Jahren.[3] Gott schuf die Dinosaurier zusammen mit den anderen Landtieren am sechsten Tag der Schöpfungswoche (1. Mose 1,20-25.31).[4] Auch Adam und Eva wurden am sechsten Tag erschaffen, und somit lebten die Dinosaurier zur selben Zeit wie die Menschen. Keine langen Zeitalter trennten also Dinosaurier und Menschen voneinander. Die Saurier konnten gar nicht vor dem Auftreten des Menschen aussterben, weil es sie vorher überhaupt noch nicht gab. Außerdem ist zu bedenken, dass Tod (und damit auch Aussterben), Blutvergießen, Krankheit und Leid erst eine Folge des Sündenfalls sind (Römer 5,12.14; 1. Korinther 15,21-22).

Vertreter jeder Art von luftatmenden Landtieren, einschließlich der Dinosaurier, wurden an Bord der Arche Noah genommen (siehe Kapitel 13). Alle Tierarten, die zurückblieben, starben in der Flutkatastrophe, und viele ihrer Überreste wurden zu Fossilien. Nach der Sintflut (vor rund 4500 Jahren), als das Wasser zurückgegangen war, verließen die Landtiere, einschließlich der Dinosaurier, die Arche und lebten zusammen mit den Menschen in der neuen Welt.

Als Folge der Sünde haben zwei Ereignisse die Situation auf der Erde gravierend verändert: die Gerichte des Fluches nach dem Sündenfall und die Sintflut. Klimatische Veränderungen nach der Sintflut, Nahrungsknappheit, Krankheit und der Einfluss des Menschen auf die Umwelt führten dazu, dass viele Tierarten ausstarben. Hierzu gehören die Dinosaurier und viele andere Tierarten.

2. Warum gibt es so unterschiedliche Auffassungen über die Dinosaurier?

„Wo warst du, als ich die Erde gründete?" (Hiob 38,4).

Wie kann es zu derart unterschiedlichen Erklärungen für Dinosaurier kommen? Ob man nun die Evolutionslehre vertritt oder an die biblische Geschichtsschreibung glaubt, die Funde und Fakten über die Dinosaurier bleiben immer dieselben. Alle Wissenschaftler haben dieselben Daten – sie be-

---

Norell, *et al*, a.a.O., S. 2. „Dinosaurier gehören zu einer Gruppe namens Archosaurier ... Die heute lebenden Archosaurier sind die Krokodile und Alligatoren sowie die über 10000 verschiedenen Spezies von lebenden theropoden Dinosauriern (Vögeln)."

[3] Morris, J.D., 1994. *The Young Earth.* Master Books, Green Forest, Arkansas.
Morris, H.M., 1976. *The Genesis Record.* Baker Book House, Grand Rapids, Michigan, S. 42-46.
Zur biblischen Chronologie siehe Ussher, James, 1658. *The Later Part of the Annals of the World.* E. Tyler for F. Crook and G. Bedell, London.

[4] Näheres zu den biblischen Schöpfungstagen siehe Kapitel 2.

obachten dieselbe Welt, dieselben Fossilien, dieselben Lebewesen und dasselbe Universum.

Wenn die „Fakten" dieselben sind, wie können dann die Erklärungen so weit auseinander liegen? Der Grund ist darin zu sehen, dass den Wissenschaftlern zur Forschung nur die Gegenwart zur Verfügung steht, denn die Dinosaurierfossilien finden wir heute. Es ist das Anliegen der Wissenschaftler, die Fossilien der Gegenwart mit der Vergangenheit zu verbinden. Sie fragen: „Was war in der Vergangenheit die Ursache dafür, dass die Dinosaurier ins Dasein kamen, ausstarben und unzählige Fossilien hinterließen?"[5]

Die Wissenschaft, die sich mit solchen Fragen befasst, wird *historische Wissenschaft* oder *Wissenschaft der Ursprünge* genannt und unterscheidet sich grundlegend von den *operationalen Wissenschaften* (siehe Fußnote 23 in Kapitel 1), die uns preiswerte Lebensmittel, die Erforschung des Weltraums, Elektrizität und vieles andere mehr eingebracht haben. Die historische Wissenschaft befasst sich mit der Vergangenheit, zu deren Erforschung direkte Experimente nicht möglich sind. Ganz anders ist das bei den operationalen Wissenschaften, die sich damit beschäftigen, wie die Welt im Hier und Jetzt funktioniert. Durch ständig wiederholbare Experimente kann den Fragestellungen nachgegangen werden (siehe auch Kapitel 1). Aber Paläontologen, also Vertreter einer historischen Wissenschaft, kommen wegen der Schwierigkeiten bei der Rekonstruktion der Vergangenheit beim Studium der Fossilien zu abweichenden Ansichten über Dinosaurier.[6] Jemand sagte:

> Die Paläontologie hat vieles mit der Politik gemein: Die Leidenschaft ist groß und es ist ein Leichtes, aus derselben Datenmenge äußerst verschiedene Schlussfolgerungen zu ziehen.[7]

Ein Paläontologe, für den die Bibel das Wort Gottes ist,[8] wird zu anderen Schlussfolgerungen kommen als ein Atheist, der die Bibel ablehnt. Wie die Erfahrung zeigt, liegt vielen Disputen über „historische Wissenschaft" ein bewusstes Leugnen des Wortes Gottes (2. Petrus 3,3-7) zugrunde.

Viele meinen, die Bibel sei lediglich ein religiöses Buch und beschäftige sich nur mit dem Seelenheil. Doch sie ist weit mehr als das. Die Bibel ist das

---

[5] Benton, M., 1988. *Dinosaurs: An A-Z Guide.* Derrydale Books, New York, S. 10-11.

[6] Lambert, D. and the Diagram Group, 1990. *The Dinosaur Data Book*, Avon Books, New York, S. 10-35.
Norell et al., 1995, a.a.O., S. 62-69.
Sharpton, V.L. und Ward, P.D. (Hg.), 1990. *Global Catastrophes in Earth History.* The Geological Society of America, Sonderausgabe 247.
Benton, 1988, a.a.O.

[7] Lemonick, M.D., 1996. Parenthood, Dino-Style, *Time* 8. Januar, S. 48.

[8] Psalm 78,5: 2. Timotheus 3,14-17; 2. Petrus 1,19-21. Gott hat die Heiligen Schriften inspiriert, er hat immer existiert, er ist vollkommen und lügt niemals (Titus 1,2).

Geschichtsbuch des Universums und sagt uns ebenso das zukünftige Schicksal des Universums voraus. Sie berichtet uns, wann die Zeit begann (siehe Kapitel 2-5 in diesem Buch) und dokumentiert die geschichtlichen Ereignisse wie den Eintritt von Sünde und Tod in die Welt (Kapitel 6), die Sintflut, die die ganze Erdoberfläche bedeckte und zerstörte (Kapitel 10-16), die Entstehung der verschiedenen Sprachen beim Turmbau zu Babel (Kapitel 18), das Kommen des Sohnes Gottes als Mensch in diese Welt, seinen Tod und seine Auferstehung sowie den künftigen neuen Himmel und die neue Erde.

Letztendlich gibt es nur zwei Denkmöglichkeiten: Entweder geht man von der Offenbarung Gottes (der Bibel) als Grundlage allen Denkens in Biologie, Geschichte, Geologie usw. aus, woraus sich eine *christliche Weltanschauung* ergibt, oder man folgt den Glaubenssätzen der Menschen (z. B. der Evolutionslehre) und gründet darauf alles Denken, woraus sich dann eine säkulare Weltanschauung ergibt.

Die meisten Christen sind durch Medien und Schulbildung so stark von der säkularen Weltanschauung durchdrungen, dass sie nur noch in dieser Weise denken. Sie neigen dazu, auch an die Bibel mit säkularer Voraussetzung heranzugehen, anstatt ihr Denken auf Gottes Wort zu gründen (Römer 12,1-2; Epheser 4,20-24). Nach der Bibel beginnt alle Erkenntnis mit der Ehrfurcht und Anerkennung Gottes: „Die Furcht des HERRN ist der Anfang der Erkenntnis" (Sprüche 1,7) und „Die Furcht des HERRN ist der Weisheit Anfang" (Sprüche 9,10).

Wenn man von einer evolutionistischen Sicht der Geschichte ausgeht, wofür es keinerlei Zeugen oder schriftliche Dokumentationen gibt, dann wird man mit Hilfe dieser Denkweise die Daten der Gegenwart zu deuten versuchen und kommt somit zu der oben dargestellten evolutionistischen Erklärung für die Dinosaurier.

Geht man jedoch von der biblischen Geschichtsschreibung aus, die ein schriftlicher Bericht eines Augenzeugen (Gott) aller Ereignisse der Geschichte ist, dann wird man *dieselben* Daten mit Hilfe einer vollkommen anderen Denkweise interpretieren und gelangt schließlich zu einer biblischen Erklärung, wie sie oben angeführt ist.

3. Die Geschichte der Dinosaurier

Rund um die Welt sind fossile Knochen von Wesen zu finden, die wir heute Dinosaurier nennen. Viele Funde bestehen lediglich aus Knochenfragmenten, doch wurden auch einige nahezu vollständige Skelette freigelegt. Basierend auf spezifischen Merkmalen wie z. B. Strukturen von Schädel und Gliedmaßen, konnten die Wissenschaftler viele Arten von Dinosauriern beschreiben.[9] Es scheint jedoch verschiedene Definitionen zu geben, welche Merkmale ein Tier als einen Dinosaurier klassifizieren.[10]

[9] Lambert., D., 1983. *A Field Guide to Dinosaurs.* Avon Books, New York, S. 17.
[10] *Merriam-Webster's Collegiate Dictionary*, 1995. Merriam-Webster Inc. Springfield,

Woher kamen die Dinosaurier?

Die Bibel sagt uns, dass Gott am sechsten Schöpfungstag verschiedene Arten von Landtieren erschuf (1. Mose 1,24-25). Da die Dinosaurier Landtiere waren, müssen sie also auch am sechsten Tag erschaffen worden sein.[11]

Die Vertreter der Evolutionslehre behaupten, dass die Dinosaurier von Reptilien abstammen, die sich ursprünglich aus den Amphibien entwickelt hatten. Diese Wissenschaftler können jedoch keine eindeutigen Übergangsformen vorweisen, um ihr Argument zu unterstützen. Die Stammbäume der Dinosaurier in den evolutionistischen Lehrbüchern zeigen viele spezifische Arten, doch die Linien, die sie verbinden und die auf einen gemeinsamen Vorfahren hinweisen, sind rein hypothetisch. Weil es keine Fossilfunde dafür gibt, sind diese Linien gestrichelt gezeichnet. Die Vertreter der Evolutionslehre können ihren Glauben an einen Amphibien- oder Reptilvorfahren der Dinosaurier nicht belegen.

Wie sahen die Dinosaurier aus?

Die Wissenschaftler können keinen Dinosaurierkadaver mitsamt dem ganzen Fleisch ausgraben. Selbst wenn sie *alle* Knochen finden würden, hätten sie immer noch weniger als 40 % des Tieres, um herauszufinden, wie es ursprünglich aussah. Nun steht man vor dem Problem, daraus die ursprüngliche Gestalt zu rekonstruieren. So sagen z. B. die Knochen nichts über die Farbe des Tieres; zwar wurden einige Fossilien mit Hautabdrücken gefunden, die auf die Struktur der Haut schließen lassen, aber genau wie die heutigen Reptilien in ihrer Farbe variieren, können auch die Dinosaurier in Farbe, Hautstruktur usw. sehr verschieden gewesen sein. Wenn die Wissenschaftler nun versuchen, Dinosaurier aus Knochenresten zu rekonstruieren, müssen sie in vielerlei Hinsicht einfach auf Vermutungen zurückgreifen, wobei man sich durchaus nicht immer einig ist. So gab es zum Beispiel hitzige Debatten darüber, ob Dinosaurier Warm- oder Kaltblüter waren. Weiterhin ist es schwierig, aus den Knochen zu schließen, ob es sich um ein männliches oder weibliches Tier handelt. Es bleibt also ein weiter Raum für Spekulationen.

Manchmal kommt es zu Irrtümern bei der Rekonstruktion, die später korrigiert werden müssen, wenn weitere Knochen gefunden werden. So wird z. B. der berühmte *Brontosaurus* in neueren Dinosaurierbüchern nicht mehr aufgeführt. Bei der ursprünglichen „Entdeckung" wurde der falsche Kopf auf ein Dinosaurierskelett gesetzt, das bereits *Apatosaurus* genannt worden war.[12]

Massachusetts, S. 326. Unter dem Stichwort *Dinosaurier* finden sich zwei Definitionen: 1) Angehöriger einer Gruppe (Dinosaurier) ausgestorbener, hauptsächlich landbewohnender, fleisch- oder pflanzenfressender Reptilien aus der Zeit des Mesozoikums. 2) Alle verschieden großen ausgestorbenen Reptilien außer den wahren Dinosauriern.

[11] Die Dinosaurierarten, die im Wasser lebten, wurden offenbar am fünften Schöpfungstag erschaffen.

Wer entdeckte die Dinosaurier?

Der Brontosaurus war ein Irrtum.

Für das erstmalige Auffinden der Wesen, die später Dinosaurier genannt wurden, wird in säkularen Büchern zumeist das Jahr 1677 angegeben, als Dr. Robert Polt Knochen fand, die so groß waren, dass man sie für Knochen eines großen Riesenelefanten oder eines riesenhaften Menschen hielt.[13]

Im Jahr 1822 unternahm Mary Anne Mantell auf einer Landstraße in Sussex einen Spaziergang. Der Überlieferung zufolge fiel ihr Blick auf einen Stein, der im Sonnenlicht glitzerte. Den zeigte sie ihrem Mann, einem Fossiliensammler und Arzt. Dr. Mantell bemerkte, dass der Stein einen Zahn enthielt, der den Zähnen heutiger Reptilien zwar ähnelte, jedoch erheblich größer war. Er folgerte, dieser Zahn müsse zu einem großen ausgestorbenen, pflanzenfressenden Reptil gehören, das Zähne wie ein Leguan hatte. 1825 benannte er dieses Tier *Iguanodon* („Leguanzahn"). Mantell war es auch, der damit begann, den Reptilien ein erdgeschichtliches Zeitalter zuzuordnen und dieses weithin bekannt machte.[14]

Aus biblischer Sicht war das nichts anderes als die *Wiederentdeckung* der Dinosaurier! Denn der erste, der die Dinosaurier sah, war Adam. Es war an jenem Tag, als er ihnen und allen anderen Landtieren, die Gott am sechsten Tag erschaffen hatte, Namen gab (1. Mose 2,19-20).

Wann haben die Saurier gelebt?

Vertreter der Evolutionslehre behaupten, die Dinosaurier hätten vor vielen Millionen Jahren gelebt. Leider tragen ausgegrabene Dinosaurierknochen keine Etiketten mit der Aufschrift von Jahresangaben! Die Vertreter der Evolutionslehre erhalten ihre Datierungen durch *indirekte* Datierungsmethoden, die von anderen Wissenschaftlern wiederum in Frage gestellt werden. Es gibt viele Hinweise, die gegen die Millionen Jahre sprechen.[15]

---

[12] West, S., 1979. Dinosaur Head Hunt. *Science News* 116(18):314-315. Ursprünglich falsch zusammengestellt mit dem Kopf eines Dinosauriers vom *Camarasaurus-Typ* auf ein *Apatosaurus*-Skelett und später korrigiert mit dem richtigen Kopf, der von „derselben Familie stammte wie sein nahezu identischer Vetter *Diplodocus*".

[13] Benton, a.a.O., S. 14.

[14] Lambert, 1990, a.a.O., S. 279.

Tyrannosaurus Rex

Erfahren wir nun von Gott, wann er den *Tyrannosaurus Rex* erschaffen hat? Viele würden sagen: „Nein." Doch die Bibel sagt, dass Gott alles in sechs gewöhnlichen Tagen erschaffen hat.[16] Er schuf die Landtiere, einschließlich der Dinosaurier, am sechsten Tag (1. Mose 1,24-25), und somit sind sie nur etwa 6000 Jahre alt. Auf dieses annähernde Alter kommt man, wenn man die diesbezüglichen in der Bibel genannten Jahresangaben addiert.[17] Wenn *Tyrannosaurus Rex* also ein Landtier war – und Gott schuf alle Landtiere am sechsten Tag –, dann hat Gott konsequenterweise auch den *T. Rex* am sechsten Tag erschaffen!

Außerdem wissen wir aus der Bibel, dass es vor dem Sündenfall keinen Tod, kein Blutvergießen, keine Krankheiten und kein Leid gab.[18] Wenn man die Bibel von 1. Mose bis zur Offenbarung zusammenhängend betrachtet und die Schrift mit der Schrift auslegt, dann kamen Tod und Blutvergießen bei Mensch und Tier erst nach Adams Sündenfall in die Welt. Zum allerersten Mal starb ein Tier, als Gott das Blut eines Tieres im Garten Eden vergoss und Adam und Eva mit dessen Fell bekleidete (1. Mose 3,21). Das war gleichzeitig ein Bild für das Sühneopfer, ein Vorschatten davon, dass Christi Blut für unsere Errettung vergossen werden musste. Somit kann es vor dem Sündenfall keine Knochen verstorbener Tiere gegeben haben, denn das würde das Evangelium untergraben.

Das bedeutet, dass die Dinosaurier gestorben sein müssen, erst nachdem die Sünde in die Welt gekommen war. Deshalb können Dinosaurierknochen keine Millionen Jahre alt sein, denn Adam lebte erst vor einigen tausend Jahren.

Erwähnt die Bibel die Dinosaurier?

Wenn Menschen Dinosaurier gesehen haben, dann können wir sicherlich davon ausgehen, dass alte historische Dokumente wie z.B. die Bibel sie erwähnen. Die englische King-James-Version (KJV) der Bibel wurde erstmalig im Jahr 1611 durch Übersetzung erstellt.[19] Manche Leute meinen, die

---

[15] Siehe Kapitel 4 und Morris, J.D., a.a.O., S. 51-67.

[16] Ausführlicher in Kapitel 2 behandelt.

[17] Morris, H.M., a.a.O., S. 4-6; Ussher, a.a.O.

[18] Siehe Kapitel 2, 3 und 4; außerdem Stambaugh, J. 1996. Creation, Suffering and the Problem of Evil. *CEN Technical Journal* 10(3):391-404.

[19] Die heute gebräuchlichste KJV ist in Wirklichkeit die Revision aus dem Jahre

Bibel würde nichts über Dinosaurier sagen, weil dieses Wort nicht in der KJV oder anderen herkömmlichen Bibelübersetzungen vorkomme.

Das Wort „Dinosaurier“ wurde jedoch erst 1841 eingeführt.[20] Als Sir Richard Owen, ein berühmter englischer Anatom und der erste Leiter des Britischen Museums, der auch ein standhafter Anti-Darwinist[21] war, die Knochen von *Iguanodon* und *Megalosaurus* sah, erkannte er, dass sie eine einzigartige Gruppe von Reptilien repräsentieren, die noch nicht klassifiziert worden war. Er wählte den Ausdruck „Dinosaurier“ in Anlehnung an griechische Wörter, die soviel bedeuten wie „schreckliche Echse“.[22]

Der Ausdruck „Dinosaurier“ ist darum in der King-James-Bibel nicht zu erwarten, denn als sie erstellt wurde, war dieses Wort noch nicht kreiert.

Gibt es noch ein anderes Wort für Dinosaurier? Überall in der Welt existieren Legenden über *Drachen.* Viele Beschreibungen von „Drachen“ stimmen gut mit den Merkmalen bestimmter Dinosaurier überein. Könnte es sein, dass es sich bei diesen Berichten um Begegnungen zwischen Menschen und jenen Wesen handelt, die wir heute Dinosaurier nennen?

Das hebräische Wort, das üblicherweise mit „Drachen“ übersetzt wird (hebr. *tan, tannin, tannim, tannoth*), kommt im Alten Testament etwa dreißig Mal vor. Es gibt Bibelabschnitte über „Drachen“, die auf dem Land lebten: „Nebukadnezar … hat mich verschlungen wie ein Drache“ (Jeremia 51,34; Schlachter), „Über Löwen und Ottern wirst du gehen und junge Löwen und Drachen niedertreten“ (Psalm 91,13; Luther 1984). Viele Schöpfungswissenschaftler glauben, dass mit Drachen, die in mancherlei biblischen Zusammenhängen genannt werden, jene Wesen gemeint sind, die wir heute Dinosaurier nennen.[23] Die Konkordanz von Strong führt die

---

1769 durch Benjamin Blayney von Oxford.

[20] Dixon, D., Cox, B., Savage, G.J.G. und Gardiner, B., 1988. *The Macmillan Illustrated Encyclopedia of Dinosaurs and Prehistoric Animals*, Macmillan Publishing Co., New York, S. 92.
Grigg, R.M., 1990. Dinosaurs and Dragons: Stamping on the Legends! *Creation* 14(3):11.

[21] Norman, D., 1985. *The Illustrated Encyclopedia of Dinosaurs*, Salamander Books Limited, London, p. 8.

[22] Der Name „schreckliche Echse“ hat zur Popularisierung des Gedankens beigetragen, dass alle Dinosaurier gigantische, wilde Monster waren. Das ist jedoch weit von der Wahrheit entfernt. Wenn Owen die *kleineren* Dinosaurier gekannt hätte, dann hätte er sich wohl nie für diese Bezeichnung entschieden.

[23] Die hebräischen Wörter haben oft eine große Bandbreite von Bedeutungen; hier ist es sogar möglich, sowohl mit „Seeungeheuer“ (1. Mose 1,21; Hiob 7,12; Psalm 148,7; Jesaja 27,1; Hesekiel 29,3; 32,2) als auch mit „Schlange“ (2. Mose 7,9; vgl. 2. Mose 4,3 und den hebräischen Parallelismus in 5. Mose 32,33) zu übersetzen. *Tannin* bzw. *tannim* sind furchterregende Geschöpfe, die an fernen, einsamen Orten wohnen (Jesaja 34,13; 35,7; Jeremia 49,33; 51,37; Maleachi 1,8), schwer zu töten sind (Jesaja 27,1; 51,9) oder aber sowohl schlangenähnliche Wesen (5. Mose 32,33; vgl. Psalm 91,13) als auch Wesen mit Füßen (Hesekiel 32,2) sein können. Allerdings wird von den *tannin* gesagt, dass sie ihre Jungen säugen (Klagelieder

„Dinosaurier“ als eine der möglichen Bedeutungen von *tannin* bzw. *tannim* auf.

In 1. Mose 1,21 sagt die Bibel: „Und Gott schuf die großen Seeungeheuer und alle sich regenden lebenden Wesen, von denen die Wasser wimmeln, nach ihrer Art“ (Rev. Elberfelder). Das hebräische Wort für „Seeungeheuer“ (bei Luther „Walfische“) in diesem Vers ist das Wort, das an anderen Stellen der Bibel mit „Drache“ übersetzt wird (hebr. *tannin*). Somit beschreibt Gott womöglich im ersten Kapitel des ersten Buches Mose die großen Seedrachen, also im Meer lebende dinosaurierähnliche Tiere, die er erschaffen hat.

Es gibt weitere Bibelstellen über Drachen, die im Meer lebten: „Du hast das Meer gespalten durch deine Kraft, zerschmettert die Köpfe der Drachen im Meer“ (Psalm 74,13) oder: „In dieser Zeit wird der HERR ... den Drachen im Meer töten“ (Jesaja 27,1). Obwohl sich das Wort „Dinosaurier“ streng genommen nur auf Landlebewesen bezieht, werden die Meeresechsen und die Flugechsen häufig mit den Dinosauriern zu einer Gruppe zusammengefasst. Zu den Seedrachen können solche dinosaurierähnlichen Tiere wie der *Mosasaurus* gehört haben.[24]

Hiob 41 beschreibt ein großes im Meer lebendes Tier, den *Leviathan,* das sogar Feuer speien konnte. Bei diesem „Drachen“ kann es sich gut um ein Wesen wie den mächtigen, 17 Meter langen *Kronosaurus*[25] oder den 25 Meter langen *Liopleurodon* gehandelt haben.

Sogar fliegende Schlangenwesen werden in der Bibel erwähnt: „fliegende feurige Schlangen“ (Jesaja 30,6; Rev. Elberfelder). Das könnte ein Hinweis auf einen Angehörigen der *Pterodactyloidea* sein, den bekannten Flugsauriern, zu denen auch *Pterandon, Rhamphorhynchus* und *Ornithocheirus* gehören.[26]

4,3), was Reptilien nicht tun, wohl aber z.B. Wale (Seeungeheuer?). Die Wörter scheinen sich auf große, furchterregende Wesen zu beziehen, die in sumpfigen Gebieten oder im Wasser lebten. Der Begriff könnte Säugetiere und Reptilien umfassen. Moderne Übersetzter geben das Wort häufig mit „Schakalen“ wieder (z.B. Elberfelder), doch dies scheint unangemessen zu sein, weil Schakale nicht besonders furchterregend oder schwer zu töten sind und nicht in Sümpfen leben.

[24] In der Nähe der Küste Neuseelands wurde ein Kadaver gefunden, den einige für einen Plesiosaurier hielten. Eine genaue Analyse aller Daten legte jedoch nahe, dass es sich um einen Riesenhai handelte. Siehe Jerlström, P. und Elliott, B., 1999. Let Rotting Sharks Lie: Further Evidence for Shark Identity of the Zuiyo-Maru Carcass. *CEN Technical Journal* 13(2):83-87. Dessen ungeachtet deuten Zeichnungen von einem eindeutig plesiosaurierartigen Tier, genannt „Yarru“, die von Eingeborenen in Nordaustralien angefertigt wurden, darauf hin, dass Plesiosaurier vor nicht allzu langer Zeit gelebt haben: siehe Driver, R., 1999. Australia's Aborigines – Did they See Dinosaurs? *Creation* 21(1):24-27.

[25] Czerkas, S.J. und Czerkas S.A., 1996. *Dinosaurs: A Global View,* Barnes and Noble Books, Spain, S. 179.

[26] Norman, a.a.O., S. 170-172.
Wellnhofer, P., 1991. *Pterosaurs: The Illustrated Encyclopedia of Prehistoric Flying Reptiles,* Barnes and Noble, N.Y., S. 83-85, 135-136.

Nicht lange nach der Sintflut offenbarte Gott einem Mann namens Hiob seine Größe als Schöpfer und erinnerte ihn dabei an die großen Landtiere, die er geschaffen hatte:

> Sieh doch den Behemot, den ich mit dir gemacht habe! Gras frisst er wie das Rind. Sieh doch seine Kraft in seinen Lenden und seine Stärke in den Muskeln seines Bauches! Er lässt seinen Schwanz gleich einer Zeder hängen, die Sehnen seiner Schenkel sind dicht geflochten. Röhren aus Bronze sind seine Knochen und seine Gebeine wie Stangen aus Eisen. Er ist der Anfang der Wege Gottes. Der ihn gemacht, hat ihm sein Schwert beschafft (Hiob 40,15-19; Rev. Elberfelder).

Der Ausdruck „der Größte (bzw. Wichtigste oder 'Erster') der Wege Gottes" legt nahe, dass der Behemot das größte Landtier war, das Gott geschaffen hatte. Um welche Tierart handelte es sich also beim Behemot?

Die Bibelübersetzer waren sich oft nicht sicher, welches Tier gemeint ist und gaben das Wort mit dem hebräischen Original *behemot* wieder (z.B. Elberfelder, Luther, Jerusalemer sowie verschiedene englische Übersetzungen: KJV, NKJV, NASB und NIV). Viele Bibelkommentare und Anmerkungen in Studienbibeln erklären jedoch, der Behemot sei „möglicherweise das Flusspferd oder der Elefant".[27] Einige Bibelversionen übersetzen Behemot sogar mit „Flusspferd" (z.B. Einheitsübersetzung, Menge, Zürcher). Zunächst ist festzustellen, dass von den Landtieren, die

War der „Behemot", den Hiob sah, ein großer Dinosaurier?

[27] Z.B. die *NIV Study Bible*, 1985. Zondervan, Grand Rapids, Michigan.

Der „Behemot" hatte einen „Schwanz wie eine Zeder" (Hiob 40,17), aber dennoch übersetzen einige Bibelausgaben „Behemot" mit „Flusspferd" oder „Elefant" oder geben diese Erklärungen in einer Anmerkung an.

Gott schuf, weder der Elefant noch das Flusspferd die größten sind, denn einige Dinosaurier stellen diese weit in den Schatten. Weiterhin macht diese Zuordnung überhaupt keinen Sinn, denn der mächtige Schwanz des Behemot wird mit einer Zeder verglichen (Hiob 40,17). Der kleine Schwanz des Elefanten und der Stummelschwanz des Flusspferds ähneln in keiner Weise einer Zeder! Beim Behemot kann es sich also weder um den Elefanten noch um das Flusspferd gehandelt haben. Auch kein anderes heute lebendes Tier kommt der biblischen Beschreibung nahe. Der Behemot kann jedoch ganz ausgezeichnet dem *Brachiosaurus* zugeordnet werden, einem der großen Dinosaurier.

Gibt es andere alte historische Berichte über Dinosaurier?

Eines der ältesten Bücher englischer Geschichtsschreibung, *The Anglo-Saxon Chronicles* („Die angelsächsischen Chroniken") berichtet über Begegnungen von Menschen mit Drachen. Viele dieser Beschreibungen treffen gut auf bekannte Dinosaurierarten zu.[28] In diesem Zusammenhang sei darauf verwiesen, dass wir in der Flagge von Wales (Großbritannien) das Emblem eines Drachen finden.

Drachen: Dinausaurier in der Geschichte

In dem Film *The Great Dinosaur Mystery*[29] („Das große Dinosaurier-Mysterium") wird eine Reihe von Drachenberichten präsentiert:

[28] Cooper, Bill, 1995. *After the Flood.* New Wine Press, West Sussex, England, S. 130-161.

[29] Taylor, P.S., 1991. *The Great Dinosaur Mystery.* Films for Christ, Mesa, Arizona. Siehe auch das Buch: Taylor, P., 1989. *The Great Dinosaur Mystery and the Bible*, Accent Publications Inc., Denver, Colorado.

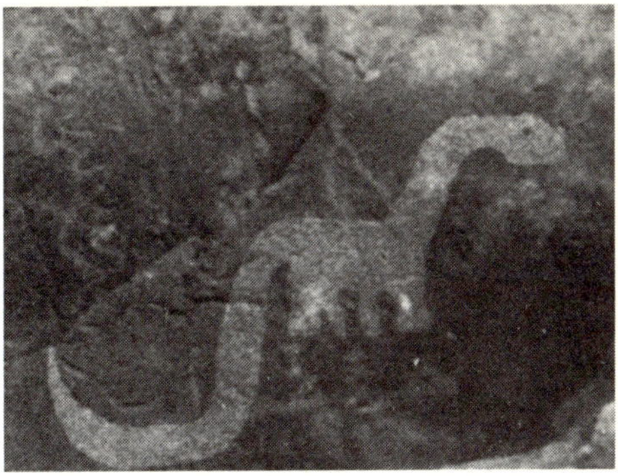

Alte Felszeichnungen von Indianern, wie diese von einem Sauropoden im White-River-Canyon in Utah, zeigen, dass Dinosaurier und Menschen gleichzeitig gelebt haben.

- Eine sumerische Geschichte, die auf 2000 v. Chr. oder früher zurückgeht, berichtet von einem Helden namens Gilgamesch, der in einen entlegenen Wald ging, um Zedern zu fällen und dabei einem großen, grausamen Drachen begegnete. Er tötete ihn und nahm seinen Kopf als Trophäe mit.
- Als Alexander der Große und seine Soldaten etwa im Jahre 330 v. Chr. in Indien einmarschierten, entdeckten sie, dass die Inder große zischende Reptilien anbeteten, die sie in Käfigen gefangen hielten.
- China ist bekannt für seine Drachenlegenden, und auf chinesischen Töpferwaren, Stickereien und Schnitzereien sind Drachen ein häufiges Motiv.
- Aus England stammt die Geschichte von St. Georg, der einen Drachen tötete, der in einer Höhle lebte.
- Es gibt eine Geschichte eines Iren aus dem 10. Jahrhundert, der über seine Begegnung mit einem Wesen schrieb, das anscheinend ein *Stegosaurus* war.
- Im 16. Jahrhundert führte ein europäisches Wissenschaftsbuch, die *Historia Animalium*, mehrere Tiere als lebend auf, die wir heute als Dinosaurier bezeichnen würden. Ein bekannter Naturalist jener Zeit, *Ulysses Aldrovandus*, dokumentierte eine Begegnung zwischen einem Bauern namens *Baptista* und einem Drachen, dessen Beschreibung auf den kleinen Dinosaurier *Tanystropheus* zutrifft. Diese Begegnung fand am 13. Mai 1572 nahe Bologna in Italien statt. Der Bauer erlegte den Drachen. Außerdem hat man Felsbilder gefunden, die dinosaurierähnliche Kreaturen darstellen.[30]

Viele historische Beschreibungen von „Drachen“ stimmen sehr gut mit bestimmten Dinosaurierarten überein.

Zusammenfassung: Völker aller Zeitalter waren sehr mit Drachen vertraut. Die Beschreibungen dieser Tiere stimmen mit unserem Wissen über Dino-

[30] Swift, D., 1997. Messages on Stone. *Creation* 19(2):20-23.

saurier überein. Die Bibel erwähnt derartige Geschöpfe, sogar solche, die im Wasser lebten oder fliegen konnten. Es gibt eine überwältigende Menge weiterer historischer Hinweise darauf, dass derartige Wesen zusammen mit Menschen gelebt haben.

Was verraten die Knochenfunde?

Es gibt zudem gravierende Indizien dafür, dass die Dinosaurierknochen keine Millionen Jahre alt sind. Wissenschaftler von der Universität von Montana (USA) haben Knochen eines *Tyrannosaurus Rex* gefunden, die noch nicht vollständig fossilisiert waren. Teile der Knochen waren noch „frisch" und enthielten anscheinend Blutzellen und Hämoglobin. Hätten diese Knochen wirklich ein Alter von mehreren Millionen Jahren, dann wären die Blutzellen und das Hämoglobin vollständig zersetzt.[31] Millionen Jahre alte „frische" Knochen gibt es nicht.[32] Ein Bericht der Wissenschaftler besagt Folgendes:

> Ein dünner Schnitt eines Knochens von *Tyrannosaurus Rex* leuchtete bernsteinfarben unter der Linse meines Mikroskops … Im Labor entstand ein erstauntes Gemurmel, denn ich hatte meinen Blick auf etwas in den Gefäßen gerichtet, was niemand von uns je zuvor gesehen hatte: kleine runde Objekte, transparent-rot mit einem dunklen Mittelpunkt … rote Blutkörperchen? Form und Lage legten das nahe, doch Blutzellen bestehen zum größten Teil aus Wasser und konnten unmöglich in diesem 65 Millionen Jahre alten Tyrannosaurus erhalten geblieben sein … Die Knochenprobe, die uns in solche Aufregung versetzte, stammte von einem wunderschönen, fast vollständig erhaltenen Exemplar eines *Tyrannosaurus Rex*, das 1990 ausgegraben worden war … Als das Team den Dinosaurier ins Labor brachte, stellten wir fest, dass einige Teile im Innern der langen Knochen noch nicht vollständig fossilisiert waren … Bis jetzt denken wir, dass alle Befunde zeigen, dass unsere Schnitte des *T. Rex* Fragmente von Häm und Hämoglobin enthalten, die bis heute erhalten geblieben sind. Doch steht noch weitere Arbeit an, bevor wir mit Freimütigkeit aufstehen und sagen können: „Ja, im Gewebe dieses *T. Rex* sind Blutbestandteile erhalten geblieben."[33]

Unfossilisierte Dinosaurierknochen wurden auch im Norden Alaskas gefunden.[34] Auch Schöpfungswissenschaftler sammelten solche gefrorenen Sau-

---

[31] Wieland, C., 1997. Sensational Dinosaur Blood Report. *Creation* 19(4):42-43.

[32] Batten, D., 1997. Buddy Davis – the Creation Music Man (who makes dinosaurs). *Creation* 19(3):49-51.
Helder, M., 1992. Fresh Dinosaur Bones Found. *Creation* 14(3):16-17.

[33] Schweitzer, M., und Staedter, T., 1997. The Real Jurassic Park. *Earth*, Juni 1997, S. 55-57. Siehe den Bericht in *Creation* 19(4):42-43, der die sorgfältige Untersuchung beschreibt. Dabei kam heraus, dass Hämoglobin vorhanden war.

[34] Davies, K., 1987. Duckbill Dinosaurs (Hadrosauridae, Ornithischia) from the

rierknochen in Alaska,[35] die in dieser unmineralisierten Form unmöglich Millionen Jahre alt sein konnten. Auch diejenigen, die an Evolution glauben, würden nicht sagen, dass diese Knochen über Millionen Jahre gefroren blieben, weil die Dinosaurier plötzlich ausstarben. Das gibt denjenigen Rätsel auf, die an ein „Zeitalter der Dinosaurier" vor Millionen von Jahren glauben; für solche, die ihr Denken auf die Bibel gründen, ist es jedoch einleuchtend.

Wovon haben sich die Dinosaurier ernährt, und wie haben sie gelebt?

Filme wie *Jurassic Park* und *Vergessene Welt* schildern die meisten Dinosaurier als aggressive Fleischfresser. Doch das bloße Vorhandensein scharfer Zähne verrät nicht unbedingt, wie sich ein Tier verhalten hat oder wovon es sich ernährte. Die Zähne konnten auch zum Pflücken von Früchten etc. gebraucht werden. Durch die Untersuchung von fossilisiertem Dinosaurierkot (Koprolithen)[36] waren die Wissenschaftler imstande, Näheres über die Ernährung einiger Dinosaurierarten zu ermitteln.

Ursprünglich, d.h. vor dem Sündenfall, waren alle Tiere, einschließlich der Dinosaurier, Vegetarier. 1. Mose 1,30 sagt: „Aber allen Tieren auf Erden und allen Vögeln unter dem Himmel und allem Gewürm, das auf der Erde lebt, habe ich alles grüne Kraut zur Nahrung gegeben."

Das bedeutet, dass sich auch *T. Rex* vor dem Sündenfall nur von Pflanzen ernährte. Manche wenden hier ein, dass der *T. Rex* sehr große Zähne hatte und bestehen darauf, dass diese zum Angreifen von Tieren verwendet worden sein müssen. Doch allein die Tatsache, dass ein Tier große, scharfe Zähne hat, bedeutet noch nicht, dass es Fleisch fraß.[37]

Auch heute haben viele Tiere scharfe Zähne, dennoch sind sie hauptsächlich Vegetarier. Der Riesenpanda hat scharfe Zähne wie ein Fleischfresser, doch ernährt er sich von Bambus. Vielleicht wurden die Zähne des Pandas speziell und wunderbar dafür entworfen, um Bambus zu fressen. Um zu „erklären", warum der Riesenpanda Zähne wie ein Fleischfresser hat, und doch Bambus frisst, müssten die Vertreter der Evolutionslehre sagen, dass der Riesenpanda zum Fleischfresser evolvierte und sich dann auf Bambus umstellte.[38]

Verschiedene Fledermausarten fressen verschiedene Früchte, Nektar, Insekten, kleine Tiere und Blut, doch aus ihren Zähnen ist nicht klar er-

---

North Slope of Alaska. *Journal of Paleontology* 61(1):198-200.

[35] Batten, a.a.O.

[36] Lucas, S.G., 1994. *Dinosaurs: The Textbook*. Wm. C. Brown Publishers, Dubuque, Iowa, S. 194-196.

[37] Marrs, D. und Kylberg, V., 1991. *Dino Cardz. Estemmenosuchus* was a Large Mammal-Like Reptile. „Trotz bedrohlich aussehender Fangzähne war er offensichtlich ein Pflanzenfresser." Das schlossen sie wahrscheinlich aus seinen Backenzähnen.

[38] Brandes, K., 1974. *Vanishing Species*. Time-Life Books, N.Y., S. 98.

sichtlich, wovon sie sich ernähren.[39] Bären haben ein Gebiss ähnlich dem einer Großkatze (z.B. einem Löwen), doch einige von ihnen sind reine Vegetarier und viele, wenn nicht die meisten, überwiegend Vegetarier.

Braunbären haben Zähne wie eine Raubkatze, obwohl sie vorwiegend Vegetarier sind.

Vor dem Sündenfall beschrieb Gott die Welt insgesamt als „sehr gut" (1. Mose 1,31). Aufgrund der Nahrungskette, wie sie in der heutigen Welt zu beobachten ist, können manche dieses frühere Konzept perfekter Harmonie nicht akzeptieren. Es ist jedoch völlig unangemessen, sich die Welt unter dem Fluch der Sünde mitsamt dem resultierenden Tod und Überlebenskampf anzusehen und dann aufgrund dieser Beobachtungen zu meinen, nun könne man den biblischen Schöpfungsbericht verwerfen. Nach dem Sündenfall wurde *alles* anders. Deshalb sagt Paulus auch über den gegenwärtigen Zustand der Schöpfung, dass sie „seufzt" (Römer 8,22). Wer diese Welt wirklich verstehen will, muss sie durch das „Auge der Bibel" betrachten.[40]

---

[39] Weston, P., 1999. Bats: Sophistication in Miniature. *Creation* 21(1):28-31.

[40] Einige argumentieren, dass sich Menschen bzw. Tiere auch in einer „idealen" Welt Verletzungen zugezogen hätten. Sie behaupten, dass auch vor dem Sündenfall Adam oder irgendein Tier auf kleinere Geschöpfe treten oder sich an einem Zweig schürfen konnten. Diese Situationen gelten für die heutige *gefallene* Welt – die gegenwärtige Welt ist nicht vollkommen, sondern leidet unter den Folgen des Fluches (Römer 8,22). Man kann nicht mit „Weltaugen" an die Bibel herangehen und dann darauf bestehen, dass die Welt vor dem Sündenfall genau wie die heutige beschaffen war. Wir wissen nicht, wie eine perfekte Welt aussehen würde, die durch Gottes Kraft beständig erneuert und vollkommen getragen wird (Kolosser 1,17; Hebräer 1,3), denn wir haben Perfektion niemals erlebt (nur Adam und Eva hatten diese Erfahrung vor dem Sündenfall). Doch bekommen wir aus der Schrift einen kleinen Einblick: in 5. Mose 8,4 und 5. Mose 29,4 und Nehemia 9,21 wird uns gesagt, dass bei der 40-jährigen Wüstenwanderung des Volkes Israels ihre Kleider und Schuhe nicht verschlissen und ihre Füße nicht anschwollen. Wenn Gott alle Dinge in vollkommener Weise trägt, dann ist Verschleiß oder Verletzung nicht einmal eine Option. Denken wir an Schadrach, Meschach und Abed-Nego (Daniel 3,26-27): Sie kamen aus dem Feuerofen, ohne auch nur einen Geruch von Rauch an sich zu haben. Noch einmal: Wenn der Herr alles vollkommen erhält, dann ist es *nicht* möglich, verletzt zu werden. In der vollkommenen Welt vor dem Sündenfall hat Gott *alles* erhalten, aber in dieser unter dem Fluch stehenden Welt befindet sich alles im Verfall. Viele Bibelausleger glauben, dass die Schilderung in Jesaja 11,6-9 von Wolf und Lamm und dem Löwen, der Stroh

Am Anfang verlieh Gott Adam und Eva die Herrschaft über die Tiere: „Und Gott segnete sie und Gott sprach zu ihnen: Seid fruchtbar und mehret euch und füllet die Erde und machet sie euch untertan und herrscht über die Fische im Meer und über die Vögel unter dem Himmel und über das Vieh und über alles Getier, das auf Erden kriecht“ (1. Mose 1,28). Wenn wir die heutige Welt betrachten, werden wir an Hebräer 2,8 erinnert: „Alles hast du unter seine (Jesu Christi) Füße getan. Wenn er ihm alles unter die Füße getan hat, so hat er nichts ausgenommen, was ihm nicht untertan wäre. Jetzt aber sehen wir noch nicht, dass ihm alles untertan ist.“ Aufgrund der Sünde hat sich die Beziehung des Menschen zu allen Dingen verändert; er ist dem Schöpfer nicht so „unterworfen“, wie es ursprünglich der Fall war.

Die meisten Menschen, und davon sind die meisten Christen nicht ausgenommen, gehen bei der Beurteilung der Vergangenheit von dem heutigen Zustand der Welt mit all dem Tod und Leid aus und wollen mit diesen Beobachtungen die Bibel auslegen. Doch wir sind sündige, fehlbare Menschen, die eine in Sünde gefallene Welt beobachten (Römer 8,22), und darum müssen wir unbedingt, wenn wir die Welt richtig verstehen und deuten wollen, bei der Offenbarung Gottes, d.h. bei der Bibel, beginnen.

Wie sind dann aber Fangzähne und Klauen entstanden? Dr. Henry Morris schreibt:

> Ob Strukturen wie Fangzähne und Klauen zu ihrer ursprünglichen Ausstattung gehörten, oder ob sie rezessive Merkmale sind, die sich erst durch einen späteren Selektionsprozess behaupteten, oder ob sie Mutationen als Folgen des Fluches sind oder was sonst genau, bleibt eine Frage, die erst durch weitere Forschungsarbeit geklärt werden kann.[41]

Als die Sünde in die Welt gedrungen war, änderte sich alles. Vielleicht fingen einige Tiere zu diesem Zeitpunkt an, andere Tiere zu fressen. Zur Zeit Noahs beschrieb Gott, was geschehen war: „Da sah Gott auf die Erde, und siehe, sie war verderbt; denn alles Fleisch hatte seinen Weg verderbt auf Erden“ (1. Mose 6,12).

Auch nach der Sintflut änderte Gott das Verhalten der Tiere. In 1. Mose 9,2 lesen wir: „Furcht und Schrecken vor euch sei über allen Tieren auf Erden und über allen Vögeln unter dem Himmel über allem, was auf dem

---

frisst wie ein Ochse, ein Bild ist für die neue Erde in der zukünftigen Wiederherstellung (Apostelgeschichte 3,21), wenn es keinen Fluch und keinen Tod mehr geben wird (Offenbarung 21,1; 22,3). Die beschriebenen Tiere leben friedsam als Vegetarier (genau wie es vor dem Sündenfall beschrieben ist; 1. Mose 1,30). Die heutige Welt hat sich aufgrund von Sünde und Fluch dramatisch verändert. Die jetzige Nahrungskette und das Verhalten der Tiere (das sich nach der Sintflut ebenfalls änderte; 1. Mose 9,2-3), *können nicht* als Grundlage zur Deutung der Bibel herangezogen werden – die Bibel erklärt, warum die Welt so ist, wie sie ist!

[41] Morris, H.M., a.a.O., S. 78. Siehe auch Kapitel 6: *Wie kam das Böse in die Welt?*

Erdboden wimmelt, und über allen Fischen im Meer; in eure Hände seien sie gegeben.“ So wurde es für den Menschen wesentlich schwieriger, dem Herrschaftsauftrag nachzukommen, den er in 1. Mose 1,28 erhalten hatte.

Warum finden wir Dinosaurierfossilien?

Die Entstehung von Fossilien erfordert eine rasche Verschüttung des Kadavers. Wenn ein Tier stirbt, wird es normalerweise gefressen oder es verwest, bis nichts mehr von ihm übrigbleibt. Zur Bildung eines Fossils müssen einzigartige Bedingungen erfüllt sein, damit das Tier erhalten bleibt und seine Strukturen mineralisiert werden.

Die Vertreter der Evolutionslehre haben früher behauptet, das Fossilarchiv sei langsam entstanden, indem Tiere starben und allmählich durch Sedimente bedeckt wurden. Doch in jüngerer Zeit haben sie anerkannt, dass die Entstehung der Fossilien nicht ohne katastrophische Prozesse möglich ist.[42] Zur Bildung der Milliarden von Fossilien in den weltweiten Schichten, die bisweilen mehrere Kilometer dick sind, müssen die Organismen im Großen und Ganzen rasch verschüttet worden sein. Heute sagen auch viele Anhänger der Evolutionslehre, das Fossilarchiv habe sich rasch gebildet, und zwar stoßweise und plötzlich, aber mit dazwischenliegenden langen Pausen von Millionen Jahren!

Der Bibel zufolge wurde die Erde im Laufe der Zeit von Boshaftigkeit

Foto mit freundlicher Genehmigung von Films for Christ.

Dinosaurier-Friedhöfe bezeugen, dass diese Tiere bei einem katastrophischen Ereignis verschüttet wurden. Das würde zu einer Sintflut passen.

[42] Siehe z.B. Ager, D., 1993. *The New Catastrophism*, Cambridge U.P.

erfüllt, sodass Gott beschloss, eine weltweite Flut zu senden, um „zu verderben alles Fleisch, darin Odem des Lebens ist, unter dem Himmel. Alles, was auf Erden ist, soll untergehen" (1. Mose 6,17).

Gott befahl Noah, ein sehr großes Schiff zu bauen, in das er seine Familie sowie die Vertreter jeder landbewohnenden, luftatmenden Tierart aufnehmen sollte. Gott wollte diese Tiere selber bestimmen und zu Noah schicken (1. Mose 6,20). Dazu müssen auch zwei Exemplare jeder Dinosaurierart gehört haben.

Wie passten die Dinosaurier in die Arche?

Viele Leute stellen sich die Dinosaurier als riesige Kreaturen vor, die nie und nimmer in die Arche gepasst haben können. Doch die Durchschnittsgröße eines Dinosauriers ist etwa der Größe eines Schafes gleich, wenn man von den weltweit gefundenen Skeletten ausgeht.[43] Tatsächlich waren viele Dinosaurier relativ klein. Beispielsweise hatte *Struthiomimus* die Größe eines Straußes, und *Compsognathus* war nicht größer als ein Hahn. *Mussaurus* („Mausechse") war nicht viel größer als eine Maus. Nur einige wenige Dinosaurier wuchsen zu extremen Größen heran (z. B. *Brachiosaurus* und *Apatosaurus*), doch waren sie nicht einmal so groß wie das größte heute lebende Tier, der Blauwal. Reptilien können ihr ganzes Leben lang wachsen. Deshalb waren die großen Dinosaurier, deren Skelette gefunden wurden, wahrscheinlich sehr alte Exemplare.

Dinosaurier legten Eier, und die größten fossilen Dinosauriereier, die gefunden wurden, hatten die Größe eines Fußballs.[44] Selbst die größten Dinosaurier waren beim Schlüpfen sehr klein. Erinnern wir uns daran, dass die Tiere, die aus der Arche kamen, die Erde wieder bevölkern sollten. Somit war es geradezu erforderlich, dass für die Arche junge erwachsene Tiere gewählt wurden, die bald den Höhepunkt ihrer Fruchtbarkeit erreichen würden. Es ist daher realistisch anzunehmen, dass Gott keine vollständig ausgewachsenen Tiere in die Arche geschickt hat, sondern Jungtiere.

Manche mögen vielleicht einwenden, dass die mindestens 600 bekannten Dinosaurierspezies unmöglich in die Arche passen konnten. Doch 1. Mose 6,20 besagt, dass repräsentative *Arten* von Landtieren an Bord der Arche gingen. Hier stellt sich die Frage: Was ist eine „Art" (hebr. *min*)? Schöpfungswissenschaftler haben herausgestellt, dass von einer biblischen „Art" mehrere biologische Spezies abstammen können.[45] Beispiels-

[43] Crichton, M., 1995. *The Lost World*. Ballantine Books, New York, S. 122. „Dinosaurier waren zumeist recht klein ... Die Leute denken immer, sie seien riesig gewesen, doch der durchschnittliche Dinosaurier hatte die Größe eines Schafes oder eines kleinen Ponys."

Horner, 1993, a.a.O., S. 124. „Die meisten Dinosaurier waren kleiner als Bullen."

[44] Lambert, D., 1983. *A Field Guide to Dinosaurs*. Avon Books, New York, S. 127.

[45] Siehe Kapitel 13: *Wie passten die vielen Tiere in die Arche?*

weise gibt es weltweit viele Katzenarten, doch stammen alle „Katzenspezies“ ursprünglich wahrscheinlich von einigen wenigen geschaffenen Katzenarten ab.[46] Die heutigen Katzenvarianten haben sich durch natürliche und künstliche Selektion aus der Variationsbreite der Erbinformation[47] der ursprünglichen Katzen entwickelt. Daraus sind verschiedene Kombinationen und Untergruppen von Information hervorgegangen und somit verschiedene biologische Arten von Katzen. So konnte bei diesem Prozess sogar eine „Artenbildung“ auftreten.[48] Deshalb mussten auf der Arche Noah nur einige wenige katzenartige Tiere vertreten sein.

Die Namen von Dinosauriern wurden sehr großzügig verteilt, und oftmals wurde schon ein neuer Name gegeben, obwohl nur ein paar Knochenfragmente vorlagen. Das geschah z. B. auch bei Skeletten, die anderen ähnlich sahen, aber nur etwas größer oder kleiner waren oder in einer anderen Region gefunden wurden. Auf der Arche waren wahrscheinlich weniger als fünfzig verschiedene Gruppen oder Arten von Dinosauriern vertreten.[49]

Außerdem haben wir stets zu bedenken, dass die Arche sehr groß und ohne weiteres geeignet war, die benötigte Anzahl an Tieren – und damit auch die Dinosaurier – zu fassen.

Die Landtiere, einschließlich der Dinosaurier, die nicht in der Arche waren, ertranken in der Flut. Viele von ihnen sind uns in den Ablagerungen erhalten geblieben, die durch die Sintflut entstanden. Vermutlich stammen viele der Fossilien von Dinosauriern aus dieser Zeit, vor etwa 4 500 Jahren. Auch nach der Sintflut gab es wahrscheinlich beträchtliche katastrophische Ereignisse, einschließlich der Eiszeit (siehe Kapitel 16), die ebenfalls zur Entstehung einiger Fossilien führten.

Die verzogenen Formen dieser Fossilien, die gewaltige Anzahl der erhaltenen Tierüberreste in „fossilen Friedhöfen“, ihre weitläufige Verbreitung und einige vollständige Skelette – all diese Befunde zusammen genommen, bieten überzeugende Indizien dafür, dass die Tiere rasch verschüttet wurden, und damit bezeugen sie eine massive Flutkatastrophe.[50]

---

[46] Mehlert, W., 1995. On the Origin of Cats and Carnivores. *CEN Technical Journal* 9(1):106-120.

[47] Mutationen (Kopierfehler bei der Reproduktion der Gene) können auch zur Variationsbreite beitragen, aber die Veränderungen, die durch Mutationen verursacht werden, sind „abwärts“ gerichtet und führen zu einem Verlust der ursprünglichen Information.

[48] Diese Artenbildung ist *keine* Evolution, denn sie basiert auf der geschaffenen Information, die bereits vorliegt und ist von daher ein begrenzter Abwärtsprozess, der keine Aufwärtsentwicklung der Komplexität umfasst. Siehe Kapitel 1, S. 27-28.

[49] Siehe Kapitel 13: *Wie passten die vielen Tiere in die Arche?*, S. 183ff.

[50] Beispielsweise ertranken Reptilien vor angeblich 200 Millionen Jahren bei einer Blitzflut. So die säkulare Interpretation der Reptilienfossilien, die in Lubnock Quarry, Texas, gefunden wurden. *The Weekend Australian*, 26.-27. November 1983, S. 32.

Warum finden wir heute keine lebenden Dinosaurier?

Nach der Sintflut verließen Noah, seine Familie und die Tiere die Arche (1. Mose 8,15-17). Menschen und Tiere begannen ein neues Leben in einer neuen Welt. Zusammen mit den anderen Tieren verbreiteten und vermehrten sich auch die Dinosaurier und bevölkerten wieder die Erde. Ihre Nachkommen waren die Kreaturen, die die vielen Drachenlegenden inspirierten.

Doch die Welt, in der sie einst gelebt hatten, war ganz anders beschaffen als die neue Umgebung, die sie nun wieder bevölkern sollten. Die alte Welt war von der Flut ein für allemal vernichtet worden. Nun mussten sie in einer gänzlich anderen Welt überleben.

Nach der Sintflut sagte Gott zu Noah, dass die Tiere ihn von nun an fürchten würden und er die Erlaubnis habe, ihr Fleisch zu essen (1. Mose 9,1-7). Auch für den Menschen war die Welt nun ein rauerer Ort. Um überleben zu können, musste die einst so einfach verfügbare Pflanzennahrung nun noch durch tierische Nahrung ergänzt werden.

Sowohl bei Tieren als auch bei Menschen sollte die Überlebensfähigkeit bis an ihre Grenzen auf die Probe gestellt werden. Aus dem Fossilarchiv, aus der Geschichtsschreibung und aus der Erfahrung im Lauf der letzten Jahrhunderte ist ersichtlich, dass viele Lebensformen auf diesem Planeten diesen Test nicht überstanden haben.

Wir müssen bedenken, dass viele Pflanzen und viele luftatmende und landbewohnende Tiere *nach* der Sintflut ausgestorben sind – entweder durch den Menschen, durch den Wettkampf mit anderen Spezies oder durch die härteren Bedingungen in der nachsintflutlichen Welt. Immer noch sterben viele Gruppen von Lebewesen aus. Auch die Dinosaurier gehören zu den ausgestorbenen Gruppen.

Warum herrscht heute eigentlich eine so große Begeisterung für die Dinosaurier, und warum besteht dagegen nur wenig Interesse an ausgestorbenen Farnen wie z.B. *Cladophebius*? Es ist die weitläufige Gleichsetzung der Dinosaurier mit Monstern, was die Leute begeistert und fasziniert. Das hat auch dazu geführt, dass sogar Christen in ihrem Denken von der evolutionistischen Philosophie geprägt sind. Folglich sind die Dinosaurier für sie etwas Mysteriöses und ganz Außergewöhnliches.

Wenn wir uns in einem Zoo erkundigen würden, warum es die vielen Artenschutzprogramme gibt, würde man uns wahrscheinlich etwa die folgende Antwort geben: „Das liegt doch auf der Hand. Wir haben bereits viele Tierarten von der Erde verloren. Ständig sterben weitere Arten aus. Schauen Sie, wie viele Tiere bereits ein für allemal ausgelöscht sind. Wir müssen unbedingt etwas tun, um die Tiere zu retten.“ Wenn man dann weiter nachfragt: „Warum sterben denn Tierarten aus?“, würde man vermutlich folgende Antwort hören: „Die Gründe sind doch offensichtlich! Tötung durch den Menschen, Nahrungsmangel, Umweltzerstörung, Krankheiten, genetische Probleme, Katastrophen wie z.B. Überschwemmungen – es gibt viele Gründe.“

Fragt man dann nochmals: „Was passierte mit den Dinosauriern?“, lautet die Antwort wahrscheinlich: „Das wissen wir nicht! Die Wissenschaftler haben Dutzende von möglichen Ursachen vermutet, aber es bleibt ein Geheimnis.“

Vielleicht sind die Dinosaurier ausgestorben, weil wir unsere Artenschutzprogramme nicht früh genug gestartet haben! Die Faktoren, die heute ein Aussterben verursachen und die auf den Sündenfall des Menschen zurückgehen – auf den Fluch aus 1. Mose 3, auf das Nachspiel der Sintflut (ein Gericht über die Sünde) usw. – sind dieselben Faktoren, die auch das Aussterben der Dinosaurier verursachten.

Sind die Dinosaurier wirklich ausgestorben?

Man kann nicht nachweisen, ob ein Lebewesen wirklich ausgestorben ist, solange man nicht jeden Winkel der Erde betrachtet hat. Experten kamen öfter in Verlegenheit, wenn zuvor für ausgestorben erklärte Tierarten gesund und munter als lebende Exemplare entdeckt wurden. Beispielsweise fanden Forscher kürzlich eine Elefantenspezies in Nepal, die viele Merkmale mit den Mammuts gemeinsam hat.[51]

Wissenschaftler aus Australien entdeckten einige lebende Bäume, von denen sie zuvor dachten, sie seien zusammen mit den Dinosauriern ausgestorben. Ein Wissenschaftler sagte: „... wir empfanden es so, als hätten wir einen ‘lebendigen Dinosaurier’ gefunden.“[52] Wenn Wissenschaftler Tiere oder Pflanzen entdecken, die sie für lange ausgestorben hielten, dann bezeichnen sie diese als „lebende Fossilien“. Es gibt Hunderte solcher „lebenden Fossilien“; das bringt diejenigen in arge Verlegenheit, die an eine Millionen Jahre lange Erdgeschichte glauben.[53]

Forscher und Eingeborene aus Afrika berichteten, dass sie – sogar in jüngster Zeit – dinosaurierähnliche Wesen gesichtet hätten.[54] Diese Meldungen stammen gewöhnlich von weit entlegenen Plätzen wie z. B. Seen tief im Dschungel des Kongo. Die Beschreibungen stimmen gut mit den Merkmalen von Dinosauriern überein.[55]

Norell, *et al*, a.a.O., Abb. 56, S. 86-87.

Czerkas und Czerkas, a.a.O., S. 151.

[51] Wieland, C., 1996. „Lost World“ Animals Found! *Creation* 19(1):10-13.

[52] Anon., 1995. Sensational Australian Tree ... Like ‘Finding a Live Dinosaur’. *Creation* 17(2):13.

Siehe auch Anon., 1980. *Melbourne Sun*, 6. Febr. Über 40 Personen behaupteten in den letzten Jahren, an der Viktorianischen Küste (Australien) Plesiosaurier gesehen zu haben.

[53] Scheven, J., *Living Fossils: Confirmation of Creation*, Creation Videos, Answers in Genesis, Queensland, Australia.

[54] Anon., 1981. Dinosaur Hunt. *Science Digest* 89(5):21.

Regusters, H.A., 1982. Mokele-Mbembe: An Investigation into Rumours Concerning a Strange Animal in the Republic of Congo, 1981. *Munger Africana Library Notes,* Issue 64, S. 2-32.

Höhlenmalereien von nordamerikanischen Indianern scheinen einen Dinosaurier darzustellen[56] – Wissenschaftler akzeptieren die Mammut-Darstellungen in der Höhle; weshalb sollten sie dann die Dinosaurier-Bilder ablehnen? Die evolutionistische Annahme, dass Menschen nicht gleichzeitig mit Dinosauriern lebten, hat sich in den Köpfen so fest verankert, dass es die meisten Wissenschaftler davon abhält, auch nur in Erwägung zu ziehen, diese Malereien könnten Dinosaurier darstellen.

Für einen Schöpfungswissenschaftler wäre es sicherlich nicht peinlich, wenn jemand in einem Dschungel einen lebendigen Dinosaurier entdecken würde. Einen Vertreter der Evolutionslehre würde dies jedoch sehr in Verlegenheit bringen.

Allerdings: Wir könnten keinen Dinosaurier klonen, wie es im Kinohit *Jurassic Park* erträumt wird, selbst wenn wir die DNS von Dinosauriern hätten. Wir bräuchten nämlich außerdem einen lebenden, weiblichen Dinosaurier. Wissenschaftler haben festgestellt, dass sie zum Klonen eines Tieres eine Eizelle von einem lebenden weiblichen Exemplar benötigen, da sich im Zytoplasma der Eizelle die erforderliche „Apparatur“ für die Entwicklung des neuen Lebewesens befindet.[57]

Vogelsaurier?

Viele Vertreter der Evolution glauben nicht, dass die Dinosaurier ausgestorben sind! 1997 war am Eingang zur Vogelausstellung im Zoo von Cincinnati (Ohio, USA) auf einer Hinweistafel Folgendes zu lesen:

> Die Dinosaurier sind vor vielen Millionen Jahren ausgestorben – oder vielleicht doch nicht? Nein, Vögel sind im Grunde genommen die modernen, kurzschwänzigen und gefiederten Dinosaurier.

Mitte der 1960-er Jahre begann Dr. John Ostrom von der Universität Yale (USA) den Gedanken zu verbreiten, dass die Dinosaurier sich zu Vögeln entwickelt haben.[58] Jedoch stimmen nicht alle Wissenschaftler damit überein. „Das ist weiter nichts als ihre eigene Fantasie“, sagt Alan Feduccia, ein Ornithologe von der Universität von North Carolina (USA) und führender Kritiker dieser Theorie. „Sie wünschen sich so sehr, lebende Dinosaurier zu sehen, dass sie nun meinen, sie könnten sie stellvertretend am Vogelhäuschen im Garten studieren.“[59]

Agmagna, M., 1983. Results of the First Congolese Mokele-Mbembe Expedition. *Cryptozoology* 2:103. Zitiert in *Science Frontiers* No. 33, 1983.

55 Catchpoole, D., 1999. Mokele-Mbembe: A Living Dinosaur? *Creation* 21(4):24-25.

56 Swift, D., 1997, Messages on Stone. *Creation* 19(2):20-23.

57 Wieland, C., 1997. Hello Dolly! *Creation* 19(3):23.

58 Norell, 1995. a.a.O., S. 13.

59 Morell, V., 1997. Origin of Birds: the Dinosaur Debate. *Audubon*, March/April, S. 38.

Man hat vielfach versucht, der Öffentlichkeit glaubhaft zu machen, dass die heutigen Vögel tatsächlich Dinosaurier seien. Das *Time*-Magazin brachte am 26. April 1993 eine Titelseite mit einem „Vogelsaurier“, der nun *Mononykus* genannt wird. Er hatte Federn (eine angebliche Übergangsform zwischen Dinosauriern und Vögeln) und basierte auf einem Fossilfund, der *keine* Federn aufwies. Im selben Monat brachte *Science News* einen Artikel, der die Hypothese aufstellte, dass dieses Tier ein grabendes Lebewesen war, das eher einem Maulwurf glich.[60]

1996 berichtete die Presse über den Fund eines Reptilienfossils in China, das angeblich Federn hatte.[61] In einigen Medienberichten wurde behauptet, wenn dies bestätigt würde, dann wäre das ein „unbestreitbarer Beweis, dass sich die heutigen Vögel aus den Dinosauriern entwickelt haben“.[62] Ein Wissenschaftler sagte: „Man kann zu keiner anderen Schlussfolgerung kommen, als dass es sich um Federn handelt.“[63] Im Jahr 1997 sandte die Akademie der Naturwissenschaften in Philadelphia vier führende Wissenschaftler aus, um diesen Fund zu untersuchen.[64] Sie kamen zu dem Ergebnis, dass es sich *nicht* um Federn handelte. Die Medien meldeten über einen der Wissenschaftler: „Er sagte, er habe ‘haarähnliche Strukturen’ gesehen, aber keine Haare, die eine Halskrause oder einen Kamm gebildet haben können, wie es bei Leguanen der Fall ist.“[65]

Als diese Meldung durch die Medien ging, behauptete bereits ein anderer Bericht, dass in Südamerika zwanzig Knochenfragmente eines Reptils gefunden worden seien, die zeigten, dass Dinosaurier mit Vögeln verwandt seien![66]

Vögel sind Warmblüter, und Reptilien sind Kaltblüter, doch die Vertreter der Evolutionslehre, die glauben, dass die Dinosaurier sich zu Vögeln entwickelten, hätten zur Unterstützung ihrer Theorie gerne warmblütige Dinosaurier. Dr. Larry Martin von der Universität von Kansas weist jedoch diesen Gedanken zurück:

> Jüngste Untersuchungen haben ergeben, dass die mikroskopische Struktur der Dinosaurierknochen „charakteristisch für kaltblütige Tiere ist“, sagte Martin. „Damit sind wir wieder bei den kaltblütigen Dinosauriern.“[67]

---

[60] Anon., 1993. New ‘Birdosaur’ NOT Missing Link! *Creation* 15(3):3. Anon., 1993. ‘Birdosaur’ More Like a Mole. *Creation* 15(4):7.

[61] Browne, M.W., 1996. Downy Dinosaur Reported. *Cincinnati Enquirer,* 19. Okt., S. A13.

[62] Anon., 1997. Remains of Feathered Dinosaur Bolster Theory on Origin of Birds. Associated Press, New York.

[63] Ebd.

[64] Stieg, Bill, 1997. ‘Did Birds Evolve from Dinosaurs?’ *The Philadelphia Inquirer,* März.

[65] Ebd.

[66] Recer, Paul, 1997. Birds Linked to Dinosaurs. *Cincinnati Enquirer,* 21. Mai, S. A9.

[67] Stieg, a.a.O.

Leider haben die säkularen Medien häufig eine antichristlichen Haltung und werben demzufolge auch für pro-evolutionistische Positionen. Manchmal kommt es dabei zu ebenso kühnen wie absonderlichen Äußerungen wie dieser: „Papageien und Kolibris sind auch Dinosaurier."[68]

Die Vogel-Dinosaurier-Debatte unter den Vertretern der Evolutionslehre wurde durch einige neuere Berichte geschürt. Einer davon bezieht sich auf Forschungen über die embryonischen Ursprünge des Fingers von Vögeln und Dinosauriern und zeigt, dass Vögel *nicht* von Dinosauriern abstammen können![69] Eine Untersuchung der sogenannten gefiederten Dinosaurier aus China brachte ans Licht, dass Lunge und Zwerchfell der Dinosaurier denen der Reptilien entsprechen und sich wesentlich von denen der Vögel unterscheiden.[70]

Ein weiterer Bericht besagt, dass die ausgefransten Kanten der chinesischen Fossilien, die von einigen für „Federn" gehalten wurden, sehr den Kollagenfasern ähneln, die unmittelbar unter der Haut von Seeschlangen zu finden sind.[71]

Es gibt *keine* glaubwürdigen Hinweise darauf, dass sich die Dinosaurier zu Vögeln entwickelt haben.[72] Dinosaurier waren stets Dinosaurier und Vögel waren immer Vögel!

Was wäre, wenn man ein Dinosaurierfossil mit Federn finden würde? Würde das beweisen, dass die Vögel von den Dinosauriern abstammen? Nein – eine Ente hat einen Entenschnabel und Füße mit Schwimmhäuten, genau wie das Schnabeltier, doch niemand hält dies für einen Beweis dafür, dass Schnabeltiere von Enten abstammen. Reptilienschuppen mit Vorstufen von Federn, also mit Übergangsstrukturen, wären ein eindrückliches Indiz für die Annahme, dass Reptilien (bzw. Dinosaurier) sich zu Vögeln entwickelten, aber für vollständig entwickelte Federn gilt dies nicht. Ein dinosaurierähnliches Fossil mit Federn wäre lediglich ein weiteres kurioses Mosaikstück, genau wie das Schnabeltier, und damit ein Teil eines Musters von Übereinstimmungen, das in die Geschöpfe hineingelegt wurde, um die Hand des einen wahren Schöpfergottes zu zeigen, der alles gemacht hat.

4. Warum ist das alles überhaupt wichtig?

Obwohl Dinosaurier faszinierend sind, sagen einige Leser womöglich: „Wa-

[68] Recer, a.a.O.

[69] Burke, A.C., und Feduccia, A., 1997. Developmental Patterns and the Identification of Homologies in the Avian Hand. *Science* 278:666-668.

[70] Ruben, J.A., Jones, T.D., *et al*, 1997. Lung Structure and Ventilation in Theropod Dinosaurs and Early Birds. *Science* 278:1267-1270.

[71] Gibbons, A., 1997. Plucking the Feathered Dinosaur. *Science* 278:1229.

[72] Sarfati, J., 1998. Dino-Bird Evolution Falls Flat. *Creation* 20(2):41.
Oard, M.J., 1998. Bird-Dinosaur Link Challenged. *CEN Technical Journal* 12(1):5-7.

rum wird von ihnen überhaupt so viel Aufhebens gemacht? Es gibt bestimmt viel wichtigere Themen, mit denen man sich heute befassen müsste: Abtreibung, Familienprobleme, Rassismus, Promiskuität, Unehrlichkeit, Homosexualität, Euthanasie, Selbstmord, Gesetzlosigkeit, Pornografie usw. Ja, wir sollten den Leuten besser das Evangelium Jesu Christi bringen, anstatt uns über Probleme mit Dinosauriern den Kopf zu zerbrechen!“

Doch tatsächlich haben die evolutionistischen Lehren über Dinosaurier, von denen unsere Gesellschaft heute durchtränkt ist, einen erheblichen Anteil daran, dass viele Leute nicht auf das Evangelium hören und somit die oben angeführten sozialen und moralischen Probleme Überhand nehmen.

Konsequenzen

Stimmen wir der evolutionistischen Lehre über Dinosaurier zu, dann müssen wir auch akzeptieren, dass die biblische Geschichtsschreibung falsch ist. Irrt die Bibel auf diesem Gebiet, dann ist sie nicht das Wort Gottes, und dann können wir auch ihren restlichen Inhalt ignorieren, wenn er uns unbequem erscheint.

Ist alles von selbst durch natürliche Prozesse entstanden – d.h. ohne Gott – dann sind wir nicht Gottes Eigentum, und dann hat er auch kein Recht, uns zu sagen, wie wir leben sollen. Ja, bei dieser Denkweise existiert Gott eigentlich gar nicht, und somit gibt es keine absolute Grundlage für moralisches Handeln. Ohne Gott ist alles erlaubt – Konzepte von gut und böse sind dann bloß eine Sache der jeweiligen Meinung. Und ohne eine Grundlage für die Moral gibt es auch nicht so etwas wie Sünde. Gibt es keine Sünde, dann gibt es auch kein Gericht Gottes, das zu fürchten wäre, und dann wäre auch Jesus Christus als Retter nicht notwendig.

Die Millionen Jahre und das Evangelium

Die Lehre, dass Dinosaurier vor vielen Millionen Jahren lebten und ausstarben, bevor es Menschen gab, greift auf eine andere Weise unmittelbar die Grundlagen des Evangeliums an. Zu den fossilen Ablagerungen gehören auch die Saurierfossilien; sie alle dokumentieren Tod, Krankheit, Leid, Grausamkeit und Brutalität. Es ist also eine äußerst unschöne Geschichte. Wenn man den Fossilschichten ein Alter von Millionen von Jahren zuschreibt, akzeptiert man damit, dass es Tod, Blutvergießen, Krankheit und Leid bereits vor dem Sündenfall des Menschen gab.

Die Bibel macht jedoch klar, dass Tod, Blutvergießen und Krankheit eine *Folge der Sünde* sind. Gott warnte Adam in 1. Mose 2,17, dass er „gewisslich sterben“ werde, wenn er „von dem Baum der Erkenntnis des Guten und Bösen“ essen würde. „Du wirst gewisslich sterben“ (Rev. Elberfelder) bedeutet im Hebräischen wortwörtlich „sterbend wirst du sterben“. Anders ausgedrückt: Auf den unmittelbaren geistlichen Tod würde ein Prozess des körperlichen Verfalls folgen, der schließlich mit dem physischen Tod endet.

Wenn man den Saurierfossilien ein Alter von Millionen von Jahren zuschreibt, akzeptiert man damit Tod, Krankheit und Leid vor dem Sündenfall Adams und bringt damit Tod und Leid in Gottes ursprüngliche Schöpfung ein.

Nachdem Adam Gott ungehorsam war, bekleidete der Herr Adam und Eva mit „Röcken von Fellen" (1. Mose 3,21). Dazu musste er mindestens ein Tier töten und dessen Blut vergießen. Der Grund dafür wird in Hebräer 9,22 zusammengefasst:

> Und es wird fast alles mit Blut gereinigt nach dem Gesetz, und ohne Blutvergießen geschieht keine Vergebung.

Zur Vergebung der Sünden ist es bei Gott erforderlich, dass Blut vergossen wird. Was im Garten Eden geschah, ist ein Bild für das, was in Jesus Christus erfüllt werden sollte, der sein Blut am Kreuz vergoss als das „Lamm Gottes, das der Welt Sünde trägt" (Johannes 1,29).

Wenn es nun bereits vor dem Sündenfall Blutvergießen gegeben hätte, wie es der Fall wäre, wenn der Garten Eden auf Millionen Jahre alten Fossilablagerungen gebaut gewesen wäre, dann wären damit die Grundlagen des Sühneopfers Christi zerstört.

Diese grundlegenden Zusammenhänge passen auch zu Römer 8, wo es heißt, dass die ganze Schöpfung unter den Folgen des Sündenfalls „seufzt" – vor Adams Fall „seufzte" sie nicht über Tod und Leid, weil es diese Negativmerkmale noch nicht gab.

Jesus Christus starb den körperlichen Tod und vergoss sein Blut, weil der Tod die Strafe für die Sünde ist. Paulus erläutert dies detalliert in Römer 5 und in 1. Korinther 15.

Die Kapitel Offenbarung 21 und 22 machen deutlich, dass es eines Tages „einen neuen Himmel und eine neue Erde" geben wird, wo „kein Tod" und „kein Fluch" mehr sein werden – genau wie es war, bevor aufgrund der Sünde alles anders wurde. Falls es auf der neuen Erde Tiere geben sollte, dann werden sie gewiss nicht sterben oder einander oder gar die Erlösten fressen!

Die Lehre, dass es Tod, Krankheit und Leid schon Millionen Jahre vor dem Sündenfall Adams gab, ist ein direkter Angriff auf die Grundlagen der Botschaft vom Kreuz.

3. Schlussfolgerung

Wenn wir Gottes Wort annehmen, und das beginnt damit, dass wir das erste Buch der Bibel als wahr und autoritativ ansehen, dann können wir das Phänomen der Dinosaurier erklären und auch andere Fakten, die wir in der Welt beobachten, sinnvoll einordnen. Indem wir selbst so glauben und denken, können wir auch anderen Menschen dazu verhelfen, den Schöpfungsbericht als absolut vertrauenswürdig und logisch haltbar anzunehmen. Genau das behauptet er ja auch von sich, nämlich die wahre Geschichtsschreibung des Universums und der Menschheit zu sein. Es ist also von großer Bedeutung, welchen Stellenwert wir dem ersten Buch Mose einräumen. Vertrauen wir der Richtigkeit dieser Angaben zum Ursprung der Welt, dann werden wir auch die übrigen Aussagen der Bibel im Glauben annehmen können. Daraus resultiert letztendlich unsere Einstellung zu Gott, unseren Mitmenschen und uns selbst. Unsere Frage nach der Errettung und dem Sinn des Lebens wird die entsprechende Antwort bekommen.

Kapitel 20

Was kann ich tun?

Vielleicht haben Sie beim Lesen dieses Buches zum ersten Mal erkannt, dass die Bibel wirklich die geschriebene Offenbarung des allmächtigen Gottes an den Menschen ist – es ist die Botschaft unseres Schöpfers an uns, seine Geschöpfe.

Da wir seine Geschöpfe sind, gehören wir ihm und daraus folgt: Wir müssen ihm einmal Rechenschaft über das von uns geführte Leben ablegen (Römer 14,12; Hebräer 9,27). Die Bibel sagt uns, dass wir alle ebenso wie Adam von Gottes Wegen abgewichen sind; wir sind unsere eigenen Wege gegangen und haben damit so gelebt, als wären wir unser eigener Gott. Die Bibel nennt dieses Verhalten „Sünde". Wir haben somit alle gesündigt (Römer 3,23).

Die Bibel sagt uns ebenso klar, dass Gott uns für unsere Sünde zur Rechenschaft ziehen wird. Genau wie Adam, verdienen auch wir alle das Gericht Gottes über unsere Sünde. Als Nachkommen Adams werden wir alle am Ende unseres irdischen Lebens den körperlichen Tod erleiden. Die Bibel bezeichnet diesen Tod als Fluch und als den „letzten Feind" (1. Mose 3,19; 1. Korinther 15,26). Dazu kam es aufgrund der Sünde Adams, als er durch sein Tun Gott gegenüber zum Ausdruck brachte, dass er ihn nicht brauche – er wollte lieber sein eigener Gott sein. Halten wir fest: Wir alle verhalten uns ebenso wie Adam und lehnen Gottes Herrschaft über uns ab.

Aus alledem hat Gott uns einen Weg bereitet, um dem Fluch des Todes und dem künftigen Gericht zu entkommen. Und das ist die frohe Botschaft: „Denn so hat Gott die Welt geliebt, dass er seinen eingeborenen Sohn gab, damit jeder, der an ihn glaubt, nicht verloren geht, sondern ewiges Leben hat" (Johannes 3,16).

Jesus Christus kam in diese Welt, indem er von einer Frau geboren wurde, um den Fluch und die Strafe für die Sünde auf sich selbst zu laden. Er ist der fleischgewordene Gott (Kolosser 2,9) – vollkommen Gott und vollkommen Mensch zugleich – und er führte ein völlig sündloses Leben (Hebräer 4,15). Er gab sich selbst bereitwillig für uns hin und trat damit an unsere Stelle (Römer 5,8; 1. Petrus 3,18). Er nahm die Strafe für unsere Sünden auf sich. Da er selbst Gott war, reichte der Wert seines Lebens aus, um für die Sündenschuld unbegrenzt vieler Menschen zu bezahlen.

Gott bietet nun dieses kostenlose Geschenk der Errettung allen an, die ihre Not gegenüber dem gerechten, heiligen Gott erkennen und diese Errettung annehmen wollen. Er ruft alle auf, sich von ihrem bisherigen sündigen Leben abzuwenden und darauf zu vertrauen, was Christus für uns getan hat. Wir selbst können nichts tun, was unsere Schuld vor Gott mindern oder aufheben könnte. Gute Werke oder fromme Übungen können unsere Sünden nicht austilgen, denn da wir alle Sünder sind, können wir nichts tun, was unsere Sünden rückgängig machen oder aufwiegen würde. Allein durch die Gnade Gottes können wir gerettet werden, durch das Erlösungswerk, das Jesus Christus am Kreuz vollbracht hat (Epheser 2,8-9).

Andererseits werden alle, die Gottes Angebot ablehnen, im künftigen Gericht seinen Zorn erleiden, wovor die Bibel ausdrücklich warnt. Es ist ein schrecklicher Ausblick für jene Menschen (2. Thessalonicher 1,8-9). Jesus Christus sprach viel über Hölle und Gericht und warnte die Menschen vor diesem Schicksal. Das Buch der Offenbarung schildert die furchtbare Zukunft derer, die Gottes Gnade hier und jetzt abweisen.

Wie kann ich gerettet werden?

Wenn Ihnen durch Gottes Wort klar geworden ist, dass Sie ein unwürdiger Sünder sind, der Gottes Verdammungsurteil verdient und deshalb dringend seine Vergebung braucht, dann sagt die Bibel Ihnen, dass Sie „die Umkehr zu Gott und den Glauben an unsern Herrn Jesus Christus" haben müssen (Apostelgeschichte 20,21). *Buße* bedeutet eine völlige Veränderung des Herzens und der Gesinnung bezüglich der Sünde: Man stimmt Gott zu, dass man ein Sünder ist und nun ein Leben beginnen möchte, das ihm gefällt. Der *Glaube* an Jesus Christus als Herrn bedeutet, ihn persönlich als den anzunehmen, der er ist, nämlich als „Sohn des lebendigen Gottes", und zu glauben, dass „Christus für die Gottlosen starb" und den Tod mit seiner Auferstehung besiegt hat (1. Korinther 15,1-4 & 21-22). Um mit Gott ins Reine zu kommen, müssen Sie glauben, dass der Herr Jesus Sie völlig erretten kann, und Sie müssen Ihr Vertrauen allein auf Christus setzen.

Wenn Gott Ihnen Ihre Notlage klargemacht und Ihnen den Wunsch gegeben hat, gerettet zu werden, dann wenden Sie sich jetzt Christus zu. Sprechen Sie mit Ihren eigenen Worten zu ihm und bekennen Sie ihm, dass Sie ein schuldiger, hilfloser Sünder sind und bitten Sie ihn, Sie zu retten und unterwerfen Sie sich ihm als den Herrn Ihres Lebens. Lassen Sie das alte sündige Leben hinter sich und leben Sie für ihn. Die Bibel sagt: „Denn wenn du mit deinem Munde bekennst, dass Jesus der Herr ist, und in deinem Herzen glaubst, dass ihn Gott von den Toten auferweckt hat, so wirst du gerettet" (Römer 10,9).

Wenn Sie Ihr Leben so Christus anvertraut haben, dann sollten Sie andere Christen finden, die auch an der Bibel als dem Wort Gottes festhalten; fragen Sie diese um Hilfestellung, um zu lernen, wie man ein Leben in der Nachfolge Jesu lebt. Vielleicht haben Sie dieses Buch von einem Bekannten erhalten, der Ihnen jetzt weiterhelfen und Sie beraten kann, wie Sie zu einer Gruppe von Christen Kontakt aufnehmen können.

Wie kann ich die Botschaft von Schöpfung und Errettung verbreiten?

Wenn Sie an den Herrn Jesus Christus gläubig geworden sind, möchte Gott Sie als seinen Botschafter in dieser Welt benutzen. Sie können auf vielfältige

Weise anderen Menschen ein Zeugnis vom Schöpfer, seiner Schöpfung und seinem Evangelium geben:

• Suchen Sie in Alltagsgesprächen und -begegnungen Anknüpfungspunkte, um einfach und natürlich im Gesprächsfluss Ihre Überzeugung zum Ausdruck zu bringen und sich zu Jesus Christus, der Schöpfung und dem biblischen Evangelium zu bekennen. Fallen Sie nicht gleich mit der Tür ins Haus, sondern machen Sie Menschen neugierig, prüfen Sie ihren Gesprächspartner auf bereits vorhandenes Vorwissen und vorhandene Anschauungen, seien Sie bereit zu längeren Gesprächen und laden Sie ggf. zum gemeinsamen Bibellesen ein. Beginnen Sie damit bei Ihren nächsten Verwandten, Nachbarn, Arbeitskollegen usw. Lesen Sie persönlich die Bibel besonders unter dem Gesichtspunkt, wie man andere Menschen auf Gottes Weise mit seiner Botschaft erreichen kann.

• Geben Sie Literatur weiter. Es gibt viele hilfreiche und zum Teil sehr preiswerte Bücher, die man bei vielen Gelegenheiten an Bekannte weitergeben kann. Auch bei flüchtigen Begegnungen wie z. B. in Geschäften und Restaurants oder bei besonderen Büchertischen auf Märkten usw. kann man sie sehr gut einsetzten. Hier eine Auswahl besonders preiswerter Taschenbücher, die vom selben Verlag herausgegeben sind wie auch dieses Buch:

- Gitt, Werner: Fragen, die immer wieder gestellt werden
- Gitt, Werner: Zeit und Ewigkeit
- Gitt, Werner: Wenn Tiere reden könnten ...
- Gitt, Werner: Und die anderen Religionen?
- Gitt, Werner: Schuf Gott durch Evolution?
- McDowell: Josh: Die Tatsache der Auferstehung
- Lennox, J. und Gooding, D.: Wer glaubt, muss denken
- Wilder-Smith, A.E.: Wer denkt, muss glauben
- Bühne, Wolfgang: Wenn Gott wirklich wäre ...

Weiterführende Bücher:

- Gitt, Werner: Faszination Mensch
- Gish, D.T.: Fossilien – stumme Zeugen der Vergangenheit
- Glashouwer, W.J.J.: So entstand die Welt

• Stärken Sie Ihre Gemeinde. Setzen Sie sich in Ihrer Gemeinde dafür ein, dass die anderen Gläubigen ebenfalls fähig und motiviert sind „zur Verantwortung jedem gegenüber, der Rechenschaft fordert über die Hoffnung, die in euch ist“ (1. Petrus 3,15) und dass sie „wissen, wie sie jedem einzelnen antworten sollen“ (Kolosser 4,6). Dies ist möglich durch Vorträge (z. B. von Gastrednern), Predigten und Seminare, durch das Weitergeben oder gemeinsame Lesen dieses Buches und vor allem durch persönliche vorbildliche Beziehungen.

Anhang

Was ist ein wissenschaftliches Modell?

In diesem Buch wird mehrfach von Modellen gesprochen. Daher ist es für den wissenschaftlich interessierten Leser sicher hilfreich, ein paar grundsätzliche Gedanken über Modelle zu erhalten. Die Einführung von wissenschaftlichen Modellen ist immer dann geboten, wenn es gilt, komplizierte Sachverhalte einfacher darzustellen oder bekanntes und unbekanntes Teilwissen modellhaft zusammenzufügen.

Geht es darum, den freien Fall unter idealisierten Bedingungen zu beschreiben, dann gelingt das bereits mit einer einfachen Formel. Versucht man sich jedoch eine Vorstellung vom Aufbau der Atome, besonders von der Struktur der Atomhülle zu verschaffen, dann ist dies wegen der Komplexität des Atombaus nicht so leicht möglich, wie die historische Entwicklung gezeigt hat. Bis zum Jahr 1897, dem Jahr der Entdeckung des Elektrons, wurden Atome als homogene, vollkommen elastische Kugeln ohne innere Struktur (Daltonsches Atommodell) dargestellt. Dieses Modell wurde durch das Thomsonsche Atommodell abgelöst. Weitere Erkenntnisse führten dann zum Rutherfordschen Atommodell und 1913 zum Bohrschen Atommodell, indem Bohr die Plancksche Quantentheorie auf das Atommodell von Rutherford anwendete. Das spätere Bohr-Sommerfeldsche Atommodell berücksichtigte auch relativistische Effekte. Die heutigen quantenmechanischen Atommodelle beruhen nicht mehr auf anschaulichen Analogien zu makroskopischen Systemen (z. B. Schalenmodell des Atoms, Thomas-Fermi-Modell).

Diese kurze historische Schilderung bezüglich der Atommodelle lehrt uns Folgendes:

- Es gibt Aussagen in der Wissenschaft, die gar nicht anders darstellbar sind als in Form von Modellen.
- Modelle sind nie als absolut und endgültig anzusehen.
- Durch fortschreitende Erkenntnisse werden Modelle erweitert und verbessert. Da bei jedem Modell Annahmen gemacht werden müssen, kann es sich in der weiteren Entwicklung zeigen, dass die ursprünglichen nicht mehr haltbar und durch besser gesichertere zu ersetzen sind.

Drei Arten von Modellen sind grundsätzlich zu unterscheiden:

Modellart 1: Es gibt zwar hinreichende Kenntnis über einen realen Prozess, aber eine einfachere Darstellung wird gewünscht: In Physik und Technik können häufig aufgrund der bekannten Naturgesetze alle Gleichungen formuliert werden, um z. B. den zeitlichen Ablauf eines dynamischen Vorgangs zu beschreiben. Oft sind die sich so ergebenden Formeln aber analytisch nicht mehr lösbar und derart kompliziert, dass ihr praktischer Gebrauch an der Handhabbarkeit scheitert. In solchen Fällen ist es zweckmäßig, den Prozess durch geeignete Näherungen darzustellen. Wir haben es dann statt mit der exakt beschriebenen Wirklichkeit nur noch mit einem Modell zu tun. So vereinfacht sich z. B. die Schwingungsgleichung für ein Pendel erheblich, wenn man nur kleine Winkelausschläge betrachtet.

Modellart 2: Mehrere Zusammenhänge eines Vorgangs sind bekannt, aber das Gesamtwissen bleibt dennoch begrenzt: In den **operationalen Wissenschaften** (Definition siehe Kapitel 1, Fußnote Nr. 23) können Experimente und Beobachtungen ständig wiederholt werden und durch Verbesserung der Instrumente und Auswertemethoden neue Erkenntnisse hinzukommen. Die vorhandenen Kenntnisse über den betrachteten Sachverhalt bleiben dennoch oft so begrenzt, dass es nicht möglich ist, sich ein vollständiges und in sich abgeschlossenes Bild von der Realität zu machen. Hier helfen Modelle, die die bereits bekannten Fakten integrieren. Treten im Rahmen weiterer Forschung neue Aspekte auf, die von dem alten Modell nicht beschrieben wurden, dann muss ein neues Modell entworfen werden. Bei den Modellen der 2. Art können zwar exakte Berechnungen mit Hilfe von Naturgesetzen ausgeführt werden, dennoch kann es sein, dass zur Zeit noch unbekannte Teilaspekte (z. B. Anfangs- und Randbedingungen) nicht erfasst werden. Das oben geschilderte Atommodell ist ein typisches Beispiel für Modelle dieser Art. Ein für Schöpfungswissenschaftler wichtiges Beispiel für ein Modell der 2. Art ergibt sich z. B. aus der Frage, warum wir in einem jungen Universum weit entfernte Sterne sehen können (siehe Kap. 5).

Modellart 3: Das vorhandene Wissen ist lückenhaft, manchmal nur bruchstückhaft und vage, und neue Erkenntnisse können oft nur als mosaikartige Bausteine gewonnen werden. Von einer vollständigen Erklärung bleiben wir darum immer ein Stück entfernt. Den Modellen der 3. Art haften darum naturgemäß Vorläufigkeit, Unsicherheit und Subjektivität an: Dieser Fall begegnet uns in den **historischen Wissenschaften** (z. B. Archäologie, Geschichte, Historische Geologie, Paläontologie, zum Teil auch in Astronomie und Biologie). In den historischen Wissenschaften sowie in jenen Naturwissenschaften, bei denen historische Fragestellungen diskutiert werden, gibt es immer nur einen bestimmten Anteil bekannten Wissens. Um sich aber ein gewünschtes Gesamtbild zu verschaffen, müssen die Lücken durch möglichst plausible Annahmen, durch Schlussfolgerungen, manchmal sogar durch Spekulationen ergänzt werden.

Bei den Modellen der 3. Art sind einige grundlegende Aspekte zu beachten, die bei der Modellkonstruktion eine Rolle spielen, aber auch bei ihrer späteren Bewertung:

Zu wenig Daten: Historische Quellen stehen nur in begrenztem Umfang zur Verfügung. Gab es z.B. in einer vergangenen Kultur keine schriftlichen Aufzeichnungen, so können aus den wenigen Fundstücken wie Grabbeigaben oder Tonscherben nur sehr vage Schlussfolgerungen gezogen werden.

Viele Daten: In manchen Bereichen stehen weltweit viele Daten zur Verfügung (z.B. Geologie). Alle jedoch in einem Modell zu erfassen, ist geradezu unmöglich. Angestrebt wird dennoch ein Modell, das die meisten Befunde erklären kann. Damit es aber nicht zu kompliziert wird, können nicht alle berücksichtigt werden. Welche aber sind für die Entwicklung eines Modells wichtig, und welche sind in diesem Zusammenhang unbedeutend? Je nach Auswahl werden die Modelle unterschiedlich ausfallen.

Mehrdeutigkeiten: Schlussfolgerungen sind nicht immer in der gewünschten Klarheit zu ziehen. So sind neue Erkenntnisse nicht immer eindeutig, manchmal sind sie recht vage oder treffen nur mit einer bestimmten Wahrscheinlichkeit zu.

Probleme im Detail: Zunehmendes Detailwissen liefert zwar zusätzliche mosaikartige Bausteine, aber ihre Einordnung in ein Gesamtmodell kann dadurch auch erschwert werden.

Bestand bei den Modellen der 2. Art die prinzipielle Möglichkeit, durch neue und aufwendigere Experimente an weitere gesicherte Messwerte und Fakten zu gelangen, so ist dies hier aus den o.g. Gründen nur begrenzt möglich.

Die Modelle der 2. und 3. Art unterscheiden sich also grundlegend voneinander. Konnte bei den Modellen der 2. Art ein Vorgängermodell als Ausgangspunkt für eine verbesserte Version dienen, so ist dies hier in viel geringerem Maße möglich. Daher ist es verständlich, dass bei gleicher Fragestellung, je nach Autor, bei den Modellen dieser 3. Art durchaus unterschiedliche Versionen existieren können. Sie haben dennoch ihre Berechtigung, wenn nur die jeweiligen Annahmen und der Zweck klar beschrieben werden. So sind verschiedene Modelle der 3. Art zum gleichen Themenkreis geeignete Kandidaten in folgendem Wettbewerb:

- Welches Modell ist möglichst anschaulich und kann die meisten Befunde erklären?
- Welches Modell kann ein ganz bestimmtes augenfälliges Phänomen besonders einsichtig erklären?
- Welchem Modell wird durch sonstige Daten möglichst wenig widersprochen? Ein absolut widerspruchsfreies Modell ist kaum zu erwarten – das bleibt den Naturgesetzen vorbehalten.

Zu den Fragen, die nur mit einem Modell der 3. Art zu beantworten sind, gehören beispielsweise: Welche Mechanismen haben nach dem Sündenfall die Pflanzen- und Tierwelt verändert? In welchem Zusammenhang stehen geologische Schichten und Sintflut?

Geht es um Fragen der Schöpfung oder der Folgen des Sündenfalles und der Sintflut, dann liefert uns die Bibel zwar absolut zuverlässige Information, aber sie sagt uns nicht im Detail, wie wir z. B. die beobachteten Fakten in der Geologie oder Biologie zu deuten haben. Hierbei haben wir es in den meisten Fällen mit der Modellart 3 zu tun, nur manchmal mit Modell 2 und fast gar nicht mit Modell 1. In der Schöpfungswissenschaft sind sowohl fundierte wissenschaftliche Forschung als auch eine sorgfältige Bibelexegese erforderlich, um die anstehenden Fragen zu beantworten. Gegenüber den Vertretern der Evolutionslehre haben Schöpfungswissenschaftler den Vorteil, dass die Basisaussagen aus der Bibel stammen und darum wahr sind (z. B. Es gab ein weltweites katastrophales Ereignis, die Sintflut). Damit ist noch nicht garantiert, dass das so gewonnene Modell auch immer richtig ist. Vielmehr gilt hier der von den Autoren dieses Buches formulierte Grundsatz: „Modelle kommen und gehen, aber das Wort Gottes bleibt!“ Der Wert und Nutzen eines aus der Bibel hergeleiteten wissenschaftlichen Modells ist dennoch sehr hoch: Es kann hiermit gezeigt werden, dass unter Einbeziehung allen zur Zeit bekannten Faktenwissens die Bibel die beste Erklärungsbasis liefert.

Vergleichsbild für Modelle: Modelle sind wie **Sandburgen** am Strand. Schlägt eine Welle dagegen, ist der Sandwall dahin. Dann werden neue Sandburgen gebaut, die weiter vom Wasser entfernt sind und vorläufig nicht von den Fluten erreicht werden. Wie man Sandburgen flicken und ihre Wälle erhöhen kann, damit sie besseren Schutz gegen den Angriff von Wind und Wellen bieten, so lassen sich Modelle bei neuerer Erkenntnis zwar verbessern, aber nie ist man sicher, die endgültige Erklärung gefunden zu haben. Kommt gar eine Sturmflut, dann muss der Burgenbau ganz eingestellt werden. Übertragen heißt dies, das aufgestellte Modell muss aufgrund neuer Fakten oder erkannter Widersprüche zu Naturgesetzen ganz aufgegeben werden.

Widerlegung von Modellen: Bei den Modellen der 3. Art ist eines nicht in der Lage, ein anderes zu widerlegen. Daher ist es im Grenzfall sogar möglich, dass zwei Modelle sich diametral gegenüber stehen, dennoch koexistieren sie – wenn auch leider nicht immer friedlich – parallel nebeneinander. Wir entscheiden uns nicht immer für ein vergleichsweise qualifizierteres Modell, sondern oft aufgrund unserer Vorprägung, unserer Weltanschauung, unseres Glaubens oder einfach aufgrund unserer subjektiven Empfindung, welchem Modell wir das größere Vertrauen schenken. So darf es uns auch nicht wundern, wenn es im Bereich der Schöpfungswissenschaft durchaus verschiedene Modelle geben kann. In den historischen Wissenschaften gibt es stets einen Mangel an Daten. Um dennoch eine Modellvorstellung zu entwickeln, müssen zu Beginn Annahmen getroffen werden. Eine gute wissenschaftliche Arbeit zeichnet sich dadurch aus, dass diese dem Leser mitgeteilt werden. Die weitere Forschung muss dann zeigen, ob diese Annahmen gerechtfertigt waren. Stellen sie sich später als falsch heraus, muss das Modell korrigiert oder gar ganz verworfen werden.

Sollten wir in der uns verfügbaren Literatur zur Schöpfungsthematik auf verschiedene Modelle zur gleichen Fragestellung stoßen, die miteinander nicht (oder zur Zeit noch nicht) harmonisierbar sind, so ist damit nicht das Wort Gottes in Frage gestellt. Modelle sind von Menschen erdacht und formuliert. Die Bibel hingegen ist von Gott autorisiert (Johannes 17,17). Aufgrund unserer begrenzten wissenschaftlichen, aber auch biblischen Erkenntnis wäre es unangemessen, wenn ein Autor sein Modell über das des andern stellt. Für uns alle bleibt der tröstende Hinweis Jesu: „Und an demselben Tage werdet ihr mich nichts mehr fragen“ (Johannes 16,23).

Werner Gitt

Wer sind die Autoren dieses Buches?

Don Batten, B.Sc. (Hons), Ph.D. (Herausgeber)

Dr. Don Batten erwarb 1973 seinen *Bachelor of Science* mit Auszeichnung in Agrarwissenschaften mit dem Schwerpunkt Gartenbauwissenschaft. 1977 promovierte er an der Universität Sydney mit dem Thema „Physiologie der Wurzelbildung bei Stecklingen". Von 1976 bis 1994 beschäftigte sich Don Batten am *New South Wales Department of Agriculture* mit der Erforschung neuerer subtropischer Obstsorten wie Litschies und Zimtäpfel. Er reiste nach Indien, Thailand, Taiwan und China, um Obsternten zu studieren und verschiedene Sorten zu sammeln. Don Batten arbeitet sowohl mit Wissenschaftlern von Universitäten in Australien und Übersee zusammen als auch mit CSIRO-Wissenschaftlern (Die *Commonwealth Scientific and Industrial Research Organisation* ist eine wissenschaftliche Forschungseinrichtung der australischen Regierung, die sich vorwiegend mit praxisorientierten Wissenschaften wie z. B. Ernährungswissenschaft, Forstwissenschaft, Entomologie beschäftigt und ein hohes Ansehen im Lande hat). Seine Hauptforschungsinteressen liegen in den Bereichen Pflanzenbiologie sowie Umweltanpassungen und Züchtung von Pflanzen. Don Batten versuchte früher mit Hilfe der „theistischen Evolution" die Bibel und gängige Glaubensansichten in Einklang zu bringen. Dabei gelangte er aber zu der Erkenntnis, dass dies kein gangbarer Weg ist. Heute arbeitet er vollzeitlich für *Answers in Genesis (AiG).* Für diese Organisation der Schöpfungsforschung hält er Vorträge an den verschiedensten Orten Australiens, aber auch in Übersee. Darüber hinaus forscht und schreibt er für *AiG*, um die Botschaft des Evangeliums und der Schöpfung zu verbreiten.

Ken Ham, B.Sc. Dip. Ed.

Ken Ham ist Gründer und Vorstandsmitglied von *Answers in Genesis* in den USA und einer der gefragtesten christlichen Redner in Nordamerika. Er ist Autor und Mitautor zahlreicher Bücher, wie z. B. *The Lie: Evolution, The Genesis Solution, Genesis and the Decay of the Nations, What Really Happened to the Dinosaurs, A is for Adam, D is for Dinosaur, Creation Evangelism for the New Millenium* und *One Blood: the Biblical Answer to Racism.* Das Rundfunkprogramm *Answers … with Ken Ham* kann täglich weltweit von über 300 Sendern empfangen werden. Weiterhin hat Ken Ham bei zahlreichen Videos mitgewirkt, wie zum Beispiel in der Reihe *Answers in Genesis* mit Dr. Gary Parker und der 12-teiligen Serie des halbstündigen Videos *Answers … with Ken Ham.* Er hat die Gabe, leicht verständlich und anschaulich zu lehren, wobei er immer der biblischen Wahrheit verpflichtet ist. Seine Vorträge sind mitreißend und herausfordernd. Viele haben durch seinen Dienst die Erlösung in Christus gefunden, andere wurden ermutigt, die erworbenen Kenntnisse einzusetzen, um wiederum andere mit dem Evangelium zu erreichen.

Jonathan D. Sarfati, B.Sc. (Hons), Ph.D., F.M.

Dr. Jonathan Sarfati wurde in Ararat (Australien) geboren, verbrachte jedoch den größten Teil seines Lebens in Neuseeland. Seinen *Bachelor of Science* (*Hons.*) erwarb er in Chemie mit zwei Publikationen auf dem Gebiet der Physik, und er promovierte an der *Victoria University of Wellington* in Physikalischer Chemie. Er wirkte mit an Veröffentlichungen über Hochtemperatur- Supraleiter und selenhaltige Ring- und Käfig-Moleküle, die in maßgeblichen naturwissenschaftlichen Zeitschriften erschienen sind. Jonathan Sarfati ist Mitbegründer der *Wellington Christian Apologetics Society,* einer Gesellschaft, die Christen darin schult, ihren Glauben zu verteidigen. Seit August 1996 arbeitet er vollzeitlich für *Answers in Genesis* in Brisbane (Australien), wo er Artikel für die Zeitschrift *Creation* und das *TJ (the in-depth journal of Creation)* schreibt und redigiert, die fachspezifische Korrespondenz beantwortet sowie die *AiG* Webseite betreut. Er ist auch ehemaliger Schachmeister von Neuseeland und vertrat sein Land beim *World Junior Champs* (Jugend-Weltmeisterschaft) und bei drei Schach-Olympiaden.

Carl Wieland, M.B., B.S.

Dr. Carl Wieland ist Generaldirektor von *Answers in Genesis*, Brisbane (Australien) und Leiter der angegliederten Organisationen in Großbritannien und den USA. Als ehemaliger praktischer Arzt in Adelaide (Südaustralien) und damaliger Präsident der südaustralischen *Christian Medical Fellowship* ist Carl Wieland ein sehr begehrter Redner zu naturwissenschaftlichen Fragen über Schöpfung und Sintflut sowie deren Bedeutung für das Christentum. In Australien und Übersee ist er mit zahlreichen Vorträgen und Artikeln zum Thema Schöpfung, Evolution und Genesis bekannt geworden. Carl Wieland ist der Autor des beliebten Buches *Stones and Bones*, das inzwischen in fünf verschiedene Sprachen übersetzt wurde, und Mitautor von *One Blood: The Biblical Answer to Racism (Ein Blut: Die biblische Antwort auf den Rassismus)*. 1978 gründete er die Zeitschrift *Creation*, deren leitender Redakteur er ist. Diese mit zahlreichen Farbbildern ausgestattete Zeitschrift erscheint heute mit einer Auflage von über 50000 in mehr als 120 Ländern.

Die weltweit verbreitete Zeitschrift *Creation*

ist eine 56-seitige reichlich mit Farbbildern ausgestattete sehr ansprechende Zeitschrift. Die Artikel in englischer Sprache sind leicht verständlich geschrieben. Besonders hervorzuheben sind:

- Die wissenschaftlich wie biblisch fundierten Artikel beschäftigen sich mit Fragen, die uns ein tieferes Verständnis zur Urgeschichte vermitteln (insbesondere Schöpfung, Sündenfall, Sintflut).
- Es werden die neuesten Argumente gegen die Evolutionslehre bearbeitet.
- Die Autoren der Zeitschrift sind Experten aus sehr unterschiedlichen Fachgebieten (z. B. Archäologen, Astronomen, Biologen, Chemiker, Geologen, Historiker, Informatiker, Mediziner, Physiker).
- Die Artikel erreichen in ihrer didaktisch gut aufbereiteten Art Leser aller Altersgruppen.
- Jede Ausgabe enthält einige Seiten, die speziell für Kinder und Jugendliche gestaltet sind.
- Die Zeitschrift erscheint viermal pro Jahr.

Für Europa sind Bestellungen an die englische Niederlassung zu richten:

Answers in Genesis
PO Box 5262
Leicester LE2 3XU
England
Tel.: 0044 (116) 270 8400
Fax: 0044 (116) 270 0110
E-Mail: UKOrders@AnswersinGenesis.com

Abonnementpreise bei Vorausbestellung:

Für 1 Jahr	12,95 £
Für 2 Jahre	25,00 £
Für 3 Jahre	37,00 £

Das Abonnement beginnt mit dem jeweils aktuellen Heft.

Answers in Genesis hält ein umfangreiches Angebot an speziellen Fachaufsätzen im Internet bereit. Ebenso können Sie sich dort über weitere Literatur und die wissenschaftliche Zeitschrift *TJ* (the in-depth journal of Creation) informieren. Auch ein On-line Bookstore steht zur Verfügung. Suchen Sie die folgende Adresse auf: www.AnswersinGenesis.org

dlv

Werner Gitt

Faszination Mensch

Bildband

Bildband, vierfarbig, 128 Seiten,
Bestell-Nr.: 255358 (deutsch)
Bestell-Nr.: 255396 (englisch)
Bestell-Nr.: 255396 (russisch)

DM 17,80; Euro 8,90

Der Autor zeigt, daß der Mensch eine geniale Konstruktion Gottes ist. Er beschreibt Sinnesorgane wie das Auge, das Ohr, den Geruchsinn, den Geschmacksinn und den Tastsinn. Danach schildert er den Aufbau der inneren Organe wie Herz, Blutsystem, Niere, die Zellen, die Erbsubstanz DNS und das Gehirn. Anhand dieser Beispiele wendet sich Werner Gitt an den verlorenen Menschen und zeigt einen Schöpfer, der das Verlorene sucht, bis er es gefunden hat.

Als wunderschöner, hervorragend gemachter Bildband ein ideales Geschenk für Christen wie für Außenstehende.

Das Buch zeigt viele bemerkenswerte Details über den Menschen. Wer könnte nicht ins Staunen geraten, wenn er z. B. von Folgendem erfährt:

- Wir hören in Wirklichkeit nicht nur mit zwei, sondern sogar sechs Ohren. Aus diesem Grunde verfügen wir über eine gute räumliche Orientierung und können uns in einer Runde, in der gleichzeitig mehrere reden, auf einen konzentrieren.
- Der optische Nerv, der die Informationsverbindung vom Auge zum Gehirn darstellt, hat eine Dicke von nur 2 mm und enthält mehr als eine Million gut voneinander isolierte Fasern. Von einem solchen „Kabel“ können Nachrichtentechniker selbst bei Anwendung modernster Glasfasertechniken nur träumen.

(Fortsetzung nächste Seite)

dtv

Werner Gitt

Faszination Mensch

Bildband

(Fortsetzung von vorhergender Seite)

- Wir vermögen 10000 verschiedene Gerüche zu unterscheiden. Durch Übung lässt sich dieses sensible Wahrnehmungsvermögen noch erheblich verfeinern und ist bei berufsmäßigen „Riechern“ (z. B. Kaffee- und Weinprüfer) besonders ausgeprägt.
- Unser Herz schlägt 100 000mal an einem Tag und pumpt so viel Blut, dass es in einem Leben einen riesigen Wolkenkratzer auffüllen könnte. In jedem Blutstropfen haben wir 250 Millionen rote Blutkörperchen; in der gesamten Blutmenge kommen wir auf unvorstellbare 25000000000000.
- Unser Gehirn besteht aus etwa 100 Milliarden Nervenzellen, das sind größenordnungsmäßig so viele, wie es Sterne in unserer Milchstraße gibt. Die Länge der Nervenfasern im Großhirn ergäbe aneinandergereiht eine Strecke, die die Entfernung Erde-Mond noch weit übertrifft.

Diese kleine Auswahl an Fakten gibt einen Eindruck von den vielen konstruktiven Besonderheiten des Menschen, die in dem Buch in großer Fülle zusammengestellt sind. So ist der Buchtitel „Faszination Mensch“ nur allzu konsequent.

Der Autor bleibt jedoch nicht bei den zahlreichen medizinischen, physikalischen, chemischen und informationstheoretischen Details stehen, sondern zieht daraus Schlüsse auf den Urheber des Menschen. Er beschäftigt sich mit der Frage, wer wir in den Augen unseres Schöpfers sind und was unsere Bestimmung ist. Der Aspekt, dass wir Ewigkeitsgeschöpfe sind, wird in gebührender Breite behandelt.

Das Buch richtet sich nicht an einen speziellen Leserkreis, sondern an jeden, der begeisterungsfähig ist und Neues erfahren möchte. So sprechen die Texte Fachleute wie Laien gleichermaßen an.

dlv

W.J.J. Glashouwer

So entstand die Welt

Bildband

Bildband, vierfarbig, 180 Seiten
Bestell-Nr.: 255.320
DM 24,80; Euro 12,50

Ist die Bibel historisch glaubwürdig? Kann man sich auf die Angaben verlassen, die sie bezüglich der Entstehung der Erde macht? »So entstand die Welt« eröffnet Ihnen neue Zugänge zu den Aussagen der Wissenschaft und zu den Aussagen des Glaubens der Bibel. Mit vielen Fotos, Zeichnungen und Tabellen wird das evolutionistische Denken einer kritischen Prüfung unterzogen. Alle Zusammenhänge und Fakten werden in einer auch für den Laien verständlichen Sprache dargestellt. Dieser wunderschöne Bildband, der sich auch als Geschenk für Außenstehende eignet, gehört wohl schon zu den klassischen christlichen Bildbänden.